제2개정판

한국 방송의 이해

※ 이 도서의 국립중앙도서관 출판예정도서목록(CIP)은 서지정보유통지원시스템 홈페이지
(http://seoji.nl.go.kr)와 국가자료공동목록시스템(http://www.nl.go.kr/kolisnet)에서
이용하실 수 있습니다. CIP제어번호: CIP2019002403(양장), CIP2019002404(학생판)

방송문화진흥총서 114

[제2개정판]

UNDERSTANDING KOREAN BROADCASTING |

한국 방송의 이해

| 한진만 지음 |

한울
아카데미

제2개정판 서문

2018년 여름은 유난히 더웠다. 기상 관측 이후 가장 높은 온도를 갱신하는 것이 매일 반복되었다. 폭염으로 외출을 삼가라는 경고가 휴대전화를 통해 연일 전해졌다. 111년 만에 가장 더웠다고 했다. 정년을 3학기 앞둔 시점에서 개정 작업을 하려니 힘든데, 설상가상으로 더위가 일을 더욱 더디게 만들었다. 지난해 12월 제2개정판을 내려다가 방송계에 몰아친 개혁의 바람과 '방송법'이 개정될 것이라는 분위기 때문에 한 학기 미루기로 한 것이 잘한 일이라고 생각했다가 더위 속에 작업하려니 괜스레 연기했다는 후회가 막급했다.

늘 하는 이야기지만 방송 책을 출간한다는 것은 참 어려운 일이다. 일단 준비를 하다 보면 수정한 내용이라 할지라도 또 고칠 필요가 발생하기도 한다. 특히 이번과 같이 '방송법' 개정안이 계속 국회에서 발의되고 계류 중인 경우 언제 어떻게 법안이 통과될지 모르고 또 어느 단계에서 수정안이 만들어질지 모르기 때문에 이번 개정 작업은 차일피일 미루어질 수밖에 없었다. 지난 학기 거의 준비가 끝났음에도 불구하고 한 번 기다려보기로 했다. 그러나 이번에 제2개정판을 준비하는 중에도 '방송법'은 여전히 국회에서 계류 중이고 방송과 관련된 많은 내용, 특히 규제라든가 방송 현상은 상당한 변화를 겪고 있었다. 따라서 지난 제1개정판의 내용은 부정확한 자료일 수밖에 없었다. 또한 이 책이 출간될 때쯤이면 방송 현상이 또 달라질 수도 있다. 그러나 더는 미룰 수 없다는 생각에서 최근의 자료들을 반영하여 개정판을 마무리 지어야겠다는 생각이 들어 과감하게 제2개정판을 출간하기로 했다.

이번 제2개정판에는 지난번 지키지 못한 독자들과의 약속을 지키기 위해 '방송의 정치적 독립'을 다루었다. 우리 방송의 역사 속에서 방송이 정치권력과 밀접한 관계에 있을 수밖에 없었던 상황을 기술했으며, 방송의 민주화가 이루어지게 된 배경 그리고 방송의 정치적 독립을 위한 노력들을 살펴보았다. 특히 근자에 들어 지배 구조의 개선을 통해 방송의 정치적 독립을 찾으려는 일련의 시도들을 소개했다.

또한 '3장 방송사와 방송 산업 현황'에서 방송사와 방송 산업을 구분하여 제시했다. 지상파 방송사와 유료 방송사의 구체적인 사례들을 중심으로 독자들이 좀 더 쉽게 이해할 수 있도록 하기 위해서였다. '4장 방송 편성의 이해'에서는 요즈음 급격히 성장하고 있는 유료방송의 채널사용사업자들의 편성 전략에 대해 다루었고, '5장 방송광고의 현황'은 변화된 규제와 미디어렙 이후의 방송광고 단가의 변화를 소개했다. '6장 방송 역사'에서는 근자에 자리 잡기 시작한 유료방송을 별도로 다루었다. '7장 방송의 공정성' 중 공정성의 심의 사례에서는 '주의' 이상의 징계를 받은 사례들을 중심으로 좀 더 이해하기 쉽도록 사례들을 구분하여 제시했다. '10장 외주 정책'에서는 최근 이슈가 된 방송사와 독립제작사 간의 불공정 거래를 해소하기 위한 일련의 노력들을 소개했다. 전체적으로 이번 제2개정판은 독자들이 읽기 쉽게 재구성하는 데 중점을 두었다. 긴 글은 가급적 소제목을 달아 독자들이 보기 편하게 만들려고 했다.

이번 개정판이 출간되는 데는 아무래도 (주)한울엠플러스 관계자들의 도움이 컸다. 특히 재고가 아직 많이 남아 있음에도 선뜻 제2개정판 작업에 동의해 주었기에 출간이 가능했다. 또한 개정 작업 막판에 교정 작업을 해 준 유용재, 황병훈 두 분의 대학원생에게도 지면을 빌려 감사의 마음을 전하고 싶다.

2018년 9월 강원대학교 연구실에서

한진만

개정판 서문

한국의 방송 현상을 쟁점 중심으로 알기 쉽게 정리해 보겠다고 욕심을 내본 것이 2011년의 『한국방송의 이해』였다. 한국 방송 현상을 쉽게 이해하기 위한 마땅한 서적이 부족하다고 여기던 차에 방송문화진흥회에서 공모를 했고 저술지원사업에 선정되고부터 원고를 탈고할 때까지 계속 머릿속에 맴돈 것은 '어떻게 하면 한국의 방송을 알기 쉬우면서도 올바르게 이해할 수 있도록 책을 쓸 수 있을까'였다.

특히 처음에는 가급적 신문이나 비평지에서 다루는 쟁점들을 많이 소개하려고 했다. 쟁점이 되는 현상은 당시의 신문이나 출판물에서 자세하게 다루기 때문에 그러한 내용을 소개하는 것이 당시의 방송 현상을 학생들이 이해하는 데 도움이 될 수 있으리라고 여겼기 때문이다. 그러나 알다시피 저작권으로 인해 제대로 소개하지 못했다. 처음에는 저작권료를 지불하고 내용을 담으려고 했다. 그러나 계약 과정에서 개정판을 낼 때마다 저작권료를 지불해야 한다는 조항을 확인하고는 그만 포기하지 않을 수 없었다. 현존하는 이슈를 다루는 것은 흥미로운 일이지만 책의 생명력이 그다지 오래가지 못한다는 것을 잘 알고 있었기에 저작권료를 지불하고 책에 담을 용기를 내지 못했다.

이번 개정판을 준비하면서 먼저 머리에 떠오른 것은 독자들과 한 약속을 지키지 못한 것에 대한 용서와 이해를 구해야 한다는 것이었다. 처음 책을 내고 나서 다음 개정판을 낼 때에는 방송의 정치적 독립 문제를 꼭 다루겠다고 했는데 이번에는 지키지 못했다. 개정 작업을 하고 있는 이 순간 KBS는 방송의 정치적 독립 문제로 제작 거부와 파업의 과정을 거치면서 공영방송의 사장이 이사회에서 해임되는 사태를 맞았다. 더욱이 필자가 KBS 이사로 활동하고 있는 시기에 이러한 일이 발생하여 혼란스럽기도 하고 좀 더 냉철하게 사태를 파악한 후 객관적이고 중립적인 시각에서 정리할 필요가 있다는 생각이 들었다. 방송의 정치적 독립을 위해 사장 선임 방식을 특별 다수제로 바꾸어야 한다는 야당과 진보 시민단체들의 주장이 제기되기도 하지만 이러한 제도 개선이 최선인가? 아니면 또 다른 제도는 없을까? 영국의 BBC 사장은 정부가 임명해도 사장이 무엇보다 방송의 정치적 독립을 위해 헌신하고 또 구성원들도 사장을 믿는데 우리는 왜 이러한 풍토가 조성되지 못하는 것일까? 1980년대 이전의 독재 정권에 의한 방송 개입이 왜 아직도 논란의 대상이 되는 것일까? 차라리 현재와 같은 방송통신위원회와 KBS 이사, 그리고 MBC 이사를 여야 정당이 일정 비율로 배분해 나누어 먹는 방식을 없애는 것이 방송의 정치적 독립을 위한 첩경이 되지는 않을까? 국회 승인을 거쳐야 하는 수신료 산정 방식이 KBS에 대한 또 다른 외압의 요인으로 작용하고 있지는 않을까? 하는 생각들이 머릿속에서 맴돈다. 다음 개정판에서는 이러한 생각들을 어느 정도 정리해 내놓겠다는 각오를 해본다.

1984년 건국대학교에서 전임강사로 교수 생활을 시작한 이후 대학에서 방송학을 강의한 지 30년이 지나간다. 이제 대학에서의 정년이 약 5년 정도 남았다. 그런데 아직도 강의를 하려면 준비를 하지 않으면 안 된다. 늘상 변하는 방송 환경은 연구자인 나를 긴장시키고 나태함을 극복하게 해주는 원동력이 된다. 신문이나 방송 유관 단체에서 보내주는 자료들은 번거로움에서 벗어나게 해주고 시간을 절약해주기에 충분하다. 예전에는 신문 기사를 스크랩하고 분류해 이것을 모아서 활용했는데도 그다지 많은 시간이 소요되지 않았다. 지금은 컴퓨터 자료 화면을 긁어서 파일을 만들어 보관하고 꺼내보면 되는데도 시간은 더 많이 든다. 자료를 찾는 방식은 더 수월해졌는데 방송 현상은 더 복잡해진 까닭인지 점점 이해하기 힘들어진다. 지상파방송만 존재하던 시기의 방송 현상과 다매체 다채널이 존재하는 현재의 상황은 비교할 수 없을 정도로 복잡해졌다. 평생을 공부해온 나도 어려운데 학생들은 오죽하랴. 그래서 학생들이 좀 더 쉽게 방송 현상을 이해할 수 있는 책을 만들어야 하겠다는 사명감 (?)으로 개정판 작업을 할 수 있었다.

개정판을 준비하면서 여전히 필자의 방송에 관한 지식수준에 한계를 느꼈다. 그래서 상당 부분 다른 연구자들의 연구 결과를 소개할 수밖에 없었다. 지면을 빌려 그분들께 감사드린다. 아울러 개정판 작업에 도움을 준 도서출판 한울의 관계자 여러분께 감사를 드린다.

2014년 6월 강원대학교 연구실에서

한진만

초판 서문

방송문화진흥회에서 공모하는 저술지원사업에 선정되고부터 원고를 탈고할 때까지 계속 머릿속에서 맴돈 것은 '어떻게 하면 한국의 방송을 알기 쉬우면서도 올바르게 이해할 수 있도록 책을 쓸 수 있을까'였다. 1984년 건국대학교에서 전임강사로 교수 생활을 시작한 이후 대학에서 방송학을 강의한 세월만도 4반세기가 흘렀다. 방송학을 연구하면서 선배나 동료 교수의 저서를 접할 때마다 '나도 언젠가는 방송 쟁점을 중심으로 한국의 방송 전반을 이해할 수 있는 책을 써야겠다'는 욕심을 품었다. 그런데 막상 책을 쓰기 시작하면서 곧바로 느낀 점은 아직 공부가 부족하다는 자성이었다. 좀 더 시간을 갖고 싶은 마음에 초고 제출 기한을 늦추거나, 저술 작업을 반납하고 싶은 생각이 여러 번 들었다. 어쨌든 이제 원고를 출판사에 넘길 수 있어서 그나마 다행이다.

그러나 여전히 많은 아쉬움이 남는다. 꼭 다루고 싶었던 몇 가지를 필자의 부족함으로 이번 책에서 소개하지 못했다. 우선 그동안 방송 시청자에 대해 나름대로 연구를 열심히 해왔다고 자부했기 때문에 독립된 하나의 장으로 구성할 수 있으리라 여겼는데 역부족으로 다루지 못했다. 또한 방송 쟁점과 관련해서 방송의 정치적 독립 문제와 한류에 대해 다루지 못한 것도 못내 아쉬움으로 남는다. 특히 한국의 방송이 정치적인 문제와 너무 중요하게 연루되어 있기 때문에 방송의 정치적 독립 문제는 꼭 언급하고 싶었다. 그런데 막상 정치적 독립 문제를 다루려다 보니 만만치 않았다. 섣부르게 건드렸다가는 변죽만 울리는 꼴이 될 것 같았고 제대로 접근하자니 한도 끝도 없었다. 그래서 아쉽지만 다음번 개정판에서 꼭 다루겠다는 다짐을 하면서 미룰 수밖에 없었다.

처음에는 한국의 방송과 관련된 쟁점만 모아서 책으로 묶어보려고 했다. 원고 작업을 하기 전에 필자가 강원대학교에서 교양과목으로 개설한 '방송의 이해'에서 그런 쟁점으로 강의를 하려고 시도했다. 강의를 준비하면서 내용을 보완하려는 욕심을 가졌던 것이다. 그런데 이러한 구상은 말 그대로 욕심에 지나지 않는다는 것을 깨닫는 데 그다지 오래 걸리지 않았다.

교양과목을 이수하는 학생들이 방송에 대한 기초 지식 없이 방송 관련 쟁점을 학습하고 이해한다는 자체가 무리라는 것을 깨달았다. 부랴부랴 강의계획서를 수정해 우선 간단하게 방송에 대한 기초 지식을 학습하고 쟁점을 다루었더니 강의가 쉬워졌다. 학생들이 강의 내용을 지루해하지 않으면서 큰 어려움 없이 받아들이는 것 같았다. 이에 따라 책의 구성을 처음 반 정도는 방송을 이해하기 위한 지식을 습득하는 일반론으로, 나머지 반은 한국 방송 관련 쟁점을 다루는 것으로 변경했다.

방송에 관한 글을 쓰면서 매번 느끼는 허탈감은 글을 쓰는 순간 낡은 것이 된다는 점이다. 이 글을 쓰는 이 순간에도 재송신과 관련해 지상파 방송사와 케이블 방송사가 첨예하게 대립하고 있으며, 미디어렙이 이번 국회에서 처리될 것이라는 전망, 2010년 12월 말 선정된 종합편성채널사용사업자와 관련된 내용 등등 방송과 관련한 많은 현상이 한 치 앞을 예측할 수 없을 정도로 시시각각 변하고 있다. 이 모든 것을 책에 담는 순간 또 다른 현상이 나타날 것이다. 이 또한 이 책의 개정판이나 다른 지면을 통해 다룰 것을 기약한다.

이 책을 준비하면서 여러 번 필자의 방송에 관한 지식수준에 한계를 느꼈다. 그래서 상당 부분 다른 연구자들의 연구 결과를 소개할 수밖에 없었다. 지면을 빌려 그분들께 감사드린다. 그리고 박사과정의 이병남 씨와 석사과정의 성기석 씨에게 너무나 많은 신세를 졌다. 지도교수를 잘못 만나 방학 내내 아니 책을 준비하는 일 년 내내 옆에서 많은 고생을 했다. 고맙게 생각한다. 책

의 출간을 흔쾌히 응낙해준 도서출판 한울의 관계자 여러분과 이 책이 나오게
끔 기회를 준 방송문화진흥회 김재우 이사장님을 비롯한 관계자 여러분께 감
사를 드린다.

2011년 3월 강원대학교 연구실에서

한진만

차례

표·그림 차례

제 1 장

특성과 영향력

방송 매체는 방송 수신기의 폭넓은 보급과 높은 시청률로 인해 그 영향력이 꾸준히 지속되고 있다. 방송의 강력한 영향력은 신속성, 공개성, 동시성, 현장 감 등에 근거한다. 방송 매체라 하면 흔히 라디오나 텔레비전을 떠올리기 쉽 지만 뉴미디어의 도입으로 방송의 범위는 매우 다양해졌다. 데이터 방송과 이 동 멀티미디어 방송을 비롯해 IPTV, 스마트 TV까지 수용자의 선택에 따라 다 양한 종류의 방송 서비스를 제공받을 수 있다.

이 장에서는 다양한 방송의 종류와 그에 따른 방송 기술의 특성을 알아봄으 로써 방송 환경의 변화를 살펴볼 것이다. 또한 디지털 기술의 발전으로 다양 한 매체가 이용됨에도 여전히 막강한 영향력을 가진 방송이 어떤 특성을 지니 는지 알아봄으로써 방송에 대한 이해를 높이려 한다. 특히 최근 방송의 공공 성과 관련해 논란이 되었던 쟁점에 대한 이해를 돕기 위해 방송의 공익성과 공공성을 기술할 것이다.

1. 방송이란

한국언론연구원(현 한국언론진흥재단)에서 발행한 『매스컴 대사전』(1993)은 방송을 "전파를 이용하여 이질적인 익명인 다수의 사람들에게 프로그램을 정규적으로 보내는 일 또는 그러한 제도나 비즈니스"라고 정의한다. 방송은 한자로는 놓을 방(放)과 보낼 송(送)을 합해 放送으로, 영어로는 broad(넓은)와 cast(던지다)의 합성어인 broadcasting으로 표현된다. 이처럼 방송은 넓은 곳에 무엇인가를 던진다는 뜻으로 point to mass, 즉 한 지점에서 주위에 있는 다수의 사람에게 표현자의 의지를 전달하는 통신수단이라는 말이다. 따라서 방송은 시사, 상식, 오락, 정보 등을 이질적이고 익명인 다수의 사람에게 널리 보내는 것이라고 이해할 수 있다(김규, 1996: 43).

그러나 케이블 텔레비전이나 위성방송 또는 IPTV 같은 뉴미디어의 도입으로 이러한 방송의 개념이 변화했다. 익명인 다수의 수용자가 최근에는 불특정 다수인 경우도 있고 특정한 가입자에 한정되기도 한다. 무료의 보편적 서비스인 지상파방송은 불특정 다수를 대상으로 하지만, 유료방송은 가입자에 국한해 서비스를 제공하기 때문이다.

현행 '방송법'은 "'방송'이라 함은 방송 프로그램을 기획·편성 또는 제작하여 이를 공중(개별 계약에 의한 수신자를 포함하며, 이하 '시청자'라 한다)에게 전기통신 설비에 의하여 송신하는 것으로서 다음 각목의 것을 말한다"라고 규정한다.

가. 텔레비전 방송: 정지 또는 이동하는 사물의 순간적 영상과 이에 따르는 음성·음향 등으로 이루어진 방송 프로그램을 송신하는 방송
나. 라디오 방송: 음성·음향 등으로 이루어진 방송 프로그램을 송신하는 방송
다. 데이터 방송: 방송사업자의 채널을 이용하여 데이터(문자·숫자·도형·도표·이미지 그 밖의 정보 체계를 말한다)를 위주로 하여 이에 따르는 영상·음성·음향 및 이들의 조합으로 이루어진 방송 프로그램을 송신하는 방송(인터넷 등 통신망을 통하여 제공하거나 매개하는 경우를 제외한다)

라. 이동 멀티미디어 방송(DMB): 이동 중 수신을 주목적으로 다채널을 이용하여 텔레비전 방송·라디오 방송 및 데이터 방송을 복합적으로 송신하는 방송

마. 인터넷 멀티미디어 방송(IPTV): 광대역통합정보통신망 등을 이용하여 양방향성을 가진 인터넷 프로토콜(protocol) 방식으로 일정한 서비스 품질이 보장되는 가운데 텔레비전 수상기 등을 통하여 이용자에게 실시간 방송 프로그램을 포함한 데이터·영상·음성·음향 및 전자상거래 등의 콘텐츠를 복합적으로 제공하는 방송

한편 '방송법'에 의한 방송사업(자)의 구분은 다음과 같다.

① 방송을 목적으로 하는 지상의 무선국을 관리·운영하며 이를 이용해 방송을 행하는 사업 및 사업자를 '지상파방송사업(자)'라고 한다. KBS, MBC, SBS, EBS, OBS 및 KNN 등 지역 민영방송이 이에 해당한다.

② 종합유선방송국(다채널 방송을 행하기 위한 유선방송국 설비와 그 종사자의 총체)을 관리·운영하며 전송·선로 설비를 이용해 방송을 행하는 사업 및 사업자를 '종합유선방송사업(자)'라고 한다. 일반적으로 케이블 TV(system operator: SO)를 말하며, 딜라이브(D'live), CMB, 티브로드(T-Borad), CJ 헬로, HCN 등이 이에 해당한다.

③ 인공위성의 무선 설비를 소유 또는 임차해 무선국을 관리·운영하며 이를 이용해 방송을 행하는 사업 및 사업자를 '위성방송사업(자)'라고 한다. 스카이라이프(skylife)가 이에 해당한다.

④ 지상파방송사업자나 종합유선방송사업자 또는 위성방송사업자의 특정 채널 전부 또는 일부 시간에 대해 전용 사용 계약을 체결해 그 채널을 사용하는 사업 및 사업자를 '방송채널사용사업(자)'라고 한다. PP(Program Provider)라고 약칭되며, YTN, mbn, tvN, KBS N 등이 이에

스마트 TV

스마트 TV는 말 그대로 기존 TV가 똑똑한 TV로 진화한 형태를 의미한다. 스마트 TV는 LCD, LED 등 디지털 TV 수상기에 CPU와 스마트폰 운영체제(OS)를 탑재해 인터넷과 방송 융합의 지능형 서비스를 제공한다. 기존 인터넷 TV가 진화한 형태로 지상파를 비롯해 케이블방송이나 인터넷 방송을 수용하고 인터넷에 접속, 다양한 애플리케이션을 제공하면서 이용자의 편의나 상황, 개별화된 요구에 걸맞은 맞춤형의 다양한 서비스를 제공한다.

UHD TV

UHD TV(Ultra High Definition Television)는 초고선명 텔레비전이라고 하며, 가정에서 70mm 영화보다 좋은 화질과 음질을 제공하는 차세대 방송(HDTV) 규격을 일컫는다. 원래 이 텔레비전은 일본 NHK 기술연구소가 개발하고 있는 기술로 7680×4320 화소의 디스플레이 해상도를 말한다. 일본은 2015년 초고선명 기술을 시험 방송하여 2020년까지 상용화한다는 계획을 갖고 있다. 2002년 5월 기술연구소가 처음으로 공개했는데 당시에는 주사선 4000개 수준의 초고정밀 영상 시스템(Ultra High Definition Video: UHDV) 이라는 명칭을 사용하다가 2004년 기술연구소 공개에서 슈퍼 하이비전(Super Hi-Vision: SHV)으로 바뀌었다. 큰 화면에서 더욱 섬세하고 자연스러운 영상 표현이 가능하다. 10채널 이상의 입체 음향을 제공하며, 화질이 좋은 만큼 50인치 이상의 큰 TV에서도 선명한 화면을 제공한다.

해당한다.

⑤ 공익 목적으로 특정 지역에 한정해 소출력(공중선 전력 10와트 이하)으로 라디오 방송을 제공하는 사업자를 '공동체라디오방송사업자'라고 한다. (사)금강FM방송, (사)문화복지미디어연대, (사)광주시민방송, (사)성서공동체FM 등이 이에 해당된다.

⑥ 인터넷 멀티미디어 방송에 제공하기 위해 콘텐츠를 공급받은 인터넷 멀티미디어 방송 제공 사업자가 해당 콘텐츠를 이용자에게 제공하는

사업 및 사업자를 '인터넷 멀티미디어 방송 제공 사업(자)'라고 한다. 2019년 현재 KT, SK, LG 등이 IPTV 사업을 하고 있다.

⑦ 인터넷 멀티미디어 방송 제공 사업자에게 인터넷 멀티미디어 콘텐츠를 공급하는 사업 및 사업자를 '인터넷 멀티미디어 방송 콘텐츠 사업(자)'라고 한다.

2. 방송 기술의 특성

1) 아날로그 시대의 텔레비전 방송 방식

아날로그 시대에 세계적으로 사용되는 텔레비전 방송 방식은 NTSC 방식(National Television System Committee method), PAL 방식(Phase Alternative by Line system), SECAM 방식(Sequential Color with Memory system) 등 세 가지였다.

1950년 미국은 최초의 컬러텔레비전 표준규격으로 RCA 방식(RCA color television system)과의 경쟁에서 이긴 CBS 방식(Columbia Broadcasting Systems method)을 채택했다. 그러나 CBS 방식은 화질이 뛰어난 반면 전용 수상기를 필요로 했고, RCA 방식은 색 번짐이 심한 단점이 있었으나 기존의 흑백텔레비전 수상기로도 수신이 가능했다. 이후 1954년 RCA 방식을 중심으로 하는 NTSC 방식이 미국 표준규격으로 채택되었다.

NTSC 방식은 흑백과 컬러 수상기 모두에서 수신이 가능하고, 인간의 눈이 아주 작은 면적에 대해서는 색채를 거의 느끼지 못하는 점을 이용해 종래의 흑백텔레비전과 같은 전파의 대역폭으로 컬러 화상을 전송하는 방식이었다. 그러나 NTSC 방식은 고도의 대역압축(bandwidth compression, 帶域壓縮)을 위해 고성능의 전송 회로가 필요했다. 이에 따라 독일과 프랑스는 NTSC 방식을

〈표 1-1〉 텔레비전 방송 방식

구분	NTSC 방식	PAL 방식	SECAM 방식
개발 국가	미국	독일	프랑스
프레임 수 (frame)	60필드 = 30프레임/초	50필드 = 25프레임/초	50필드 = 25프레임/초
주사선 수	525	625	625
사용 국가	한국, 미국, 일본, 타이완, 필리핀, 미얀마, 쿠바, 미크로네시아, 과테말라, 코스타리카, 콜롬비아, 칠레, 도미니카 공화국, 트리니다드토바고, 니카라과, 아이티, 파나마, 바하마, 버뮤다, 푸에르토리코, 온두라스, 멕시코, 베네수엘라	홍콩, 북한, 중국, 인도, 캄보디아, 인도네시아, 오만, 싱가포르, 브루나이, 말레이시아, 스리랑카, 타이, 파키스탄, 몰디브, 방글라데시, 아프가니스탄, 오스트레일리아, 뉴질랜드, 독일, 이탈리아, 오스트리아, 네덜란드, 스위스, 스웨덴, 덴마크, 노르웨이, 핀란드, 스페인, 포르투갈, 벨기에, 영국, 아일랜드, 이스라엘, 아랍에미리트, 쿠웨이트, 터키, 브라질, 우루과이, 아르헨티나, 알제리, 우간다, 가나, 케냐, 잠비아, 수단, 나이지리아, 몽골	그리스, 러시아, 헝가리, 체코슬로바키아, 폴란드, 불가리아, 프랑스, 모나코, 룩셈부르크, 뉴칼레도니아, 타히티, 이란, 이라크, 사우디아라비아, 레바논, 이집트, 튀니지, 모로코, 리비아, 모리셔스
특징	흑백TV와 양립성이 우수, 색상이 약간 떨어짐	색상과 화상이 우수함	색상과 화상이 우수함

자료: 한진만 외(2000: 13) 수정·보완.

개량한 PAL 방식(독일)과 SECAM 방식(프랑스)을 제안했다. 그 후 수차례에 걸친 국제회의에서 컬러텔레비전 표준규격의 국제적 통일이 계획되었으나 실현되지 못했고, 1967년 가을부터 독일과 영국은 PAL 방식으로, 프랑스와 소련은 SECAM 방식으로 컬러텔레비전 방송을 시작했다. 이 방식들 역시 흑백과 컬러 수상기 모두에서 수신이 가능하도록 개발되었다.

아날로그 방송의 세 가지 전송 방식(NTSC, PAL, SECAM)은 서로 다른 주사선 수를 가지고 있고, 송신기로 방송 화면을 보내기 위한 변조 방식이 각기 다르기 때문에 방식별 수상기가 따로 필요하다. 예를 들어 영국에서 만든 프로그램(PAL 방식)을 한국에서 방송하려면 NTSC 방식으로 바꿔주는 변환기가 필요하다.

2) 방송 기술의 변화

1920년대 라디오 방송이 출현한 이후 텔레비전이 출현하면서 전파 미디어에서 영상 미디어로, 다시 영상 미디어에서 디지털 미디어로의 전환이 이루어졌다. 더구나 다채널·융합 미디어의 시대가 도래하면서 방송 미디어 영역은 더욱 확대되고 미디어의 개념 역시 진화하고 있다.

한국은 2012년 12월 31일 아날로그 방송을 종료하고 2013년부터 디지털 방송의 시대로 접어들었다. 방송의 디지털화란 아날로그 방송에 비해 방송의 고품질화·다채널화·다기능화 그리고 타 미디어와의 융합 등을 통한 멀티미디어화를 가능하게 하는 디지털 기술을 기초로 방송 서비스를 구현하는 것이다 (강상현 외, 2008: 5). 다시 말해 디지털 방송은 프로그램의 제작부터 재전송, 송수신, 수신기에 이르기까지 모든 시스템이 디지털화되는 것을 말한다.

디지털 방송의 특성으로는 우수한 상호 운용성, 주파수의 효율적 이용, 수신 품질의 보장, 재생 중계·재생 저장 등을 꼽을 수 있다. 기존의 아날로그 전송 시스템에서는 네트워크를 구성해 프로그램 몇 편을 전송하려면 수십 개의 채널이 소요되어 비효율적이었다. 그러나 디지털 변조는 아날로그 변조에서는 이용할 수 없었던 채널을 이용할 수 있고 광역의 단일 주파수 네트워크 (Single Frequency Network: SFN)를 구성하는 것도 가능해 주파수 효율을 높일 수 있다. 다만 디지털 전송은 일정한 수준 이하의 채널 환경에서는 급격히 성능이 저하되어 전혀 수신이 안 되는 문제점이 있다.

디지털 기술의 상용화로 2001년에 지상파 디지털 본방송, 디지털 위성방송의 출범, 케이블 텔레비전의 디지털 전환이 추진되었고 지상파·위성 DMB, 데이터 방송, HDTV(High definition Television), PVR(Personal Video Recorder), VOD(Video on Demand), UCC(User Created Contents) 등 쌍방향 서비스, 모바

〈표 1-2〉 방송 미디어 개념의 진화 과정

구분	브로드캐스팅 (Broadcasting)	내로캐스팅 (Narrowcasting)	퍼스널캐스팅 (Personalcasting)
시기	1990년대 전반까지	1990년대 후반	2000년대 이후
주체	선택된 소수	상대적 다수	원하는 누구나
전송 수단	지상파 (전파 자원의 유한 희소성)	지상파 + 위성 + CATV + 인터넷(압축 전송 + 디지털)	디지털 지상파·위성· CATV + 유·무선인터넷 → 멀티미디어
전송 신호	아날로그	아날로그 + 디지털	디지털
표시 수단	NTSC, PAL, SECAM	HDTV화, 멀티 화면, 다중화	HDTV화, 멀티 화면, 다중화, 이동체화
시청자	불특정 다수	불특정 다수, 특정 대상, 분중(分衆)	불특정 다수와 함께, 특정 대상, 분중·개중(個衆)
서비스 형태	일방적, 획일적	특정화, 개별화	개별화, 양방향
제작 형태	대량생산, 대량공급	차별화	소량 다품종, 발주형 → 소비자 선택

자료: 최영묵(2010: 22).

일 TV(Wireless Broadband: Wibro), IPTV, 아이폰(iphone) 등 기술 융합형 영상 미디어가 등장했다.

3) 미디어 이용 형태의 변화

디지털 기술로 인해 방송 환경은 국내 방송 시장 지형을 비롯한 방송 산업의 구도 변화는 물론, 미디어 간의 진입 규제 완화로 방송 시장의 경쟁을 심화시키며 미디어 소비 행태까지도 단순 시청형에서 정보 선택형을 거쳐 정보 맞춤형으로 진화하도록 영향을 미쳤다. 즉, 방송 시장은 방송과 통신의 기술·서비스·시장 융합으로 외연이 커졌고 서비스의 종류, 가격의 차별화로 방송 서비스가 진화하고 있다. 콘텐츠 산업은 방송·광고·영화·게임·데이터 등 멀티미디어 콘텐츠의 유통이 활발해졌고, 플랫폼(platform) 산업의 다양한 서버는 전자 결재·보안·인증·콘텐츠 제작 솔루션 등을 제공한다. 네트워크 산업에서

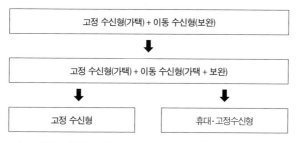

〈그림 1-1〉미디어 이용자의 이용행태 변화 방향

고정 수신형(가택) + 이동 수신형(보완)

고정 수신형(가택) + 이동 수신형(가택 + 보완)

고정 수신형	휴대·고정수신형

자료: 임동욱·정상윤·정연우(2007: 221).

는 광케이블·위성·무선 네트워크 서비스를 지원하는 ISDN(Integrated Service Digital Network)·케이블 TV·무선통신 등이 등장했고, 단말기 사업에서는 스마트폰·PDA·웹패드(Web Pad)·인터넷 TV 등이 보급되고 있다(최영묵, 2010: 23~24).

방송 기술의 발전은 방송과 통신을 융합해 그 경계의 구분이 어려워졌고, 다채널·다매체 서비스의 등장으로 시청자는 다양한 서비스를 선택할 수 있게 되었다. 멀티미디어 플랫폼 환경 속에서 방송사업자는 시청자가 선호하는 다양한 프로그램과 서비스를 제공함으로써 시청자로부터 매체적 선택을 받는 것이다. 휴대가 편리한 소형 미디어 기기를 선호하는 시청자의 경향에 따라 미디어 이용 행태에서 변화가 일어났다. 이동통신에 익숙한 디지털 미디어 세대 이용자는 휴대전화로 이메일, 카메라, 캠코더, MP3 플레이어, 게임기, PDA, eBook, USB뿐만 아니라 방송 영상까지 즐긴다. 이는 텔레비전이나 데스크톱 컴퓨터 같은 고정형 미디어와 이동형 미디어 이용의 양분화 현상을 촉진시킨다.

그런데 방송 기술의 발전으로 시청자의 매체 선택의 폭이 넓어지고 다양한 서비스가 증가하고 있지만 시청자는 극히 제한적으로 이용하는 경향이 있다. 실제 시청자들은 케이블 텔레비전과 위성방송 서비스가 제공된 이후 채널 증가로 인한 선택의 다양성은 오히려 경험하지 못한 것으로 나타났다.

빈지워칭(binge watching)

몰아보기(binge viewing) 또는 마라톤 시청(marathon- viewing)이라고도 한다. 보통 단일 텔레비전 프로그램을 오랜 시간 시청하는 행위를 의미한다.(위키피디아)

OTT(over-the-top) 서비스

OTT는 TV 방송 프로그램이나 영화 등 콘텐츠를 인터넷망을 통해 제공하는 서비스이다. 지상파나 유료방송 플랫폼을 거치지 않고 서비스를 제공받을 수 있는 것으로 TV가 아니더라도 모니터 등을 통해 유료방송을 비롯한 다양한 콘텐츠를 이용할 수 있게 되었다. OTT 서비스로 인해 방송영상 콘텐츠 구조는 매체 중심에서 개별 콘텐츠 중심으로 이동하고 있다.

N 스크린(N screen)

하나의 콘텐츠를 TV, 스마트폰, PC, 태플릿PC 등 다양한 기기를 통해 이용할 수 있는 것을 의미한다.

방송사 간 경쟁이 증가하면서 오락 채널의 집중 현상이 나타났고 드라마 같은 상업적 오락 프로그램을 제외하고는 프로그램의 질적 제고가 이루어지지 못했다. 특히 지상파방송이 뉴미디어와 경쟁하면서 보편적 서비스 차원에서 제공해야 할 기본적인 성격의 공익 프로그램이 사라지는 결과를 초래했다(이수영·박은희, 2002).

4) 전파 간섭

방송국 간의 전파 방해 위험은 항상 있으며 새로 설립한 방송 서비스의 스펙트럼 배정과 기존 방송 서비스의 스펙트럼 사용은 스펙트럼 관리 차원에서 매우 중요하다.

방송국 간 전파 간섭 가운데 동일 채널 간 전파 간섭(co-channel interference)과 인접 채널 간 전파 간섭(adjacent channel interference) 등이 문제점으로 부각된다. 전자와 관련해, 동일 채널로 전파를 송신하는 방송국은 가(可)시청 범위의 중복을 방지하기 위해 충분한 거리를 유지해야 한다. 후자와 관련해서는 방송국에서 사용하는 채널 간 간격이 떨어져 있어야 하는데, 예를 들어 특정 채널에 인접한 채널(adjacent channel)은 사용할 수 없도록 해야 한다. 한국의 텔레비전 채널은 VHF의 경우 1~13채널까지 할당되어 전국 각지에서 사용되는데, 동일 지역에서는 한 채널 건너 할당되어 있어 인접 채널은 사용할 수 없다. 서울에서는 7, 9, 11, 13채널을 방송용 채널로 할당·사용하는데 이때 인접한 8, 10, 12채널은 방송용으로 사용할 수 없다.

5) 표준 FM 방송

원래 라디오의 표준방송은 중파대의 전파를 이용한 AM(amplitude modulation, 진폭 변조) 방송이다. 중파는 비교적 원거리까지 서비스할 수 있고 산이나 빌딩 등으로 인한 수신 장애를 덜 받지만 스테레오(stereo) 방송이 곤란하며 야간 혼신이 일어나는 결점이 있다. 현재 국제전기통신연합(International Telecommunication Union: ITU)이 각 나라에서 사용할 수 있는 방송 주파수를 할당한다. 한국은 535~1605kHz를 중파 방송에 사용할 수 있도록 배정했다. 방송국 허가권은 기본적으로 그 나라 무선 주관청에 있다. 그런데 VHF, UHF 전파와 달리 중파는 매우 멀리 퍼져 나가기 때문에 인접 국가에 간섭을 주거나 받을 수 있다. 그래서 ITU는 중파 방송사를 ITU-RB(Radio communication Bureau)에 등록하도록 규정한다. 등록을 요청하면 ITU-RB는 인접 국가의 무선 주관청과 협의해 출력, 커버리지(coverage) 등을 조정하거나 등록을 거부할 수도 있다.

그런데 현실적으로 인접 국가의 동의를 얻어내기는 어렵기 때문에 방송국은 지방국에 중파 방송 중계용으로 사용하던 초단파 장비를 이용하게 되었다.

그것이 바로 FM(frequency modulation, 주파수 변조) 방송이다. 표준FM 방송은 잡음과 혼신이 적어 스테레오 방송에 적당하며 국가 비상시에도 유익할 뿐 아니라 국제 등록을 할 필요 없이 주관청인 방송통신위원회에서 임의로 허가받을 수 있는 이점이 있다.

초단파는 표준방송의 프로그램을 깨끗하고 맑은 소리로 청취자에게 제공할 수 있기 때문에 음악FM, 교육FM 등과 대별해서 표준FM이라 칭한다(한국언론연구원, 1993).

3. 방송의 영향력

디지털 기술의 발전으로 다양한 매체가 등장했지만 방송의 영향력은 좀처럼 줄어들 것 같지 않다. 각종 프로그램의 영향력도 작지 않다. 예컨대 수년 전부터는 서점에서 거의 찾아볼 수 없던 책을 베스트셀러로 둔갑시키는 신통력을 보이기도 한다. 이 밖에 영화나 음반 등 소위 대중성을 생명으로 하는 각종 문화상품은 텔레비전 프로그램에 잠시나마 소개되어야만 흥행을 기대할 수 있게 되었다(이상기, 2002). 방송 프로그램에 등장한 장소가 젊은이들의 MT 코스가 되기도 하고, 인기 있는 출연자의 의상·헤어스타일·액세서리 등이 유행하기도 한다.

텔레비전은 오락적 재미를 줄 뿐만 아니라 정신적 교사로서도 역할을 한다고 평가받을 만큼 우리의 실생활에서 커다란 비중을 차지하는 매체로 자리 잡았다. 전 세계적으로 매일 4억 명 이상이 1시간 이상 시청하는 텔레비전은 단일 플랫폼으로는 최대의 소비자를 가진 시장이다. 그래서 혹자는 텔레비전이 우리 생활의 주류를 이루고 있다고도 한다.

라디오는 어떠한가? 텔레비전의 등장으로 사라질 것처럼 여겨졌지만 아직도 굳건히 존재한다. 소형화·간편화되면서 비록 안방과 거실에서 주방이나

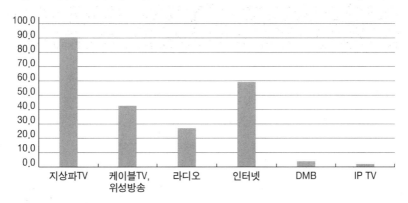

〈그림 1-2〉 일주일간 매체별 뉴스 이용 여부　　　　　　　　　　　(단위: %, N = 5,104)

자료: 오수정(2008: 108).

개인의 방으로 밀려났지만 여전히 건재하며, 특히 자동차 2000만 대 시대의
필수품으로 여겨진다. 또한 MP3나 DMB 같은 매체에도 내장되어 그 영향력
이 건재함을 보여준다.

　방송은 장기적이고 반복적인 메시지를 통해 사회 구성원의 사회화에 중요
한 역할을 담당한다. 그뿐 아니라 정치나 공공 문제를 비롯한 다양한 주제에
관해 정보를 제공한다. 방송이 사회화의 매개자로서 중요한 역할을 하고 있음
은 수용자를 대상으로 하는 많은 연구에서 확인할 수 있다.

　방송통신위원회의 「2016년도 방송시장 경쟁상황 평가」 보고서에 따르면,
2015년 기준 1인당 하루 평균 지상파 채널 시청시간이 90분인 반면, 비지상파
채널은 92분이었다. 보고서는 "비지상파 채널이 지상파 채널의 평균 시청시간
을 최초로 넘은 것"이라며 "비지상파 채널의 증가와 콘텐츠 품질 향상 때문"이
라고 밝혔다. 2000년만 해도 지상파 평균 시청시간(171분)은 비지상파(46분)의
3.7배였다. 하지만 종편 등장(2011년 12월) 다음 해인 2012년 '108분(지상파)
대 82분(비지상파)'으로 급격히 좁혀졌다가 2015년 역전당한 것이다. 방송통신
위원회의 '2016년도 방송 매체 이용행태 조사'에 따르면, 종편·케이블방송을
볼 수 있는 유료방송 서비스에 가입하지 않고 지상파만 시청하는 가구는 5%

〈표 1-3〉 2007-2017 미디어 어워즈(Media Awards, 사회공헌 부문)

순위	신뢰성										
	2007	2008	2009	2010	2011	2012	2013	2014	2015	2016	2017
1	한겨레	KBS	KBS	KBS	경향신문	경향신문	YTN	JTBC	JTBC	JTBC	JTBC
2	KBS	YTN	YTN	YTN	YTN	한겨레	한겨레	한겨레	한겨레	한겨레	한겨레
3	YTN	경향신문	경향신문	경향신문	한겨레	YTN	경향신문	YTN	경향신문	경향신문	경향신문
4	경향신문	한겨레	한겨레	한겨레	KBS	KBS	SBS	경향신문	YTN	YTN	YTN
5	MBC	MBC	MBC	MBC	한국일보	SBS	KBS	KBS	KBS	KBS	SBS
6	한국일보	SBS	한국일보	한국일보	MBC	한국일보	한국일보	SBS	SBS	SBS	연합뉴스TV
7	오마이뉴스	한국일보	오마이뉴스	중앙일보	오마이뉴스	MBN	중앙일보	한국일보	중앙일보	중앙일보	중앙일보
8	중앙일보	국민일보	SBS	SBS	노컷뉴스	중앙일보	뉴스Y	중앙일보	연합뉴스TV	연합뉴스TV	노컷뉴스

순위	공정성										
	2007	2008	2009	2010	2011	2012	2013	2014	2015	2016	2017
1	YTN	YTN	YTN	YTN	YTN	YTN	YTN	YTN	YTN	JTBC	JTBC
2	KBS	KBS	경향신문	한국일보	한국일보	SBS	SBS	JTBC	JTBC	경향신문	YTN
3	경향신문	경향신문	KBS	KBS	경향신문	한국일보	한국일보	SBS	SBS	YTN	SBS
4	MBC	MBC	MBC	MBC	KBS	KBS	경향신문	한국일보	경향신문	한겨레	경향신문
5	한국일보	다음	한국일보	경향신문	다음	경향신문	KBS	경향신문	KBS	SBS	연합뉴스TV
6	SBS	한국일보	한겨레	다음	네이버	MBN	뉴스Y	KBS	연합뉴스TV	노컷뉴스	한겨레
7	한겨레	한겨레	다음	SBS	한겨레	뉴스Y	MBN	뉴스Y	한겨레	연합뉴스TV	노컷뉴스
8	다음	SBS	네이버	네이버	SBS	노컷뉴스	JTBC	MBN	노컷뉴스	중앙일보	중앙일보

순위	유용성										
	2007	2008	2009	2010	2011	2012	2013	2014	2015	2016	2017
1	KBS	KBS	네이버	네이버	네이버	SBS	SBS	JTBC	JTBC	JTBC	JTBC
2	YTN	YTN	다음	다음	다음	YTN	YTN	YTN	SBS	한겨레	YTN
3	MBC	MBC	MBC	MBC	KBS	KBS	KBS	SBS	YTN	경향신문	SBS
4	네이버	다음	KBS	KBS	YTN	한겨레	중앙일보	KBS	중앙일보	YTN	한겨레
5	중앙일보	네이버	YTN	YTN	MBC	중앙일보	한겨레	중앙일보	KBS	중앙일보	경향신문
6	조선일보	SBS	SBS	중앙일보	중앙일보	조선일보	경향신문	한겨레	한겨레	노컷뉴스	중앙일보
7	다음	중앙일보	중앙일보	조선일보	SBS	경향신문	조선일보	경향신문	경향신문	SBS	연합뉴스TV
8	SBS	한겨레	조선일보	네이트	조선일보	오마이뉴스	뉴스Y	조선일보	노컷뉴스	연합뉴스TV	노컷뉴스

자료 : 미디어미래연구소(2007~2017).

에 불과했다. 이는 2014년(6.7%)과 2015년(5.3%)보다 줄어든 것이다(김봉기, 2017).

미디어미래연구소는 자체 개발한 미디어 평가 시스템을 활용해 한국언론학회 회원들을 대상으로 매년 미디어 평가 조사를 실시한 결과를 발표한다. 2007년부터 2017년까지 각 부분별 상위를 차지한 매체는 〈표 1-3〉에서 제시하는 바와 같다. 2011년까지는 포털도 포함하여 조사했으나 조사 대상을 언론에 국한했기 때문에 네이버나 다음과 같은 포털은 이후 제외했다.

방송의 영향은 방송과 수용자 양자 관계에만 국한되지 않는다. 방송은 사회적 총체성 속에서 나타나기 때문에 텔레비전이 시청자에게 행사하는 힘을 이해하려면 경험의 해석과 관련 있는 필요, 동기, 의도, 가치관, 이해관계 등의 역동적인 상호 침투가 반드시 고려되어야 한다(Lodziak, 1986: 20).

4. 방송의 특성

방송의 특성에 대해서는 연구자마다 조금씩 다르게 정의한다. 김우룡은 방송이 갖는 매체적 특성으로 세 가지를 든다(김우룡, 2002: 476). 첫째, 사회적 공기로서 어떤 매체보다 큰 영향력을 가진다. 방송 메시지가 지니는 사회적 영향력을 고려할 때 방송 메시지에 대한 규제와 심의는 정당화된다. 둘째, 방송은 집단이 시청하는 가족 매체이므로 가정의 윤리를 중시하지 않을 수 없다. 셋째, 연극·영화와는 달리 방송은 그 광파성으로 인해 도시와 농촌, 남녀노소의 구별 없이 무차별적으로 노출된다.

필자는 방송의 특성을 좀 더 세분화해 다음과 같이 정의한다(한진만, 2000: 32~37 수정·보완).

① 방송은 전파라는 공적 자원을 활용한다. 즉, 방송 전파의 소유권과 방송 활동의 주권이 수용자에게 있다. 방송은 전파를 자원으로 하며, 방송국을 운영하려면 주파수나 채널을 할당받아야 하고 방송국 간 전파 간섭이 없도록 일정한 거리와 간격이 필요하다. 이렇듯 사용 가능한 전파가 제한되어 있기 때문에 방송은 특정 개인이나 집단이 소유할 수 없는 공공의 소유물이라는 인식이 지배적이다. 나라마다 정도와 해석의 차이가 있지만 공적 자원을 이용하는 방송은 사회 전체의 이익, 즉 공익을 위해 사용해야 한다는 사회적 합의가 전제되어 있다(공영방송발전연구위원회, 1994: 35).

② 방송은 시간성을 지닌다. 인쇄 매체가 지면이라는 공간에 의해 제약받는다면 방송은 시간에 의해 제약된다고 할 수 있다. 방송 시간은 아무리 길어야 24시간을 초과할 수 없으며, 어느 한순간을 놓치면 그 내용을 다시 접하는 데 많은 어려움을 겪는다. 따라서 방송은 인쇄 매체에 비해 심층 보도나 논평 또는 세부 내용을 전달하는 데 제약이 있으며 기록성이 약하다. 그런데 방송은 시간에 의해 제약받기도 하지만 시간성을 특성으로 하기도 한다. 인쇄 매체에 비해 방송 매체는 신속성과 동시성을 장점으로 지닌다.

③ 방송은 공적 성격을 갖는다. 일반적인 매스미디어가 그러하듯 방송도 사적인 커뮤니케이션 형태가 아니라 공개적·공공적·사회적 성격을 갖는다. 따라서 방송 언어는 그 사회의 공통어이면서도 누구나 이해할 수 있도록 쉬워야 한다. 또한 방송 내용은 파급 효과나 규범, 관습 등을 고려해 윤리적·법적 테두리 내에서 다루어져야 한다. 방송의 공적 성격으로 인해 방송에서 전달한 내용은 공신력 있는 것으로 믿어지는 경향이 있다. 이러한 특성으로 인해 방송에 등장하는 인물에게 신뢰할 만한 지위를 부여하기도 한다.

④ 방송은 현실감 또는 현장감을 특성으로 한다. 방송에서 보여주는 현장은 대체로 인간이 중심이 되어 인간관계를 풀어가는 과정을 묘사하는 경향이 있다. 방송에서 보여주는 등장인물 간의 커뮤니케이션 행위는 일상생활에서 시청자가 겪는 커뮤니케이션 행위와 비슷한 분위기를 연출함으로써 시청자가 프로그램 내용에 직접 참여하게 하는 효과가 있다. 그렇기 때문에 방송은 현실감이나 현장감을 표현하는 데 다른 매체보다 월등하게 강력한 영향력이 있다. 심리적으로 '내가 바로 그 현장'을 목격하고 있으며, 그 현장에 참여하고 있다는 현실감을 느낀다.

⑤ 방송은 일상성을 갖는다. 방송은 '생활의 주류'나 '문화의 주류'를 이룬다고 평가될 정도로 우리의 생활 속에 깊숙이 자리 잡았다. 라디오는 개인 방이나 주방 또는 자동차에서 개인 매체로 이용되는 반면, 텔레비전은 여전히 거실이나 안방에서 중심적인 위치를 차지하며 기술의 발달로 이동하면서도 시청이 가능해짐에 따라 개인 매체로서 이용되기도 한다. 또한 방송 프로그램을 배열하는 편성은 대체로 수용자의 생활 주기와 일치하는 경향이 있기 때문에 방송은 더욱 일상생활의 한 부분이 되었다. 경우에 따라서 언제 어떤 프로그램을 시청할지 자연스럽게 정하는 시청 습관이 형성되기도 한다.

⑥ 방송은 동시성을 특성으로 한다. 방송은 라디오 수신기나 텔레비전 수상기가 있어야 한다는 전제가 있지만, 공간적으로 떨어져 있는 수용자를 동시에 연결해 동일한 내용을 접하거나 방송에 동시 참여를 가능하게 한다. 지구의

반대편이나 먼 해상 또는 우주공간 등 전파가 도달하는 모든 곳에서 일어나는 일들을 거의 동시에 접할 수 있게 해준다.

⑦ 방송은 동조성을 갖는다. 방송 내용은 그 사회가 추구하는 가치관이나 관습 또는 규범을 반영하는 경향이 있다. 일반적으로 프로그램에서 묘사하는 도덕이나 가치관, 생활양식은 그 사회가 요구하는 수준에서 제시된다. 방송 내용은 자연히 파격적인 변화나 개혁보다는 안정적이고 중립적·중도적이며 중간적 다수를 따르는 경향이 있다.

⑧ 방송은 일회성을 갖는다. 일회성은 시간에 의해 제약받는 전파 매체의 공통적인 특성이다. 시청자가 프로그램이 방송되는 시간을 놓치면 녹음이나 녹화라는 보조 수단을 동원하지 않으면 다시 접하기가 불가능하다. 특정 프로그램을 보고 듣기 위해 별도의 노력을 기울여야 한다. 또한 아무리 많은 투자와 노력을 기울인 프로그램이라 할지라도 그 수명이 매우 짧을 수밖에 없다. 일회성으로 인해 방송에서 전달하는 내용은 시청자가 쉽게 이해할 수 있도록 제작되어야 한다. 요즈음에는 케이블 TV나 IPTV를 통해 DB화한 특정 프로그램 다시 보기가 가능하지만, DB화하지 않은 프로그램을 다시 보려면 방송사(자회사)로부터 프로그램을 구매해야 한다. 방송사의 입장에서 재방송이나 순환 편성 등의 방법으로 프로그램을 재활용하려고 하지만 이는 극히 제한적일 수밖에 없다.

⑨ 방송은 화제성을 특성으로 한다. 방송은 대화에 필요한 화제를 제공하는 기능을 한다. 세간의 관심을 끌 만한 프로그램이 방송될 경우 그 내용은 사람들의 대화에서 주된 소재가 되기도 한다. 방송은 화제를 신속하게 끊임없이 공급하기 때문에 방송 내용을 접한 사람은 그렇지 못한 사람보다 대화에 필요한 정보를 더 많이 갖고 대화를 주도하거나 적극 참여하게 된다. 한편 방송 내용을 듣거나 보지 못한 사람은 대화에서 소외되거나 소극적으로 참여하게 되는 경향이 있다.

⑩ 방송은 현실도피성을 갖는다. 사람들은 일상생활의 속박이나 책임에서

벗어나거나 갈등을 해소하기 위해 현실을 떠나 환상과 꿈의 세계인 가상 세계를 찾으려 한다. 인간은 심리적으로 균형을 유지하려는 경향이 있는데 어려움에 처하거나 갈등을 느낄 때 방송은 현실의 어려움과 갈등을 회피할 수 있는 요인을 제공해 만족감을 느끼게 한다. 그러나 이러한 현실도피의 조장은 비판적 시각을 갖지 않게 하거나 고민하지 않고 단순히 편안함만을 추구하게 하는 마취 또는 우민화 경향을 강화한다는 비판을 받기도 한다.

⑪ 방송은 대리 만족성을 갖는다. 사람들은 경제적이든 윤리적이든 법적이든 또는 그 어떤 이유로든 자신의 욕구를 제대로 충족시키지 못하는 경우가 종종 있다. 시청자는 현실 세계에서 충족되지 않는 이러한 욕구를 방송 내용으로 대신 충족시키는 경향이 있다. 즉, 자신이 현실 세계에서 직접 행하거나 경험하지 못한 것을 방송 프로그램 속의 인물을 통해 간접 경험하곤 한다.

⑫ 방송은 학습 모방의 특성을 갖는다. 인간은 자극에 대한 반응이라는 단순하고 직접적인 관계뿐만 아니라 관찰을 통한 간접적 모방으로도 쉽게 학습한다. 대부분의 인간은 타인의 행위를 관찰함으로써 새로운 행위가 어떻게 연출되는지 학습하고 이것이 실제 행위의 지표로 작용하곤 한다. 사람들은 관찰을 통해 무엇보다도 판단 경향, 언어의 표현법, 개념의 골격, 행위의 기준 등을 습득한다. 방송 프로그램을 통해 그들이 약간 또는 거의 부분적으로 접촉할 수밖에 없는 사회 현실에 대한 인상을 형성한다. 시청자는 예전에 갖지 않았던 것을 새로 학습할 뿐만 아니라 이전에 관찰했던 것과 새로 관찰한 것을 서로 혼합해 새로운 유형의 행위를 만들어낼 수도 있다. 그러나 학습이 모두 모방으로 이어지지는 않는다. 개인의 성향이나 주변 여건에 따라 시청한 것이 단순한 학습으로 그치는 경우도 있다.

⑬ 방송은 고정관념을 형성한다. 방송은 시청자가 사물이나 현실 세계를 이해하고 판단하는 중요한 근거(기준)로 작용한다. 방송은 시청자가 방송의 세계를 실제 세계로 착각하게 만들기도 한다. 남녀 성별과 관련된 편견이나 직업에 대한 선호도 또는 인종적 편견도 고정관념과 관련해 설명할 수 있다. 조지

거브너(George Gerbner)는 방송을 많이 시청하는 사람일수록 그렇지 않은 사람에 비해 텔레비전의 세계를 현실 세계로 인식하려는 경향이 있다는 배양 효과(cultivation effect)를 주장했다.

⑭ 방송은 묘사성이 있다. 라디오는 소리를 통해 시공간을 초월한 무한한 상상의 세계를 창출하는 특성을 갖는다. 텔레비전은 소리와 그림에 의해 제한받기 때문에 화면으로는 실제의 현상만 제시할 수 있는 제한이 있다. 이에 반해 라디오는 소리에만 의존하기 때문에 스튜디오에서 산속이나 육지와 멀리 떨어진 바다의 한가운데 또는 심지어 먼 우주공간 등 스튜디오 밖의 어떠한 세계도 만들어낼 수 있다. 텔레비전으로 제시되는 그림은 텔레비전 화면에 의해 제한받는 반면, 라디오가 그리는 그림은 청취자의 마음으로 결정된다.

⑮ 방송은 병행성을 갖는다. 텔레비전은 다른 일을 하면서 시청하기 어렵지만 라디오는 다른 일을 하면서도 청취할 수 있는 매체이다. 집안일이나 식사를 하면서 또는 자동차를 운전하면서 라디오를 들을 수 있으며, 때때로 라디오는 일의 효율성을 증진시키는 요인으로 작용하기도 한다. 심지어 일부 청소년은 공부할 때도 라디오의 음악 프로그램을 들어야 더 잘된다는 반응을 보이기도 한다. 반면에 이러한 병행성은 매체의 집중이나 프로그램의 몰입을 약화시키는 요인으로 작용하기도 한다.

5. 방송의 공익성과 공공성

다른 매체와 달리 방송은 특히 공공성과 공익성이 강조된다. 공익은 공공(public)과 이익(interest)의 합성어로 사전적으로 ① 일반에게 공개된 것, 잘 알려진 것, ② 전 국민이나 국가, 정부에 관련되었거나 영향을 미치는 것, ③ 일반 공중에 관련된 것 또는 이들에 의해 이용되거나 공유되는 것(곳), 공중화장실, 공영주택 등 ④ 사적인 것과 반대로 공동체 이익과 관련된 것 등의 의미를 갖는다(윤석민, 2007).

방송에서 공익성은 쉽게 언급되는 용어이지만 그 개념은 매우 복잡하고 애매하다. 특히 공익성과 공공성은 흔히 혼동해서 사용된다. 이 두 개념을 간단하게 구분하면, 전파를 공적으로 소유하는 측면에서 말하는 절대적 개념을 공공성이라고 하고, 방송의 주인인 수용자 대중의 이익이라는 측면에서 본 방송 활동의 기준을 공익성이라고 할 수 있다(김영임·김우룡, 1997: 23).

1) 공익성

공공의 이익이란 흔히 보편화된 가치, 공동체의 권익, 재화나 용역의 사회적 효용 가치 극대화, 미래의 이익이나 효용성, 다수의 이익, 사회적 약자의 이익 같은 요소를 포함하는 것으로 이해된다(백완기, 1981). 그러나 공익의 개념은 시대와 상황에 따라 변하기 때문에 그 의미가 불명료하다. 많은 경우 '공익'은 사회 통합을 위한 사회 체계로서 또는 통치 이데올로기로 기능해온 면이 강하다(최영묵, 1997: 54). 공익성 개념이 방송의 성과를 판단하는 중요한 규범 체계로 간주되지만, 방송의 공익성이 무엇을 뜻하는지 명확하게 규정되지 않음으로써 주의·주장 간의 불일치를 조성하는 것이 현실이다(김동규, 1996: 38).

전파라는 유한한 공적 자원에 의존하는 방송이 공익성을 추구하는 것은 당연하다. 그런 이유로 어느 나라 어느 방송사를 막론하고 프로그램을 통한 공익 실현을 표방한다(최영묵, 1997: 55). 최근 급격한 방송 환경의 변화 아래 제기되는 바람직한 방송상 정립에 관한 논의에서도 공익성은 여전히 중심적 주제로 자리 잡고 있다. 방송 기술의 발달로 종래 방송 규제의 근거였던 전파 희소성의 명분이 약화되었으며, 채널의 증가로 시청자 선택의 폭이 넓어지는 상황에서 종래처럼 방송을 규제하는 것이 공익에 부합되는지, 아니면 규제를 완화하거나 철폐하는 것이 오히려 공익에 부합되는지에 대한 의견이 엇갈리고 있다(공영방송발전연구위원회, 1994: 36).

한국 방송에서 공익성 개념이 제도화된 계기는 전두환 군사정권에 의해 추진된 언론통폐합 조치(1980년 12월 1일)이다. 언론사 통폐합 조치로 동양방송 (TBC)은 KBS에 흡수되고, MBC의 소유권은 공익 법인 5·16장학회와 KBS에 귀속됨으로써 KBS 중심의 공영방송 제도가 도입되었다. 방송의 공익성과 공공성 개념이 '방송법'과 공영방송 제도를 정당화하는 원리로 작동하면서 한국 방송의 구조는 공익성을 중심으로 전개되어왔다(정용준, 2008).

맥퀘일(Denis Mcquail)은 언론의 공익성을 제도화하기 위해 고려해야 할 사항을 다음과 같이 제시한다(맥퀘일, 2002: 173~174). ① 언론 소유의 다양성이 보장되어야 한다. ② 언론의 자유가 보장되어야 한다. ③ 공중에게 유용한 정보의 다양성이 보장되어야 한다. ④ 의견과 표현의 다양성이 보장되어야 한다. ⑤ 정보가 사회 구성원 모두에게 보편적으로 전달될 수 있어야 한다. ⑥ 공중에게 유용한 정보와 문화의 질적인 고려가 있어야 한다. ⑦ 민주적인 정치 시스템에 대한 적절한 지지가 필요하다. ⑧ 법체계에 대한 존중이 필요하다. ⑨ 개인과 일반적 인권에 대한 존중이 있어야 한다.

2) 공공성

공공성이란 사전적 의미로 어떤 사물이나 기관 등이 일반 사회 전체에 이해관계를 미치는 특성으로 정의되지만 사용하는 시간과 장소 또는 주체에 따라 개념 자체가 매우 추상적이고 모호하다. 또한 영어로 'public'은 '사회 내의 공동선'을 의미한다. 『웹스터 사전(Webster's New College Dictionary)』(1981)에 의하면 형용사형 'public'은 국가 또는 정부와 공공 기관에 의해 이루어지는 행위 일체, 다수의 사람에게 공통적으로 또는 보편적으로 관련되는 경우, 공익을 추구하는 경우이다. 공적인 것의 핵심 요소는 접근 가능성과 공유성, 즉 사람들에게 알려지는 것을 의미한다(미디어공공성위원회, 2009).

일반적으로 방송의 공공성은 방송 자원의 소유적 근거, 전파 자원의 제한성 근거, 국가 이익적 근거, 국민의 이익적 근거, 사회문화적 근거에 따라 생겨난 개념이다(김규, 1996: 69~70 재구성). 첫째, 방송 자원의 소유적 근거는 방송 자원인 전파의 소유권이 국민에게 있으며 방송국은 국민이 소유한 재산의 일부인 전파를 대여·사용하기 때문에 공공성이 의무화된다는 것이다. 둘째, 전파 자원의 제한성 근거는 방송은 제한된 전파 자원을 이용해 운용되기 때문에 강력한 공공성을 발휘하도록 규제되어야 한다는 것이다. 그러나 전파 자원의 제한성 근거는 전파 기술의 발달로 더는 설득력을 얻기 힘들게 되었다. 셋째, 국가 이익적 근거는 정부가 국가 이익을 위해 방송을 이용할 수 있다는 것이다. 또한 방송의 합리적인 관리와 규제가 개인이나 소집단의 손에 맡겨지기에는 방송의 영향력이 너무 크므로 그 규제와 관리가 국민을 대표하는 정부에 위임된다. 정부는 방송을 대외 활동, 국가 이익, 국민의 결손, 국민과 정부 간의 원활한 관계 수립 등 국가 이익을 위해 이용할 수 있는 근거를 마련한다. 넷째, 국민 이익적 근거는 방송에 필요한 재정적 부담은 방송광고나 수신료 등을 통해서 이루어지는데, 이것은 궁극적으로 국민에게 의존한다는 사실 때문에 방송은 국민의 이익을 적극적으로 모색해 충족시켜줄 의무가 있는 것이다. 다섯째, 사회문화적 근거는 방송에 접하는 시간이 생활의 일부가 되었으며 방송의 영향력은 무시할 수 없을 정도로 크기 때문에 방송의 내용은 필연적으로 공공성에 부합해야 함을 의미한다.

사실상 방송에서 공공성을 확보하는 문제는 국가와 자본(경제사회) 그리고 시민사회의 영역에 걸쳐 있다고 할 수 있는데, 전통적인 공공성 확보 방법은 국가에 의한 '방송법' 같은 법적 규제를 통해서이다. 자본과 관련해서는 자본에 대한 국가의 법적 규제를 통해 거대 언론 매체가 여론 시장을 독과점하려는 것을 방지하는 것이다. 수용자의 관점에서는 시민이 소극적인 수용자가 아닌 적극적인 참여자의 지위를 획득함으로써 방송의 공공성을 확보할 수 있다(미디어공공성위원회, 2009).

제2장

방송 규제

방송에 대한 규제는 방송 매체별로 차이를 보인다. 무료 보편적 서비스인 지상파방송은 유료방송인 케이블 텔레비전이나 위성방송 또는 IPTV에 비해 규제가 엄격하다. 이 장에서는 방송 규제 기구를 내적·외적 규제로 구별하고 내적 규제 기구로서 방송사가 자율적으로 심의하는 제도를 방송사별로 정리·제시하며, 외적 규제 기구로는 2008년 출범한 방송통신위원회와 방송통신심의위원회를 다룰 것이다.

방송통신위원회는 대통령 소속으로 소유 규제와 진입 규제 등을 중점으로 다룬다. 방송통신위원회는 심의와 관련해 방송통신심의위원회에서 요청하는 행정처분을 사업자에게 명하는 역할을 한다. 방송통신심의위원회는 민간 기구로 직무상 독립 기구이며 합의제 의결기관의 위상을 갖추고 있다. 방송통신심의위원회는 결정한 제재 조치의 처분(행정처분)을 방송통신위원회에 요청한다.

방송 규제를 진입 규제, 내용 규제, 소유 규제 등 세 가지 관점에서 살펴볼 것이다. 진입 규제에서는 허가와 재허가, 내용 규제에서는 방송 심의에 대한 논의와 편성쿼터제, 소유 규제에서는 지상파방송, 종합편성채널, 보도전문편성채널의 소유 규제, 신문과 방송의 겸영, 방송사 간 겸영 등 각 영역별 쟁점을 중심으로 다룰 것이다.

1. 방송 규제 법제의 변화

1) 방송규제의 의미와 근거

규제란 공공의 이익을 위해 국가가 사적 활동을 제한하는 것을 말한다. 규제는 좁은 의미에서 경제활동 영역에 대한 것으로 국한될 수 있지만, 넓은 의미에서 국가가 민간인의 사회적·경제적 상호 작용에 개입하는 것까지 포함한다. 즉, 규제란 바람직한 경제사회 질서의 구현을 위해 정부가 시장에 개입해 기업과 개인의 행위를 제약하는 것으로 정의할 수 있다(정인숙, 1999). 방송업이 규제를 받는 전통적인 근거는 첫째, 방송업이 사용하는 주파수가 희귀 자원이라는 점, 둘째, 방송 서비스는 전파라는 공적 자원을 활용하는 특성을 지녔다는 점, 셋째, 방송의 정치적·사회적·문화적 영향력이 크다는 점이다(정두남, 2007). 이런 방송을 시장에만 맡겨놓으면 필연적으로 시장의 실패가 야기된다는 것이다.

2) 방송규제의 범주

나라마다 방송 규제의 정도와 형식이 다르지만 새들러(Roger Sadler)는 역사적으로 다음과 같이 크게 네 가지 범주로 나눈다(Sadler, 2008). 첫째, 독재국가나 공산국가에서 볼 수 있듯이, 정부가 방송의 재정을 지원하면서 방송 내용을 엄격히 통제하는 권위주의적 방송 규제가 있다. 둘째, 방송 내용이 자유시장과 정부 규제의 복합으로 결정되나, 정부가 방송의 공익적 역할을 강조하며 시장보다 더 큰 역할을 하는 가부장적 방송 규제가 있다. 셋째, 광고가 방송의 주요 수입원인 것에 근거해 수용자와 시장이 방송 내용을 결정하는 지배적인 힘으로 작용하는 허용적 방송 규제가 있다. 넷째, 정부가 주의 깊게 시장과 공익의 균형을 꾀해 방송이 다양한 수용자의 취향을 만족시킬 뿐 아니라 귀중한

〈표 2-1〉 해방 후 한국 방송 법제의 변화

구분	'방송법'과 관련 법제		방송 체제와 정책
미 군정		- '방송 규칙'(1946)	- 군정청 소속(국영 체제)
자유당 정권		- '방송사업특별회계법'(1950) - '지방방송국설치법'(1950) - '방송의 일반적인 기준에 관한 내규'(1950)	- 국영 독점 마감(국·민영) - 1954년 기독교방송 개국 - 1956년 HLKZ TV 개국 - 1959년 부산문화방송 개국(상업방송 시작)
군사 정권		- '유선방송수신관리법'(1961) - '전파관리법'(1961) - '국영텔레비전운영사업법'에 관한 임시조치법'(1962, 1992년까지 12차례 개정)	- KBS TV 개국(1961)
3공화국	'방송법' 제정(1963) '방송법' 개정(1964)	- '언론윤리위원회법'(1964) - 방송윤리규정(1967)	- 방송윤리위 발족(1962, 자율 기구) - 방송윤리위 법정 기구화(언론계 반발로 38일 만에 표류)
유신	'방송법' 개정(1973)	- '한국방송공사법'(1973)	- 방송 정화 조치(1971) - KBS 공영화(공·민영) - '방송정화안' 발표(1979)
5공화국	'언론기본법'(1980)	- '한국방송광고공사법'(1980)	- 통폐합, 방송위원회 설치(공영 독점)
6공화국	'방송법' 제정(1987) '방송법' 개정(1990)	- '방송문화진흥회법'(1988) - '종합유선방송법'(1991) - '전파법' 개정(1992)	- 방송위원회 강화 - 상업방송 SBS 허용(공·민영) - CATV 시대 대비
문민정부	'방송법' 개정 실패(1995)		- 관련 법 통합, 산업 논리로 개편 시도
DJ정부	'통합방송법'(2001)		- 방송위 위상 강화
참여정부		- 'IPTV법' 제정(2008)	- 통신사업자 방송 영역 진출
MB정부	'방송법' 개정(2009)	- '방송광고공사법' 개정(2009)	- 대기업, 신문사 방송 참여 허용 - 방송광고 대행 경쟁 체제로

자료: 최영묵(2010: 54).

공적 서비스를 제공하게 하는, 가부장적 규제와 허용적 규제가 혼합된 다원주의 방송 규제가 있다. 미국은 허용적 방송 규제를, 영국·독일·프랑스·일본 등은 다원주의 방송 규제를 채택한다. 한국은 겉으로는 다원주의 방송 규제를 취한다고 할 수 있으나 실제로는 정부의 힘이 강력하다는 점에서 가부장적 방송 규제 국가에 더 가깝다고 할 수 있다.

방송에 대한 규제는 주로 '방송법'과 관련 법규에 의한다. '방송법'은 방송사업자의 허가, 소유, 겸영 등에 대해 규정한다.

3) '방송법' 제정

1960년대 초 새로운 방송국의 연이은 개국으로 방송에 관한 기본 법규의 필요성이 나타나게 되었으며, 그것은 곧 '방송법'의 제정으로 이어졌다. 당시 입법권을 가지고 있었던 국가재건최고위원회 상임위원회는 방송규제기구인 방송윤리위원회를 법제화하는 등 초보적인 수준의 규제에 목적을 둔 5장 22개조로 구성된 '방송법'(제정 1963.12.16 법률 제1535호)을 의결했고, 이 법은 1964년 1월 1일부로 효력을 발휘했다(김정태, 2010).

이후 '방송법'은 〈표 2-1〉에서 볼 수 있듯이 김영삼 정부와 노무현 정부를 제외하곤 매번 개정되었다.

2. 방송 규제 기구의 변화

해방 이후 한국은 정부가 수립되기 전까지 미 군정청의 지배를 받았다. 미국은 상업방송 체제를 채택하고 있었지만 미 군정청은 한국 방송을 군정청 소속의 국영방송 체제로 운영했다. 이는 아마도 제2차 세계대전 이후 일본을 점령하면서 방송에 대해 경험했던 바와 당시 좌익계 활동에 대한 경계의 일환으로 보인다.

정부 수립 이후 자유당 정권에서는 방송 정책·행정 권한을 독임제 관청인 정부 부처가 담당했다. 군사정권의 등장과 더불어 국영방송인 KBS 텔레비전 방송의 개국으로 '임시조치법'이 만들어졌다. 제3공화국에서는 '방송법'의 제

〈표 2-2〉 방송 정책 담당 행정 부처의 변화

시기	부처명	비고
일제강점기	조선총독부 체신국	내용 규제는 조선방송심의회
미 군정기	미 군정청 공보실 방송관리국	
1948~1956	공보처 방송국	방송국 허가는 체신부
1956~1968	공보처 방송관리국	1961년 공보부로 개칭
1968~1990	문화공보부	
1990~1999	공보처	1990년 1월 문화부 신설 1999년 5월 국정홍보처(방송 기능 통합방송위로 이관)
2000~2008	통합방송위원회	방송 정책·규제 총괄위원회, 문화관광부와 정책 조율
2008.3	방송통신위원회	방송위원회와 정보통신부 통합
2013.4	미래창조과학부	SO, 일반 PP, IPTV
	방송통신위원회	지상파방송, 종합편성채널 등 보도를 하는 채널사용사업자

자료: 최영묵(2010: 151).

정(1963년)과 개정(1964년)이 있었으며, 방송 내용의 규제를 위해 1962년에 발족한 자율 기구인 방송윤리위원회는 한동안 언론계의 반발로 표류하다가 이후 법정 기구가 되었다. 유신헌법이 통과되고 '방송법'이 개정(1973년)되었으며, '한국방송공사법'(1973년)에 의해 KBS는 한국방송공사가 되어 공영방송의 길을 가게 되었다. 그러나 일련의 방송 정화 조치가 실시되고(1971) 1979년 방송 정화안이 발표되는 등 방송에 대한 통제가 더욱 심해졌다. 한편 1987년 6·29선언 이후 방송에 대한 민주화 바람이 일어 상대적으로 방송에 대한 통제는 약화되었다.

케이블 TV 도입 정책에 따라 1992년 '종합유선방송법'에 의거해 케이블 TV 규제기관인 종합유선방송위원회가 설립되었다. 합의제 기관인 방송위원회와 종합유선방송위원회는 방송 정책 및 행정에 관한 고유 권한 없이 방송 프로그램의 내용 규제와 일부 행정 기능을 담당하는 등 소극적 규제 업무를 수행하고, 총괄적인 방송 정책과 행정은 정부 부처가 담당해왔다.

이후 1998년 방송 행정에 관한 사항을 독립된 합의제 기관으로 이관한다는 규정과 2000년 '방송법'의 제정·시행으로 방송 관련 사항, 중계유선방송사업 관련 사항, 교육방송원(EBS) 관련 사항, 방송 행정 및 정책 관련 사항이 방송위원회로 이관되었다. 2008년 방송·통신 총괄 기관인 방송통신위원회가 대통령 직속기관이면서도 합의제 기관으로 특수한 위상을 갖추고 탄생했다.

그런데 2013년 박근혜정부가 들어서면서 방송 정책이 방송통신위원회와 미래창조과학부로 이원화되었다. 지상파방송과 종합편성채널 등 보도를 하는 방송채널사용사업자(PP)는 기존의 방송통신위원회에서 맡고 그 밖의 유료방송은 신설된 미래창조과학부에서 맡게 된 것이다. 2017년 문재인 정부에선 미래창조과학부가 과학기술정보통신부로 바뀌었다.

3. 방송 규제에 대한 논의[1]

방송 매체는 다른 매체와 달리 여러 규제에 의해 방송 행위를 제한받는다. 방송 규제 기구는 방송사 내부와 외부 기구로 구별할 수 있다.

1) 방송사 내부의 심의 기구

지상파 네트워크의 중앙 3사는 모두 심의 전담 부서를 두고 자율적으로 심의한다.

KBS는 직제상 사장 직속으로 심의실을 둔다. KBS는 「KBS 방송 제작 가이드라인」을 만들어 방송 프로그램 제작에 참고하게 한다. 물론 모든 프로그램은 방송통신심의위원회의 '방송 심의 관련 규정'을 준수한다. 이를 위해 사규인 'KBS 방송 심의 규정'에 따라 방송 프로그램은 심의 부서에서 사전·사후

---

1 이 절은 한진만 외(2010: 57~87)를 수정·보완.

심의를 받아야 한다. 단, 뉴스와 생방송, 지역에서 제작·송출하는 프로그램 등 심의 부서가 해당 부서에 위임한 프로그램은 사전 심의를 대신할 수 있도록 한다.

MBC는 직제상 편성제작본부 편성국 심의평가부에서 심의를 담당한다. 심의 관련 내부 규정으로 '방송 심의 규정'이 있으며, 심의의 종류로는 대본 심의, 제작물 심의, 프로그램 모니터, 프로그램 등급 심의, 가요·뮤직비디오 심의, 출연 제한 심의, 표절 심의 등이 있다. 본사가 운영하는 방송 채널을 통해 방송되는 모든 프로그램 또는 기타 방송물은 이 규정에 의해 방송 전에 자체 심의를 받도록 하는데, 보도 프로그램은 사전 심의 대상에서 제외한다.

SBS는 직제상 기획실에 속한 심의팀에서 방송통신위원회(옛 방송위) 심의 규정집에 따라 심의를 진행한다. 다만 사규에 심의 관련 내용을 포함하고 있으며 노사 합의로 만든 기구인 '편성위원회', '시청자위원회'에서 심의팀에 의뢰·이첩한 내용 중 선별해 다루기도 한다.

2) 방송사 외부의 규제 기구

방송사 외부의 규제 기구는 방송통신위원회와 방송통신심의위원회이다. 방송통신위원회는 소유 규제와 진입 규제 그리고 내용 규제 중 편성쿼터제 등을 중점 심의하고, 방송통신심의위원회는 내용 규제 중 개별 프로그램을 중점 심의한다.

(1) 방송통신위원회
방송통신위원회 설치의 근간은 '방송통신위원회의 운영 및 설치에 관한 법률'이다. 이 법은 방송과 통신의 융합 환경에 능동적으로 대응해 방송의 자유와 공공성·공익성을 높이고, 방송·통신의 국제 경쟁력을 강화하며, 방송통신위원회의 독립적 운영을 보장함으로써 국민의 권익 보호와 공공복리의 증진에 이바지함을 목적으로 한다. 이 법 제3조는 방송과 통신에 관한 업무를 수행하기 위해 방송통신위원회를 대통령 소속으로 두도록 규정한다. 이 법의 제2조(운영 원칙)에는 "방송통신위원회는 방송과 통신 이용자의 복지 및 보편적 서비스의 실현을 위해 노력해야 하며, 방송·통신 기술과 서비스의 발전을 장려하며 공정한 경쟁 환경의 조성을 위해 노력해야 한다"고 적고 있다. 나아가 방송통신사업이 공공의 이익에 부합될 수 있도록 필요한 대책을 마련하도록 명시한다.

방송통신위원회는 위원장 1인, 부위원장 1인을 포함해 상임위원 5인으로 구성되며, 위원은 정무직 공무원으로 정무위원이 된다. 위원 5인 중 위원장을 포함한 2인은 대통령이 지명하고 3인은 국회가 추천하는데, 국회 추천 3인 중 대통령이 소속되거나 소속되었던 정당의 교섭단체가 1인을 추천하고 그 외 교섭단체가 2인을 추천한다. 위원의 임기는 3년으로 하되, 1회에 한하여 연임할 수 있다. 방송통신위원회에서는 방송사업자의 허가·재허가·승인·등록·취소에 관한 사항, 통신사업의 허가·취소 등에 관한 사항, 방송·통신사업자의 금지 행위에 대한 조치와 과징금 부과에 관한 사항 등 방송·통신에 관한 전반적인 내용을 다룬다.

(2) 방송통신심의위원회

방송 통신의 융합 환경에 따라 규제 체계에 변화가 나타났다. '방송통신위원회의 설치 및 운영에 관한 법률' 제18조 제1항에는 방송 내용의 공공성 및 공정성을 보장하고 건전한 정보통신문화 창달 및 올바른 이용 환경 조성을 위해 방송심의위원회를 둔다고 적시되어 있다. 2008년 방송통신위원회가 설립됨에 따라 심의 기능만을 떼어서 민간 기구로 별도의 기구를 설치했다.

방송통신심의위원회의 법적 지위는 직무상 독립 기구이며 합의제 의결기관이다. 따라서 방송통신심의위원회 위원의 독립적 직무 수행과 임기 및 신분을 보장하고 직무 수행에서 외부의 부당한 지시나 간섭을 받지 않도록 하고 있다. 방송통신심의위원회는 위원 9인으로 구성되며 대통령이 위촉한다. 3인은 국회의장이 국회 각 교섭단체 대표 의원과 협의·추천하고, 3인은 국회 소관상임위원회(최초 방송통신특별위원회)의 추천 의뢰를 받아 국회의장이 추천한다. 위원장과 부위원장을 포함한 상임위원 3인은 호선으로 정한다. 심의 위원의 임기는 3년이며 1회에 한하여 연임할 수 있다.

방송통신심의위원회의 권한 중 방송 부문과 관련된 권한은 다음과 같다.

첫째, 심의 규정을 위반한 사업자에 대해 제재 조치를 결정하고 조치 요청을 하는데, 결정한 제재 조치의 처분(행정처분)을 방송통신위원회에 요청한다. 방송통신위원회는 처분을 요청받으면 해당 사업자에게 제재 조치의 처분을 명한다. '방송법' 제100조 제1항에 따른 제재 조치는 '시청자에 대한 사과', '해당 방송 프로그램의 정정·수정 또는 중지', '방송 편성 책임자와 해당 방송 프로그램의 관계자에 대한 징계', '주의 또는 경고' 등이다. 원래 제재 조치 중에는 '시청자에 대한 사과'도 있었다. 그런데 2012년 8월 23일 헌법재판소는 '시청자 사과'가 "방송사업자의 의사에 반해 시청자에게 사과하도록 강요함으로써 사업자의 인격권을 제한한다"며 주의, 경고 등의 조치로도 그 목적을 달성할 수 있는데 사과를 명령하는 것은 과잉 금지의 원칙에도 반한다고 결정했다. 따라서 방송통신심의위원회의 권한에서 '시청자 사과'는 삭제되었다.

둘째, 경미한 심의 규정을 위반한 사업자에 대해 권고하고 의견을 제시한다. 심의 규정의 위반 정도가 경미해 제재 조치를 명할 정도가 아닌 경우, 해당 사업자 및 제작 관계자에 대해 직접 권고 또는 의견 제시를 한다.

4. 방송의 진입 규제

방송의 진입 규제는 '방송법' 제9조에서 명시한 대로 방송 사업을 위해 허가, 승인, 등록의 절차를 받도록 함으로써 이루어진다. 승인은 특정 방송 사업의 행위 효력을 인정하는 것이며, 허가는 전파 등 물리적 주파수 한계에 따른 진입자유 제한을 허용하는 것을 의미한다. 허가·승인받은 방송 사업을 계속 유지하기 위해서는 재허가와 재승인을 받아야 한다. 방송 유형별 허가 형태를 살펴보면 다음과 같다.

1) 방송 사업 유형별 허가

방송 사업을 하려면 방송통신위원회에서 허가를 받아야 하는데 방송 사업별로 약간씩 기준을 달리한다.

(1) 지상파방송의 허가

지상파방송사업자는 방송을 목적으로 하는 지상의 무선국을 관리·운영하며 이를 이용해 방송하는 사업자다. 지상파방송사업을 하고자 하는 자는 방송통신위원회의 허가를 받아야 한다. 이 경우 방송통신위원회는 과학기술정보통신부 장관에게 '전파법'에 따른 무선국 개설과 관련된 기술적 심사를 의뢰하고, 과학기술정보통신부 장관으로부터 송부받은 심사 결과를 허가에 반영하여야 한다(개정 2013.3.23).

(2) 종합유선방송의 허가

종합유선방송사업자는 다채널 방송을 행하기 위한 유선방송국 설비와 그 종사자의 총체를 말하는 종합유선방송국을 관리·운영하며 전송·선로 설비를 이용해 방송을 하는 사업자다. 종합유선방송사업 또는 중계유선방송사업을 하고자 하는 자는 대통령령으로 정하는 기준에 적합하게 시설과 기술을 갖추어 과학기술정보통신부 장관의 허가를 받아야 한다. 이 경우 과학기술정보통신부 장관은 미리 방송통신위원회의 동의를 받아야 한다(개정 2013.3.23). 그런데 앞의 규정에도 불구하고 대통령령이 정하는 기준에 해당하는 중계유선방송사업자가 종합유선방송사업을 하고자 할 경우에는 과학기술정보통신부 장관의 승인을 얻어야 한다(개정 2008.2.29, 2013.3.23).

(3) 위성방송의 허가

위성방송사업자는 인공위성의 무선 설비를 소유 또는 임차해 무선국을 관리·운영·이용하여 방송하는 사업자이다. 위성방송사업을 하고자 하는 자는 '전파법'으로 정하는 바에 따라 과학기술정보통신부 장관의 방송국 허가를 받아야 한다. 이때 외국 인공위성의 무선 설비(국내에서 수신될 수 있는 것에 한한다)를 이용해 위성방송을 하는 사업을 하고자 하는 자는 과학기술정보통신부 장관의 승인을 얻어야 한다. 그리고 외국 인공위성의 무선국(국내에서 수신될 수 있는 것에 한한다)의 특정 채널의 전부 또는 일부 시간에 대한 전용 사용 계약을 체결해 그 채널을 사용하고자 하는 자는 과학기술정보통신부 장관의 승인을 얻어야 한다.

(4) 방송채널사용사업자(프로그램 공급업자, PP) 등의 허가

방송채널사용사업자, 전광판방송사업 또는 음악유선방송사업을 하려는 사업자는 과학기술정보통신부에 등록해야 한다. 다만, 종합편성이나 보도 또는 상품 소개와 판매에 관한 전문편성을 행하는 방송채널사용사업을 하려면 과학기술정보통신부 장관의 승인을 얻어야 한다.

(5) 인터넷 멀티미디어 방송 사업(IPTV)의 허가

IPTV 사업을 하려면 과학기술정보통신부 장관의 허가를 받아야 한다. 사업자에 대한 허가 기간은 5년의 범위 안에서 대통령령으로 정한다. 이때 사업은 전국을 하나의 사업 권역으로 한다. '신문 등의 자유와 기능 보장에 관한 법률'에 따른 신문 또는 '뉴스 통신 진흥에 관한 법률'에 따른 뉴스 통신을 경영하는 법인(대통령령으로 정하는 특수 관계자를 포함)은 인터넷 멀티미디어 방송 제공사업자의 주식 또는 지분 총수의 100분의 49를 초과해 소유할 수 없다. 이때 해당 신문이나 뉴스 통신 경영 법인은 종합편성 또는 보도에 관한 전문편성을 행하는 인터넷 멀티미디어 방송 콘텐츠 사업자의 주식 또는 지분 총수의 100분의 49를 초과해 소유할 수 없다. IPTV 사업자는 텔레비전방송채널사용사업, 라디오방송채널사용사업 및 데이터방송채널사용사업별로 각각 전체 사업자 수의 5분의 1을 초과해 방송채널사용사업을 경영(겸영하거나 주식 또는 지분 총수의 100분의 5 이상을 소유하는 경우를 말한다)할 수 없다.

2) 외국인의 방송 진입 규제

한국의 '방송법'은 지상파방송의 경우 외국인 또는 외국 정부나 단체가 방송 사업을 하는 것을 제한한다. 2009년 '방송법' 개정 이전에는 지상파방송사업뿐만 아니라 종합편성 또는 보도에 관한 전문편성을 행하는 방송채널사용사업 및 중계유선방송사업을 행하는 자는 외국 정부나 단체 또는 외국인으로부터 재산상의 출자 또는 출연을 받을 수 없다고 명시했었다. 그러나 2009년 '방송법' 개정으로 외국 정부나 단체 또는 외국인으로부터 재산상의 출자 또는 출연에 대한 주식 또는 지분의 허용 범위를 종합편성방송채널사용사업은 100분의 20까지, 보도 전문편성을 하는 채널사용사업자는 100분의 10까지로 변경했다.

한편 위성방송사업이나 종합유선방송사업 방송채널사용사업(종합편성 또는 보도에 관한 전문편성 제외)의 경우 2009년 '방송법' 개정 이전과 이후 모두 외국인 또는 외국 정부나 단체의 출자나 출연을 허용한다. 다만 위성방송사업의 경우 주식 또는 지분 총수의 100분의 33에서 49로 변경해 다른 매체와의 형평성을 고려했으며, 종합유선방송사업·방송채널사용사업 및 전송망사업을 하는 자는 당해 법인의 주식 또는 지분 총수의 100분의 49를 초과할 수 없도록 해 변경된 사항이 없다.

외국 정부나 단체 또는 외국인 그리고 이들이 최대 주주 법인으로서 발행주식 총수의 100분의 15 이상을 그 외국 정부나 단체 또는 외국인이 소유하고 있는 법인에 해당하는 자는 다른 하나에 해당하는 자와 합산해 인터넷 멀티미디어 방송 제공 사업자 또는 인터넷 멀티미디어 방송 콘텐츠 사업자의 주식 또는 지분을 총 발행주식 또는 지분의 100분의 49를 초과해 소유하지 못한다. 이 경우 종합편성 또는 보도에 관한 전문편성을 하는 인터넷 멀티미디어 방송 콘텐츠사업자는 예외로 하는데 외국인 등은 이들 콘텐츠 사업자의 주식 또는 지분 총수의 100분의 20을 초과해 소유할 수 없도록 하고 있다.

한편 한미 자유무역협정(FTA)에 의해 2015년 3월 해외 자본이 국내 방송채널 지분을 49% 이상 보유하지 못하도록 한 법 규정이 사라지게 되었다. 따라서 보도전문채널과 종합편성채널을 제외한 일반채널에 간접출자 형식으로 해외 자본의 100% 투자가 가능해졌다.

3) 재허가

'방송법' 제17조(재허가 등)에 따르면 방송사업자(방송채널사용사업자는 제외) 및 중계유선방송사업자가 허가 유효기간의 만료 후 계속 방송을 행하고자 하는 때에는 과학기술정보통신부 장관 또는 방송통신위원회의 재허가를 받아야 한다. 이 경우 '방송법' 제9조 제1항, 제2항 및 제11항을 준용한다(개정 2008. 2.29, 2013.3.23). '방송법' 제9조 제5항의 단서 규정에 의해 승인을 얻은 방송채널사용사업자가 승인 유효기간 만료 후 계속 방송을 행하고자 하는 때에는 과학기술정보통신부 장관 또는 방송통신위원회의 재승인을 얻어야 한다.

2010년 현재 '방송법 시행령' 제16조에서는 방송사업자의 허가 및 승인의 유효기간을 5년으로 하고 있으나, 과학기술정보통신부 장관 또는 방송통신위원회는 시청자 권익 보호, 공적 책임 실현, 공정성 및 공익성 보장 등을 위해 필요하다고 판단하는 경우 '방송법' 제10조(심사 기준 절차) 및 제17조(재허가 등) 제3항에 따른 심사 결과를 고려해 2년을 초과하지 않는 범위에서 허가 및 승인의 유효기간을 단축해 허가하거나 승인할 수 있다.

지상파방송의 경우 재허가를 받지 못하는 경우는 거의 없는데 2004년 12월 31일 iTV가 당시 방송위원회로부터 재허가 추천을 받지 못해 문을 닫는 사태가 발생한 바 있다.

한편 2017년 종합편성채널 재허가에서 방송통신위원회는 3월 종편 PP 미디어렙 3사(제이티비씨미디어컴, 티브이조선미디어렙, 미디어렙에이)를 재허가하고 12월 (주)엠비엔미디어렙에 대해서도 재허가 의결을 했다(김현아, 2017. 12.4).

또한 방송통신위원회가 재허가 기준 점수에 미달한 지상파 3사에 대해 3년 기한의 조건부 재허가를 내줬다. 지상파 3사는 모두 기준점을 넘기지 못했다. KBS-1TV 646.31점, KBS-2TV 641.60점, MBC 616.31점, SBS 647.20점으로 집계되었다. 3개 지상파가 모두 재허가 기준을 충족시키지 못한 건 이번이 처음이다(노진호, 2017.12.27).

방송통신위원회는 향후 재허가 조건의 엄정한 이행을 전제로 지상파 3사에 대해 유효기간 3년의 조건부 재허가 결정을 내렸다. 방송통신위원회는 재허가 조건으로 KBS와 MBC에 대해 편성위원회 운영 개선 방안을 마련해 방송통신위원회에 제출하고, 매년 4월 이행 실적을 제출하도록 했다. 방송 제작의 자율성과 독립성 보장을 강화하기 위한 취지다. 이와 별도로 MBC에는 파업 참가자와 비참가자 간 갈등 해소와 조직 안정화를 위해 노력할 것 등을 권고했다. SBS에는 매년 기부금 공제 후 세전 이익의 15%를 공익재단에 출연해 방송 분야 등에 환원하고, 이행 결과를 매년 방송통신위원회에 제출하라고 요구했다. 또 2007년 지주회사 설립을 위한 법인 분할 시 제출한 이행 각서 사항을 지속적으로 준수해야 한다는 조건도 달았다(노진호, 2017.12.27).

그리고 심사 대상이었던 지역 MBC 중에서 유일하게 대전 MBC만 기준치에 미달했다(백선하, 2017.12.13).

5. 방송의 내용 규제

　방송 내용 규제에 대해 표현의 자유를 제한하는 조치라는 비판도 적지 않다. 그러나 방송의 공익성 구현이라는 관점에서 내용 규제의 당위성이 더 우선하는 경향이 있다. 내용 규제에 대해서는 외부 기관이 규제하는 것보다 방송사가 자율적으로 규제하는 것이 바람직하다는 의견이 지배적이다.

　방송 내용 규제는 방송 프로그램에서 표현되는 내용을 다루는 방송 심의를 통한 규제와 편성쿼터제 같은 편성 규제로 나누어 살펴볼 수 있다.

1) 방송 심의

(1) 의미

　방송 내용 규제의 제도적 표현이 곧 방송 심의라 할 수 있다. 방송 심의는 "방송의 공익성 논리를 근거로 방송의 수용자인 국민 대중이 수준 높은 다양한 방송 편성과 프로그램을 향유할 수 있도록 정부나 공공 기관, 수용자 단체, 방송인이나 방송 단체에서 각종 법규나 프로그램 기준, 윤리 강령 등을 근거로 방송 내용을 전반적으로 심사·감시·평가하고 그 결과를 가지고 방송사의 행위를 제한하는 일체의 활동"(최영묵, 1997: 207)이라는 적극적 의미로 정의할 수 있다.

(2) 외국의 사례

　방송 프로그램에 대한 심의는 각국의 방송 제도와 역사에 따라 다른 형태를 취한다. 언론 매체에서 표현의 자유를 확고히 보장하는 전통이 강한 서구 국가에서는 내용에 대한 직접적인 심의가 헌법상 국민의 기본권인 표현의 자유와 상치되므로 극히 제한적으로 규정한다. 따라서 이들 나라에서는 심의라는 말 대신 프로그램 기준(standards), 지침(guidance), 평가(evaluation) 또는 질적 통제(quality control) 같은 단어가 자주 쓰인다(최영묵, 1997: 76).

서구에서는 전통적으로 어떤 프로그램을 어떻게 방송해야 한다는 목록이나 기준을 방송사에 제시하지 않는다. 대부분의 국가에서 프로그램의 내용에 대한 직접적인 규제권을 행사하는 부문은 음란·외설·폭력 등의 내용에 국한된다(방석호, 1995: 347~348). 또한 프로그램에 대한 심의도 방송사 외부 기관이나 단체에 의한 타율 심사보다는 자체 심의 기구에 의한 자율 심의가 주종을 이룬다. 같은 맥락에서 프로그램에 대한 사전 심의는 제작자의 표현의 자유를 침해하는 것으로 간주되어 자율에 의한 경우를 제외하고는 전혀 활용하지 않는다(강남준, 1997: 67).

현재 세계 각국은 통신 기술의 발전, 방송의 세계화·디지털화에 따라 급속하게 변화하는 방송 환경에 적극적으로 대응하기 위해 산업적 측면의 규제는 대체로 완화하는 실정이다. 하지만 방송 내용에 대한 규제는 오히려 강화하고 있으며, 방송 환경 변화에 따라 내용에 대한 합리적 규제 체계의 마련에 부심한다. 방송 규제의 근거 논리로 전파의 희소성이나 전파의 공적 자원 이용을 강조하는 것에서 국가의 문화적 정체성 유지, 보편적 서비스의 제공, 청소년 보호, 소수자에 대한 배려 등의 내용을 더하고 있다(정재황 외, 2007: 3~4).

디지털 방송 시대로의 전환 과정에서 많은 나라가 방송 산업의 육성과 보호라는 정책 기조 아래 규제 완화의 방향으로 정책 전환을 하고 있지만, 텔레비전의 역할은 여전히 중요할 뿐만 아니라 특히 기술 발달에 따른 사회적·문화적 영향력은 오히려 더욱 증가하고 있다. 또한 디지털 전환에 따른 제작비의 상승, 타 매체와의 경쟁과 광고 수입의 감소 등 방송사 간의 치열한 생존 경쟁으로 방송의 공익성이 대폭 신장하는 것을 기대하기 힘든 상황이다. 이 같은 현실 인식에서 미국과 일부 유럽 국가는 디지털 시대에 방송의 공익성은 여전히 지켜야 할 가치임을 강조한다. 공익성 강화를 위해 방송 규제 기구를 개편하고, 방송사업자 중심의 규제 정책에서 이용자 보호 위주의 규제 정책으로 정책 패러다임을 전환하고 있다(한국방송진흥원, 2001: 18). 일각에서는 방송에 대한 내용 규제에서 자율 심의를 주장하기도 한다. 그러나 자율 심의는 자칫 소유주 또는 외부 세력에 의한 부당한 간섭이나 자사 이기주의에서 발로한 책임의 방기로 이어질 수 있다(정재황 외, 2007: 3).

(3) 2017년 상반기 심의 현황

2017년 12월 7일 방송통신심의위원회의 '2017년 상반기 방송심의 현황' 자료에 따르면 올해 상반기 방송심의 규정을 위반해 법정제재나 행정지도가 의결된 방송 프로그램은 총 210건이다. 2017년 방송 심의에서 지상파 TV가 가장 많이 제재를 받은 사유는 불필요한 상품·업체 광고인 것으로 나타났다. 이와 달리 종합편성채널과 보도전문채널은 객관성 위반으로 가장 많은 제재를 받은 것으로 집계되었다. 매체별 제재 건수는 일반등록채널이 65건(31.0%)으로 가장 많았으며, 종합편성채널 및 보도전문채널이 62건(29.5%), 지상파가 57건(27.1%), 종합유선방송(SO)·위성방송·IPTV가 26건(12.4%)으로 뒤를 이었다(오수진, 2017.12.9).

2) 방송 프로그램 등급제

(1) 등급제의 도입

1997년 7월 1일부터 시행되고 있는 '청소년 보호법'은 방송 프로그램에 다른 인쇄·출판·영상물처럼 '유해물' 표시를 법제화하고, 프로그램 등급제의 실시를 권장한다. 프로그램 등급제의 도입은 폭력적이거나 선정적인 프로그램이 어린이와 청소년의 정서 발달에 막대한 영향을 미칠 수 있다는 우려에서 출발한다. 즉, 폭력적이거나 선정적인 프로그램에 과다 노출될 경우 텔레비전을 통해 제시되는 폭력 기법을 모방할 수도 있고, 심리적으로 자제력을 잃어 쉽게 폭력을 행사할 수 있으며, 폭력이 가져오는 반사회적 결과에 무관심해지기 쉽다는 것이다. 따라서 방송 프로그램 등급제는 어린이·청소년에게 유해

한 영향을 미칠 수 있는 내용(폭력성·선정성·언어 사용 정도)을 기준으로 프로그램의 등급을 분류하고 일정한 기호로 텔레비전 화면에 표시해 어린이·청소년의 텔레비전 시청 지도에 활용하자는 것이다(유재천 외, 2010: 70).

방송 프로그램 등급제는 1960년대 초 이후 미디어의 폭력물과 공격성에 대한 많은 연구 결과를 토대로 미국과 프랑스, 오스트레일리아 등에서 실시해 상당한 성과를 거둔 제도로서, 한국은 2000년 3월 13일 시행된 '방송법'에서 등급제의 실시를 명시함에 따라 준비 과정을 거쳐 2001년 2월 1일부터 실시하고 있다.

(2) 등급제 적용 방법과 규제

처음에는 영화, 수입 드라마, 뮤직비디오, 애니메이션 등 4개 부문에 대한 방송 프로그램 등급제를 실시했으며 2002년 5월 1일부터 국내 제작 드라마를 포함해 실시하고 있다. 등급 체계는 '모든 연령 시청가', '7세 이상 시청가', '12세 이상 시청가', '19세 이상 시청가'로 하되 방송사업자가 '15세 이상 시청가'를 추가할 수 있도록 했다. 방송위원회(현 방송통신위원회)의 이 같은 결정에 따라 각 방송사는 국내 제작 드라마의 해당 방송분(각 편 기준)에 프로그램 등급을 부여, 프로그램명 고지 시 등급 기호(흰색 테두리에 노란색 바탕의 원형에 검정색 숫자)와 부연 설명('이 프로그램은 19세 미만의 청소년이 시청하기에 부적절한 프로그램입니다' 등)을 화면 4분의 1 크기 이상으로 자막 고지해야 하며, 방송 시작 시 30초 이상 그리고 방송 중 매 10분마다 30초 이상 등급 기호를 표시해야 한다.

방송 프로그램 등급제에 관한 사항은 방송통신심의위원회가 일차적으로 수행하며, 방송통신위원회는 등급제를 표시하지 않은 사항에 대해 과태료를 부과하는 제재 관련 사항을 관장한다('방송법' 제106조 제1항 제3호).

이와 같은 방송 프로그램 등급제는 어린이·청소년을 유해 영상물로부터 보호하기 위한 제도적 장치이다. 방송사업자는 폭력성이나 음란성의 정도를 감안해 방송 프로그램의 등급을 분류하고 방송 중에 표시해야 하며, 방송통신심의위원회는 '방송 프로그램의 등급 분류 및 표시 등에 관한 규칙'을 제정·시행하고 있다('방송법' 제33조 제3항, 제4항). 이처럼 방송 프로그램 등급제는 기본적으로 사업자의 자율 규제 정신에 입각하지만, 방송사의 자의적인 분류로 시청자에게 피해를 줄 수도 있기 때문에 '방송법'은 방송통신심의위원회의 조정 권한을 규정한다('방송법' 제33조 제5항).

3) 편성 규제: 편성쿼터제

방송 편성에서 쿼터 정책은 방송사에 일종의 규제를 가하는 것이다. 쿼터 정책은 어떤 유형의 프로그램을 어느 정도 이상 편성하도록 하거나 일정 부분 이상 초과하지 못하게 하는 프로그램의 유형별 쿼터 형태, 방송사의 독점적 구조를 견제하기 위한 형태, 국가적인 차원에서 외국의 영향을 견제하고 국내 영상 산업을 보호하기 위한 형태 등 다양하게 실시된다.

쿼터 정책은 방송사 입장에서 보면 '규제'이지만 독립제작사 입장에서 보면 '지원'이기도 하다. 쿼터 정책에 반대하면서 시장 기능에 맡겨야 한다는 주장은 이론적으로는 타당할지라도 한국의 현실에서는 꼭 적절한 것은 아니다. 유럽의 방송도 방송 체계 및 프로그램 내용에 대해 많은 규제를 받는다.

국내 프로그램의 쿼터 정책은 장점과 단점을 동시에 갖는다. 장점은 쿼터 정책이 국내 방송영상산업을 보호한다는 점이다. 쿼터는 타국의 것을 제한해 자국의 방송영상산업이 생존할 수 있는 최소한의 기반을 만들어준다. 그러나 이러한 쿼터 정책은 자국의 방송영상산업이 쿼터에 안주하게 하는 역효과를 불러일으켜 장기적으로 볼 때 오히려 자국의 방송영상산업의 경쟁력을 약화시킬 우려가 있다.

한국 '방송법'의 여러 쿼터 정책이 각각 어떤 의미가 있는지 개략적으로 살펴보도록 하자.

(1) 순수 외주 제작 방송 프로그램의 편성

순수 외주 제작 프로그램 편성의 쿼터제를 도입하게 된 것은 국내 영상산업의 활성화를 위한 시도라고 할 수 있다. 방송은 크게 기획과 편성, 제작, 송출이라는 세 가지 기능으로 구분되는데 한국의 방송사들은 이 세 가지 기능을 모두 갖고 있다. 특히 제작 기능의 집중화는 방송사가 거대한 조직으로 군림할 수 있는 근거로 작용하는 한편, 제작원이 다양화되지 못하고 방송영상산업의 저변 확대와 균형 있는 발전을 저해하는 요인으로 작용하기도 한다. 이러한 현상을 타파할 수 있는 길은 프로그램을 전문적으로 제작하는 독립제작사를 육성하는 것이다.

여기서 '순수 외주 제작 방송 프로그램'이란 "방송사업자는 당해 채널의 전체 방송 프로그램 중 국내에서 당해 방송사업자나 특수 관계자가 아닌 자가 제작한 방송 프로그램"('방송법' 제72조 제1항)이다. 즉, 외주 제작 방송 프로그램은 외국에서 제작된 것이 아니며, 해당 방송사가 직접 제작하지 않은 것이어야 한다. 현실적으로 외주 제작 방송 프로그램을 제작할 수 있는 곳은 방송채널사용사업자를 비롯한 방송사업자와 독립제작자이다(김정태, 2010: 296).

2016년 5월 27일 고시된 내용을 보면 순수 외주 제작 방송 프로그램의 비율은 해당 채널별 매 반기 전체 텔레비전 방송 시간의 100분의 35 이내에서 방송통신위원회가 고시하는 비율 이상 편성하도록 하고 있다. 2016년 이후 각 방송사들은 전체 방송 기간의 35% 이상을 외주 제작 프로그램으로 편성해야 한다. 또한 종합편성을 행하는 사업자는 해당 채널의 매 반기 주 시청시간대 텔레비전 방송 시간의 15% 이상을 외주 제작 방송 프로그램으로 편성하도록 하고 있다(제10장 외주 정책에서 자세히 다룬다).

(2) 국내 제작 프로그램의 편성

방송에서 국내 제작 프로그램의 편성쿼터제를 도입한 것은 국내 영상산업의 보호와 문화적 정체성 확립이라는 두 가지 목적이 있다. 2016년 10월 16일

고시된 내용을 보면, 지상파방송사업자 중 전문편성사업자는 해당 채널의 매 반기 전체 방송 프로그램 방송 시간 중 60% 이상을, 종합편성방송사업자는 80% 이상을 국내 제작 프로그램으로 편성해야 한다. 종합유선방송이나 위성 방송은 50% 이상, 방송채널사용사업자는 40% 이상을 편성하도록 고시했다.

① 영화 방송

영화 방송의 경우 지상파방송사업자는 해당 채널별로 연간 전체 영화 방송 시간의 100분의 25 이상을, 종합유선방송사업자는 100분의 20 이상을 국내 제작 영화로 편성해야 한다. 다만 종교를 전문으로 편성하는 방송사업자는 해당 채널별로 연간 전체 영화 방송 시간의 100분의 4 이상을 국내 제작 영화로 편성하도록 하고 있다.

② 애니메이션

국내 제작 애니메이션의 편성 비율은 다음과 같이 방송사업자별로 차등을 두어 고시한다.

'국내 제작 애니메이션 편성 고시'(2015.10.16)

방송사업자는 다음 각 호에서 정한 비율 이상 국내 제작 애니메이션을 편성하여야 한다.
① 지상파방송사업자: 해당 채널의 연간 전체 애니메이션방송 시간의 100분의 45 이상
② 지상파이동멀티미디어방송사업자: 해당 채널의 연간 전체 애니메이션 방송 시간의 100분의 35 이상
③ 종합유선방송사업자, 위성방송사업자, 방송채널사용사업자: 해당 채널의 연간 전체 애니메이션 방송 시간의 100분의 30 이상
④ 교육 또는 종교를 전문으로 편성하는 방송사업자: 제1호와 제2호의 규정과 관계없이 다음의 규정에 따른다.
　가. 교육을 전문으로 편성하는 방송사업자: 해당 채널의 연간 전체 애니메이션 방송 시간의 100분의 8 이상
　나. 종교를 전문으로 편성하는 방송사업자: 해당 채널의 연간 전체 애니메이션 방송 시간의 100분의 4 이상

신규 국내 제작 애니메이션의 경우 EBS는 당해 채널별로 연간 전체 텔레비전 방송 시간의 0.3% 이상을 신규로 편성해야 하고, 지상파이동멀티미디어방송사업자는 당해 채널별로 연간 전체 텔레비전 방송 시간의 0.1% 이상을 신규로 편성해야 한다.

이러한 고시 내용에는 신규로 편성되는 국내 제작 애니메이션의 경우 어린이가 주로 시청하는 시간대의 편성을 장려하기 위해 가중치를 부여하는 개정안이 포함되어 있다. 즉, 어린이가 주로 시청하는 시간대인 평일 7~9시, 17~20시 그리고 주말 및 공휴일 7시 30분~11시, 14~20시에 편성하는 경우 편성 시간의 100분의 150으로 인정된다.

③ 대중음악

국내 제작 대중음악의 경우 방송사업자는 당해 채널별로 연간 전체 대중음악방송 시간의 100분의 60 이상을 편성하도록 하고 있다. 다만, 편성 비율을 산정할 때 둘 이상의 음악전문채널을 운영하는 오디오 부문 방송채널사용사업자는 사업자별로 적용하도록 했다.

④ 수입물

수입물의 경우 특정 국가의 편중을 규제하기 위한 내용을 고시한다. 방송사업자는 외국에서 수입한 영화·애니메이션·대중음악 중 1개 국가에서 제작된 영화·애니메이션·대중음악을 분야별로 해당 채널의 매 반기 전체 외국에서 수입한 영화·애니메이션·대중음악 방송 시간의 100분의 60을 초과해 편성할 수 없도록 한 것이다.

(3) 다른 한 방송사업자 방송 프로그램 편성

지상파방송의 경우 1995년부터 설립된 지역 민영방송국의 자체 제작 프로그램 편성과 관련된 부분이다. 지역 민영방송국이 처음 출범할 당시에는 방송 시장의 다원화를 통한 방송 시장의 활성화라는 측면과 새롭게 부활한 지방자치 제도에 걸맞게 지역민의 생생한 의견과 욕구를 반영하고 충족시키자는 지방화의 명분이 크게 작용했음은 주지의 사실이다.

그러나 지역 민방은 이러한 기대에 미치지 못했다. 이를테면 단순히 SBS의 중계 기능에 머무르고 있는 점, 지역 문화와 여론을 적극적으로 발굴·선도하지 못하는 점, 열악한 지역 광고 시장에서 제대로 수지 균형점을 찾지 못하고 있다는 점 등이 여기에 해당된다. 한 사업자로부터 특정 비율 이상을 제공받지 못하도록 한 이 조항은 한국의 지상파방송 현실로 볼 때 지역 민방을 대상으로 만들어진 것이라고 할 수 있다.

라디오는 텔레비전과 동일한데, 다만 경인방송과 경기방송을 추가해 강원민방이나 제주방송과 같은 수준으로 정했다. 한편 지상파이동멀티미디어방송사업자는 채널별로 매월 전체 방송 시간의 100분의 80을 초과해 다른 한 방송사업자가 제작한 방송 프로그램을 편성할 수 없도록 하고 있다.

'방송법' 제69조 제6항과 '방송법 시행령' 제50조 제6항

⑥ 한국방송공사 및 특별법에 의한 방송사업자, 방송문화진흥회법에 의한 방송문화진흥회가 출자한 방송사업자 및 그 방송사업자가 출자한 방송사업자를 제외한 지상파방송사업자는 다른 한 방송사업자의 제작물을 대통령령이 정하는 비율 이상 편성하여서는 아니 된다. [개정 2006.10.27]
⑥ 법 제69조 제6항에 따라 지상파방송사업자가 다른 한 방송사업자의 제작물을 편성할 수 있는 비율은 다음 각 호의 구분에 따른 비율의 범위 안에서 당해 지상파방송사업자의 경영 상태 및 방송 프로그램 수급 여건 등을 고려하여 방송통신위원회가 고시하는 비율로 한다. [개정 2004.9.17, 2007.8.7, 2008.2.29 제20672호(방송통신위원회와 그 소속기관 직제), 2014.11.24]
[시행일 2014.11.29]
  1. 지상파텔레비전 방송사업자가 다른 한 지상파텔레비전 방송사업자의 제작물을 편성할 수 있는 비율: 채널별로 매 분기 전체 방송 시간의 100분의 50 내지 100분의 85
  2. 지상파라디오방송사업자가 다른 한 지상파라디오방송사업자의 제작물을 편성할 수 있는 비율: 채널별로 매 분기 전체 방송 시간의 100분의 40 내지 100분의 80
  3. 지상파이동멀티미디어방송사업자가 다른 한 지상파방송사업자의 제작물을 편성할 수

'방송 프로그램 등의 편성에 관한 고시'(2015.10.16)

(4) 방송광고의 편성

방송사의 수입은 방송광고를 통해 이루어진다. 그런데 '방송법'에 따르면, 지상파방송은 방송 프로그램 광고 시간이 전체 방송 프로그램 시간의 100분의 10을 초과할 수 없다. 이와 같은 방송광고 시간에 대한 비율 규정은 방송이 상업주의로 물드는 것에 대한 견제책으로 볼 수 있다.

지상파방송사업자, 공동체라디오방송사업자 및 지상파방송채널사용사업자의 텔레비전 방송 채널과 라디오 방송 채널의 경우, 방송 프로그램 광고 시간은 방송 프로그램 시간(방송 프로그램 광고 시간을 포함)의 100분의 10을 초과할 수 없으며 중간광고를 할 수 없다. 다만 운동경기, 문화·예술행사 등 중간에 휴식 또는 준비 시간이 있는 방송 프로그램을 송신하는 경우에는 중간광고를 허용한다. 이 경우 중간광고의 횟수 및 매회 광고 시간에 제한을 두지 아니한다.

자막광고(자막으로 방송사업자의 명칭이나 방송 프로그램, 방송통신위원회가 고시하는 공익적 목적의 정보를 안내 또는 고지하는 것은 자막광고에서 제외한다)는 방송사업자의 명칭 고지 시 또는 방송 프로그램 안내 고지 시에 한정하여 할 것. 이 경우 자막의 크기는 화면의 4분의 1을 초과할 수 없다.

방송광고의 경우 총량제를 도입했다. 2015년 4월 24일 "방송광고제도개선을 위한 '방송법 시행령' 일부 개정에 관한 건"을 의결하여 방송 프로그램 편성 시간당 총광고 시간만을 제한하고 세부 규제는 두지 않도록 했다.

방송사업자는 상업적 광고를 주요 수입원으로 하기 때문에 방송 편성 비율 고시를 통해 자칫 소홀하기 쉬운 비상업적인 공익 광고의 편성을 의무화하고 있다. 2015년 10월 16일 고시된 내용을 보면, 지상파텔레비전 방송사업자는 해당 채널별로 매월 전체 방송 시간의 0.2% 이상을, 그 밖의 방송사업자는 해당 채널별로 매월 전체 방송 시간의 0.05% 이상을 비상업적 공익 광고로 편성하도록 했다. 다만 방송 구역이 국외이거나 재외 외국인 또는 재외동포를 대상으로 행하는 방송과, 방송 프로그램 단위로 시청자가 선택해 시청할 수 있도록 방송 프로그램을 제공하는 방송은 예외이다(방송광고와 관련된 구체적인 규제의 내용은 제5장 방송광고의 현황에서 다룬다).

(5) 방송 프로그램의 유형별 편성 기준

방송은 국민 각 계층의 다양한 욕구를 충족시키기 위해, 그리고 국민 모두가 방송의 혜택을 고르게 받을 수 있도록 다양성을 추구해야 한다. 이러한 관점에서 볼 때 방송 프로그램의 유형별 쿼터제는 어느 정도 의미가 있다고 여겨진다.

종합편성을 하는 방송사업자는 보도에 관한 방송 프로그램, 교양에 관한 방송 프로그램, 그리고 오락에 관한 방송 프로그램이 상호 조화를 이루도록 편성해야 한다.

'방송법' 제69조, '방송법 시행령' 제50조

1. 텔레비전 방송 프로그램과 라디오 방송 프로그램의 경우 오락에 관한 방송 프로그램을 당해 채널의 매월 전체 방송 시간의 100분의 50 이하로 편성할 것
2. 데이터 방송 프로그램의 경우 오락에 관한 방송 프로그램을 당해 채널의 매월 전체 방송 내용물의 100분의 60 이하로 편성할 것

〈표 2-3〉 전문 분야의 집중 의무

구분	의무 규정
방송채널사용사업자	매월 전체 방송 시간의 80% 이상
종합유선방송사업자, 위성방송사업자	매월 전체 방송 시간의 70% 이상
지상파방송사업자(종교, 교육, 국악 등) 데이터방송채널사용사업자	매월 전체 방송 시간의 60% 이상

자료: 김정태(2010: 285~287).

(6) 전문편성

전문편성을 행하는 방송사업자는 '방송법'의 위임에 따라 대통령령이 정하는 비율을 준수해 방송 프로그램을 편성해야 한다. 과학기술정보통신부 장관은 방송 프로그램의 전문성과 채널의 다양성이 구현될 수 있도록 하기 위하여 전문편성의 방송 분야와 방송 프로그램의 종류에 따른 편성 비율 등을 고시할 수 있다(개정 2008.2.29, 2013.3.23).

전문편성방송사업자의 존재 의의가 여러 전문 분야의 균형적 발전을 통해 궁극적인 '균형성'을 도모하는 것이라고 볼 수 있으므로, 허가(또는 승인, 등록) 받은 전문 분야를 과도하게 벗어나는 편성 행위는 전문 분야 방송의 존재 의의에 어긋나는 것이다. '방송법'상 전문편성채널로서 규제 대상이 되는 것은 주로 전문PP 채널이며, 일반적으로 전문편성 제한 규정은 PP를 위한 제한 사항으로 인식된다.

전문편성 PP가 부편성할 수 있는 방송 프로그램 범위와 종류는 대통령령으로 규정된다. '부(副)편성'은 승인 또는 등록을 얻은 전문 분야 외에 다른 분야의 방송 프로그램을 편성하는 것으로, 현행 법령에 따르면 전체의 20% 범위 내에서 부편성을 할 수 있다. 전문편성 채널이 부수적으로 편성할 수 있는 방송 프로그램은 '교양'과 '오락' 분야로 제한되며, '보도'를 할 수 있는 경우는 공공 채널과 영어 등 외국어를 주 언어로 하여 국내 체류 외국인에게 대한민국에 관한 정보 제공을 목적으로 하는 등 과학기술정보통신부와 방송통신위원회가 고시하는 채널로 한정된다.

(7) 시청자 참여 프로그램 편성

'방송법'과 '방송법 시행령'에 따르면, KBS는 매월 100분 이상의 텔레비전 방송 프로그램을 시청자가 직접 제작한 시청자 참여 프로그램으로 편성해야 한다. 시청자 직접 제작 프로그램의 범위는 시청자가 직접 기획·제작한 방송 프로그램과 시청자가 직접 기획하고 방송발전기금 등의 지원을 받아 제작한 프로그램으로 한정하여 규정한다. 시청자 참여 프로그램의 방송을 요청받은 한국방송공사는 무상으로 시청자 참여 프로그램을 방송한다('방송법시행에 관한 방송통신위원회규칙' 제15조).

시청자 참여 프로그램(액세스 프로그램) 편성 의무 제도는 시청자가 방송의 주인이라는 '방송법'의 정신을 가장 구체적으로 표현하는 것으로 볼 수 있다. 방송사가 운영하는 채널에 전적으로 시청자 자신의 프로그램을 송출할 수 있기 때문이다.

KBS는 시청자 직접 제작 프로그램의 편성 기준을 정하고 이를 공표해야 한다. 그 외 시청자 직접 제작 프로그램의 운영에 관한 사항은 KBS 시청자위원회가 담당한다. KBS 시청자위원회는 필요하다고 인정하는 경우 KBS에 제작 비용의 일부에 대한 지원을 요청할 수 있다. KBS는 KBS 시청자위원회 산하 시청자 참여 프로그램 운영협의회가 방송을 신청한 프로그램에 대해 방송 여부를 최종 결정한다. KBS는 시청자 직접 제작 프로그램을 무상으로 편성해야 하며 방송된 프로그램의 저작권은 제작자에게 있다(김정태, 2010: 383~384).

현행 '방송법'은 시청자 주권 강화를 위해 유료방송사업자인 종합유선방송사업자와 위성방송사업자에게도 시청자가 자체 제작한 방송 프로그램(시청자 자체 제작 프로그램) 편성 의무를 규정한다. 이것은 시청자 주권 강화라는 것이 '방송법'의 기본 정신의 하나로서 유·무료 매체를 막론하고 수행해야 하는 기본적인 공적 책무에 해당한다는 것을 의미한다. 여기서 시청자 자체 제작이 KBS의 열린 채널에서 편성하는 시청자 직접 제작 프로그램과 동일한 것인지에 대한 해석의 여지는 있으나 동일 목적을 가진 액세스 프로그램으로 보아도 무방할 것이다(김정태, 2010: 384).

(8) 시청자 평가 프로그램

시청자 평가 프로그램은 방송 운영과 방송 프로그램에 관한 시청자의 의견을 수렴해 그 내용을 중심으로 방송하는 일종의 옴부즈맨 프로그램이다. 종합편성 또는 보도전문편성을 행하는 방송사업자는 시청자 평가 프로그램을 주당 60분 이상 편성해야 한다('방송법' 제89조 제1항). 시청자위원회가 임명하는 시청자 평가원은 시청자 평가 프로그램에 출연해 의견을 진술할 수 있다.

4) 인터넷 멀티미디어 방송의 프로그램

인터넷 멀티미디어 방송 제공 사업을 하고자 하는 자는 과학기술정보통신부 장관의 허가를 받아야 하며, 인터넷 멀티미디어 방송 제공 사업자에게 콘텐츠를 공급하고자 하는 자는 과학기술정보통신부 장관에 신고 또는 등록해야 한다. 다만, 인터넷 멀티미디어 방송 제공 사업자에게 보도를 전문으로 하거나 보도·교양·오락 등 다양한 분야를 종합적으로 편성한 콘텐츠를 제공하고자 하는 자는 방송통신위원회의 승인을 받아야 하며, 상품 소개와 판매를 전문으로 하는 콘텐츠를 제공하고자 하는 자는 과학기술정보통신부 장관의 승인을 받아야 한다.

IPTV와 관련해서는 콘텐츠의 동등한 접근을 명시하고 있다. IPTV 콘텐츠 사업자가 제공하는 방송 프로그램을 과학기술정보통신부 장관이 대통령령으로 정하는 기준에 따라 고시한 경우 일반 국민이 이를 시청할 수 있도록 다른 IPTV 제공 사업자에게도 공정하고 합리적인 가격으로 차별 없이 제공해야 하며, 주요 방송 프로그램의 계약 행위 등에서 시청자의 이익과 공정거래 질서를 저해해서는 안 된다.

과학기술정보통신부 장관은 제1항의 주요방송 프로그램을 고시함에 있어

문화체육관광부 장관, 방송통신위원회, 방송사업자, 시청자의 의견을 들어야 한다. IPTV 제공 사업자는 직접 사용 채널을 운용할 수 없다. IPTV 콘텐츠 사업자가 제공하는 실시간 방송 프로그램의 내용 심의는 '방송법'을 준용한다.

6. 방송의 소유 규제

방송 사업은 비교적 매우 엄격한 소유 제한 규정을 둔다. 이는 정부나 기업 또는 개인을 막론하고 방송을 독과점해서는 안 된다는 대명제에서 출발하기 때문이다. 최근 뉴미디어를 중심으로 규제 완화가 이루어지는 추세이지만 여전히 방송의 독립성과 다양성을 지키기 위한 제도가 존재한다.

소유 규제는 소유 제한으로 이해되며, 지상파방송사업자와 종합편성 또는 보도에 관한 전문편성을 행하는 방송채널사용사업자의 소유를 제한하거나 동종 매체 간 또는 이종 매체 간 겸영 및 복수 소유를 제한한다.

1) 1인 지분 제한

누구든지 대통령령이 정하는 특수한 관계에 있는 자(이하 "특수 관계자"라 한다)가 소유하는 주식 또는 지분을 포함하여 지상파방송사업자 및 종합편성 또는 보도에 관한 전문편성을 행하는 방송채널사용사업자의 주식 또는 지분 총수의 100분의 40을 초과하여 소유할 수 없도록 했다. 다만 국가 또는 지방자치단체가 방송사업자의 주식 또는 지분을 소유하는 경우, '방송문화진흥회법'에 의해 설립된 방송문화진흥회가 방송사업자의 주식 또는 지분을 소유하는 경우, 종교의 선교를 목적으로 하는 방송사업자에 출자하는 경우는 예외로 했다.

즉, 국가의 자본금을 출자하는 KBS와 EBS의 지분은 국가가 100% 소유하는 경우가 되기 때문에 적용에서 예외이다. MBC의 경우는 대주주인 방송문화진흥회가 70%를 소유하는데 이는 MBC의 설립 과정에서 복잡한 역사를 지니기 때문에 예외가 되며 종교재단이 운영하는 기독교방송, 극동방송, 평화방송, 원음방송, 불교방송 역시 종교재단이 책임을 갖기 때문에 적용에서 제외된다.

방송은 기본적으로 공익성을 구현하고 다양성을 반영한 프로그램을 제작·편성해야 하는 의무가 있지만, 가치 규정만으로는 그 목적이 달성될 수 없다는 입법권자의 판단에 따라 1인 지분 제한 제도가 정립되었다고 볼 수 있다. 1인 지분 제한은 특정 비율 이상의 의사 반영을 제한하는 것이다. 지상파방송사업에 대해서는 1990년 서울방송의 허가를 앞두고 민영방송에 대해 특정 기업이 과대한 지분을 갖는 경우 방송의 공익성을 지키기 어렵다는 판단에 따라 1인 지분 제한이 30%로 정해졌다. 2009년 '방송법' 개정에 따라 이 비율은 40%로 올라갔다('방송법' 제8조 2항).

1인 지분 제한 규정의 적용 대상은 지상파방송사업자와 종합편성 또는 보도에 관한 전문편성채널사업자로 KBS, MBC, EBS, SBS를 비롯한 지역 민방과 채널A, TV조선, MBN, JTBC 등의 종합편성채널, 그리고 YTN과 뉴스Y(연합뉴스) 등 2개 뉴스전문PP 채널이다. '취재·보도 기능'을 수행하는 이들 사업자는 정치적·사회적·경제적·문화적 영향력이 크기 때문이다.

2) 대기업 및 신문·방송 겸영 규제

대기업의 지분 제한과 신문·방송 겸영 규제는 여론의 독점을 방지하고 견제와 균형을 통해 방송의 공익성과 공정성을 실현하기 위해 마련되었다. 대기업은 소비자보다 기업의 이익에 편향된 의견을 방송을 통해 드러낼 수 있다는 우려 때문이다.

지상파방송사업과 종합편성 또는 보도에 관한 전문편성채널에 대해서는 일정 규모 이상의 대기업과 일간신문이나 '뉴스 통신 진흥에 관한 법률'의 규정에 의한 뉴스 통신을 경영하는 법인(특수 관계자 포함)의 지분 참여가 비교적 엄격히 제한된다('방송법' 제8조 제3항).

제한 대상 대기업은 '독점 규제 및 공정거래에 관한 법률' 제2조 제2호·제3호의 규정에 의한 기업집단 및 계열회사 중에서 동법 제14조의 규정에 의해 지정된 상호 출자 제한 기업집단 중 상호 출자 제한 기업집단으로 지정된 날을 기준으로 자산 총액이 10조 원 이상인 대기업이다. 자산 규모를 기준으로 하는 상호 출자 제한 기업집단은 매년 4월 1일 이전(부득이한 경우 4월 15일 이전)에 공정거래위원회가 지정한다('독점 규제 및 공정거래에 관한 법률' 제14조 및 동법 시행령 제21조).

2008년 12월 31일 '방송법 시행령' 개정으로 규제 완화가 이루어져 자산 규모 10조 원 이상에 해당되는 재벌이나 일간신문사는 지상파방송의 주식 또는 지분은 10% 이내, 종합편성 또는 보도전문채널의 주식 또는 지분은 30% 이내에서 소유할 수 있게 되었다. 다만 여러 대기업이나 신문사가 연합해 대주주 역할을 할 수 없도록 하는 유예 규정을 둔다. 이는 10% 주주 여러 명이 50% 이상의 의결권을 확보해 실질적인 경영권을 지배할 수 있기 때문이다.

지상파방송사업자, 종합편성 또는 보도에 관한 전문편성을 행하는 방송채널사용사업자의 주식 또는 지분을 소유하고자 하는 일간신문을 경영하는 법인은 경영의 투명성을 위하여 대통령령으로 정하는 바에 따라 전체 발행부수, 유가 판매부수 등의 자료를 방송통신위원회에 제출하여 공개하여야 하며, 일간신문의 구독률이 100분의 20 이상인 경우에는 지상파방송사업 및 종합편성 또는 보도에 관한 전문편성을 행하는 방송채널사용사업을 겸영하거나 주식 또는 지분을 소유할 수 없다.('방송법' 제8조 제4항).

종합유선방송과 위성방송은 대기업과 일간신문의 지분 참여가 일정 수준 이하로 제한된다. 위성방송사업자에 대한 대기업 지분 제한은 49%이다. 2004년 '방송법' 개정 이전까지만 해도 종합유선방송사에 대한 대기업의 지분 제한 규정이 있었으나 디지털화를 추진하는 과정에서 제한 규정을 삭제했다. 뉴스통신과 일간신문사는 종합유선방송사업과 위성방송사업에 100분의 49 이내의 범위에서 지분 참여가 허용된다('방송법' 제8조 제5항).

3) 방송사업자 간 소유 제한

(1) 다채널 사업자(플랫폼 사업자) 간 소유 제한

'방송법' 제8조 제6항은 지상파방송사업자·종합유선방송사업자 및 위성방송사업자는 시장 점유율 또는 사업자 수 등을 고려하여 대통령령이 정하는 범위를 초과하여 상호 겸영하거나 그 주식 또는 지분을 소유할 수 없도록 하고 있다.

처음에는 지상파방송사업자와 종합유선방송사업자는 상호 겸영하거나 그 주식 또는 지분을 일체 소유할 수 없었지만, 2009년 7월 31일 '방송법' 개정으로 상호 33% 범위 내에서 주식 또는 지분을 소유할 수 있게 되었다. 그동안 금지되었던 이유는 무료인 지상파방송과 유료인 종합유선방송사업자 간의 상호 겸영은 방송 시장 전체를 좌지우지할 수 있기 때문이었으나, 미디어 산업 발전에 저해가 된다는 취지에서 규제가 완화되었다.

지상파방송사업자와 위성방송사업자 간에는 33% 이내에서 지분을 소유할 수 있다. 현재 스카이라이프에는 KBS, MBC, SBS 등의 지상파 방송사가 5~10% 범위 내에서 지분을 소유한다. 위성방송이 종합유선방송사업에 투자할 수 있는 지분 상한은 33%였던 것이 2017년 12월 5일 국무회의 의결을 거쳐 제한 규정이 폐지되었다. 유료방송 간 유일한 소유 규제가 없어지게 된 것이다(전숙희, 2017.12.13).

(2) 이종 업종(지상파방송사업자, 종합유선방송사업자, 방송채널사용사업자) 간 소유 제한

1995년 케이블 TV 도입 시 '3분할 체제'[2]라며 교차 소유가 엄격히 금지되었으나, 케이블 TV 환경이 변하면서 제한된 범위 내에서 겸영이 허용되기 시작했다. 전송망사업자(Network Operator: NO)와 종합유선방송사업자(System Operator: SO) 간 소유 제한은 2008년 12월 31일 '방송법 시행령' 개정으로 사라졌다. '방송법' 제8조 제7항에서는 지상파방송사업자·종합유선방송사업자·위성방송사업자·방송채널사용사업자 및 전송망사업자는 시장 점유율, 방송 분야 또는 사업자 수 등을 고려하여 대통령령이 정하는 범위를 초과해 상호 겸영하거나 그 주식 또는 지분을 소유할 수 없도록 하고 있다('방송법' 제8조 제7항).

지상파방송사업자는 PP의 종류별(텔레비전 PP, 라디오 PP, 데이터 PP)로 각각 전체 사업자 수의 3%를 초과해서 PP 채널을 운영해서는 안 된다. 단, 사업자 수가 줄어들어 3%로 계산한 숫자가 6개 미만으로 떨어질 때는 최소 6개는 보장된다('방송법' 제8조 제7항, '방송법 시행령' 제4조 제6항 제1호).

(3) 동일 업종 내(지상파방송사업자 간, 종합유선방송사업자 간, 위성방송사업자 간, 공동체라디오방송사업자 간) 소유 제한

'방송법' 제8조 제8항은 동일 업종 내 소유 제한을 명시하고 있다. 즉, 지상파방송사업자·종합유선방송사업자 또는 위성방송사업자는 시장 점유율 또는

---

2 3분할 체제는 방송 콘텐츠는 방송채널사용사업자에게, 망 관련 하드웨어는 거대 통신사업자인 전송망사업자에게, 마케팅은 지역 밀착형 사업자인 종합유선방송사업자에게 맡기는 것을 말한다. 1995년 케이블 TV를 시작하면서 거대 공기업인 한국전력·한국통신을 전송망사업자로 선정해 추진력을 확보하기도 했다. 이러한 거대 공기업의 적극적인 투자를 바탕으로 오늘날 케이블 TV의 성공이 가능했다고 평가할 수 있다.

사업자 수 등을 고려하여 대통령령이 정하는 범위를 초과해 지상파방송사업자는 다른 지상파방송사업, 종합유선방송사업자는 다른 종합유선방송사업, 위성방송사업자는 다른 위성방송사업을 겸영하거나 그 주식 또는 지분을 소유할 수 없다. 다만, '방송문화진흥회법'에 따라 설립된 방송문화진흥회가 최다 출자자인 지상파방송사업자가 이 법 시행 당시 계열회사 관계에 있는 다른 지상파방송사업자의 주식 또는 지분을 소유하는 경우에는 그러하지 아니하다.

어느 한 지상파 방송사가 다른 방송사 주식을 일방적으로 소유하는 경우 7% 이내로 제한한다. 어느 지상파 방송사가 자사 지분을 소유하는 다른 지상파 방송사의 지분을 갖고 상호 교차 소유가 일어난 경우에는 5% 이내로 맞추어야 한다. 7%(상호 교차의 경우 5%) 이하의 지분을 소유한다 하더라도 전체 지상파방송사업자 수의 10분의 1을 초과할 수 없다.

지상파방송사업자는 방송 권역별 지상파 DMB 사업자 수가 3개 이상 6개 미만인 경우 전체 지상파 DMB 사업자의 3분의 1을 초과해 경영할 수 없다. 만약 지상파 DMB 사업자 수가 6개 이상인 경우 5분의 1을 초과해 경영할 수 없다('방송법' 제8조 제8항, '방송법 시행령' 제4조 제7항 제1호 가목). 종합유선방송사업자는 전체 유료방송사업 가입 가구 수의 3분의 1을 초과해 경영할 수 없다('방송법' 제8조 제8항, '방송법 시행령' 제4조 제7항 제2호).

위성방송사업자는 33% 이내의 범위에서 다른 위성방송사업자에 투자할 수 있다. 또 특정 위성방송사업자가 다른 위성방송사업자의 위성방송사업을 2개 이상 경영할 수 없다('방송법' 제8조 제8항 및 '방송법 시행령' 제4조 제7항 제5호·제6호). 또한 공동체라디오방송사업자 간에는 1개를 초과해 방송국을 소유할 수 없다('방송법' 제8조 제15항). 이는 공익 목적의 지역 밀착형 매체라는 점에서 엄격한 소유 제한을 두었기 때문이다.

(4) 인터넷 멀티미디어 방송 사업(IPTV) 소유 제한

① 일간신문·뉴스 통신 소유 제한

10조 원 이상의 자산을 가진 대기업과 일간신문·뉴스 통신사는 종합편성 또는 보도에 관한 전문편성을 행하는 IPTV 방송콘텐츠 사업자의 주식 또는 지분을 49%까지 소유할 수 있다('인터넷 멀티미디어 방송사업법' 제8조 제3항 시행령 제6조 제2항). 일간신문·뉴스 통신사는 IPTV 방송 제공 사업자의 주식 또는 지분 총수의 49%까지 주식 또는 지분을 소유할 수 있다('인터넷 멀티미디어 방송사업법' 제8조 제2항).

② 시장 점유율 제한

특정 인터넷 멀티미디어 방송 제공 사업자는 해당 사업자와 특수 관계자인 인터넷 멀티미디어 방송 제공 사업자를 합산하여 과학기술정보통신부 장관이 고시한 방송 구역별로 인터넷 멀티미디어 방송, 종합유선방송, 위성방송을 포함한 유료방송사업 가입 가구의 3분의 1을 초과하여 서비스를 제공할 수 없다('인터넷 멀티미디어 방송사업법' 제13조 제1항). 또한 인터넷 멀티미디어 방송 제공사업자는 텔레비전방송채널사용사업·라디오방송채널사용사업 및 데이터방송채널사용사업별로 각각 전체 사업자 수의 5분의 1을 초과해 경영할 수 없다('인터넷 멀티미디어 방송사업법' 제8조 제4항).

7. 유료방송사업자에 대한 동일 규제 적용으로의 변화

방송통신위원회는 종합유선방송사업자와 IPTV 사업자에게 '동일 서비스 동일 규제' 원칙을 적용해나갈 것이라고 밝혔다. 방송통신위원회는 2013년 7월 11일 '방송법'과 'IPTV법'이 금지 행위 등 사후 규제 수준, 허가·승인 등 사전 규제 위반 관련 제재 수준 등에 차이를 보여 형평성 차원에서 본격적으로

개선에 착수할 것이라는 입장을 밝혔다. 종합유선방송과 위성방송, IPTV가 사실상 동일한 유료방송 서비스임에도 각각 '방송법'과 'IPTV법'이라는 다른 법을 적용받고 있어 비대칭 규제 논란이 벌어지고 있기 때문에 '동일 서비스 동일 규제'라는 원칙으로 사업자 간 균형을 맞추겠다는 것이다.

현재 종합유선방송, 위성방송, IPTV 사업자는 적용 법이 달라 상호 간 불공정 행위가 금지 행위로 규정되지 않고 있으며, 동일 사안에 대해 종합유선방송과 위성방송은 방송통신위원회의 제재를 받을 경우 공정거래위원회의 제재를 받지 않지만 IPTV 사업자는 방송통신위원회의 제재와 별도로 공정거래위원회의 제재도 받을 수 있다. 또한 허가·승인 취소 및 과징금 부과 등 동일한 법 위반에 대한 제재 조치가 상이해 공정 경쟁 확보 차원에서 형평성에 맞게 정비할 예정이다(≪방송기술저널≫, 2013.7.24: 2면).

8. '방송법' 개정의 경과와 주요 내용

2009년 7월 31일 개정된 '방송법'의 핵심은 대기업과 외국 자본, 신문사와 통신사 등에 대한 방송사 소유 규제의 파격적 완화라 할 수 있다.

1) '방송법' 개정의 경과

디지털 시대의 미디어 융합 상황을 반영하고 국제적 시장 상황을 적극적으로 활용해 방송 산업의 경쟁력 제고를 목적으로 하는 2009년 7월 31일의 '방송법' 개정은 방송·언론계는 물론 정치권을 포함한 사회 전반에 논란을 일으키면서 진행되었다. 개정에 찬성하는 측은 경쟁력 강화에 의한 선순환적 효과를 강조했고, 반대하는 측은 언론으로서 방송이 지녀야 하는 공익성과 공공성의 훼손, 여론 독과점으로 인한 민주주의의 후퇴를 염려하는 입장을 보였다.

당시 여당인 한나라당이 제출한 '방송법 개정안'에는 '방송법'뿐만 아니라 '신문법', '인터넷 멀티미디어 방송사업법', '정보통신망법' 등이 포함되었는데 언론 매체 간 소유 규제 완화를 위해서는 연쇄적인 개정이 필요했기 때문이다. 여당의 개정안에 대해 야당의 반대 입장이 첨예하게 대립되면서 2008년 내내 법안 개정에 대한 논의가 제대로 진행되지 못하자, 2009년 국회 교섭단체 3당(한나라당, 민주당, 선진과 창조의 모임)은 국민적 공감대 수렴을 위한 논의 기구인 '미디어발전국민위원회'를 설치했다. 그러나 미디어발전국민위원회는 위원회의 성격·역할·공청회 등 모든 진행 과정에서 위원 간 의견 대립을 보였고 합의점을 찾지 못한 채 110일(원래는 100일)의 활동을 종결했다.

국회 다수당의 지위를 갖고 있는 여당은 '신문 등의 자유와 기능 보장에 관한 법률' 개정안, '방송법' 일부 개정안, '인터넷 멀티미디어 방송사업법' 개정안 등 미디어 관계법을 국회 본회의에 일괄 상정해 의결 과정을 거쳤다. 그러나 2009년 7월 22일 국회 2차 본회의에 일괄 상정된 미디어 관계법은 심사 보고나 제안 설명뿐만 아니라 질의나 토론조차 이뤄지지 않았다. '방송법 개정안' 의결 시에는 김형오 국회의장의 의사진행권을 위임받은 김윤성 국회부의장이 투표 종료를 선언한 시점에서 재적의 과반수에 미치지 못하자 재투표를 진행해 가결로 이끌었다. 야당은 의결을 위한 절차 과정에서 국회의원의 법률안 심의 표결 권한을 침해했기 때문에 의결된 법안이 무효임을 주장하며 헌법재판소에 권한쟁의심판을 청구했다. 헌법재판소는 국회에서 법률안 가결행위 시 질의·토론 절차가 생략된 점, 표결 절차에서 공정성의 흠결이 있었던 점, 일사부재의의 원칙에 위배된 점은 인정했으나 '방송법' 개정의 효력에 대해서는 7 : 2로 유효를 선고했다. 개정 '방송법'은 2009년 7월 31일 공포(법률 제9786호)되고 2009년 11월 1일부터 시행되었다(김정태, 2010).

2) 2009년 개정된 '방송법'의 주요 내용

2009년 개정된 '방송법'의 주요 내용은 〈표 2-4〉, 〈표 2-5〉와 같다.

(1) 지상파방송 및 종합편성, 보도전문편성 채널사용사업자의 규제

현행 '방송법'은 방송사의 소유 지분을 제한한다. '방송법' 제8조 제2항에는 "누구든지 대통령령이 정하는 특수한 관계에 있는 자(이하 '특수 관계자'라 한다)가 소유하는 주식 또는 지분을 포함하여 지상파방송사업자 및 종합편성 또는 보도에 관한 전문편성을 행하는 방송채널사용사업자의 주식 또는 지분 총수의 100분의 40(2009년 이전에는 30)을 초과하여 소유할 수 없다"고 명시되어 있다. 다만 국가 또는 지방자치단체가 방송사업자의 주식 또는 지분을 소유하는

〈표 2-4〉 개정 '방송법'의 주요 규제 강화 내용

구분	내용
여론 다양성 보장	- 구독률이 20% 이상인 신문은 지상파방송, 종합편성PP, 보도전문PP 사업을 겸영하거나 주식 또는 지분 소유 제한 - 방송 진출을 희망하는 신문사는 전체 발행 부수, 유가 판매 부수 등 구독률 검증 자료를 방송통신위원회에 제출 - 시청 점유율을 30% 이내로 제한 - 방송통신위원회 산하 미디어다양성위원회 설치 - 2012년까지 지상파방송의 경영 지배 금지
허가	- '방송법'상의 허가·승인의 유효기간 상한을 5년에서 7년으로 확대(제16조). 단, 자격 미달의 사업자는 단축할 수 있음(제18조) - 사업권 취소 시 시청자의 혼란을 최소화하기 위해 후속 사업자가 방송을 시작할 때까지 12개월의 범위 내에서 취소된 사업자가 방송을 계속하도록 명령할 수 있음(제18조 4항)
광고	- 방송광고 사전 심의 근거 조항과 처벌 조항, 방송광고 사전 심의 위탁 관련 조항, 처벌 조항 등이 삭제됨 - 방송사 스스로 자율 사전 심의를 해야 하며 허위 과장 광고에 대한 책임도 져야 함 - 사후 심의 규정에 방송광고 금지 품목과 방송광고 내용의 공정성·공익성에 관한 사항이 포함되도록 함(제33조 11~14호 신설, 제83조 개정, 제86조 제2항, 제3항 신설, 제108조 제18호·제20호) - 방송 심의 규정이나 협찬 고지 관련 조항의 위반 시 사과 방송뿐 아니라 5000만 원 이하의 과징금 부과를 신설(제100조) - 가상광고를 허용해 방송광고의 유형을 확대(제73조 제2항 제6호, 제7호 신설)

자료: 필자 정리.

<표 2-5> 개정된 '방송법'에 따른 미디어 소유 규제

구분	신문·통신	대기업	지상파	외국 지분	1인 지분
지상파	금지 → 10%	금지 → 10%	쌍방 5%, 일방 7% 이내	금지	30% → 40%
종합편성	금지 → 30%	금지 → 30%	-	금지 → 20%	30% → 40%
보도PP	금지 → 30%	금지 → 30%	-	금지 → 10%	30% → 40%
IPTV	금지 → 49%	금지 → 49%	-	금지 → 20%	-
위성	33% → 49%	49% → 삭제	33%	33% → 49%	-
SO	33% → 49%	-	불허 → 허용	49%	-
일반PP	-	-	-	49%	-
사전 규제	- 일간신문 구독률 20% 초과: 지상파, 종편, 보도 PP 지분 소유·경영 금지 - 신문사의 지상파 소유: 방송통신위원회에 발행 부수, 유가 판매 부수 등 자료 제출·공개				
사후 규제	- 시청 점유율 30% 초과: 지분 소유와 광고 시간 제한, 방송 시간 일부 양도 등 - '매체 합산 시청 점유율' 도입: 일정 비율의 신문 구독률을 시청 점유율로 환산(세부 사항 시행령 규정)				
비고	- 일간신문과 대기업은 2012년 12월 말까지 지상파 경영 금지 - 자산 10조 원 미만 기업: 종편·보도 PP 40%까지 지분 투자 가능(10조 원 이상: 30%) - 지상파와 SO 겸영 허용: 허용 범위는 시행령에 규정(33% 유력) - 지상파 DMB와 위성 DMB는 '방송법'상 별도 방송사업으로 미규정됨 - 지상파 DMB는 지상파방송, 위성 DMB는 위성방송의 적용을 받음				

자료: ≪신문협회보≫, 2009.7.31: 2면.

경우, 특별법에 의해 설립된 법인이 방송사업자의 주식 또는 지분을 소유하는
경우, 종교의 선교를 목적으로 하는 방송사업자에 출자하는 경우 등은 예외로
한다.

(2) 신문과 방송 겸영 및 대기업의 지상파 진출 허용

2009년 개정 이전 신문과 방송의 이종 매체 간 소유를 제한하는 '방송법' 제
8조 제3항에는 "'정기간행물의 등록 등에 관한 법률'에 의한 일간신문이나 '뉴
스 통신 진흥에 관한 법률'의 규정에 의한 뉴스 통신을 경영하는 법인(특수 관
계자를 포함한다)은 지상파방송사업 및 종합편성 또는 보도에 관한 전문편성을
행하는 방송채널사용사업을 겸영하거나 그 주식 또는 지분을 소유할 수 없다"

고 명시했다. 그러나 '방송법' 개정으로 지상파방송의 진입이 허용되어 신문과 대기업이 10%, 특히 '방송법 시행령' 개정으로 10조 원 이내의 기업은 40%까지 참여 및 지분 확대가 가능해졌다. SBS와 지역 민방의 1대 주주는 지분을 30%에서 40%로 확대할 수 있게 되었다.

한편 신문의 경우 종합유선방송과 위성방송을 겸영할 수 있도록 한다. '방송법' 제8조 제4항에는 "'정기간행물의 등록 등에 관한 법률'에 의해 일간신문이나 뉴스 통신을 경영하는 법인은 종합유선방송사업자 및 위성방송사업자에 대하여, 대기업과 그 계열회사를 경영하는 법인은 위성방송사업자에 대하여 각각 그와 특수 관계자가 소유하는 주식 또는 지분을 포함하여 당해 방송사업자의 주식 또는 지분 총수의 100분의 49(기존에는 33)를 초과하여 소유할 수 없다"고 명시했다.

(3) 방송사 간 겸영

2009년까지 한국 '방송법'은 방송사 간 겸영을 비교적 엄격하게 규제했다. 지상파방송사업자, 종합유선방송사업자 및 위성방송사업자는 시장 점유율 또는 사업자 수 등을 고려해 대통령령이 정하는 범위를 초과해 상호 겸영하거나 그 주식 또는 지분을 소유할 수 없었다. 또한 지상파방송사업자와 종합유선방송사업자는 상호 겸영하거나 그 주식 또는 지분을 소유할 수 없었다('방송법' 제8조 제5항). 그러나 '방송법' 개정으로 지상파 방송사는 종합유선방송사업의 주식 또는 지분의 33%까지 소유할 수 있게 되었다.

지상파방송사업자, 종합유선방송사업자 또는 위성방송사업자는 시장 점유율 또는 사업자 수 등을 고려해 대통령령이 정하는 범위를 초과해, 지상파방송사업자는 이동 멀티미디어 방송을 행하는 다른 지상파방송사업을, 종합유선방송사업자는 다른 종합유선방송사업을, 위성방송사업자는 다른 위성방송사업을 겸영하거나 그 주식 또는 지분을 소유할 수 없다. 방송채널사용사업자 역시 시장 점유율 또는 사업자 수 등을 고려하여 대통령령이 정하는 범위를 초과해 다른 방송채널사용사업을 겸영하거나 그 주식 또는 지분을 소유할 수 없다.

(4) 인터넷 멀티미디어 방송사업 소유 제한

'신문 등의 자유와 기능 보장에 관한 법률'에 따른 신문, '뉴스 통신 진흥에 관한 법률'에 따른 뉴스 통신을 경영하는 법인(대통령령으로 정하는 특수 관계자 포함)은 인터넷 멀티미디어 방송(IPTV) 제공 사업자의 주식 또는 지분 총수의 100분의 49를 초과해 소유할 수 없다. 또한 신문이나 '뉴스 통신 진흥에 관한 법률'에 따른 뉴스 통신을 경영하는 법인(대통령령으로 정하는 특수 관계자 포함)은 종합편성 또는 보도에 관한 전문편성을 행하는 인터넷 멀티미디어 방송 콘텐츠 사업을 겸영하거나 그 주식 또는 지분을 소유할 수 없다. 인터넷 멀티미디어 방송 제공 사업자는 텔레비전 방송 채널사용사업, 라디오 방송 채널사용사업 및 데이터방송 채널사용사업별로 각각 전체 사업자 수의 5분의 1을 초과해 방송채널사용사업을 경영(겸영하거나 주식 또는 지분 총수의 100분의 5 이상을 소유하는 것을 말함)할 수 없다.

제3장

방송사와 방송 산업 현황

한국의 방송은 기술적 특성과 방송사업자에 따라 지상파방송, 종합유선방송, 위성방송, 인터넷 멀티미디어 방송 등으로 구분된다. 이 장에서는 텔레비전을 비롯한 라디오, 케이블방송, 위성방송, DMB, IPTV 등 방송 서비스를 하고 있는 한국 방송사 현황을 살펴볼 것이다.

지상파방송은 네트워크와 독립국으로 나뉘고, 네트워크는 계열사와 직할국 그리고 제휴국의 형태로 구분할 수 있다. 또한 방송 제도에 따라 국영방송과 민영방송, 공영방송 등으로 구분한다. 따라서 네트워크 직할국 체제인 KBS, 계열사 체제인 MBC, 가맹사 체제인 SBS와 지역 민방, 독립사 체제인 OBS 등이 지닌 방송의 특성을 살펴보고, 각 체제에 따른 방송사의 장점과 단점을 기술할 것이다. 또한 각 방송사의 채널 현황을 제시해 방송 채널 전반에 대한 이해를 높이고자 한다.

이 장에서는 이번 개정판을 통해 새로이 지상파방송의 매출 유형과 유료방송산업 현황에 대해서도 제시하여 방송 산업에 대해 이해를 돕고자 했다.

1. 방송사 현황

1) 지상파방송 현황

(1) 텔레비전 방송 현황

한국의 텔레비전 방송사는 크게 네트워크와 독립국으로 나뉘며, 네트워크는 다시 계열사, 직할국, 제휴국의 형태로 구분할 수 있다.

① 네트워크

네트워크는 둘 이상의 방송국이 동시에 같은 프로그램을 방영하는 것을 말한다. 네트워크 중에서 프로그램을 송출하는 방송국을 키스테이션(Key Station), 수신하는 방송국을 가맹국 또는 제휴국(Affiliate or Affiliated Station)이나 직할국(Own & Operation) 또는 계열사라고 한다. 한국의 KBS는 직할국, MBC는 계열사, SBS는 가맹국의 형태로 네트워크를 이룬다. 네트워크로 방송을 할 경우 몇 가지 장점이 있다.

첫째, 프로그램의 안정적 공급이 가능하다. 방송국은 다양한 계층 수용자의 욕구를 충족시켜야 하기 때문에 그들을 대상으로 하는 풍부한 프로그램을 확보하고 있어야 한다. 그런데 네트워크의 키스테이션과 같이 규모가 큰 방송국은 풍부한 시설·장비와 인력·예산 등을 갖추고 있어 원활하게 프로그램을 수급할 수 있으나, 규모가 작은 방송국은 제작 여건이 열악하기 때문에 자체적으로 프로그램을 제작하거나 구입하는 데 상당한 어려움을 겪을 수밖에 없다. 따라서 비교적 소규모의 방송국은 독립 방송국으로 홀로 서는 것보다 네트워크를 이룸으로써 그다지 큰 부담을 갖지 않고 프로그램을 안정적으로 확보할 수 있다.

둘째, 비용 절감 효과를 기대할 수 있다. 프로그램의 유형에 따라 차이가 있지만 방송 프로그램의 제작에는 적지 않은 비용이 든다. 그런데 네트워크로

〈표 3-1〉 KBS, MBC, SBS 네트워크 현황

구분	KBS	MBC	SBS
강원도	춘천*, 강릉, 원주	MBC강원영동(강릉, 삼척), 춘천, 원주	강원
충청남도	대전*	대전	대전
충청북도	청주*, 충주	MBC충북(청주, 충주)	청주
전라북도	전주*	전주	전주
전라남도	광주*, 목포, 순천	광주, 여수, 목포	광주
경상북도	대구*, 안동, 포항	대구, 안동, 포항	대구
경상남도	부산*, 울산, 창원*, 진주	부산, 울산, MBC경남	부산, 울산
제주도	제주*	제주	제주
총계	18개 지역국 (9개 총국, 9개 지역국)	16개 계열사	9개사

주: *는 총국을 표시.
자료: 김영임·한진만·심미선(2011: 220) 수정 보완.

프로그램을 확산시켜 가맹국이나 계열사 또는 직할국에서 동시에 방송함으로써 제작비를 그만큼 많은 시청자에게 분산시킬 수 있으며, 프로그램을 모으고 배급하는 데 드는 비용이나 절차 등을 최소화할 수 있다.

셋째, 방송 자원의 효율적 활용이 가능하다. 방송 프로그램은 일회적이고 소모적인 특성을 갖는다. 가끔 재방송도 하지만 극히 제한적이다. 프로그램을 하나의 방송국에서 방송하는 것보다는 여러 방송국, 특히 네트워크를 통해 폭넓고 광범위한 시청자를 대상으로 방송하는 것이 방송 자원을 더 효율적으로 활용하는 것이 된다.

한국 방송사의 네트워크 형태는 다음과 같다.[1]

┃직할국 체제: KBS

2019년 현재 KBS는 중앙 방송국 1개와 총국 9개, 그리고 지방 방송국 9개

---

1   방송위원회(1994: 161~163); 지방 MBC 위상정립 공동대책위원회(1989: 31~44); 김우룡 (1994: 77~80; 한진만(1995: 271~274) 등을 재구성.

등 모두 19개의 방송국으로 구성된 중앙집권적인 직할국 체제이다. 이러한 직할국은 다음과 같은 장단점을 갖는다.

먼저 장점으로는 다음과 같은 것을 꼽을 수 있다. 첫째, 본사와 지역사는 하나의 조직에 속하기 때문에 동일한 방송 목표를 갖고 방송 사업이나 방송 행위에서 통일성을 유지할 수 있다. 둘째, 본사 차원에서 총괄적인 예산 편성과 집행에 따라 지역 간 격차를 줄이고, 지역 여건에 관계없이 본사의 지원으로 재정적인 안정을 유지할 수 있다. 셋째, 우수 인력 확보와 지방사 간의 인력 불균형의 시정이 용이하고, 본사와 지방국 간의 순환 근무가 가능해 근무에 활력을 주고 근무 의욕을 고취할 수 있는 등 인력의 효율적 관리가 용이하다. 넷째, 방송망 확장 사업, 뉴미디어 시대에 대비한 종합적인 장·단기 발전 및 운영계획 수립에 통일성을 유지할 수 있다. 다섯째, 본사에 비해 인적·물적 자원에서 현저한 차이가 있는 지역국의 제작 여건을 개선하고 지역 간 격차를 해소하는 데 도움이 된다.

한편 단점으로는 다음과 같은 것들이 있다. 첫째, 인사권이 본사에 있기 때문에 인사 관리에 지방국의 실정이 제대로 반영되지 않을 수 있다. 둘째, 방송 편성이 본사에 의해 주도되기 때문에 편성의 독립성 유지가 어렵다. 셋째, 경영·제작 등 제반 운영이 본사에 의해 이루어짐에 따라 지역국은 경영상의 자생력은 물론 프로그램 개발 능력을 고양시키는 데 어려움이 있을 수 있다.

| 계열사 체제: MBC

MBC는 1개의 중앙 방송국과 총 16개의 지역 방송사로 이루어진 계열사 체제이다. 계열사 체제가 갖는 장단점을 살펴보자.

우선 장점은 다음과 같다. 첫째, 책임 경영 방식이 도입되어 경영의 자율성이 어느 정도 보장되며, 계열사의 판단과 경영 상태에 따라 미래지향적으로 조직을 운영할 수 있다. 둘째, 일반 관리상의 행정 서식이 통일되고 업무 처리 방식이 표준화되어 업무의 효율성을 높일 수 있다. 셋째, 전국 참여 프로그램의 확대로 지역적 특성이 있는 소재의 전국화가 가능하다. 넷째, 기술적인 면에서 신기술 개발 정보를 신속하게 입수할 수 있고, 방송망의 확장으로 전국을 대상으로 한 장·단기 계획을 일관성 있게 추진할 수 있다.

한편 단점은 다음과 같다. 첫째, 지방의 실정과 문제의 본질을 정확히 모르는 채 본사에서 일방적인 작업 지시를 할 경우가 있다. 둘째, 지역사의 자율성이 결여된 채 본사 위주의 권위주의적 편성을 할 가능성이 높다. 셋째, 보도 내용에서 계열사의 실정이 무시되거나 지역 문화가 소홀히 취급되는 경우가 발생할 수 있다. 넷째, 본사와 비교해 상대적으로 열악한 계열사의 근무 조건이 지역 방송인의 사기 저하와 위화감을 가져올 수 있다.

▌가맹사 체제: SBS와 지역 민방

서울방송(SBS)은 서울의 독립민영방송국이지만 경인TV(OBS)를 제외한 지역의 독립민영방송들과 프로그램 공급 계약을 맺는 제휴국의 형태를 띠면서 네트워크를 이루고 있다. 참고로 지역 민방 현황은 다음과 같다. 1차 지역 독립민영방송은 1995년 개국한 부산방송(구 PSB, 현 KNN)·대전방송·대구방송·광주방송, 2차 지역 민방은 1997년 개국한 울산방송·청주방송·전주방송·인천방송(경인방송, 현 OBS 경인TV), 3차 지역 민방은 강원민방과 제주민방이다.

가맹사 체제는 본사와 지역사가 독립된 별개의 방송으로 각기 경영과 인사 등에서 독립성을 갖는 것을 특징으로 한다. 가맹사 체제의 일반적인 장점은 다음과 같다. 첫째, 경영과 인사에서 중앙의 통제를 받지 않고 독립성을 유지할 수 있다. 둘째, 인력과 재정의 절감 효과, 제작원의 다양화로 인한 편성의 다원화 등을 꾀할 수 있다. 셋째, 지역 방송의 기능과 역할이 다른 체제에 비해 더 활발해진다. 넷째, 프로그램의 안정적 공급이 가능하다.

단점은 다음과 같다. 첫째, 자체적으로 경영의 책임을 져야 하기 때문에 경제적 여건이 좋지 않은 지역은 경영상 어려움을 겪게 된다. 둘째, 프로그램의 안정적 공급을 위해 본사의 의존도를 높일 경우 편성의 자율권이 유명무실해질 수 있다.

| 기타: EBS

교육을 전문으로 하는 한국교육방송공사(EBS)는 KBS의 방송 시설을 이용해 전국 네트워크에 프로그램을 송출한다. 2014년 현재 한국 텔레비전 교육방송(EBS TV)의 편성 현황을 살펴보면 유아 프로그램과 교양 프로그램을 집중 편성하는 경향이 있음을 알 수 있다.

② 독립사 체제: OBS 경인TV

한국의 텔레비전 방송사 중에서 네트워크를 이루고 있지 않은 순수 독립 지역민영방송은 100% 자체 편성하는 경인TV(OBS)가 유일하다. 독립사 체제가 지닌 장점은 다음과 같다. 첫째, 독립사 체제는 네트워크의 계열사나 직할국과는 달리 예산권과 인사권, 편성권을 갖고 있기 때문에 방송 운영에 탄력성이 있다. 둘째, 재정적 자립을 위한 예산 확보에 더욱 적극성을 띠게 되고 효율적인 인력 활용, 융통성 있는 편성 등을 통해 방송 운영의 묘를 살릴 수 있다.

한편 독립사 체제의 단점은 다음과 같다. 첫째, 네트워크와 관계를 맺고 있지 않기 때문에 프로그램 공급이 원활하게 이루어지지 못할 가능성이 있다. 둘째, 독자적인 편성 정책 수립에 막대한 예산을 투여해야 하는 부담이 있다. 셋째, 재정적인 면에서 방송사 운영에 위험 부담이 있을 수 있다.

③ 방송 제도에 따른 구분

방송사 형태를 제도의 관점에서 보면 국영방송, 민영방송(상업방송), 공영방송으로 구분할 수 있다. KBS·MBC·EBS는 공영방송이며, SBS와 OBS를 비롯한 KNN 등 지역 민방은 민영방송이다.

▎국영방송

한국에는 현재 지상파 텔레비전 방송의 경우 국영방송은 없다. KBS가 개국한 1961년부터 한국방송공사가 발족한 1973년 이전까지 존재했던 것을 국영방송이라 할 수 있다. 북한과 같은 공산주의 국가, 강력한 행정부를 가진 개발도상국가나 저개발국가에서 나타나는 방송사 형태이다. 국영방송은 말 그대로 정부가 직접 소유·운영하고 재원은 정부 예산으로 충당한다. 국영방송은 궁극적으로 국가의 정책이나 이념을 반영하는 데 편성의 목표를 둔다.

▎민영방송

서울방송과 지역 민방이 이에 해당한다. 혹자는 상업방송과 민영방송을 구분하기도 한다. 민영방송은 자본가에 의해 운영되며 이윤 추구를 목표로 한다. 방송의 특성상 민영방송이라고 할지라도 일정한 수준의 공공성과 공익성을 요구하지만, 대체로 최소 비용으로 최대 이윤 추구라는 상업자본주의의 논리가 적용되는 방송 제도이다. 민영방송의 주요 재원은 방송광고이다. 이러한 방송 형태에서의 편성 목표는 방송사의 수입 극대화에 맞춰지는 경향이 있다. 프로그램 편성은 가급적 최대 시청률을 기대하면서 이루어지고 높은 시청률을 통해 광고 수입의 극대화를 도모한다.

▎공영방송

현재 KBS와 MBC, EBS가 이에 해당한다. 공영방송의 재원은 수신료와 광고료로 충당되지만 정부가 보조할 수도 있다. MBC는 광고료를 주요 수입원으로 하지만 비영리법인인 방송문화진흥회가 지배 주주이기 때문에 공영방송에 포함시킨다.

공영방송에 대한 소극적 정의는 정부(특정 집권당에 의해 구성)로부터 독립된 방송으로서 정치적 간섭이나 영향력이 배제된 자주적 방송을 의미하는 한편, 상업주의와 시청률주의를 지양하는 방송 체제라 할 수 있다. 공영방송에 대한 적극적 정의는 공영방송의 주체는 정부도 아니고 개인(또는 사단법인)도 아닌 공공, 즉 국민이라는 관점으로 다원적 존재인 국민 안에서 기회 균등하게 다양성이 모색되며 공공의 참여에 의해 독립된 지위 안에서 중립성을 유지하면서 공익을 추구하는 방송 체제를 일컫는다(박용상, 1983: 57~58).

공영방송은 경영 방식으로 볼 때 공공방송(公共放送)이라 할 수 있는데, 이는 방송이 정치·경제·사상 등의 특정한 권력(power)에 의해 지배되지 않도록 하기 위해 재정적으로 자율성이 보장되어야 하며 영리를 추구하지 않아야 한다는 것을 의미한다. 공영방송은 또한 특정 시청자가 아닌 각계각층의 시청자를 위한 방송이 되어야 하지만, 소수의 이익도 배제되지 않는 균형성을 갖추어야 한다(방송위원회, 1983).

(2) 라디오 방송 현황[2]

공영방송인 KBS는 1AM, 2AM, 3AM, 1FM, 2FM, 3FM, 한민족방송, 국제방송이 있다. MBC는 AM, 표준FM, FM4U가, 그리고 교육방송은 EBS FM이 있다. 민영방송(종합)의 경우 SBS는 AM, 표준FM, FM이 있으며 9개 지역 민방에 FM 방송이 있다(〈표 3-2〉 참조).

순수 라디오 지역 방송으로는 경인방송(iTVFM)과 경기방송(KFM)이 있으며, 보도전문채널로 YTN FM이 있다. 종교방송으로는 CBS에 AM, 표준FM, 음악 FM 등이 있으며, 극동방송(FEBC)에 AM, FM, 표준FM 등이 있고, 불교방송(BBS FM), 평화방송(PBC FM), 원음방송(WBS FM) 등이 있다. 교통방송으로 도로교통공단의 TBN FM과 서울특별시 교통방송인 tbs FM이 있다. 영어전문방송으로 국제방송교류재단(아리랑 eFM), 서울특별시 교통방송(tbs eFM), 광주영어방송(GFM), 부산영어방송(Busan eFM) 등이 있다. 그리고 국악방송인 국악 FM방송(서울, 대전, 광주 등 3개 지역)이 있다(〈표 3-2〉 참조).

---

2 김영임·한진만·심미선(2011: 135~138)을 재구성.

〈표 3-2〉 지상파 방송사의 채널 현황(2017년 4월 기준)

구분	방송사	운영 채널			계열사PP 채널
		TV	라디오	DMB	
공영 방송	한국방송공사 (9개 총국, 9개 지역국, 13개 해외 지국)	KBS 1TV KBS 2TV KBS World (국제위성 방송)	KBS 1AM KBS 2AM KBS 3AM KBS 1FM KBS 2FM 한민족방송 국제방송(KBS World Radio)	U KBS STAR U KBS HEART U KBS MUSIC U KBS CLOVER 비수도권 단일	KBS N Sports KBS Drama KBS Joy KBS Kids KBS N Life
	(주)문화방송 〔16개 지역 MBC: 부산, 울산, 경남, 대구, 안동, 포항, 광주, 목포, 여수, 대전, 충북(청주, 충주), 전주, 제주, 춘천, 강원 영동(강릉, 삼척), 원주〕	MBC TV	AM, 표준FM FM4U	MY MBC TV MBC every 1 myMBC 데이터 Channel M 지역 MBC (부산, 안동, 광주, 대전, 춘천, 제주)의 지상파 DMB 운영	MBC Dramanet MBC Every1 MBC MUSIC MBC NET MBC SPORTS+ MBC Sport+2
	한국교육방송공사	EBS 1TV EBS 2TV	EBS FM		EBS플러스1 EBS플러스2 EBS English EBS u
민영 방송	(주)SBS	SBS TV	AM 러브FM 파워FM	SBS u TV SBS u DMB 라디오, SBS u DMB 데이터 현대홈쇼핑 TV Arirang 라디오	SBS 플러스 SBS Golf SBS CNBC SBS MTV SBS Plus UHD SBS Sports SBS fun E SBS 교통방송 데이터방송
	(주)KNN	KNN TV	PSB FM	KNN DMB-TV1 외 4	
	(주)대구방송	TBC TV	TBC FM	TBC U DMB-TV1 외 4	
	(주)광주방송	KBC TV	KBC FM	KBC DMB-TV1 외 4	
	(주)대전방송	TJB TV	TJB FM	TJB DMB-TV1 외 4	
	(주)울산방송	UBC TV	UBC FM		

구분	방송사	운영 채널			계열사PP 채널
		TV	라디오	DMB	
지역 라디오 방송	(주)전주방송	JTV TV	JTV FM		
	(주)청주방송	CJB TV	CJB FM		
	(주)강원민방	G1 TV	G1 FM	G1 DMB-TV1 외 4	
	(주)제주방송	JIBS TV	JIBS FM	JIBS DMB-TV1 외 4	
	OBS 경인티브이(주)	OBS 경인TV			OBS W
	(주)경인방송		iFM		
	(주)경기방송		KFM		
종교 방송	(재)CBS (14개 지역: 서울, 대구, 부산, 광주, 전주, 청주, 춘천, 대전, 울산, 포항, 마산, 제주, 강릉, 순천)		CBS AM, CBS 표준FM, CBS 음악FM		CBS TV CBS 데이터방송
	(재)불교방송 (8개 지역: 서울, 부산, 광주, 대구, 청주, 춘천, 울산, 제주)		BBS FM		불교방송 BBS TV
	(재)가톨릭평화방송 (5개 지역: 서울, 부산, 광주, 대구, 대전)		cpbc FM		가톨릭평화방송
	(재)극동방송 (12개 지역: 서울, 대전, 영동, 창원, 제주, 목포, 포항, 울산, 부산, 대구, 광주, 여수)		FEBC AM FEBC FM		
	(재)원음방송 (5개 지역: 서울, 부산, 대구, 광주, 전북)		WBS FM		원음방송(WBS)
교통 방송	도로교통공단 (11개 지역:, 부산, 광주, 대구, 대전, 인천, 원주, 전주, 울산, 창원, 포항, 제주)		TBN FM		
	서울특별시 교통방송		tbs FM		tbs TV
			tbs eFM		
영어 방송	(재)국제방송교류재단		아리랑 제주FM	아리랑 DMB	아리랑 TV
	(재)광주영어방송재단		GFM		

구분	방송사	운영 채널			계열사PP 채널
		TV	라디오	DMB	
	(재)부산영어방송재단		BeFM		
보도 전문	(주)YTN 라디오		YTN FM		YTN 사이언스TV YTN 웨더
국악 전문	(재)국악방송 (3개 지역: 서울, 대전, 광주)		국악 FM 국악대전 FM 국악 광주 FM		

자료: 방송통신위원회·과학기술정보통신부(2017.11: 407~409).

그런데 한국의 라디오 방송국은 특수 방송을 제외하고는 대체로 텔레비전과 통합된 형태로 운영된다. KBS와 MBC, 그리고 SBS, 지역 민방은 라디오와 텔레비전을 공동으로 운영하며 나머지 특수 방송은 라디오국만 운영한다.

네트워크 체제는 직할국과 계열사, 가맹사의 형태가 있다. 이러한 네트워크 시스템 중 KBS는 직할국, MBC는 계열사, SBS는 가맹사의 형태로 운영한다. KBS는 중앙 방송국 1개와 총국 9개, 그리고 지역 방송국 9개 등 모두 19개의 방송국으로 이루어진 중앙집권적인 직할국 체제를, MBC는 중앙 방송국 1개와 총 16개의 계열사 체제를 유지하고 있다.

그 밖에 네트워크를 형성하는 라디오 방송은 기독교방송, 불교방송, 극동방송 등이다. 기독교방송은 부산, 대구, 광주, 이리(현재 익산)는 AM으로 그리고 청주와 춘천은 FM으로 연결되어 있으며, 불교방송은 부산과 광주(FM), 평화방송은 대구와 광주(FM), 극동방송은 대전과 창원(FM), 아세아방송은 제주(AM)를 각기 연결해 네트워크를 형성한다.

한편 공동체라디오 방송은 2017년 4월 현재 7개국이 허가를 받아 운영 중이다. (사)관악공동체라디오, (사)광주시민방송, (사)금강에프엠방송, 마포공동체라디오, (사)문화복지미디어연대, (사)성서공동체에프엠, (사)영주에프엠방송 등이다.

2) 유료방송 현황

(1) 종합유선방송사업자

〈표 3-3〉 종합유선방송사업자 현황

구분			종합유선방송사
MSO	CJ 헬로 (비전)	23	(주)CJ 헬로 양천방송 외(은평, 중부산, 중앙, 해운대, 금정, 대구 수성, 대구 동구, 북인천, 나라, 강원, 영동, 영서, 충남, 전북, 호남, 아라, 신라, 영남, 경남, 마산, 가야)
	티브로드	22	(주)티브로드 종로 중구방송 외(서대문, 광진 성동, 동대문, 도봉 강북, 노원, 강서, 서부산, 동남, 낙동, 대구, TCN, 대경, 서해, 새롬, 남동, 수원, 에비씨, 한빛, 기남, 중부, 전주)
	딜라이브	17	(주)딜라이브, (주)딜라이브 중앙케이블TV 외(서서울, 용산, 동서울, 중랑, 북부, 노원, 마포, 구로 금천, 서초, 강남, 송파, 경기, 우리, 경동, 경기동부)
	현대 HCN	8	(주)현대HCN, (주)현대HCN 동작방송 외(서초, 부산, 금호, 충북, 경북, 새로넷)
	CMB	10	(주)CMB 동서방송 외(한강케이블티비, 대구 수성, 대구 동부, 광주, 대전, 충청, 광주방송 동부지점, 대전방송 동대전지점, 광주방송 전남지점)
개별 SO		10	한국케이블TV 푸른방송(주), 남인천방송(주), (주)한국케이블TV 광주방송, 제이씨엔 울산중앙방송(주), (주)아름방송네트워크, (주)씨씨에스 충북방송, 금강방송(주), 하나방송(주), (주)서경방송, (주)한국케이블TV 제주방송

주 1: CJ 헬로는 2017년 12월 하나방송을 인수했으며, 현대HCN은 2018년 3월 딜라이브 서초 케이블TV를 인수했다.

주 2: CMB와 티브로드는 2017년 8월 3일 세종시 케이블방송 사업자로 선정되었다.

자료: 방송통신위원회·과학기술정보통신부(2017: 310~311).

2016년을 기준으로 할 때 복수의 종합유선방송사업자는 〈표 3-3〉에서 볼 수 있듯이 CJ 헬로 등 5개 사업자이며 개별 종합유선방송사업자는 한국케이블 TV 푸른방송 등 10개였다. 그런데 CJ 헬로는 2017년 12월 하나방송을 인수했으며, 현대HCN은 2018년 3월 딜라이브 서초 케이블TV를 인수했고, CMB와 티브로드는 2017년 8월 3일 세종시 케이블방송사업자로 선정되어 소유 형태에 약간의 변화가 있었다.

(2) 중계유선방송

한편 과학기술정보통신부에 등록된 중계유선방송사업자는 2016년 현재

49개인 것으로 나타났는데, 2014년 65개, 2015년 52개로 계속 줄어가는 추세이다.

(3) 위성방송 현황

한국의 위성방송은 1999년 무궁화위성 3호 발사가 성공한 후 시험방송을 실시하고, 2002년 3월 한국통신을 주축으로 한국디지털위성방송컨소시엄(스카이라이프)을 독점 사업자로 선정해 서비스를 시작했다.

2017년 현재 국내 유일의 위성방송사업자는 KT 스카이라이프이다. 2011년 3월 한국디지털위성방송주식회사에서 주식회사 KT 스카이라이프로 사명(社名)을 변경했다. KT 스카이라이프는 종편이나 영화 방송 등 여러 채널사용사업자(pp)로부터 콘텐츠를 공급받아 서비스하는 방송플랫폼사업자이면서 동시에 콘텐츠사업자로 직접 사용 채널(직사 채널)을 운용한다.

(4) DMB 현황

디지털 멀티미디어 방송(Digital Multimedia Broadcasting: DMB)은 한국에서 개발된 디지털 영상 및 오디오 방송의 전송 기술로, 휴대전화 같은 휴대용 기기에 텔레비전·라디오 같은 대중매체를 전달하고 데이터 방송을 하기 위한 국가 IT의 일부로 개발되었다. 한국에서는 '이동 중에 시청할 수 있는 방송 서비스'로 알려져 있다. 처음에는 지상파 아날로그 라디오 방송을 대체할 목적으로 개발되었으나, 기술의 발달로 한정된 전파에 더 많은 데이터를 담을 수 있게 됨에 따라 본래 목적인 음성 데이터뿐만 아니라 DVD급 수준의 동영상 데이터까지 전송할 수 있게 되었다.

① 지상파 DMB

2005년 12월 세계에서 처음으로 지상파 DMB 본방송이 한국에서 시작되었다. 2007년 12월 14일 DVB-H, 원세그(OneSeg), 미디어플로(MediaFLO) 같은 다른 표준과 함께 ITU가 공식적으로 국제 표준으로 승인되었다. 현재 제공되는 지상파 DMB는 위성 DMB에 비해 고속 차량 이동 중에도 선명한 화면으로 방송을 시청할 수 있다는 장점이 있는 반면, 일부 난시청 지역에서는 원활히 시청할 수 없는 경우가 있다. 지상파 DMB 방송은 해당 단말기만 있으면 언제든지 무료로 시청할 수 있지만 수도권 이외 다른 지역의 채널 수가 그리 많지 않다는 단점이 있다.

주요 사업자로는 KBS와 MBC 계열 방송사, SBS를 포함한 지역 민방, YTN DMB, 한국 DMB, U1미디어가 있다. 이들이 운영하는 채널은 TV 채널, 라디오 채널 그리고 데이터 채널이다. 지상파 DMB는 위성 DMB와 달리 지상의 방송 송신소를 통해 방송 신호를 송출한다.

② 위성 DMB

한국의 위성 DMB 사업은 2003년 SK텔레콤이 설립한 TU미디어가 독점적으로 운용한 바 있다. 2009년 12월 위성 DMB 가입자 수는 200만 명에 이르기도 했으나, 사업 부진으로 2012년 8월 말 위성방송 서비스를 중단했다.

(5) IPTV 현황

인터넷을 이용해 방송·기타 콘텐츠를 텔레비전 수상기로 제공하는 서비스로, 인터넷과 텔레비전을 융합한 디지털 컨버전스(Digital Convergence) 의 한 유형이다. 텔레비전을 보며 인터넷 검색, 홈뱅킹, 온라인 게임, 홈쇼핑 등 기존 인터넷에서 제공되는 다양한 콘텐츠와 부가 서비스를 마치 컴퓨터를 사용하는 것처럼 리모컨으로 이용할 수 있다.

IPTV가 기존 인터넷 TV와 다른 점은 모니터·키보드·마우스 대신에 텔레비전 수상기와 리모컨을 사용한다는 것이다. 또한 단순히 제공되는 방송을 보기만 하는 것이 아니라 리모컨을 이용해 원하는 콘텐츠도 함께 이용할 수 있는 쌍방향성이 가능하다는 점에서 케이블방송이나 위성방송과 다르다. 인터넷이 연결된 텔레비전 수상기, 셋톱박스(Set-Top Box)만 있으면 IPTV를 이용할 수 있다.

국내 IPTV 시장은 하나로텔레콤(현재 SK브로드밴드)이 국내 최초로 VOD 중심의 '하나TV' 서비스를 시작하면서 형성되었다. IPTV가 국내에서 방송 서비스를 실시한 것은 KT(QOOK TV)가 2008년 11월 17일, LG텔레콤과 SK 브로드밴드가 2009년 1월부터였다. 2018년 8월 현재 국내에는 KT의 올레 TV(QOOK TV), SK의 'BTV', LG의 'U+tv G' 등 3개의 IPTV가 실시간 방송 및 VOD 서비스를 병행해 제공하고 있다.

(6) 채널사용사업자 현황

PP(program provider)는 '채널사용사업자' 또는 '프로그램 공급업자'로 불리는데, '방송법' 제9조 5항에 따라 방송통신위원회에 등록 후 사업을 할 수 있다. 그런데 종합편성이나 보도에 관한 전문편성을 행하는 방송채널사용사업을 하려는 자는 방송통신위원회의 승인을 받아야 하고, 상품 소개와 판매에 관한 전문편성을 행하는 채널사용사업을 하려는 자는 과학기술정보통신부 장관의 승인을 받아야 한다.

2016년 말 현재 방송채널사용자는 164개인데, 그중 승인은 19개, 등록은 145개이다.

2. 방송 산업

2016년 방송사업 매출은 15조 9023억 원으로 전년 대비 3.8% 증가했다. 전체 방송사업 매출에서 방송채널사용사업이 40.1%로 가장 높은 비중을 차지했다.

유료방송(종합유선방송, 위성방송, IPTV, 중계유선방송) 가입자는 3003만 명으

<표 3-4> 방송사업 매출

(단위: 억 원, %)

구분	2014년	2015년	2016년
방송채널사용사업자	63,067(42.7)	62,224(40.6)	63,801(40.1)
지상파방송	40,009(27.1)	41,007(26.8)	39,987(25.1)
IPTV	14,872(10.1)	19,088(12.5)	24,277(15.3)
종합유선방송	23,462(15.9)	22,590(	21,692(13.6)
위성방송	5,532(3.8)	5,496(3.6)	5,656(3.6)
중계유선	31(0.02)	27(0.02)	25(0.02)
IPTVCP(콘텐츠 제공)	613(0.4)	2655(1.7)	3,482(2.2)
지상파 DMB	104(0.07)	108(0.07)	103(0.1)
계	147,731(100.0)	153,195(100.0)	159,023(100.0)

자료: 방송통신위원회·과학기술정보통신부(2016~2017.11) 재구성.

<표 3-5> 유료방송 가입자 수 및 시장 점유율

회사	가입자 수(만 명)	시장 점유율(%)
KT	633	20.21
SK브로드밴드	428	13.65
CJ 헬로	410	13.10
LG 유플러스	341	10.89
KT 스카이라이프	323	10.33
티브로드	321	10.24
딜라이브	205	6.54
CMB	154	4.93
현대 HCN	134	4.28
개별 SO(10개)	183	5.84

주: 2017년 하반기 6개월 평균 수치.
자료: ≪한국경제≫, 2018.8.24.

로 전년 대비 6.2% 증가했다(방송통신위원회·과학기술정보통신부). 특이한 점은 2017년 12월 유료방송 시장에서 처음으로 IPTV 가입자(1432만 명)가 케이블 TV 가입자(1403만 명)보다 많아졌다는 것이다.

지상파방송의 점유율은 2014년 27.1%에서 지속적으로 하락하여, 2016년은 25.1%로 감소했다. 방송채널사용사업도 2014년 42.7%에서 2015년 40.6%, 2016년 40.1%로 감소 추세가 이어지고 있다. 유료방송의 경우 IPTV 점유율은 증가하는 반면 종합유선방송과 중계유선방송의 점유율은 감소 추세를 나타냈다. 종합유선방송의 점유율은 2014년 15.9%, 2015년 14.7%, 2016년 13.6%로 최근 3년간 지속적인 감소 추세를 보였다. 반면 IPTV는 2014년 10.1%에서 2015년 12.5%, 2016년 15.3%로 증가 추세를 보였다.

유료방송 시장만으로 2017년 하반기 6개월 평균을 기준으로 가입자 수와 시장 점유율을 살펴보면, KT가 20.21%로 가장 높았으며, 이어서 SK브로드밴드(13.65%), CJ 헬로(13.10), LG(10.89%)의 순을 보였다(〈표 3-5〉 참조).

1) 지상파방송 산업 현황

〈표 3-6〉 지상파방송 방송사업 매출 항목별 추이 (단위: 억 원)

구분	2014년	2015년	2016년
텔레비전 방송 수신료	6,250(15.6)	6,433(15.6)	6,510(16.3)
재송신	1,551(3.9)	1,520(3.7)	2,298(5.7)
방송 프로그램 제공	110(0.3)	105(0.3)	106(0.3)
광고	18,976(47.4)	19,112(46.6)	16,228(40.6)
협찬	3,642(9.1)	4,089(10.0)	4,181(10.4)
프로그램 판매	6,730(16.8)	6,840(16.7)	7,876(19.7)
기타 방송사업	2,790(6.9)	2,908(7.1)	2,788(7.0)
합계	40,049(100.0)	41,007(100.0)	39,987(100.0)

자료: 방송통신위원회·과학기술정보통신부(2016~2017.11) 재구성.

(1) 지상파방송 매출 유형

지상파방송 매출에서 광고 매출이 40.6%로 가장 많았는데, 협찬도 일종의 광고로 볼 때 이 둘이 51%로 전체 매출의 절반 이상을 차지하고 있었다. 그다음은 프로그램 판매(19.7%), 수신료(16.3%), 기타 방송 수입(7.0%), 재송신료

(5.7%)의 순을 보였다.

(2) 광고와 협찬 매출

방송사업 매출에서 광고 매출이 차지하는 비중은 최근 3년 동안 지속적으로 감소했다(2014년 47.4%, 2015년 46.6%). 광고 매출 비중이 감소하는 반면 협찬 매출의 비중은 꾸준히 증가하여 2016년에는 지상파방송 매출의 10.5%를 차지했다(2014년 9.1%, 2015년 10.0%).

(3) 프로그램 판매 매출

프로그램판매 매출은 온라인 유통 창구 활성화 및 수출의 증가로 인해 최근 3년간 성장하여 지상파방송에서 차지하는 비중이 2016년 기준 19.7%로 전년 (16.7%)에 비해 확대되었다.

(4) 수신료

수신료는 KBS와 EBS에만 해당한다. 수신료 매출은 지상파 전체 매출액의 13.7%를 차지하고 있었다. 유료방송에서 지상파방송을 재송신하여 발생하는 매출(약 2300억 원)은 전체 매출의 3.2%를 차지했는데, 2014년 이후 증가하는 추세를 보였다. 재송신 매출은 전년 대비 51.2% 증가했으며, 방송 매출에서 차지하는 비중도 5.7%로 2015년(3.7%) 대비 증가했다.

2) 케이블방송 산업 현황

2017년 말 기준 한국의 케이블 가입자는 1403만 명으로 매년 감소 추세에 있다(2014년 말 기준 1461만 명).

(1) 종합유선방송사업자

방송통신위원회와 과학기술정보통신부의 「2017년 방송 산업 실태 조사보고서」에 따르면, 복수종합유선방송사업자(Multiple System Operator: MSO)는 티브로드, 딜라이브, CJ 헬로, CMB, 현대 HCN이다. 이들 5개의 복수종합유선방송사업자가 확보한 종합유선방송사는 80개로 방송사업 매출은 1조 9225억 원에 이른다. 종합유선방송 시장에서 복수종합유선방송사업자의 방송사업 수익 점유율은 88.6%로 전년(89.0%)보다 약간 감소했다.

2016년을 기준으로 복수종합유선방송사업자(MSO)의 방송사업 수익 규모별 운영 현황을 살펴보면 종합유선방송을 23개 소유한 CJ 헬로와 22개의 티브로드가 최대 복수종합유선방송사업자이다. 방송사업 매출액 점유율을 기준으로 하면, CJ가 6375억 원(29.4%)으로 가장 많았으며, 그다음은 티브로드로 5451억 원(25.1%)이었다. 딜라이브는 17개 종합유선방송을 소유하고 있으며 방송사업 매출은 3979억 원으로 점유율은 18.3%를 차지한다. 그 뒤를 이어 현대 HCN 9.9%, CMB 5.9%의 순서로 방송사업 매출 점유율을 보였다.

〈표 3-7〉 복수종합유선방송사 현황과 시장 점유율

구분	SO 수		방송사업 매출액 (억 원)		방송사업 매출액 점유율(%)	
	2015년	2016년	2015년	2016년	2015년	2016년
CJ 헬로	23	23	6,720	6,375	29.7	29.4
티브로드	23	22	5,790	5,451	25.6	25.1
딜라이브	17	17	4,097	3,979	18.1	18.3
현대 HCN	8	8	2,153	2,142	9.5	9.9
CMB	10	10	1,343	1,278	5.9	5.9
MSO 합계	81	80	20,102	19,225	89.0	88.6
SO 전체	91	90	22,590	21,692	100.0	100.0

주 1: SO 방송사업 매출액에는 '방송 수신료 매출액, 광고 매출액, 협찬 매출액, 홈쇼핑 송출 수수료 매출액, 시설 설치 매출액, 단말장치 대여 매출액, 기타 방송사업 매출액'이 포함됨. 방송 이외의 기타 사업 매출액(전기통신사업 매출액 = 인터넷접속사업 매출액, 기타 매출액)은 제외함.
자료: 방송통신위원회·과학기술정보통신부(2017.11).

(2) 채널사용사업자

주요 복수채널사용사업자(Multiple Program Provider: MPP)는 지상파방송과 비지상파방송 계열로 나눌 수 있는데 지상파계열은 SBS가 8개, KBS와 MBC가 각각 6개였다. 비지상파방송 계열 중에서는 CJ가 22개로 가장 많았으며 중앙미디어 네트워크도 6개였다.

① 지상파 방송사 자회사

지상파방송 3사는 2016년 현재 총 7개의 방송채널사용사업자를 자회사로 운영한다. KBS는 KBS N을, MBC는 MBC플러스미디어와 MBC넷 등 2개 자회사를, SBS는 SBS플러스, SBS골프, SBS바이아컴, SBS스포츠 등 4개 자회사를 운영하고 있다.

지상파 계열 채널사용사업자의 방송사업 매출액을 보면, 지상파방송 3사 계열 채널사용사업자의 방송사업 매출 총액은 5841억 원으로 2015년보다 2.8% 감소했다. (홈쇼핑 방송 매출을 제외한) PP 방송사업 매출액 대비 지상파 계열 PP의 시장 점유율은 19.8%로 2015년의 20.2%에서 0.4% 감소했다. 방송 3사 중 SBS 계열 PP가 점유율 8.0%로 가장 높았으며, 그다음은 MBC 계열 PP(7.3%)였고 KBS 계열 PP가 4.5%로 가장 낮은 점유율을 보였다(〈표 3-8〉 참조).

자회사를 포함한 지상파방송 3사의 2016년 방송사업 매출 현황을 살펴보면, KBS와 KBS N의 방송사업 수익이 1조 6039억 원으로 2015년과 마찬가지로 지상파와 PP 방송 시장에서 가장 큰 비중(23.1%)을 차지한다. MBC와 MBC플러스미디어를 비롯한 MBC 계열 PP의 방송사업 수익은 1만 455억 원으로 전년과 비슷한 15.0%의 점유율을 나타냈다. 계열 PP 4개를 보유한 SBS의 방송사업 수익은 1조 130억 원으로 점유율은 전년(14.2%)보다 약간 증가한 14.6%를 기록했다. 지상파방송 3사와 계열 PP의 방송사업 매출 총액은 3조 6624억 원으로 지상파와 계열 PP 시장의 52.7%를 차지해, 전년과 같은 수준을 유지한 것으로 나타났다(〈표 3-9〉 참조).

〈3-8〉 지상파 계열 방송채널사용사업자 방송사업 매출액과 시장 점유율

구분	방송채널사용사업	방송사업 매출액(억 원)		점유율	
		2015년	2016년	2015년	2016년
KBS	(주)KBS N	1,349	1,325	4.5%	4.5%
MBC	(주)MBC플러스(구 MBC플러스미디어)	2,117	2,142	7.1%	7.3%
	(주)엠비씨넷	23	19	0.1%	0.1%
	소계	2,140	2,161	7.2%	7.3%
SBS	(주)SBS골프	437	446	1.5%	1.5%
	SBS바이아컴(유)	72	72	0.2%	0.2%
	(유)SBS스포츠	462	388	1.6%	1.3%
	(주)SBS플러스	1,551	1,449	5.2%	4.9%
	소계	2,521	2,335	8.5%	8.0%
지상파방송 3사 계열 PP 방송사업 매출액		6,011	5,841	20.2%	19.8%
PP 방송사업 매출액(홈쇼핑PP 제외)[1]		29,719	29,537	100.0%	100.0%

주 1: PP 방송사업 매출액에는 '방송 수신료 매출액, 광고 매출액, 협찬 매출액, 프로그램 판매 매출액, 방송시설 임대 매출액, 행사 매출액, 기타 방송사업 매출액'이 포함됨. 홈쇼핑PP의 방송사업 매출액은 제외함.
자료: 방송통신위원회·과학기술정보통신부(2017.11: 36).

〈표 3-9〉 지상파 방송 3사 수직 결합과 시장 점유율

결합사업자		지상파 + 계열 PP 방송사업 매출액(억 원)		점유율(%)	
지상파	계열 방송채널사용사업 법인	2015년	2016년	2015년	2016년
KBS	(주)KBS N	16,673	16,039	23.6	23.1
MBC	(주)MBC플러스미디어, (주)MBC넷	10,575	10,455	15.0	15.0
SBS	(주)SBS골프, SBS바이아컴(유), (유)SBS스포츠, (주)SBS플러스	10,038	10,130	14.2	14.6
계열 포함 지상파 방송3사 방송사업 매출액		37,286	36,624	52.7	52.7
지상파 방송사업 매출액 + PP 방송사업 매출액[1]		70,725	69,524	100.0	100.0

주 1: PP 방송사업 매출액에는 '방송 수신료 매출액, 광고 매출액, 협찬 매출액, 프로그램 판매 매출액, 방송 시설 임대 매출액, 행사 매출액, 기타 방송사업 매출액'이 포함됨. 홈쇼핑PP의 방송사업 매출액은 제외함.
자료: 방송통신위원회·과학기술정보통신부(2017.11: 35).

② 비지상파방송 채널사용사업자

주요 복수채널사용사업자의 시장 점유율 현황을 보면, 22개 채널을 운영하

〈표 3-10〉 주요 복수채널사용사업자 현황과 시장 점유율[1]

지배 주주	채널 수[1]		방송사업 매출액(억 원)		방송사업 매출액 점유율(%)	
	2015년	2016년	2015년	2016년	2015년	2016년
CJ[2]	22	21	7,467	7,705	25.1	26.1
중앙미디어 네트워크	6	4	2,743	2,672	9.2	9.0
SBS	8	9	2,521	2,355	8.5	8.0
MBC	6	6	2,140	2,161	7.2	7.3
KBS	6	6	1,349	1,325	4.5	4.5
주요 복수채널사용사업자 방송사업 매출액			16,221	16,219	54.6	54.9
2개 이상 PP사업체가 결합한 MPP			21,421	21,090	72.1	71.4
PP 방송사업 매출액 (홈쇼핑PP 제외)[3]			21,428	25,194	100.0	100.0

주 1: 채널 수는 2016년 12월 말 과학기술정보통신부 등록 기준.
주 2: CJ의 방송사업 매출액은 CJ 계열 PP 중 CJ홈쇼핑의 방송사업 매출액을 제외한 금액. CJ PP의 채널 수에
　　 서 음악 채널(OZIC 음악 채널 15개)는 제외.
주 3: 방송사업 매출액에는 '방송 수신료 매출액, 광고 매출액, 협찬 매출액, 프로그램 판매 매출액, 방송 시설
　　 임대 매출액, 행사 매출액, 기타 방송사업 매출액'이 포함됨. 홈쇼핑PP의 방송사업 매출액은 제외.
자료: 방송통신위원회·과학기술정보통신부(2017. 11: 38).

는 CJ의 방송사업 수익이 7705억 원으로 전체 방송채널사용사업자 시장에서 26.1%를 차지하는 최대 복수채널사용사업자가 되었다. 그다음은 중앙미디어 네트워크로 9.0%였다.

CJ와 중앙미디어네트워크 및 지상파 복수채널사용사업자의 방송사업 매출의 시장 점유율은 54.9%로 2015년의 54.6%에 비해 0.3% 증가한 것으로 나타났다(〈표 3-10〉 참조).

(3) MSP

종합유선방송(SO)과 방송채널사용사업(PP)의 결합사업자(Multiple SO PP: MSP)의 방송사업 수익과 시장 점유율을 살펴보면, 23개 SO의 지분 소유주인 CJ 계열이 전체 SO·PP방송사업 수익(홈쇼핑PP 제외)의 27.5%(1만 4081억 원)

〈표 3-11〉 SO·PP 결합사업자(MSP) 방송사업 매출액과 시장 점유율

구분	SO 수[1]		계열 SO + PP 방송사업 매출액(억 원)		점유율(%)	
	2015년	2016년	2015년	2016년	2015년	2016년
CJ 계열	23	23	14,187	14,081	26.8	27.5
티브로드 계열	23	22	6,786	6,417	12.8	12.5
딜라이브 계열	17	17	4,869	4,710	9.2	9.2
현대 HCN 계열	8	8	2,313	2,311	4.4	4.5
CMB 계열	10	10	1,453	1,312	2.7	2.6
MSP 전체	81	80	29,608	28,831	56.0	56.3
SO 방송사업 매출액[2] + PP 방송사업 매출액[3]			52,842	51,229	100.0	100.0

주 1: SO 수는 최다 출자 지분 또는 실질적인 경영권을 가지는 경우.
주 2: SO 방송사업 매출액에는 '방송 수신료 매출액, 광고 매출액, 협찬 매출액, 홈쇼핑 송출 수수료 매출액, 시설 설치 매출액, 단말장치 대여 매출액, 기타방송사업 매출액'이 포함됨.
주 3: PP 방송사업 매출액에는 '방송 수신료 매출액, 광고 매출액, 협찬 매출액, 프로그램 판매 매출액, 방송 시설 임대 매출액, 행사 매출액, 기타 방송사업 매출액'이 포함됨. 홈쇼핑PP의 방송사업 매출액은 제외함.
자료: 방송통신위원회·과학기술정보통신부(2017.11: 37).

를 차지하며, 22개의 SO를 확보하고 있는 티브로드(태광산업) 계열이 12.5%(6417억 원)로 2위를 차지했다. 그리고 17개 SO를 보유하고 있는 딜라이브 계열은 9.2%(4710억 원)로 3위, 8개 SO를 확보한 HCN(현대백화점) 계열이 4.4%(2311억 원)로 4위를 차지했다. CMB는 2.6%로 MSP 중 가장 낮은 점유율을 보였다. 상위 5개 MSP는 전체 SO·PP 방송사업 수익의 56.3%를 차지해 전년도보다 0.3% 증가했다.

(4) 위성방송

2016년 12월 말 기준으로 위성방송 가입자는 321만 3000명으로 2015년(318만 4000명)에 비해 약간 증가했다. 한편 OTS는 2015년 202만 4000명에서 194만 1000명으로 약간 감소했다.

2016년도 위성방송 방송사업 매출은 방송 수신료가 59.0%로 가장 많은 비

중을 차지했다. 그런데 최근 3년간 추이를 보면 방송 수신료의 비중은 2013년 69.7%, 2014년 66.3%, 2015년 63.0%로 지속적인 감소 추세를 보였다. 반면 홈쇼핑 송출 수수료의 비중은 26.9%로 최근 4년간 지속적으로 증가하는 추세를 보였다(2013년 15.1%, 2014년 18.1%, 2015년 22.4%).

(5) IPTV

정보통신정책연구원(KISDI)이 발표한 자료에 따르면 IPTV 가입자는 2017년 말 기준으로 1432만 명이다. 4년간 연평균 14% 증가했다. 반면, 케이블 TV의 경우 2014년 1461만 명에서 2017년 말에는 1403만 명으로 소폭 감소했다. IPTV는 2017년 11월부터 전체 점유율에서 케이블 TV를 앞서기 시작했다. 가입자가 증가하며 IPTV의 홈쇼핑 방송 송출 수수료도 크게 늘어났다. 지난해 4890억 원의 매출을 거두었고 4년간 연평균 40.7% 늘어났다. 전체 방송사업자 방송 매출 중 IPTV가 차지하는 비중은 2014년 10.1%에서 2015년에는 12.5%, 2016년에는 15.3%, 2017년 20.5% 증가하며 성장세를 유지하고 있다(채수웅, 2018.7.26).

IPTV 방송사업 매출은 방송 수신료가 70.9%로 가장 많은 비중을 차지했다. 방송 수신료의 비중은 2015년 78.7%에서 2016년 70.9%로 감소한 반면, 홈쇼핑 송출 수수료의 비중은 13.9%로 전년 대비 증가했다(홈쇼핑 수수료 매출 비중은 2014년 11.8%, 2015년 12.6%). 한편 IPTV 가입자 증가로 단말장치 대여(판매) 매출은 1637억 원으로 전년보다 94.5% 증가했으며 비중도 2014년 3.4%, 2015년 4.4%, 2016년 6.7%로 증가 추세를 보였다(방송통신위원회·과학기술정보통신부, 2017).

제 4장

방송 편성의 이해

방송 편성은 방송사의 이미지를 결정하는 동시에 다른 방송사와의 경쟁에서 우위를 점하기 위한 전략적이고 전술적인 요인이다. 방송사에서 아무리 잘 만든 프로그램이라 할지라도 편성이 잘못되면 그 프로그램의 가치는 상실되기 마련이다. 편성은 프로그램을 구성하고 완성시키는 행위의 모든 기능을 포함하는 것으로 내용에 대한 제반 조건과 송출에 대한 일체의 배열·운행까지를 표현한 것이라 할 수 있다. 그러나 편성을 올바로 이해하기 위해서는 '방송 프로그램을 기획하고 배열하는 것'으로 편성을 이해하는 것이 바람직하다. 방송 프로그램 편성을 통해 공익성을 구현하면서도 최대 다수의 시청자를 확보하기 위해서는 편성이 시청자의 생활 주기와 일치해야 하고, 이를 통해 수용자의 시청 행위가 습관적으로 이루어져야 한다.

이 장에서는 편성의 정의와 이념·목표, 그리고 편성의 기본 원칙, 결정 요인을 제시할 것이다. 또한 주로 지상파방송에서 사용할 수 있는 편성 전략을 프로그램 내용과 배열에 따른 전략으로 구분해 소개할 것이다.

1. 편성의 정의

편성을 올바로 이해하기 위해서는 우선 편성에 대한 정의부터 살펴볼 필요가 있다. 그런데 편성에 대한 정의는 학자마다 약간씩 표현 방법을 달리해 제시한다.

김우룡(1987)은 편성은 방송 행위의 방향과 폭을 제시하는 일련의 과정이자 단위 프로그램의 기본 틀을 규정하는 매우 구체적인 작업이라고 정의한다. 즉, 편성은 각 프로그램의 가이드라인(guide-line)이자 방송 활동 자체를 폭넓게 의미할 수도 있다. 편성은 예산의 규모와 제작 조건, 판매와 법률적 제약을 고려해 언제 무슨 프로그램을 얼마나 어떻게 방송할 것인가를 결정하는 일을 중심 과제로 삼는다.

김규(1993)는 편성을 협의와 광의의 개념으로 구분해 제시한다. 또 이론적으로 말하면 편성은 신문의 편집과 유사한 용어로서 방송 사항의 종류, 내용, 분량·배열에 관한 결정 행위의 양식(process)과 그 결과(product)라고 전제한다. 이것은 프로그램을 구성하고 완성시키는 행위의 모든 기능을 포함하는 것으로, 내용에 대한 제반 조건과 송출에 대한 일체의 배열과 운행까지를 표현한 것이라고 주장한다. 광의로는 방송 프로그램의 명칭, 성격, 분량, 배치 같은 것을 계획하는 행위부터 그 계획의 구체화를 위한 실제적인 제작 행위, 그리고 운행과 경우에 따라서는 송출까지를 포함하는 처리 행위까지를 말한다. 협의의 편성은 일반적으로 프로그램 내용의 구체적 결정이나 제작 단계 이후를 포함하지 않는, 일반적으로 주제와 형식 및 시간 결정에 해당하는 행위로 해석된다. 커뮤니케이션 과정에서 보면 편성이란 방송에서 '무엇을, 언제, 어떻게'에 관한 결정 행위 및 그 행위의 결과라고 할 수 있다.

이신복(1989)은 편성에 대한 정의를 광의와 협의의 두 가지 관점에서 제시한다. 협의로는 방송되는 사항의 종류, 내용, 분량 및 배열을 결정하는 행위, 즉 무엇을 언제 어떻게 보고 듣게 할 것인가를 결정하는 편성국의 일상 업무라 할 수 있다. 광의로는 방송활동에서 방송 기업의 조직 목표를 구현하기 위해 편성의 전 과정을 체계화·조직화하는 경영 의사의 실현 과정이며, 제작에 앞서 무엇을 언제 어떻게 배열할 것인가를 총체적으로 결정하기 위해 합리적으로 경영 의지를 판단하고 실시하는 편성국의 편성 활동, 그리고 방송 의지가 구체적으로 표현되는 개개의 프로그램 제작에 이르는 각 단계(경영, 편성, 제작) 의사결정의 연쇄 과정이라 할 수 있다.

차배근(1981)은 프로그램 편성이란 방송 내용의 기획과 배열상의 문제로서, 무엇을(방송 내용), 누구에게(방송 대상), 언제(방송 시간대), 어떻게(방송 형식), 얼마나(방송 시간) 들려주고 보여주느냐를 결정하고 배열하는 전 작업을 뜻한다고 정의한다. 그 밖에 강대인(1989)은 일반적으로 방송 편성이라 함은 넓게는 방송 경영층이 방송의 목표나 기본 정책을 포괄적으로 규정하는 단계부터 방송 정책의 방향을 구체적으로 결정하는 행위와 프로그램의 제작 행위까지 포함하는 것으로 정의한다. 한진만(2000)은 편성을 올바로 이해하기 위해서는 편성을 방송 프로그램을 기획하고 배열하는 것으로 정의하는 것이 바람직하다고 주장한다.

2. 편성의 이념과 목표

방송 편성이 추구해야 하는 이념과 목표는 방송 환경에 따라 변할 수 있다. 채널이 몇 개에 불과하던 지상파 독과점 체제하에서 방송 편성의 목표는 방송의 공익성과 공공성을 실현하는 것이었다. 방송이 공익성을 추구해야 하는 근거는 방송이 자원으로 하는 전파는 제한되어 있는 데 반해 방송의 영향력은 엄청나게 크다고 여기기 때문이다. 방송을 할 수 있는 주체는 전파의 제한성으로 몇 개뿐인 반면, 그러한 전파를 타고 방송되는 내용은 사회적으로 엄청난 영향을 미칠 수 있다. 즉, 방송을 하려고 하는 주체는 정부로부터 허가를 받아야 하며, 허가받은 주체는 공영방송이든 민영방송이든 방송 전파가 갖는 사회적 영향력으로 인해 방송의 공익성을 구현해야 한다는 것이다.

1) 편성 이념

위에서 살펴본 논리로 지상파방송 편성의 이념은 공익성 또는 공공성을 추구하는 데 두었다. 그러나 케이블방송이나 위성방송 등 이른바 뉴미디어의 출현으로 채널이 급증하고 있는 상황에서는 설득력이 많이 떨어진 것이 사실이다.

궁극적으로 편성 이념은 방송 이념을 구체화하는 작업으로, 공공성과 공익성을 구현해 좋은 방송을 실현하고자 하는 것이다. 또 다른 방송 편성의 목표는 시청자의 확보에 있다. 즉, 방송 편성의 묘미는 프로그램의 기획·배열을 잘함으로써 최대 다수의 시청자를 확보할 수 있다는 데 있다. 다시 말하면 프로그램이란 제한된 자원을 극대화해 가능한 많은 대중에게 공감을 줄 수 있는 프로그램을 개발하고 이를 적절한 시간대에 배열하는 것이 편성이다.

2) 편성의 목표

하워드와 키브먼(Howard and Kievman, 1983)은 편성의 목표를 네 가지로 정의한다. 첫째, 특정 시간대에 적합한 시청자층을 확보하기 위해 프로그램을 경쟁적으로 배열한다. 방송사는 광고 효과의 극대화와 공익 구현이라는 목표를 달성하기 위해 표적으로 삼는 수용자층이 있는데, 그들은 시간대에 따라 달라진다. 따라서 특정 시간대별로 바람직한 시청자층을 확보하는 것이 중요하다. 둘째, 사회 구성원의 다양한 욕구를 충족시킬 수 있는 프로그램을 균형있게 편성한다. 셋째, 공익을 충족시키는 데 알맞은 프로그램, 즉 뉴스나 공공 시사, 기타 비오락적인 프로그램을 편성한다. 넷째, 방송사의 이미지는 시청 행위에 중요한 영향을 미치므로 호의적인 방송사 이미지를 형성하도록 힘쓴다.

이러한 편성이 추구하는 기본 이념이나 목표에 대해서도 학자마다 약간씩 표현 방법을 달리한다. 최창섭(1985)은 방송 편성은 정치·경제·사회·문화 등 각 분야의 이익이 균형 있게 적정한 비율로 표현되어야 하는데, 이러한 기본 정신은 공공성에서 비롯된다고 말한다. 그는 방송의 공공성은 전파의 고유한 특성인 공유성·제한성·광파성·직접성·동시 공개성 등에서 유래하며, 이러한 특성 때문에 방송은 어떠한 매체보다도 국민의 이익과 행복에 기여해야 하는데 이것이 바로 방송 편성의 기본 이념이라고 주장한다.

한균태(1989)는 편성이란 방송 전체의 질과 내용을 결정하는 방송사 운영의 핵심적 요소로, 그 기본 이념은 사회 각 분야의 이익과 편의를 균형 있고 적당한 비율로 표현해야 하는 공공성의 구현이라고 지적한다. 이처럼 방송 편성의 궁극적인 목표를 공공성에 두는 근본적인 이유는 방송 전파의 제한성·공유성·광파성 때문이며, 따라서 민영방송이든 공영방송이든 방송 편성의 결정 과정은 각계각층의 다양한 목소리와 욕구를 충족시키기 위해 되도록 광범위한 주제를 일정한 품격을 유지하면서 전달하고자 하는 공익방송의 이상을 실현하는 데에 중요한 의미가 있다는 의견을 개진한다.

강대인(1989)은 방송 편성의 궁극적인 목표는 방송 이념을 구체화하는 데 있으며, 한국의 경우 합의된 방송 이념이 분명하게 제시된 적이 없다고 지적한다. 그는 방송 이념이 제시되어야만 그것을 담을 수 있는 법과 제도, 그리고 구체적인 편성 원칙이 마련될 수 있다고 전제하고, 나라마다 조금씩 표현은 다르지만 공통적인 방송 이념으로 제시하는 것은 역시 방송의 공익성 또는 공공성이라고 주장한다.

한진만(2002)은 궁극적인 편성의 목표는 시청자에게 호의적인 이미지를 각인시켜 가급적 최대의 수용자를 확보하기 위해 경쟁적 순서를 마련하는 데 있다고 주장한다. 프로그램 편성은 일종의 전투에 비교되기도 한다. 타 방송사와의 경쟁에서 우위를 점하기 위해 각종 전술과 전략이 동원되며, 궁극적으로 경쟁 방송사보다 많은 시청자를 확보하려는 것이 편성의 목표 중 하나이기 때문이다.

3. 편성의 기본 원칙

공익성을 구현하면서도 최대 다수의 시청자를 확보하기 위해서는 프로그램을 어떻게 편성하는 것이 바람직할까? 바로 여기서 편성의 기본 원칙을 만날 수 있다. 우선 프로그램 편성은 시청자의 생활 주기와 일치해야 하고, 이를 통해 수용자의 시청 행위가 습관적으로 이루어져야 한다. 밤 9시에는 뉴스를 시청할 수 있고, 밤 10시대에는 드라마를 볼 수 있다. 만약 밤 9시대에 뉴스가 아닌 프로그램을 보려면 MBC나 SBS 또는 KBS2로 채널을 돌려야 한다는 인식을 심어주는 것이 중요하다. 뉴스 프로그램을 시청하기 위해 하루 종일 텔레비전을 켜놓아야 한다든지 프로그램 가이드를 참고해야 한다면 편성을 잘못한 것이다. 물론 오늘 어떤 프로그램이 어디서 방영되는지를 알기 위해 프로그램 가이드를 이용할 수도 있다. 그러나 매번 프로그램 가이드를 찾아야 한다면 편성하는 이유가 없는 것이다(한진만 외, 2006: 23).

이스트먼(Eastman, 1993: 9~15)은 편성 전략의 기초가 되는 원칙을 다섯 가지로 제시한다. 첫째, 생활 주기와의 일치성이다. 시청자의 생활 주기와 프로그램 편성이 일치해야 한다. 둘째, 시·청취 습관의 형성이다. 시·청취 습관이 형성되도록 편성 전략을 마련해야 한다. 셋째, 수용자의 선택권이다. 수용자의 자유로운 프로그램 선택권을 고려해야 한다. 넷째, 최소 비용, 최대 효과의 원칙이다. 제한된 자원을 극대화해 가급적 최저 비용으로 설정한다. 다섯째, 수용자의 소구(訴求)에 대한 고려이다. 방송 매체가 가진 대중적 소구력을 개발해야 한다.

4. 편성의 결정 요인

편성은 여러 요인에 의해 영향을 받는다. 편성을 결정짓는 조건으로 박준영(1986)은 크게 외적인 조건과 내적인 조건으로 나누어 제시한다. 전자에는 방송이 처해 있는 그 사회의 각종 법률과 규정 등의 제도적 조건, 생활 주기, 인구통계학적 요인 같은 수용자 조건 등이 포함된다. 후자에는 방송사의 정관, 사시(社是)·사훈, 경영 방침, 방송 지침 등과 같은 정책적 조건, 시설을 포함한 물리적 조건, 예산 조건, 인적 조건 등의 제작 조건이 포함된다.

한국 방송사 중에는 편성 시 다음의 여섯 가지를 고려하는 경우도 있다.[1] 먼저, 시청자와 사회에 대한 정보를 고려한다. 여기에는 시청자의 생활시간·구성, 시청자의 수준과 기대치 그리고 욕구, 시청자의 불만, 국가와 지역사회의 필요 등이 포함된다. 둘째, 채널의 정체성을 위해 경영·편성의 방향, 전통적인 채널 이미지, 전략적인 이미지, 장수 프로그램, 인기 프로그램, 대표 프로그램 등을 고려한다. 셋째, 예산에 관해서는 연간 매출액·광고비, 프로그램 제작비, 예산 집행의 경제 원리와 합리성이 고려된다. 넷째, 인력에 관해 고려할 것에는 제작 인력의 능력, 지원 부서와의 협조 체제, 작가나 출연자 등 제작에 활용 가능한 인력에 대한 정보 등이 포함된다. 다섯째, 제도에 관한 것으로는 방송 법규나 심의 등 외적 규제, 내부 의사결정 과정과 관행, 외부 단체와의 관계 등이 포함된다. 여섯째, 경쟁에 관한 사항으로 상대사의 편성 이념과 정책, 상대 프로그램, 시간대별 채널 점유율 분포, 상대사의 인적 구성·능력 등을 고려한다.

---

1 방송위원회 지역방송발전연구위원회(1994)의 각 방송사에 요청한 자료 중에서 발췌.

5. 편성 원칙과 편성 기준

편성 원칙과 기준의 범위와 내용은 나라마다 다르지만, 새로운 방송 환경에서도 대부분의 지상파방송은 일정한 원칙과 기준을 준수할 의무를 지닌다. 한국은 '방송법' 제69조와 '방송법 시행령' 제50조를 통해 방송 순서를 편성하는 원칙과 구체적 기준을 제시하며, 모든 방송은 이 기준에 따르도록 규정한다.

일반적으로 편성 원칙은 두 가지 영역으로 구분해 접근할 수 있다. 하나는 방송 정책을 결정하는 법적 기구에 의한 편성 원칙의 제시이고, 다른 하나는 각 방송국의 최고 경영층의 수준에서 결정되는 편성 방침인데, 주로 법적인 논의를 중심으로 편성 원칙을 다루는 것이 통례이다.

법적·제도적 측면의 편성 원칙은 한 나라의 방송 제도나 이념의 문제와 연결된다. 따라서 한 나라의 방송 제도나 방송 정책의 차이만큼이나 편성 원칙도 상이하게 나타나는 것이 일반적이다. 동일한 방송 제도라 할지라도 개별 국가의 구체적인 방송 정책에는 많은 차이가 존재하듯이, 동일한 방송 용어라도 국가별로 또는 개인별로 그 개념의 수준이 매우 다양하다. 그 대표적인 예가 편성 원칙과 편성 기준이라는 개념이다. 편성 정책에 대한 논의를 위해서는 이 두 개념 간의 차이를 명확히 제시할 필요가 있다.

편성 원칙이란 방송 관련 법규나 규제기관을 통해 개별 국가가 표명하는 방송 이념과 철학을 구현하기 위한 포괄적인 원칙으로서의 편성 정책, 편성 방침 등을 의미한다. 편성 원칙은 통상적으로 '방송법'을 통해 제시된다.

편성 기준이란 편성 원칙에 의한 세부적이면서도 기술적인 프로그램 유형별 기준으로, 구체적인 프로그램의 유형 및 시간 등을 제시하는 것을 의미한다. 편성 기준은 '방송법 시행령'이나 고시 등을 통해 만들어진다.

6. 지상파방송의 편성 전략

흔히 편성을 전투에 비교하는데, 이는 방송사가 더욱 많은 시청자를 확보하기 위해 다른 방송사와 경쟁하는 것을 두고 하는 말이다. 편성의 목표는 궁극적으로 경쟁 방송사의 시청자를 최대한 자신의 채널(방송사)로 끌어들이는 한편 자사 채널에 있는 시청자가 되도록 다른 방송사의 채널로 빠져나가지 않도록 하는 데 있다. 방송 편성의 기본 원칙은 편성 전략을 통해 구체화된다. 편성 전략이란 제작·구매한 프로그램의 방송 시간대를 결정하고 프로그램을 전략적으로 배치하는 행위이다. 따라서 편성 전략은 두 가지 의미를 함축한다. 즉, 프로그램을 어떤 기준에 의해 제작·구매하는가와 제작·구매한 프로그램을 어떤 방식으로 방송 시간대를 정해 배열하는가이다.

1) 프로그램 내용에 따른 편성 전략

편성에서 어떤 프로그램을 선택할 것인가를 결정할 때 우선 고려해야 할 요인은 시청 가능한 시청자 수, 그들의 인구사회학적 특성, 프로그램 유형별 선호도이다. 공영방송의 경우에는 소수집단의 욕구도 고려해야 하기 때문에 해당 시간대에 어떤 유형의 사람이 시청하는가 하는 질적 측면에서의 시청자 구성을 파악해야 한다. 상업방송의 경우는 최대 시청자를 목표로 하기 때문에 가(假)시청자 수가 많은 경우에는 주(主) 시청자층이 선호하는 프로그램을 편성하지만, 가시청자 수가 적은 경우에는 공통적으로 선호도가 높은 프로그램을 선택해야 한다(김영임·한진만·심미선, 2005: 113).

2) 프로그램 배열에 따른 편성 전략[2]

프로그램 배열에 따른 편성 전략은 크게 방어적 편성 전략과 공격적 편성 전략으로 구분할 수 있다. 방어적 편성 전략이란 경쟁 방송사의 편성 전략과 관계없이 시청자의 생활 주기나 취향 등을 중요하게 고려하는 것으로 줄띠 편성, 구획 편성, 장기판 편성, 해머킹(Hammocking), 텐트폴링(Tent-Poling) 등이 해당된다. 공격적 편성 전략은 경쟁 방송사의 편성 전략에 맞서 편성 전략을 수립하는 것으로 함포사격형 편성, 실력 편성, 보완 편성, 엇물리기 편성, 스턴트 편성, 선제 편성 등이 있다. 전자는 시청자의 생활 주기를 고려한 전략이고, 후자는 경쟁사의 편성 환경을 고려한 전략이다. 다른 말로 바꾸면, 채널 내 편성 전략과 채널 간 편성 전략이라고 할 수 있다.

(1) 채널 내 편성 전략

채널 내 편성 전략은 수용자의 시청 습관 형성에 목표를 둔 편성 전략으로 경쟁 방송사의 프로그램 배열보다 목표 수용자의 생활 주기에 초점을 맞춰 편성 전략을 세운다. 줄띠 편성, 장기판 편성, 구획 편성, 해머킹, 텐트폴링 등이 해당된다.

① 줄띠 편성

줄띠 편성(Strip Programming)은 수평적 편성(Horizontal Programming) 또는 월경 편성(Across the Board Programming)이라고도 한다. 일주일에 5일 이상 동일한 시간대에 동일한 프로그램을 편성하는 기법이다. 초기부터 라디오 방송이 가장 보편적으로 사용해온 편성의 기본 전략이 바로 줄띠 편성이다. 텔레

---

2 김우룡(1987: 79~84); 최양수(1992: 239~251); 강대인(1993: 79~86); 이권영(1990: 266~269); 한진만(1995: 271~274); 한진만 외(2010: 105~109) 등을 재구성.

〈표 4-1〉 MBC-TV의 편성 사례(2018년 1월 1~5일)

시간대\요일	월	화	수	목	금
19:00	15 전생에 웬수들 55 MBC 뉴스데스크	15 전생에 웬수들 55 MBC 뉴스데스크	15 전생에 웬수들 55 MBC 뉴스데스크	15 전생에 웬수들 55 MBC 뉴스데스크	15 전생에 웬수들 55 MBC 뉴스데스크
20:00	55 투깝스	55 휴먼다큐 사람이 좋다	55 하하랜드	55 세상기록 48	55 랭킹쇼 1, 2, 3

비전 방송의 경우 1962년 초창기에는 뉴스 등 일부 프로그램만 줄띠 편성 기법으로 편성했으나 점차 일반 프로그램으로 확대되어 오늘날에는 많은 유형의 프로그램에 사용된다. 줄띠 편성의 목적은 매일 같은 시간대에 프로그램을 편성해 시청자가 일정한 시간에 프로그램을 시청하도록 시청 습관을 갖게 하는 데 있다.

〈표 4-1〉은 2018년 1월 1일부터 1월 5일까지의 MBC TV 주간 편성 순서인데, 전형적인 줄띠 편성의 예이다. 저녁 7시 15분에 방영되는 일일연속극 〈전생에 웬수들〉과 저녁 7시 55분 〈MBC 뉴스데스크〉가 주말을 제외한 5일 동안 같은 시간대에 방송되었다.

이러한 줄띠 편성은 상당히 안정적으로 시청자를 확보할 수 있다는 장점은 있으나, 편성에 변화를 주기 어렵고 시청자들의 다양한 욕구를 충족시키기에는 다소 미흡하며 심지어 줄띠 편성을 하고 있는 특정 장르를 선호하지 않는 시청자들의 이탈을 야기할 수도 있다는 단점이 있다. 줄띠 편성의 성과를 평가하는 방법은 줄띠 편성된 프로그램이 그렇지 않은 프로그램에 비해 안정적으로 시청자를 확보했는지 살펴보는 것이다.

② 장기판 편성

장기판 편성(Checkerboard Programming)이란 동일 시간대에 매일 다른 유형

〈표 4-2〉 SBS 장기판 편성 사례(2018년 1월 1~5일)

요일 시간대	월	화	수	목	금
20:00	55 생활의 달인	55 본격연예 한밤	55 영재발굴단	55 순간포착 세상에 이런 일이	55 궁금한 이야기 Y
22:00	00 의문의 일승	00 의문의 일승	00 이판사판	00 이판사판	00 정글의 법칙
23:00	10 동상이몽2 너는 내 운명	10 불타는 청춘	10 신년특선영화	10 백년손님 1부 50 백년손님 2부	20 백종원의 푸드트럭

의 프로그램을 편성하거나, 격일 또는 주간 단위로 편성하는 전략이다. 매일 같은 프로그램을 편성하는 줄띠 편성이 시청자의 시청 습관 형성에는 효과적 이지만 제작비가 많이 들어 줄띠 편성을 하기 어려운 경우 또는 더 다양한 욕구를 충족시켜줄 필요가 있는 경우 대안으로 장기판 편성을 한다.

〈표 4-2〉는 2018년 1월 SBS의 주간 편성 순서를 통해 확인할 수 있는 장기판 편성의 예이다. 저녁 8시 55분에는 〈생활의 달인〉, 〈본격연예 한밤〉, 〈영재발굴단〉, 〈순간포착 세상에 이런 일이〉, 〈궁금한 이야기 Y〉를 매일 다르게 편성했다. 밤 10시 월요일과 화요일은 〈의문의 일승〉, 수요일과 목요일은 〈이판사판〉을 , 금요일에는 〈정글의 법칙〉을 편성해 이틀씩 같은 유형을 편성하는 형태를 보였다. 한편 밤 11시대에도 〈동상이몽2 너는 내 운명〉, 〈불타는 청춘〉, 〈신년특선영화〉, 〈백년 손님〉, 〈백종원의 푸드트럭〉을 편성했다. 특히 밤 9시대는 전통적으로 KBS의 종합뉴스가 강한 시간대인데, 뉴스에 대한 취향이 상대적으로 낮은 계층을 대상으로 드라마를 요일별로 다르게 편성한 것이 바로 장기판 편성이다. 드라마를 선호하는 계층이라 할지라도 어떤 드라마를 즐겨 보느냐에 개인차가 있을 수 있다. 따라서 방송사마다 시청자층을 세분화해서 다른 종류의 드라마를 방영한다면 방송사 입장에서는 드라마의 성격에 맞는 고정 시청자를 확보할 수 있고, 시청자 입장에서는 드라마 선택의 폭이 넓어진다는 장점이 있다. 전형적인 장기판 편성의 형태는 〈표 4-1〉에

서 볼 수 있듯이 MBC의 밤 9시 55분부터 매일 다른 유형의 프로그램이 편성되어 있는 것을 들 수 있다.

이러한 편성 전략은 동일한 시간대에서도 시청자들의 다양한 욕구를 충족시키는 데 비교적 적합하지만 시청자의 관심을 끌 만한 프로그램을 배열하지 못하면 시청자로부터 외면당할 수도 있다.

장기판 편성의 효과는 해당 요일별로 같은 시간대의 평균 시청률 비교를 통해 알 수 있다. 만약 특정 요일 같은 시간대의 평균 시청률이 불안정하면 그 요일의 장기판 편성은 효과적이지 못한 것으로, 해당 요일의 프로그램 편성을 재고할 필요가 있다.

③ 구획 편성

구획 편성(Blocking Programming)은 특정 시간대의 주 시청자가 명확할 때 주로 사용하는 편성 전략이다. 비슷한 특성의 시청자를 중심으로 하루를 몇 개의 시간대로 나누고, 각 구획마다 특정 시청 대상을 위한 프로그램을 집중 편성해 시청자의 흐름을 유지하는 기법이다.

구획 편성을 하려면 방송 시간을 몇 개의 구획으로 나누어야 하는데, 이를 위해서는 시간의 흐름에 따라 시청자 구성이 어떻게 변화되는지 알아야 한다. 즉, 시간대별로 가시청 인구의 규모와 시청자 특성을 파악해 비슷한 시청자 집단별로 구획을 나눈 다음, 시청자의 선호에 맞게 프로그램을 배열한다. 예를 들면 평일 이른 아침 시간대의 주 시청층은 출근을 준비하는 직장 남성이라고 할 수 있다. 이 시간대에 주부는 집안일로 텔레비전을 시청할 여유가 없으나 직장 남성은 출근을 준비하면서 텔레비전을 시청할 수 있다. 그들의 관심사는 밤새 어떤 일이 발생했는지, 출근길 교통 상황은 어떤지, 오늘의 날씨는 어떤지 등의 뉴스 정보이다. 따라서 이른 아침 시간에는 뉴스, 뉴스쇼, 뉴스 매거진을 방영하고 이후 오전 시간대에는 주 시청자층이 주부라는 점을 고려해 주부 대상의 드라마, 인포테인먼트 프로그램, 교양 프로그램을 3~4개씩

<표 4-3> KBS 1TV의 구획 편성 사례(2017년 12월 27~29일)

요일 시간대	월	화	수
07:00	50 인간극장	50 인간극장	50 인간극장
08:00	25 아침마당	25 아침마당	25 아침마당
09:00	30 KBS 뉴스	30 KBS 뉴스	30 KBS 뉴스
10:00	00 무엇이든 물어보세요	00 무엇이든 물어보세요	00 무엇이든 물어보세요

연속적으로 방영한다.

구획 편성에서는 시청자를 붙잡아두기 위해 주로 맨 앞에 가장 강력한 프로그램을 편성한다. 구획 편성에서는 첫째, 프로그램 유형이 시청자의 선호를 잘 반영했는가, 둘째, 인접 상황에서 수용자에게 성숙 효과(saturation effect)[3]가 발생했는가를 우선적으로 고려한다(김영임·한진만·심미선, 2011: 184).

〈표 4-3〉은 KBS 1TV의 평일 편성 순서를 바탕으로 구획 편성의 예를 나타낸 것이다. 7시 50분 〈인간극장〉을 시작으로 8시 25분 〈아침마당〉, 9시 30분 〈뉴스〉, 10시 〈무엇이든 물어보세요〉에 이르기까지 전체적으로 주부를 대상으로 하는 프로그램이 장시간 편성되어 있다.

구획 편성을 평가하기 위해서는 정해진 구획의 특성과 시청자 특성이 부합하는가를 살펴보고, 그다음으로 구획별 시청률과 시청자의 흐름이 안정적인가를 분석하면 된다. 시청률과 시청자 흐름이 얼마나 안정적인가는 시간의 흐름에 따른 채널 간 시청자 이동 상황을 확인해봄으로써 알 수 있다.

④ 해머킹

해머킹(Hammocking)은 시청률이 낮은 프로그램이나 신설 프로그램의 시청

---

3   Lehmann(1971)이 말한 성숙 효과란, 방송사가 인접 효과를 높이기 위해 동일한 장르의 프로그램을 연속적으로 방영할 때 어느 시점에 이르면 시청자는 같은 종류의 프로그램에 포만감을 느껴 그 채널의 시청을 중단한다는 것이다.

률을 높이고자 할 때 사용하는 편성 전략이다. 새로운 프로그램이나 인기가
떨어지는 프로그램을 인기 있는 2개의 프로그램 사이에 끼워 넣어 인기 있는
프로그램의 시청자 흐름을 인기 없는 프로그램으로 연결시키려는 전략이다.
끼워 넣기 편성 또는 샌드위치 편성이라고도 한다. 국내 방송사 중에서 해머
킹을 사용하는 예는 뉴스 전후에 인기 드라마를 편성해 시청자의 흐름을 자연
스럽게 뉴스로 흘러 들어가게 하는 전략을 들 수 있다. 해머킹 편성은 편성하
려는 프로그램과 성격이 비슷한 인기 프로그램을 찾아 편성하는 것이 효과적
이고, 시청자의 특성을 고려해 프로그램을 선택하고 경쟁 방송사의 프로그램
시청률이 높은 시간대는 피하는 것이 좋다.

　해머킹은 새로운 프로그램을 지원하는 전략이기는 하지만 인기 있는 두
프로그램 사이에 인기 없는 프로그램을 편성함으로써 시청자를 경쟁 방송사
에 빼앗길 수 있는 위험도 있다. 해머킹의 성과는 편성 후 목표했던 프로그램
의 시청자 흐름이 안정적인지, 시청률이 향상되었는지, 프로그램 앞뒤에 위
치한 인기 있는 프로그램 시청률이 낮아지지는 않았는지 등을 파악하면 알
수 있다.

⑤ 텐트폴링

　텐트폴링(Tent-Poling)은 해머킹과는 반대로 인기 있는 프로그램 앞뒤에 덜
인기가 있거나 인기가 불투명한 새로운 프로그램을 배열하는 전략이다. 시간
의 흐름에 따른 프로그램 시청률 자료가 텐트폴링의 기초 자료이다. 텐트폴링
의 효과는 해머킹과 마찬가지로 편성 후 앞뒤의 약한 프로그램의 시청률이 상
승했는지 혹은 강력한 프로그램 시청률이 낮아지지는 않았는지를 통해 파악
할 수 있다.

(2) 채널 간 편성 전략

　경쟁 방송사에 대한 대응이나 공격의 차원에서 일정 규모의 시청자를 확보

하기 위한 경쟁적인 편성 전략을 채널 간 편성 전략이라 한다. 채널 간 경쟁적인 편성에 중점을 둔 대표적인 편성 전략으로는 실력 편성, 보완 편성(대응 편성), 함포사격형 편성, 스턴트 편성, 엇물리기 편성 등이 있다.

① 실력 편성

실력 편성(Power Programming)은 경쟁사가 이미 확보해놓은 시간대에 동일 시청자를 대상으로 같은 유형의 프로그램을 맞붙여놓는 정면 도전형 전략이다. 즉, 한 방송사의 특정 프로그램이 인기 있을 경우 경쟁 방송사도 유사한 프로그램을 편성해 같은 시청자를 놓고 경쟁하는 것을 말한다. 예를 들어 경쟁 방송사에서 영화를 방영할 때 같은 유형으로 영화를 편성하는 전략이다. 〈표 4-4〉는 방송 3사 간 실력 편성의 사례이다. 낮 12시대에는 〈KBS 뉴스 12〉, 〈MBC 정오 뉴스〉, 〈SBS 12 뉴스〉로 방송 3사가 모두 뉴스 프로그램을 편성해 경쟁을 벌였다. 〈표 4-5〉에서 볼 수 있듯이 밤 10시에 KBS 2TV, MBC, SBS가 모두 미니시리즈를 편성하는 것도 실력 편성의 한 예이다.

방송사 간의 경쟁이 치열해지면서 한 방송사의 특정 프로그램이 인기가 있으면 경쟁 방송사에서도 유사한 유형의 프로그램을 방영해 상대 방송사의 시청자를 빼앗으려는 의도에서 실력 편성을 시도한다. 그러나 실력 편성이 실패할 경우 방송사가 입는 피해는 치명적이다. 실력 편성을 택할 경우 편성할 프로그램의 성패를 면밀히 분석해야 한다. 특히 동일 유형의 프로그램을 여러 채널에서 동시에 방영하더라도 각 프로그램이 어느 정도의 시청률은 확보할 수 있을 만큼 전체 시청 규모가 큰지를 파악하는 일은 실력 편성을 결정하는 데 중요한 판단 기준이 된다.

〈표 4-4〉 실력 편성의 사례(2017년 12월 29일)

시간대 \ 방송국	KBS1	KBS2	MBC	SBS
12:00	00 KBS 뉴스 12 30 영상앨범 산		00 MBC 정오 뉴스 20 하하랜드 스페셜	00 SBS 12 뉴스 50 TV동물농장

<표 4-5> 보완 편성과 실력 편성의 예(2017년 12월 28일)

시간대 \ 방송국	KBS1	KBS2	MBC	SBS
20:00	25 일일연속극 〈미워도 사랑해〉	30 글로벌24	19:55 MBC 뉴스 데스크	00 SBS 8시 뉴스
		55 흑기사	55 세상기록 48	55 순간포착 세상에 이런 일이
21:00	00 KBS 뉴스 9 40 KBS 특별기획			
22:00	30 KBS 뉴스라인	00 흑기사	00 로봇이 아니야	00 이판사판

실력 편성은 같은 유형의 프로그램을 경쟁적으로 제작해 제작 능력의 향상을 도모한다는 바람직한 측면이 있으나, 여러 채널의 중복 편성으로 시청자 선택의 폭을 제한한다는 문제를 안고 있다.

② 보완 편성(대응 편성)

보완 편성(Counter Programming)은 경쟁 방송사의 프로그램과 전혀 다른 유형의 프로그램을 편성하는 전략이다. 동일한 유형의 프로그램으로 경쟁할 경우 가시청자의 수가 충분하지 않아 각 방송사에서 끌어들일 수 있는 시청자의 규모가 작거나 경쟁사 프로그램의 인기가 너무 높아 같은 유형의 프로그램으로 경쟁하는 것이 바람직하지 않을 때, 시청자의 구성이 이질적이어서 다른 유형에 대한 선호도가 높을 때 효과적이다. 따라서 시청자의 크기와 특성을 파악하고 그들이 선호하는 프로그램 유형을 찾아내는 작업이 필요하다. 보완 편성은 방송사가 서로 다른 소구 대상을 찾는 방법으로 다양한 프로그램을 제공해 시청자 선택의 폭을 넓혀준다는 점에서 긍정적이다.

한국의 경우 KBS1이 메인 뉴스를 편성한 밤 9시대에 SBS에서 연예 예능 프로그램을 편성한 것이 보완 편성의 대표적인 예이다. 보완 편성에 대한 평가는 경쟁사와 같은 유형의 프로그램을 방영할 때 시청률이 높은지, 아니면 다른 유형의 프로그램을 방영할 때 시청률이 높은지를 비교해 파악할 수 있다.

③ 함포사격형 편성

함포사격형 편성(Blockbuster Programming)이란 방송 시간이 긴 강력한 단일 프로그램으로 경쟁 채널의 짧은 프로그램을 제압하려는 편성 전략이다. 보통 90분에서 2시간 정도의 대형 프로그램을 경쟁 방송사의 짧은 프로그램보다 일찍 편성해 시청자의 흐름을 주도한다. 〈표 4-6〉을 보면, KBS2는 11시 25분부터 14시 40분까지 〈KBS 가요대축제〉를, 14시 40분부터 16시 50분까지 〈흑기사〉, 이어서 18시 5분까지 드라마 〈황금빛 내 인생〉을 편성했다. MBC는 12시 10분부터 14시 30분까지 〈투갑스〉를 편성했으며, SBS는 14시 30분부터 16시 50분까지 〈의문의 일승〉을 편성했다. 이러한 장시간 편성은 다른

〈표 4-6〉 함포사격형 편성의 사례(2017년 12월 30일 토요일)

방송국 시간대	KBS 1	KBS 2	MBC	SBS
12:00	00 KBS 뉴스 10 동행	11:25 2017 KBS 가요 대축제 〈1부〉	00 MBC 뉴스 10 투갑스 17회 45 투갑스 18회	00 SBS 뉴스 10 런닝맨
13:00	00 나눔의 행복, 기부 15 2017 KBS 국악대상	00 2017 KBS 가요 대축제 〈2부〉	20 투갑스 19회 55 투갑스 20회	20 마스터 키
14:00	45 팔도밥상 스페셜	40 흑기사 7회, 8회	30 휴먼다큐 사람이 좋다 스페셜	20 SBS 뉴스 30 의문의 일승 17회
15:00	05 특집다큐 　　지진과 문화재 55 KBS 스페셜-앎 　　〈1부 두 엄마〉		30 MBC 뉴스 40 발칙한 동거 　　빈방 있음 스페셜	05 의문의 일승 18회 40 의문의 일승 19회
16:00	50 동물의 세계	50 황금빛 내 인생		15 의문의 일승 20회 50 미운 우리 새끼

채널로의 시청자 유출을 막으려는 전략으로 볼 수 있다.

④ 스턴트 편성

스턴트 편성(Stunt Programming)은 미식축구의 공격 용어에서 따온 것으로 상대방의 프로그램을 무력화시키는 편성 기법이다. 즉, 갑작스러운 편성 변경이나 특집 등 예기치 않은 프로그램으로 상대방의 정규 편성에 혼동을 줌으로써 단기적으로 경쟁 방송사의 균형을 깨뜨리기 위해 사용하는 전략이다. 일반적으로 특집 대하드라마나 특집 미니시리즈 등 비정규 편성이 여기에 해당한다.

스턴트 편성 전략은 1970년대 미국의 3대 네트워크가 즐겨 사용하던 기법인데 상대방이 눈치 채지 못하게 마지막 순간에 단행하는 전략으로 상대방을 당황시키는 효과가 있다. 한국에서 맨 처음 스턴트 편성을 선보인 것은 1995년 SBS 창사특집극 〈모래시계〉가 경쟁 방송사의 특집극 〈까레이스키〉를 제압하기 위해 주 4회 방영하는 특별 편성을 시도하면서부터이다. MBC는 월요일과 화요일에 〈까레이스키〉를 정규 편성했고, SBS는 〈모래시계〉를 월요일부터 목요일까지 주 4일 편성했다.

그 결과 수요일과 목요일에 〈모래시계〉를 보던 시청자가 〈까레이스키〉는 재방송으로 시청하고 대신 주 4일 집중 편성된 〈모래시계〉로 몰리면서 당시 〈모래시계〉는 '귀가시계'로 불릴 만큼 압도적으로 높은 시청률을 기록했다. 〈모래시계〉의 성공으로 〈까레이스키〉는 작품의 우수성을 인정받았음에도 당시 MBC 드라마로서는 상상조차 할 수 없는 낮은 시청률을 보였고, 재방송 시청률이 본방송 시청률보다 훨씬 높은 기현상이 나타났다. 일반적으로 본방송 시청률이 높아야 재방송 시청률도 높게 나오는데, 〈까레이스키〉의 재방송 시청률은 인기 있는 일반 드라마의 본방송 시청률만큼 높게 나와 화제가 되기도 했다.

스턴트 편성은 상대 채널의 균형을 깨뜨리는 것을 목표로 하기 때문에 스턴트 편성에 대한 평가는 경쟁 프로그램의 시청률 변동 상황을 일 단위, 주 단위로 분석해야 파악할 수 있다.

⑤ 엇물리기 편성

엇물리기 편성(Cross Programming)은 프로그램의 시작과 종료 시점을 경쟁 채널과 다르게 편성해 해당 채널의 프로그램이 끝났을 때 다른 채널에서는 이미 다른 프로그램이 진행 중이 되도록 만드는 전략이다. 이 전략의 핵심은 프로그램 종료 후 시청자가 선택할 수 있는 채널의 수를 줄임으로써 시청자가 다른 채널로 빠져나가는 것을 막는 데 있다. 시청자가 현재 시청하는 프로그램이 끝나기 전에 다른 채널로 옮기지 않으면 타 방송사 프로그램의 시작 부분을 놓치기 때문에 시청자는 처음 시청한 채널에 남아 후속 프로그램을 처음부터 볼 수밖에 없다는 점에 착안한 것으로, 프로그램의 시작과 끝을 다르게 해 시청자의 프로그램 선택권을 제한하는 편성 전략이다.

엇물리기 편성전략은 프로그램을 불규칙한 시간에 시작하고 끝내서, 다른 방송사 프로그램의 시작과 끝을 놓치게 하는 것이다. 가령 MBC는 5시 뉴스를 KBS1보다 5분 늦게 시작하는 전략을 사용한다.

엇물리기 편성의 효과는 시청자의 유출이 얼마나 적은지, 시청 흐름이 얼마나 안정적인지를 통해 파악할 수 있다. 만약 프로그램 도중 혹은 종료 후에 시

〈표 4-7〉 엇물리기 편성의 사례(2017년 12월 29일)

방송국 시간	KBS1	KBS2	MBC	SBS
16:00	00 4시 뉴스집중 25 일일연속극 지성이면 감천	50 불후의 명곡	05 위대한 영화의 탄생	14:00 뉴스브리핑
17:00	00 KBS 뉴스 5		05 MBC 뉴스	00 궁금한 이야기 Y

청자가 다른 채널로 대거 이동하는 상황이 발생한다면 엇물리기 효과는 없는 것으로 보아야 한다.

7. 케이블방송과 위성방송의 편성 전략

케이블방송과 위성방송 편성의 특성 중 하나는 주(主)편성과 부(副)편성이다. 특정 내용이나 유형으로 전문화된 채널이라 할지라도 방송 전체를 전문화된 내용으로 채우지는 않는다. 주편성은 전문화된 분야의 프로그램을 편성하는 것이고, 부편성은 전문 분야가 아닌 내용이나 유형의 프로그램을 편성하는 것이다.

케이블과 위성방송 편성의 또 다른 특성은 순환 편성이다. 순환 편성이란 전문화된 채널에 시청자의 생활 주기나 프로그램의 재활용 등을 고려해 같은 프로그램을 여러 번 반복적으로 편성하는 전략을 의미한다. 순환 편성은 동일한 프로그램을 반복 방영함으로써 시청자에게 짜증을 유발할 수도 있다는 점에서 부정적으로 볼 수 있으나, 특정 프로그램을 시간대별·요일별·날짜별·계절별로 다르게 방영함으로써 시청자에게 더 많은 시청 기회를 제공한다는 측면에서 긍정적으로 볼 수도 있다.

'방송법' 제69조(방송 프로그램의 편성 등)

④ 전문편성을 행하는 방송사업자는 허가를 받거나 승인을 얻거나 등록을 한 주된 방송 분야가 충분히 반영될 수 있도록 대통령령이 정하는 기준에 따라 방송 프로그램을 편성하여야 한다.
⑤ 전문편성을 행하는 방송사업자가 허가를 받거나 승인을 얻거나 등록을 한 주된 방송 분야 이외에 부수적으로 편성할 수 있는 방송 프로그램의 범위와 종류는 대통령령으로 정한다 [신설 2006.10.27].

'방송법 시행령' 제50조(방송 프로그램의 편성 등)

④ 전문편성을 행하는 방송사업자는 법 제69조 제4항의 규정에 의하여 허가 또는 승인을 얻거나 등록을 한 주된 방송 분야의 방송 프로그램을 다음 각 호의 기준에 따라 편성하여야 한다[개정 2004.9.17, 2007.8.7].

1. 텔레비전 방송 채널 또는 라디오 방송 채널의 경우 사업자별로 다음 각 목의 비율에 따라 편성할 것
   가. 지상파방송사업자: 당해 채널의 매월 전체 텔레비전 방송 프로그램 또는 라디오 방송 프로그램 방송 시간의 100분의 60 이상
   나. 종합유선방송사업자 및 위성방송사업자: 당해 채널의 매월 전체 텔레비전 방송 프로그램 또는 라디오 방송 프로그램 방송 시간의 100분의 70 이상
   다. 방송채널사용사업자: 당해 채널의 매월 전체 텔레비전 방송 프로그램 또는 라디오 방송 프로그램 방송 시간의 100분의 80 이상

8. 채널사용사업자와 지상파 TV 간 편성 경쟁

유료방송 채널사용사업자들의 초기 편성은 다분히 지상파 TV와 대립을 피하고 오히려 지상파 TV를 이용하여 안정을 꾀하려는 시도를 하는 경향이 있었다. 예를 들어 tvN은 그동안 지상파 드라마가 끝나고 나면 바로 다음 드라마를 볼 수 있도록 시간대를 편성하면서 나름 3%대의 안정적인 시청률 파이를 차지했었다. 평일 오후 11시대는 동시간대 편성된 경쟁 드라마가 없기에, 작품성과 화제성만 좋다면 얼마든지 안정적인 시청률을 받을 수 있는 시간대였던 것이다(금빛나, 2017).

그러나 콘텐츠 경쟁력이 있다고 판단하면서부터 지상파 TV와 경쟁을 하는 형태의 편성 전략이 나타나기 시작했다. 즉, 2017년 10월 9일부터 시청 트렌드를 반영해 평일 드라마(월화 드라마, 수목 드라마)의 편성시간을 오후 9시 30분으로 옮기고, 기존 드라마가 방영되었던 10시 50분에는 예능 프로그램을 배치한 것이다.

이렇듯 채널사용사업자들은 지상파 TV와 비교해 자신이 있다고 여기는 특

정 장르에서 과감한 경쟁적 편성을 시도하고 있다. 드라마뿐만 아니라 뉴스의 경우도 종합편성채널들은 지상파 보도 프로그램에 정면도전하는 형태의 편성을 하는 경향이 있다.

제 5 장

방송광고의 현황

방송광고는 방송 매체를 운영하는 데 필요한 주요 재원으로 방송사의 주요 수입원이기도 하다. 간혹 방송광고는 방송 내용에 영향을 미친다는 비판을 받기도 하는데, 이는 광고주가 방송 내용에 간섭할 소지가 있음을 지적하는 것이다. 실제 광고 시장의 불황으로 인해 광고 물량이 충분하지 않을 때 광고주가 방송에 영향력을 발휘할 가능성은 높아진다. 방송광고는 언론 매체가 자본으로부터 간섭을 받을 수 있는 우려가 있지만 오히려 외적 통제를 최소화할 수 있는 방안으로 작용하기도 한다. 방송광고 중 블록(block) 광고의 경우 프로그램에 직접적인 영향을 주지 않으면서도 재원으로서의 역할을 하기 때문이다.

이 장에서는 방송광고의 기능과 다양한 유형을 알아보고 한국 방송광고의 판매 제도와 판매 방식, 광고 요금 등에 대해 자세하게 다룰 것이다. 또한 미디어렙(Media Representative)을 비롯한 방송광고의 쟁점을 소개하며 방송광고에 대한 이해를 높이고자 한다.

1. 방송광고의 기능

방송광고는 상품에 대한 정보를 제공한다. 현대 사회에서는 하루에도 수많은 새로운 상품이 쏟아져 나오기 때문에 이런 상품에 대한 정보를 접하는 데 한계가 있을 수밖에 없는데 방송광고가 그나마 매우 유용한 수단으로 작용한다. 특히 방송을 통해 제공되는 상품 정보는 실물을 보여줌으로써 상품을 직접 사용해보고 선택하게 하는 효과가 있다. 따라서 방송광고는 상품 정보를 제공함으로써 궁극적으로는 생산과 소비를 연결하는 효과를 가져와 경제활동을 촉진시키는 데 기여한다.

한편 방송광고는 불필요한 소비를 자극하기도 한다. 내구재보다는 소비재에 과도하게 의존해 자칫 낭비와 소비주의를 조장하는 결과를 초래할 수도 있다. 특히 광고는 '새로운 상품'이라는 미명 아래 계속적으로 유사한 상품을 제공해 마치 그것이 특이하고 없어서는 안 될 최고의 품질을 보장하는 상품인 양 허위·과대·과장 선전함으로써 무분별한 소비욕을 조장하고, 환상적인 CG를 통해 주관적인 판단력을 마비시키는 등 소비자를 지극히 피동적이고 사고를 제대로 하지 못하는 단세포적 인간으로 전락시키고 있음을 간과해서는 안된다(김우룡, 1999).

2. 방송광고의 유형

방송광고에는 다음과 같은 유형이 있다.

첫째, 방송 프로그램 광고이다. 프로그램의 스폰서(sponsor)로 참여해 방송 프로그램의 전후(방송 프로그램 시작 타이틀 고지 후부터 본방송 프로그램 시작 전까지, 본방송 프로그램 종료 후부터 방송 프로그램 종료 타이틀 고지 전까지)에 편성되는 광고를 일컫는다.

둘째, 중간광고이다. 한 개의 동일한 방송 프로그램이 시작한 후부터 종료되기 전까지의 사이에 해당 방송 프로그램을 중단하고 편성되는 광고이다. 유료방송인 종합유선방송에는 허용하고 있으나, 2019년 1월 현재까지 지상파

텔레비전 방송에서는 금지한다. 그러나 방송통신위원회는 2014년 8월 4일 '7 대 정책 과제'를 발표했는데 여기에는 '광고 총량제' 허용과 '중간광고제' 도입 이 포함되어 있다. 방송통신위원회는 지상파방송의 광고 매출 감소에 따른 경영 악화를 해소하고 방송광고 시장의 외연을 넓힌다는 측면에서 이미 광고 총량제는 허용했으며(2015.4.24) 이어 중간광고도 허용하는 것을 검토 중인 것으로 알려졌다. 그러나 이러한 방송광고에 대한 규제 완화 정책은 유료방송 업계의 강한 반발을 불러일으키고 있다.

셋째, 토막광고이다. 방송 프로그램에 붙는 광고와는 달리 방송 프로그램과 프로그램 사이에 편성되는 광고로, 프로그램 사이를 이어준다. SB(Station Break)라고도 한다. 2010년 10월 1일 토막광고 건수 제한이 완화되어 기존 20 초 3건, 30초 1건으로 집행되었으나 30초, 20초, 15초, 10초 등 다양한 단위의 집행이 가능해졌다.

넷째, 자막광고이다. 방송 프로그램과 관계없이 문자 또는 그림으로 나타내는 광고이다. 방송 순서 고지(곧이어), 방송국명 고지(ID) 시 화면 하단에 방송되는 자막 형태의 광고를 일컫는다.

다섯째, 시보광고이다. 현재시간 고지 시 함께 방송되는 광고를 말한다.

여섯째, 가상광고이다. 방송 프로그램에 컴퓨터 그래픽을 이용해 만든 가상의 이미지를 삽입하는 형태의 광고이다. 가상광고는 원래 스포츠 중계 프로그램에 한정해 허용되었는데, 2015년 '방송법 시행령' 개정으로 오락에 관한 방송 프로그램에도 허용되었다. 다만 오락 프로그램 중 어린이를 주 시청 대상으로 하는 방송 프로그램에는 허용되지 아니한다.

일곱째, 간접광고이다. 방송 프로그램 안에서 상품을 소품으로 활용해 그 상품을 노출시키는 형태의 광고를 말한다. 간접광고는 교양과 오락 프로그램에 한정해 제한적으로 허용한다. 어린이를 주 시청 대상으로 하는 방송 프로그램과 보도·시사·논평·토론 등 객관성과 공정성이 요구되는 방송 프로그램에는 허용되지 않는다.

여덟째, 협찬 고지이다. 타인으로부터 방송 프로그램의 제작에 필요한 경비·물품·용역·인력 또는 장소를 직간접적으로 제공받고, 그 타인의 명칭 또는 상호 등을 고지하는 것을 말한다. 다만 시사·보도, 논평, 또는 시사토론 프로그램에서는 협찬 고지를 허용하지 않는다. 일반적으로 다음의 경우 협찬 고지가 가능하다. 즉, 방송사업자가 행하는 공익성 캠페인을 협찬하는 경우, 방송사업자가 주최·주관 또는 후원하는 문화예술·스포츠 등 공익행사를 협찬하는 경우, 방송 프로그램을 제작하는 자의 방송 프로그램 제작을 협찬하는 경우(지상파는 예외사항이 있음) 등이다.

3. 방송 매체별 허용 기준

방송광고의 허용 기준은 〈표 5-1〉, 〈표 5-2〉에서 보는 바와 같이 지상파방송과 케이블방송 간에는 차이가 있다. 지상파방송의 경우 방송광고를 할 수 있는 시간은 전체 방송 시간의 100분의 10 범위 내에서 가능하며, 케이블 TV의 경우에는 시간당 평균 10분 이내, 매시간 12분 이내로 한정된다.

한국의 방송광고와 관련하여 커다란 변화는 "총량제"가 도입되었다는 점이다. 지상파방송사업자의 텔레비전 방송 채널과 라디오 방송 채널의 경우 매 방송 프로그램 편성시간당 방송광고 시간은 해당 방송 프로그램 편성시간의 최대 100분의 18을 초과하지 아니하도록 했다. 텔레비전 방송 채널의 경우 방송광고 시간 중 방송 프로그램 광고 시간은 매 방송 프로그램 편성시간의 100분의 15를 초과하지 않도록 했다.

종합유선방송사업자·위성방송사업자 및 방송채널사용사업자(지상파방송채널사용사업자 및 위성이동멀티미디어방송채널사용사업자는 제외한다)의 텔레비전 방송 채널과 라디오 방송 채널의 경우 매 방송 프로그램 편성시간당 방송광고 시간은 해당 방송 프로그램 편성시간의 최대 100분의 20을 초과하지 아니하

〈표 5-1〉 지상파 방송광고 유형 및 허용량

유형	TV		라디오		비고
	허용량	초 수	허용량	초 수	
프로그램 광고	방송 프로그램 편성시간의 최대 100분의 18 초과 금지(단 지상파 TV 프로그램 광고는 100분의 15 초과 금지) 채널별로 1일 동안 방송되는 프로그램 편성시간당 방송광고 시간 비율의 평균이 100분의 15 이하	15	방송 프로그램 편성시간의 최대 100분의 18 초과 금지 채널별로 1일 동안 방송되는 프로그램 편성시간당 방송광고 시간 비율의 평균이 100분의 15 이하	20	프로그램의 스폰서로 참여해 본 방송 전후에 방송되는 광고
토막광고 (SB)		20 30		20	프로그램과 프로그램 사이의 광고
자막광고		10		-	방송 시간 고지(곧이어), 방송국 명칭 고지(ID) 시 화면 하단에 방송되는 자막 형태의 광고
시보광고		10		10	현재시간 고지 시 함께 방송되는 광고
간접광고	프로그램의 100분의 5 이내	-	-	-	방송 프로그램 안에서 상품을 소품으로 활용해 그 상품을 노출시키는 형태의 광고
가상광고	프로그램의 100분의 5 이내	-	-	-	방송 프로그램에 컴퓨터 그래픽을 이용해 만든 가상의 이미지를 삽입하는 형태의 광고

주 1: 초 수는 CM에 일반적으로 사용하는 용량임.
주 2: 광고주 요구가 있을 시 프로그램 광고는 다양한 초 수 판매 가능.
주 3: 자막광고(ID, 곤이어)의 자막 크기는 화면의 4분의 1.

도록 하되, 채널별로 1일 동안 방송되는 각 방송 프로그램의 방송 프로그램 편성시간당 방송광고 시간의 비율의 평균이 100분의 17 이하가 되도록 했다. 중간광고의 횟수는 45분 이상 60분 미만인 방송 프로그램의 경우에는 1회 이내, 60분 이상 90분 미만인 방송 프로그램의 경우에는 2회 이내, 90분 이상 120분 미만인 방송 프로그램의 경우에는 3회 이내, 120분 이상 150분 미만인 방송 프로그램의 경우에는 4회 이내, 150분 이상 180분 미만인 방송 프로그램의 경우에는 5회 이내, 180분 이상인 방송 프로그램의 경우에는 6회 이내로 하되, 매회의 광고 시간은 1분 이내로 한다. 다만, 운동경기, 문화·예술행사 등 그 중간에 휴식 또는 준비 시간이 있는 방송 프로그램을 송신하는 경우에는 휴식 또는 준비 시간에 한하여 중간광고를 할 수 있으며, 이 경우 중간광고의 횟수 및 매회 광고 시간에 제한을 두지 아니한다. 중간광고를 하는 경우 방송사업

〈표 5-2〉 케이블 TV 방송광고의 유형

구분	허용량	비고
중간광고	45분 이상 60분 미만 프로그램 1회 이내	※ 운동경기, 문화 예술 행사 프로그램 등의 중간 휴식 또는 준비 시간에는 중간광고의 횟수, 건수, 시간제한 없음
	60분 이상 90분 미만 프로그램 2회 이내	
	90분 이상 120분 미만 프로그램 3회 이내	
	120분 이상 150분 미만 프로그램 4회 이내	
	150분 이상 180분 미만 프로그램 5회 이내	
	180분 이상 프로그램 6회 이내	
자막광고	자막의 크기는 화면의 4분의 1 이하, 자막광고는 방송사업자의 명칭 고지자 방송 프로그램 안내 고지 시에 한함
전체	매 방송 프로그램 편성시간당 방송광고 시간은 해당 방송 프로그램 편성시간의 최대 100분의 20을 초과하지 아니하도록 하되, 채널별로 1일 동안 방송되는 각 방송 프로그램의 방송 프로그램 편성시간당 방송광고 시간의 비율의 평균이 100분의 17 이하가 되도록 할 것

주: 케이블 TV는 중간광고 허용 및 광고총량제 적용.

자는 중간광고가 시작되기 직전에 시청자가 이를 명확하게 알 수 있도록 자막·음성 등으로 고지하여야 한다. 자막광고는 방송사업자의 명칭 고지 시 또는 방송 프로그램 안내 고지 시에 한정하며, 이 경우 자막의 크기는 화면의 4분의 1을 초과할 수 없다.

이러한 총량제 도입으로 광고 유형과 관계없이 프로그램당 정해진 시간 내에서 자유로운 광고 배치가 가능해졌다. 또한 단가가 높은 광고를 시청률이 높은 시간대에 집중적으로 배치하거나 광고 시간 동안 하나의 광고만을 내보낼 수도 있게 되었다.

4. 한국 방송광고의 판매 제도

1) 미디어렙의 탄생

(1) 판매제도의 변화

한국 방송광고의 판매 제도에 커다란 변화가 생겼다. 2012년 2월 14일 정부는 국무회의에서 '방송광고 판매대행 등에 관한 법률(미디어렙법)'을 의결했다. 광고판매대행사업을 하려는 자(미디어렙)는 방송광고 판매 계획을 공익·공정성 및 실현 가능성 등의 요건을 갖춰 방송통신위원회의 허가를 받도록 했다. 개인이나 기업 누구도 미디어렙의 지분 40% 이상을 보유할 수 없도록 하는 규정도 확정했다. 또한 종합편성채널(종편)의 광고 판매 의무 위탁을 3년간 유예하도록 했다.

(2) 미디어렙이란

미디어렙은 '미디어 레프리젠터티브(Media Representative)'의 줄임말로 영국에서는 '미디어 세일 하우스(Media Sales House)'라 한다. 매체사의 위탁을 받아 광고주 등에게 광고 시간 또는 지면을 판매해주고 판매 대행 수수료를 받는 회사를 '미디어렙'이라고 한다. 즉, 특정 매체사와 전속 계약을 체결해 그 매체의 시간 혹은 지면을 광고주나 광고 회사에 판매하고 그 대금을 회수하여 매체사에 지불하는 기능을 하며 수수료를 취득한 회사를 말한다(이수범, 2009).

(3) 과거의 방송광고 판매제도

미디어렙이 만들어지기 전까지 한국의 방송광고 판매제도는 한국방송광고공사에서 모든 지상파 방송광고의 판매를 독점적으로 대행했다. 지상파 방송사는 명목적으로 광고 시간을 한국방송광고공사에 위탁 판매하고 광고비를 수주했다. 광고주는 한국방송광고공사가 위탁 판매하는 광고 시간에 광고를 집행하고, 한국방송광고공사에 광고비와 위탁 수수료를 지불했다. 그리고 관련 법령에 의해 한국방송광고공사에 등록한 광고 회사만이 광고를 구매할 수 있었으며, 광고주와의 직거래는 원칙적으로 금지되어 있었다.

(4) 헌법재판소의 위헌 판결

이렇듯 한국방송광고공사에서 독점적으로 행하던 방송광고는 2008년 헌법재판소의 위헌판결을 받고 미디어렙 체제로의 변화 과정을 겪게 된다. 기존의 '방송법'은 지상파방송사업자는 한국방송광고공사 또는 대통령령이 정하는 방송광고 판매 대행사가 위탁하는 방송 광고물 이외에는 방송광고를 할 수 없다고 명시되어 있었다. 또한 '방송법 시행령'은 대통령령이 정하는 방송광고 판매 대행사가 방송광고 판매 대행을 위하여 설립된 주식회사로서 한국방송광고공사가 출자한 회사로 한정했다. 하지만 지금까지 한국방송광고공사가 출자한 회사를 설립한 적이 없기 때문에 방송광고 판매제도는 한국방송광고공사가 독점적으로 판매하는 형태를 취해왔다. 헌법재판소의 판결 취지는 바로 이 조항들이 방송광고 판매 대행사의 직업 선택의 자유와 평등권을 침해한다는 것이다. 이로 인해 한국방송광고공사가 지상파 방송광고를 판매 대행하는 독점 체제가 무너지고 경쟁 체제로 전환되었다.

헌법재판소는 2008년 11월 27일 당시의 지상파 방송광고 판매제도 규정에 대한 헌법 불합치 선고를 내렸다. 한국방송광고공사와 그 출자 회사에 한정하여 지상파 방송광고의 판매 대행을 할 수 있도록 한 것은 '직업 수행의 자유'를 침해하고, 평등권을 침해하는 것으로 결정 사유를 밝혔다. 그러나 위헌판결 및 즉각적 효력 상실로 인한 지상파 방송광고 시장의 무질서를 우려해 현행 규정의 잠정 적용과 2009년 12월 31일까지 개정을 명했으나 3년 2개월이라는 입법 공백기를 거쳐 2012년 2월 9일 국회가 본회의에서 '방송광고판매대행사법(판매대행사법)'을 통과시켰다.

(5) 새로운 제도의 탄생

새 법에 따라 KBS·MBC·EBS는 공영의 틀 안에 묶이고, SBS 등 다른 방송사들은 개별 영업을 하는 '1공영 다민영' 체제가 되었다. 방송사의 1인 소유 지분 한도는 40%까지 확보할 수 있도록 규정했는데, 이는 자사 방송광고 대행사에 해당 방송사가 최대 주주 자격으로 영향력을 행사할 수 있도록 한 것이다. 그 대신 지주 회사는 방송광고 판매 대행사에 출자할 수 없도록 했다. 한편 '신문과 방송'(이종) 교차 판매는 금지했으나 '지상파와 케이블'(동종) 간 광고 판매는 허용했다. 종합편성채널의 적용 여부는 사업 승인 시점으로부터 3년간 유예하도록 했다. 따라서 종합편성채널들은 승인 시점이 2011년 상반기이기 때문에 이들은 2014년 상반기까지 '방송광고판매대행사법' 적용을 받지 않고 직접 영업을 할 수 있게 했었다.

한편 광고 판매대행 사업을 하려는 자(미디어렙)는 방송광고 판매 계획의 공익·공정성 및 실현 가능성 등의 요건을 갖춰 방송통신위원회의 허가를 받도록 했다. 또한 개인이나 기업 누구도 미디어렙의 지분 40% 이상을 보유할 수 없도록 하는 규정도 확정했다.

이어 방송통신위원회는 '방송광고 판매 대행에 관한 법률 시행령' 제정 방안(2012년 2월 22일 공포, 2012년 5월 23일 시행, '미디어렙 시행령' 입법 예고안 2012년 3월 8일 공표)을 발표했다.

(6) 공영 미디어렙과 민영 미디어렙

한편 방송통신위원회는 2012년 9월 5일 공영 미디어렙과 민영 미디어렙에서 대행할 방송사들을 의결했다. 공영 미디어렙으로는 한국방송광고공사를 한국방송광고진흥공사로 바꾸고 민영 미디어렙으로 미디어크리에이트(Media-create)의 설립을 허가했다.

사실 한국방송광고공사 체제는 지상파방송 분야의 독점 미디어렙으로서, 방송의 편성·제작과 광고 영업의 분리, 광고 요금의 조절, 취약 매체의 지원

등 긍정적인 면이 있었지만, 동시에 광고 단가 저평가, 지상파방송의 경쟁력 저하, 자원 배분의 비효율, 광고 시장의 성장 저해 등 부정적인 면으로 인해 지속적으로 제도 개선의 요구가 있었다. 한국방송광고공사 체제의 대안으로 제시된 미디어렙의 도입은 광고의 수급 과정을 시장에 맡김으로써 가격 결정의 효율성이 높아질 것으로 기대된다. 또한 미디어렙 체제하에서는 정확한 광고 가격이 책정되고, 광고 재원을 확보하기 위한 지상파 방송사 간 경쟁이 점차 심화될 것으로 보인다.

2) 미디어렙의 유형

(1) 한국방송광고진흥공사

기존의 한국방송광고공사에 이어 한국방송광고진흥공사가 공영 미디어 렙으로 자리를 잡게 되었다. 공영 미디어렙이 대행할 방송사로는 KBS, MBC, EBS, 지역MBC 그리고 종교방송인 CBS, 평화방송, 불교방송, 원음방송과 라디오 방송인 YTN 라디오, 극동방송, 경인방송, 경기방송, 영어방송 3곳 (TBS-eFM, 부산영어방송, 광주영어방송) 등을 포함시켰다.

(2) 미디어크리에이트

공영 미디어렙이 담당하는 방송사 이외의 방송사들은 미디어크리에이트가 대행하도록 했다. SBS, 지역민방, OBS 등의 방송사가 이에 해당한다.

미디어크리에이트는 정부의 벤처기업 육성 정책에 부응하기 위해 한국방송광고진흥공사와 마찬가지로 혁신형 중소기업에 대한 방송광고지원사업을 시행하고 있다. 방송광고 요금은 지상파 TV와 라디오의 경우 기본 편성표 가격의 30%를 적용(70% 할인)하며 지상파 DMB는 보너스 200%로 정하고 혁신형 중소기업의 월 집행 광고비 한도액을 TV+라디오+DMB 월 1500만 원 이내로 했으며, 혁신형 중소기업 방송광고 우선 시간대를 지정 운영한다.

(3) 종편 미디어렙

방송통신위원회는 종합편성채널들이 각각 미디어렙을 설치하는 것을 허가했는데, (주)MBN미디어렙, jtbc미디어컴, TV조선미디어렙, 미디어렙에이 등이 종합편성채널의 미디어렙이다.

5. 방송광고의 판매 방식

방송광고 판매 방식은 공영 미디어렙인 한국방송광고진흥공사와 민영 미디어렙인 미디어크리에이트 간에 차이가 있다.

1) 미디어렙 형태 따른 판매 방식

(1) 한국방송광고진흥공사

한국방송광고진흥공사(Korea Broadcasting Advertising Corporation: KOBACO)

〈표 5-3〉 방송광고의 판매 방식

종류	특징
업프론트	6개월 이상 장기물로 광고 패키지를 판매해 판매자와 구매자가 안정적으로 거래하는 판매 방식
정기물	업프론트 잔여 물량을 통상 월 단위로 판매하는 방식(1~5개월)
GRPs 보장 판매	광고주가 정기물로 구매한 방송 프로그램에 대해 방송광고 계약 기간에 공사가 광고주와 상호 합의한 총 시청률을 보장해주는 제도(프로그램 수시 교체 보상제)
임시물	정기물 판매 이후 잔여 물량에 대해 일반적으로 개별 건에서 1개월 이하로 월중에 판매하는 방식
프리엠션	사전에 지정한 특정 프로그램과 SB를 대상으로 더 높은 요금을 제시하는 광고주에게 판매하는 제도로, 통상 1개월 단위이며 신청률은 기준 요금 대비 80% 이상(5% 단위, 상한 폭 없음)
CM 순서 지정 판매	광고주가 CM 지정료를 추가로 부담해 청약 프로그램의 CM 위치를 지정하는 제도로, 지정료는 기준 요금 대비 10% 이상(5% 단위, 상한 폭 없음)

자료: 한국방송광고진흥공사 내부 자료(홈페이지 참조).

는 매월 일정량의 광고 물량을 정기적으로 판매하는 정기물 판매 외에, 방송 광고 거래 활성화를 기하고 광고주와 광고 회사의 효율적 구매 욕구를 충족시키기 위해 업프론트(Upfront), 프리엠션(Preemption), CM 순서 지정 판매 등 다양한 판매 방식을 도입했다(〈표 5-3〉 참조).

(2) 미디어크리에이트

민영 미디어렙으로 허가받은 미디어크리에이트는 한국방송광고진흥공사와는 달리 탄력적으로 운영한다. 즉, 방송 판매 기간에 따른 판매 방식과 프리엠션 판매 방식은 두 회사가 동일하다. 방송 프로그램 광고 순서의 지정 판매 방식은 방송광고 청약자가 방송 프로그램 광고의 순서 지정 대가를 부담하기로 하고 사전에 순서를 지정해 청약할 경우에는 높은 지정 금액순으로 미디어렙이 방송 프로그램 광고의 방송 순서를 정할 수 있도록 했다. 그 밖에 관계 법령에 반하지 않는 한 새로운 판매 방식의 운영도 가능하도록 하고 있다.

2) 결합판매와 혁신형 중소기업 방송광고

(1) 방송광고의 결합판매

미디어렙은 '방송광고판매법' 제20조에 따라 네트워크 지역지상파방송사업자와 중소지상파방송사업자의 방송광고를 다른 지상파방송사업자의 방송광고와 결합해 판매하도록 하고 있다.

(2) 혁신형 중소기업 방송광고 지원

한편 한국방송광고진흥공사와 미디어크리에이트는 중소기업에 대한 방송광고지원사업을 시행하고 있다.

한국방송광고진흥공사는 2015년부터 방송광고를 하고 싶으나 방송광고 소재 제작비 부담으로 방송광고를 실시하지 못하는 우수 중소기업에 대해 제작

구분	TV / 라디오	지상파 DMB
할인율	70%	보너스 200%
기간과 방송 가능액	3년, 정상가 7억 이내	
월 집행 한도액	TV + 라디오 + DMB 합계 금액이 할인가 기준 1500만 원	
방송 시간대	혁신형 중소기업 광고주 우선시간대	전 시간대
수금 방법	현금 선수금(방송광고 집행월 기준, 전월 지정일까지 입금)	
방송 시점	지원 선정 후 1년 이내	

비의 일부를 지원해주는 중소기업 방송광고 활성화 지원사업을 실시하고 있다. 지원 부분은 TV 방송광고 소재 제작비 지원이나 라디오 방송광고 소재 제작비 지원 중 하나를 택하게 되었다. 지원 금액은 방송광고 소재 제작비의 50%인데, 지원 금액 한도는 TV는 최대 5000만 원, 라디오는 최대 350만 원까지이다.

미디어크리에이트 역시 중소기업의 경쟁력 저하, 대기업과 중소기업 간 양극화 심화 등으로 새로운 성장 동력 발굴의 일환으로 추진하는 혁신형 중소기업 육성 정책에 맞추어 혁신형 중소기업에 방송광고를 지원한다.

6. 방송광고의 시급

일반적으로 방송광고 요금을 결정하는 데는 시청률과 프로그램이 방송되는 시간대 등이 주요 기준이 된다. 한국은 후자의 방법을 택하며 시청률을 탄력적으로 적용하는 경향이 있다. 일명 시급 구분이라고도 하는 이러한 시간대별 판매 방식은 시청률과 청취율을 고려해 시간대별로 가장 높은 시·청취율이 나타나는 시간대를 'SA', 그다음을 'A', 'B', 'C'급으로 정하고 요금에 차등을 둔다. 매체별 평일과 토요일, 일요일의 시급 구분은 〈표 5-5〉와 같다.

실제 방송사들의 프로그램 광고 요금에 대한 이해를 돕기 위해 지상파방송

〈표 5-5〉 매체별 시급 구분

텔레비전 평일

7:00	8:30	9:30	12:00	18:00	19:00	20:00	24:00	24:30
ⓒ	Ⓑ	Ⓐ	Ⓑ	ⓒ	Ⓑ	Ⓐ	SA	Ⓑ	ⓒ

텔레비전 토요일

7:00	8:30	9:30	12:00	17:00	19:00	20:00	23:30	24:00	24:30
ⓒ	Ⓑ	Ⓐ	Ⓑ	Ⓐ	SA	Ⓐ	Ⓑ	ⓒ

텔레비전 일요일

7:30	8:30	18:00	23:30	24:00	24:30
ⓒ	Ⓑ	Ⓐ	SA	Ⓐ	Ⓑ	ⓒ

라디오(AM, FM)

6:00	7:00	16:00	18:00	21:00	24:00
ⓒ	Ⓑ	Ⓐ	Ⓑ	Ⓐ	Ⓑ	ⓒ

EBS TV 평일

7:00	8:00	10:00	12:00	16:00	17:00	20:00	21:00	24:00	25:00
ⓒ	Ⓑ	Ⓐ	Ⓑ	ⓒ	Ⓑ	Ⓐ	Ⓑ	Ⓐ	Ⓑ	ⓒ

EBS TV 토·일요일

8:00	11:00	20:00	23:00	25:00
ⓒ	Ⓐ	Ⓑ	ⓒ	Ⓑ	ⓒ

과 주요 채널사용사업자, 그리고 종합편성채널의 시급별 광고 단가에 대해 알아보면 〈표 5-6〉과 같다.

1) 지상파 방송사의 시급별 프로그램 광고 요금

〈표 5-6〉은 지상파방송 3사의 시급별 프로그램 광고 요금이 2002년부터 2017년까지 변화된 과정을 제시한 것이다.

<표 5-6> 지상파방송사업자의 시급별 프로그램 광고 요금 추이

구분	KBS				MBC				SBS			
	SA급		C급		SA급		C급		SA급		C급	
	최고	최저	최고	최저	최고	최저	최고	최저	최고	최저	최고	최저
2002	11,610	6,150	2,505	870	11,925	4,590	2,565	750	10,140	7,770	1,800	630
2003	11,610	7,770	4,840	870	11,925	4,590	2,565	750	10,140	7,770	1,800	630
2004	11,610	7,770	2,505	1,200	11,925	4,590	2,550	750	10,140	7,770	1,590	630
2005	11,610	7,770	4,860	1,200	11,925	4,290	3,690	750	10,140	7,830	1,590	630
2006	12,960	5,439	5,220	1,080	12,330	7,500	3,825	750	11,145	7,125	1,965	630
2007	13,215	5,580	5,475	1,020	12,570	7,500	3,810	660	11,700	6,360	3,540	630
2008	14,250	9,075	4,860	975	13,605	6,885	4,995	825	13,200	6,915	3,600	630
2009	14,250	9,075	4,380	615	13,605	6,885	4,995	825	13,200	6,915	2,880	630
2010	14,250	8,505	4,380	615	13,605	7,905	5,040	825	13,200	6,915	2,250	630
2011	14,250	8,715	4,380	615	13,605	7,905	4,455	825	13,200	8,910	2,250	630
2012	15,300	8,715	5,070	615	13,605	7,905	5,745	780	13,200	9,120	4,950	885
2013	15,300	8,715	4,380	615	13,605	7,770	6,240	780	13,200	9,120	3,525	885
2014	15,300	8,715	4,500	870	13,605	7,905	5,745	780	13,200	9,120	3,525	885
2015	15,300	8,715	4,500	870	13,605	7,905	5,745	780	13,200	9,120	3,525	885
2016	15,300	9,075	7,905	735	13,605	8,160	6,600	780	13,500	9,180	4,950	885
2017	16,200	7,500	5,400	600	13,800	8,100	9,300	900	13,500	9,180	3,525	885

주: 15초 프로그램 전후 광고 요금 기준.
자료: KOBACO 미디어크리에이트 제출 자료; 방송통신위원회(2017: 200).

2) 주요 유료방송채널사용사업자의 시급별 최고 단가 수준

〈표 5-7〉은 2017년 6월을 기준으로 한국의 주요 채널사용사업자의 시급별 최고단가를 제시한 것이다.

〈표 5-7〉 주요 유료방송 채널의 시급별 최고단가 수준(2017년 6월 기준)   (단위: 천 원)

구분	SSA1 이상	SSA1급	SSA2급	SSA3급	SA급	A급	B급
채널CGV	-	1,000	450	-	250	150	80
tvN	12,000~4,000	2,000	1,000	600	-	150	80
OCN	-	1,000	450	-	250	150	80
KBS스포츠	-	240			200	100	-

구분	SSA1 이상	SSA1급	SSA2급	SSA3급	SA급	A급	B급
MBC스포츠	-		1,500		1,250	1,000	-
SBS스포츠	-	600	400	-	250	150	80
KBS드라마	-	400	350	-	270	150	80
MBC드라마	-		400		250	150	60
SBS드라마	-	600	400	-	250	150	80
YTN	-		500		400	200	80
News-Y	-		500		400	200	120

주: 15초 프로그램 전후 광고 요금 기준.
자료: 각 PP 홈페이지(2017.6) 및 사업자 제출 자료(CJ계열 PP, 2017.6); 방송통신위원회(2017: 151).

3) 종합편성채널의 시급별 광고 요금 수준

〈표 5-8〉은 2016년을 기준을 4개 종합편성채널의 시급별 광고 요금 수준을 제시한 것이다.

〈표 5-8〉 종합편성채널의 시급별 광고 요금 수준(2016년) (단위: 천 원)

채널	SSA급		SA급		A급		B급		C급	
	최저	최고	최저	최고	최저	최고	최저	최고	최저	최고
JTBC	-		6,342	7,710	1,948	5,544	1,579	3,283	625	1,570
MBN	2,000	4,000	1,400	3,000	1,000	4,000	350	1,200	350	600
TV조선	-		3,300	7,820	1,650	7,480	1,650	3,300	600	1,650
채널A	-		7,400		2,500		1,300		500	

주: 15초 프로그램 전후 광고 요금 기준.
자료: 2016년 6월 기준 각 사 홈페이지; 방송통신위원회(2017: 151).

7. 방송광고의 방영 순서(예시)

방송 프로그램 앞뒤에 걸쳐 있는 방송광고의 방영 순서는 〈그림 5-1〉과 같다.

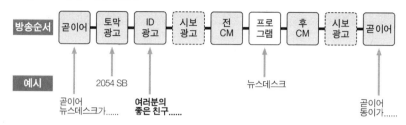

〈그림 5-1〉 방송광고의 방영 순서

| 방송순서 | 곧이어 | 토막 광고 | ID 광고 | 시보 광고 | 전 CM | 프로 그램 | 후 CM | 시보 광고 | 곧이어 |

예시

2054 SB

뉴스데스크

곧이어
뉴스데스크가……

**여러분의
좋은 친구……**

곧이어
동이가……

자료: 한국방송광고공사 내부 자료.

8. 광고 심의 제도

1) 방송광고 심의 제도의 변화와 현황

1956년 HLKZ-TV, 1959년 부산문화방송의 개국 당시에는 방송광고에 대한 규제가 전혀 없었다. 하지만 1963년부터 국영 KBS-TV가 광고 방송을 하게 됨에 따라 '국영텔레비전 방송사업 운영에 관한 임시조치법 시행령'이 1962년 12월에 제정되고, 1963년 12월 '방송법'이 제정되었다. '임시조치법 시행령'에 따르면, 법령에 위반하여 수입 또는 생산된 물품에 대한 광고, 미신을 조장하는 광고, 사실을 과장 또는 과대평가하는 광고, 타인 또는 타 상품을 중상하는 광고, 법령에 위반하여 설립된 단체에 대한 광고를 금지했다(한국방송광고공사, 2001: 53~54).

한국의 방송광고 심의 제도는 〈표 5-6〉에서 제시하는 바와 같은 변화의 과정을 겪어왔다. 그런데 〈표 5-7〉에서 보는 바와 같이 방송광고의 사전 심의는 2008년 6월 26일 헌법재판소로부터 '위헌' 판결을 받는다.

2008년 6월 26일 헌법재판소의 방송 광고물 사전 심의의 근거 규정('방송법' 제 32조 제2항 등)에 대한 위헌 결정에 따라 '방송통신위원회'는 방송광고 사전 심의 관련 조항을 '방송법'에서 삭제하는 내용의 개정안을 의결했으며, 위헌으

<표 5-9> 한국의 방송광고 심의 제도 변화

구분	주요 내용
1962년	- 우리나라 최초의 자율 규제 기구인 '한국방송윤리위원회' 설립
1963년	- 12월 제정된 한국 최초의 '방송법'에 의해 '한국방송윤리위원회'가 법률상의 기구가 됨
1964년	- '언론윤리위원회법' 통과로 '방송법'의 방송윤리위원회 부분이 삭제되어 임의 단체로 전환
1968년	- '광고자문위원회'를 설립하여 방송광고에 대한 심의 강화
1973년	- '방송법' 개정으로 방송윤리위원회가 법률상의 기관이 됨
1976년	- 'TV 광고 방송 심의 요강'을 별도로 제정, 모든 TV 광고 방송에 대한 사전 심의 실시
1980년	- 12월 '언론기본법' 제정에 의해 설치된 법적 기구인 방송위원회 산하 '방송심의위원회'가 사후 규제 수행 - 방송광고에 대한 사전 심의는 '한국방송광고공사법'의 제정에 의해 설치된 한국방송광고공사(KOBACO)가 담당 - 이전 방송윤리위원회가 행한 심의 결정과 TV, 영화 검열 심의회 업무는 방송심의위원회로 승계
1987년	- '언론기본법' 폐지로 '방송법' 제정 - 방송광고에 대한 사전 심의 업무는 국가기관인 방송위원회로 이관
1989년	- 2월 방송위원회가 '방송광고심의위원회'를 두어 방송광고 사전 심의 시작
2000년	- 3월: '(통합)방송법' 시행으로 (통합)방송위원회 출범 - 8월: 3월 발효된 '방송법'과 시행령에 의해 한국광고자율심의기구에 위탁하여 방송광고의 사전 심의를 시행
2008년	- 2월 '방송법' 개정으로 기존 방송위원회를 방송통신위원회로 통합 - 방송 심의 및 방송광고 심의에 관한 업무는 방송통신심의위원회가 맡게 됨

자료: 한국방송광고진흥공사(2013: 222).

로 결정된 방송통신심의위원회의 방송광고 사전 심의제는 폐지되었다.

한국광고자율심의기구가 담당하던 방송광고 사전 심의가 중단되면서 '한국방송협회'는 각 방송사가 따로 심의를 할 경우 생기는 중복 업무 해소를 위해 방송사들의 위탁을 받아 2008년 11월 3일부터 지상파 방송광고의 사전 자율 심의를 실시했다. 방송협회는 한국방송광고공사의 방송광고 전자상거래 시스템인 코덱스(KODEX)를 통해 42개 지상파 회원사의 청약 방송 광고물을 심의한다.

한편 케이블TV방송협회도 2009년 2월 19일 방송광고심의위원회를 공식 발족해 협회 내 자율 심의 기구를 신설하고 케이블 TV 회원사의 청약 방송 광

<표 5-10> 방송광고의 사전 심의에 대한 위헌 판결

구분	주요 내용
사건명	'방송법' 제32조 제2항 등 위헌 확인
사건번호	2005헌마506
선고일자	2008년 6월 26일
사건 개요 및 판결 요지	- 사건 개요 개인사업자가 방송국에 방송광고를 청약하였으나 해당 '방송법' 제32조, '방송법시행령' 제21조의 2 등에 의한 사전 심의를 받지 않았다는 이유로 방송청약 거절 후, '방송법' 32조, '방송법 시행령' 제21조의 2, 방송심의에 관한 규정 제59조 등이 방송광고를 하려는 자들의 표현의 자유를 침해한다고 주장하며 헌법소원 심판을 청구 - 판결 요지 사건의 쟁점은 방송광고 사전 심의 규정이 헌법 21조 2항이 금지하는 허가제에 해당하는지 여부이며, 헌법재판소는 방송광고 사전 심의가 헌법 21조가 금지하는 허가제에 해당한다고 하여 위헌이라 판결 위헌 결정 이후 '방송광고 사전 심의 규정' 폐지

자료: 한국방송광고진흥공사(2013: 223).

고물을 심의하고 있다.

방송광고의 사전 자율 심의는 방송협회와 케이블TV협회, 사후 심의는 '방송통신심의위원회'를 중심으로 진행된다(한국방송광고진흥공사, 2013: 224).

9. 방송광고 관련 쟁점

한국 사회에서 방송광고와 관련해 제기되는 주요한 쟁점들로는 중간광고와 프리미엄 CM, 협찬 고지, 간접광고, 방송광고와 어린이보호 그리고 결합판매 등이 있다.

1) 중간광고

중간광고의 경우 지상파방송에서는 일부 예외적인 경우를 제외하고는 금지하는 반면 유료방송인 종합유선방송, 위성방송 및 채널사용사업자에게는 허용한다. 그동안 광고계와 방송사는 지상파방송의 중간광고에 대한 규제를 풀어줄 것을 요구해왔으며 시민사회 단체 등에서는 반대하고 있다.

2019년 1월 현재 지상파 중간광고는 원칙적으로 금지되어 있고 운동경기, 문화·예술행사에 한해서만 제한적으로 허용된다.

2) 프리미엄 CM

지상파 방송사들은 정부가 중간광고를 허용하지 않자 소위 프리미엄 CM이라는 방식을 도입했다. 프리미엄 CM은 하나의 프로그램이 끝나고 다음 프로그램이 시작하기 전에 하는 광고를 뜻한다. 물론 이러한 프리미엄 CM은 중간광고가 아니기 때문에 불법은 아니라고 지상파 방송사 측은 주장을 하고 있지만 적어도 불법은 아니지만 편법이라는 비판이 제기되고 있다.

한국 지상파 방송사들은 2017년 5월부터 '편법 중간광고' 논란에도 불구하고 예능에 이어 드라마에서도 '쪼개기 편성'을 강행했다. 회당 70분짜리 드라마를 절반으로 쪼개, 회차를 달리하고 그 사이에 1분가량의 광고를 삽입한 것이다. 지상파방송의 중간광고는 불법으로, 금지 규정을 피하기 위한 '꼼수'라는 논란이 거셌다(선명수, 2017).

SBS TV 'K팝스타 6'가 프리미엄 CM의 시작이었다. 'K팝스타' 시리즈는 이전 시즌까지 '일요일이 좋다'의 1부 혹은 2부로 편성돼 85분~90분가량 방송되었다. SBS는 이를 'K팝스타 6'부터 드라마 존이었던 일요일 밤 시간대로 변경하며 105분~110분으로 확대 편성했다. 또한 다시 1, 2부로 나눠 그 사이에 1분동안 광고를 추가했다. 한 회였던 방송이 1, 2부로 나뉘자 당장 '꼼수' 편성이라는 지적이 일었다. SBS가 공영방송인 KBS와 MBC보다 상대적으로 시청자의 비판에서 자유로웠던 민영방송인 점을 이용, 포맷과 편성 변경이 용이한 예능 프로그램부터 중간광고 도입을 노린 인상이 강했기 때문이다(연휘선, 2017).

'K팝스타 6' 후속으로 편성된 또 다른 SBS 예능 프로그램 '미운 우리 새끼'와 다른 시간대 작품인 '백종원의 3대 천왕', '일요일이 좋다: 1부 런닝맨', '일요일이 좋다: 2부 판타스틱 듀오' 등 다양한 시간대 예능 프로그램이 'K팝스타 6'의 전철을 밟았다. 이에 자극받은 듯 MBC도 인기 예능 프로그램인 '라디오스타', '일밤: 1부 미스터리 음악 쇼 복면가왕'부터 동일한 방식으로 프리미엄 CM을 도입했다. 2017년 12월 현재, 이제는 SBS와 MBC의 평일 심야 예능 프로그램과 주말 저녁과 밤 황금 시간대 예능 프로그램 일체에 프리미엄 CM이 끼어들었다. KBS도 가세해 KBS2 예능 프로그램 '해피 투게더 시즌3' 등 평일 심야 예능 프로그램에 프리미엄 CM이 송출되고 있다(연휘선, 2017).

예능에서 서서히 시작되어 성과를 낸 프리미엄 CM은 결국 드라마로도 번졌다. 5월 10일 나란히 첫 방송을 시작한 MBC 수목드라마 '군주'와 SBS 수목드라마 '수상한 파트너'가 프리미엄 CM을 송출한 것이다. MBC와 SBS는 약속이라도 한 듯 두 드라마부터 1회가 70분이었던 관행을 깨고 이를 35분짜리 1, 2회로 쪼개 그 사이에 1분가량의 프리미엄 CM을 붙였다. 'K팝스타 6'에서 처음 프리미엄 CM이 도입된 것과 같은 방식이었다(연휘선, 2017).

프리미엄 CM은 일반 광고보다 광고 단가가 훨씬 높다. 'K팝스타 6'의 경우는 15초짜리 프리미엄 CM이 3억 원까지 치솟기도 했다.

3) 협찬 고지

협찬 고지의 본질은 협찬주가 협찬이라는 명목으로 협찬주의 명칭 또는 상호, 이미지 또는 상품을 홍보하기 위해 프로그램 등에 재원을 보조한다는 점에서 상업광고의 한 형태라고 할 수 있다. 다만, 그 표현 방식과 내용이 방송 프로그램에 삽입하는 음성·자막·화상 등의 형태로 협찬주의 명칭 또는 상호만을 고지하는 것이라는 점에서 방송광고와 구별해 다룬다(안재형, 2010).

과거 지상파방송에서의 협찬 고지는 방송사에는 허용되지 않고 외주 제작사(독립제작사)에만 허용된다는 차별적 규제가 있었다. 그런데 방송통신위원회는 2011년 3월 23일 '방송법 시행령'을 개정해 채널사용사업자와 지역방송, 라디오 방송사가 협찬을 받아 프로그램을 제작(협찬 고지)할 수 있게 하여 자체 제작 방송의 비율을 높일 수 있도록 했다.

2014년 현재 '방송시행령' 제60조는 지상파방송사업자는 다음의 각호의 경우에 한하여 협찬 고지를 할 수 있도록 한다.

1. 방송사업자가 행하는 공익성 캠페인을 협찬하는 경우
2. 방송사업자가 주최·주관 또는 후원하는 문화예술·스포츠 등 공익행사를 협찬하는 경우
3. 방송 프로그램을 제작하는 자의 방송 프로그램(시사·보도, 논평 또는 시사토론 프로그램은 제외한다. 이하 이 호에서 같다) 제작을 협찬하는 경우. 다만, 다음 각 목의 어느 하나에 해당하는 방송사업자의 텔레비전 방송 프로그램의 경우에는 방송통신위원회가 문화체육관광부 장관과 협의하여 방송통신위원회 규칙으로 정하는 방송 프로그램으로 한정한다.
   가. 공사(법 제43조 제4항에 따른 지역 방송국은 제외한다)
   나. '방송문화진흥회법'에 따라 설립된 방송문화진흥회가 최다 출자자인 지상파방송사업자다. 직전 3개 사업연도의 평균 매출액이 3000억 원 이상인 지상파방송사업자
4. 방송 프로그램 제작 과정에서 시상품 또는 경품을 제공하거나 장소·의상·소품·정보 등을 협찬하는 경우

한편 '방송법 시행령'은 다음의 경우 협찬을 제외하도록 한다.

1. 정당 그 밖의 정치적 이해관계를 대변하는 단체가 협찬하는 경우

2. 법령 또는 방송통신위원회규칙에 의하여 방송광고가 금지된 상품이나 용역을 제조·판매 또는 제공하는 자가 협찬하는 경우

3. 지상파방송사업자의 시사·보도, 논평 또는 시사 토론 프로그램(특별시를 방송 구역으로 하는 지상파방송사업자가 외국을 취재 대상으로 하여 외국에서 제작한 라디오 프로그램 및 특별시를 방송 구역으로 하지 아니하는 지상파방송사업자가 외국을 취재 대상으로 하여 외국에서 제작한 프로그램은 제외한다)을 협찬하는 경우 등이다.

4) 간접광고

간접광고는 방송 프로그램 안에서 상품 브랜드를 다양한 방식으로 노출시키는 광고 기법으로 PPL(product placement)이라고도 한다. 지난 2010년 '방송법 시행령'이 개정되면서 허용된 간접광고는 매해 평균 40%가량 상승하고 있다(≪서울신문≫, 2014.3.1: 13면).

도입 당시 간접광고는 급증하는 제작비를 충당하기 위한 일종의 고육책으로 여겨지기도 했으나 점점 방송사의 주요 수입원으로 자리를 잡아가고 있다. 간접광고는 일반광고와는 달리 시청 회피가 어렵고 자연스러운 노출 효과를 극대화할 수 있어 광고주들이 선호하는 경향이 있다.

실제로 방송통신위원회에 따르면 간접광고가 판매되기 시작한 2010년 지상파 3사의 간접광고 매출은 30억 원이었다가 2011년에는 174억 원, 2012년 263억 원으로 꾸준히 성장했다. 또한 2013년 상반기 집계된 매출이 350억 원에 달한 것으로 조사되어 향후 더욱 빠른 속도로 성장할 것으로 전망한다(≪아이뉴스 24≫, 2013.8.27).

문제는 도를 넘어선 간접광고가 시청자의 시청권을 훼손한다는 점이다. 프로그램의 흐름과는 관계없는 엉뚱한 장면을 삽입해 극 전개의 흐름을 끊고 시청자가 작품에 몰입하는 것을 방해하는 경우도 적지 않은 것으로 나타났다.

5) 방송광고와 어린이 보호

방송광고가 어린이에게 미치는 영향력은 대단히 위력적이다. 그렇기 때문에 방송광고로부터 어린이를 보호하려는 노력이 지속되고 있다. '방송법'과 '방송법 시행령'은 어린이가 방송 프로그램과 광고를 혼동하는 것을 막기 위해 제한 규정을 둔다. 즉, 방송사업자는 방송광고와 방송 프로그램이 혼동되지 않도록 명확하게 구분해야 하며, 어린이를 주 시청 대상으로 하는 방송 프로그램의 방송광고 시간 및 전후 토막광고 시간에 화면 좌측 상단 또는 우측 상단에 화면의 64분의 1 이상 크기로 광고 화면과 명확하게 구분될 수 있도록 '광고 방송'이라는 자막을 계속 표기해야 한다('방송법' 제73조 제1항, '방송법 시행령' 제59조 제1항).

방송광고로부터 어린이를 보호하려는 또 다른 조치는 어린이 기호 식품의 텔레비전 광고를 제한하는 것이다. 특히 정크푸드(junk food)로 알려진 고열량 패스트푸드가 어린이에게 미치는 영향의 심각성을 인식하고 이미 세계 여러 나라에서 이런 식품 광고에 대한 규제를 강화하려는 움직임이 일고 있다.

한국도 2010년 9월부터 열량은 높은 반면 영양가는 낮은 '고열량 저영양' 어린이 기호 식품에 대한 텔레비전 광고를 제한한 바 있다. ≪연합뉴스≫에 따르면 "식품의약품 안전청은 고열량 저영양 어린이 기호 식품에 대한 지상파, 케이블, 위성 등 텔레비전 광고를 어린이 주 시청시간인 오후 5시부터 오후 7시까지 금지하는 내용의 '광고제한 및 금지 대상 고열량·저영양 식품 제정 고시'를 마련해 시행한다"고 밝혔다(≪연합뉴스≫, 2010.9.9).

6) 방송광고 금지 품목의 규제 완화

공익 증진, 국민경제의 건전한 발전, 미풍양속 보존, 국민 정서의 안정, 특정 계층 보호 등을 기준으로 방송광고 금지 품목의 규제가 시행 중이다. 방송광고 심의에 관한 규정, '의료법', '약사법' 등에 의해 담배, 17도 이상 주류, 조제분유, 음란물, 도박, 미신, 의료 서비스, 전문 의약품 등의 광고가 방송에서 금지되어 있다.

방송광고 활성화를 위해 그동안 방송광고 금지 품목 중 일부 품목에 대한 규제가 완화되거나 완화가 추진 중이다. 결혼중개업의 경우 관련 규정을 수정한 후 국내 결혼중개업에 한해 2009년 12월 1일부터 텔레비전 광고가 허용되었다. 의료 광고는 관련 의료 법령의 수정과 허위·과장 광고로 인한 소비자 피해를 막기 위한 세부 기준, 광고 심의 강화 등 보완책을 마련하고, 2011년 케이블 TV에 우선 허용하고 지상파 TV는 단계적으로 허용할 방침이다. 특히 소비자 개인의 건강에 직접 영향을 미치는 중요한 영역이므로, 정확한 의료 정보에 대한 접근성 확보를 통한 소비자의 알 권리 확대 차원에서 의료 광고를 단계적으로 허용해야 한다는 주장이 제기되기도 한다. 먹는 샘물의 경우 수돗물에 대한 불신을 조장할 수 있다는 점에서 그동안 지상파 텔레비전 광고가 금지되어왔으나 2013년부터 전면 허용되었다(변상규, 2014).

7) 결합판매

방송통신위원회는 매체 균형 발전을 위해 지상파방송 3사와 중소 방송사의 광고를 묶어 파는 결합판매 제도를 시행하고 있다. "방송광고 결합판매"(이하 "결합판매"라 한다)란 네트워크 지역지상파방송사업자 및 중소지상파방송사업자의 방송광고를 한국방송공사, (주)문화방송, (주)SBS 등의 주요 지상파방송사업자의 방송광고와 결합하여 판매하는 행위를 말한다. 방송통신위원회는 공영 미디어렙인 한국방송광고진흥공사와 민영 미디어렙인 미디어크리에이트가 지상파방송 3사의 방송광고를 판매 대행할 때 중소 방송사와 네트워크 지역 방송사와 배분해야 하는 결합판매 비율을 고시한다.

그런데 결합판매와 관련해 방송사들의 공영·민영 미디어렙의 배정과 결합판매 비율이 쟁점으로 부각되고 있다.

2017년 방송통신위원회가 고시한 결합판매 지원 비율(총 광고 판매액 중 중소 방송사에 돌아가는 몫)은 KBS와 MBC의 광고 판매를 대행하는 한국방송광고진흥공사는 12.40%, SBS 광고를 대행하는 민영 미디어렙인 미디어크리에이트는 9.11%이다. 한국방송광고진흥공사는 문화방송 지역사 16곳과 EBS, 원음방송 등 중소 매체 12곳, 미디어크리에이트는 지역민방 9곳과 OBS의 광고를 대행한다.

현재 방송광고의 결합판매와 관련해 미디어렙 가운데 방송사를 공영과 민영으로 지정하는 원칙, 결합판매 비율 등 납득할 만한 원칙과 기준이 애매해 혼란을 가중시키고 있다.

제 6 장

방송 역사

이 장에서는 한국 라디오 방송과 텔레비전 방송의 역사를 시기별로 구분·정리하면서 디지털 기술의 발달로 새롭게 등장한 뉴미디어 방송까지를 소개할 것이다.

한국 라디오 방송의 역사에서 일제강점기, 해방 후 미 군정기, 정부 수립 후부터 텔레비전 방송국이 개국하기 이전까지는 라디오 방송의 독점기라고 할 수 있다. 이후 상업방송국의 개국으로 라디오 방송은 본격적인 경쟁기로 접어들면서 번성기를 누렸지만 텔레비전 수상기의 보급으로 위기를 맞았다. 그러나 다채널 다매체 시대인 현재 라디오 방송은 그 특성을 살리기 위해 새롭게 노력하고 있다. 텔레비전 방송의 역사는 지상파방송인 HLKZ TV 방송이 시작된 이후인 국영방송기, 그리고 공영방송기, 공·민영방송기로 나누어볼 수 있다. 이후 다매체 시대의 도래로 종합유선방송, 위성방송, DMB, IPTV 등이 등장했다.

한국 방송의 역사는 정부의 통제에 의해 크게 영향을 받아왔기 때문에 방송사의 자율적인 성장 과정을 통해 이루어지기보다는 정부의 정책에 의해 발전과 변화를 거듭한 역사적 배경을 가지고 있다.

1. 한국 라디오 방송의 역사[1]

먼저 한국 라디오 방송의 역사를 간략하게 정리해보자.

1924.09.06	한국 최초 시험방송 성공(750kHz 50W)
1925.04	조선일보사, 무선전화방송 공개시험 실시
1927.02.16	경성방송국(JODK) 개국
1933.04.26	경성방송국 이중 방송 실시(제1방송: 일본어, 제2방송: 한국어)
1947.09.03	국제무선통신회의에서 한국의 무선통신 호출부호 HL 할당
10.01	호출부호 HL 사용
1954.12.15	기독교방송(CBS) 개국
1956.12.23	극동방송 개국
1959.04.15	부산문화방송 개국
1961.12.02	MBC 라디오국 개국
1963.04.25	동아방송(DBS) 개국
1964.05.09	TBC 라디오서울(RSB) 개국
1965.06.26	서울 FM 방송국 개국
1970.04.15	부산문화 FM 방송 개시
1971.04.25	한국 FM 방송 개국
09.19	MBC FM 방송국 개국
1973.02.16	'방송법' 개정, '한국방송공사법'
03.03	한국방송공사 창립, 국영 체제에서 공영 체제로 전환
06.27	아세아방송 개국
1979.04.02	KBS FM 스테레오 음악방송 실시

---

1 최현철·한진만(2004)을 재구성.

1980.11.17	방송사 통폐합으로 동양방송(TBC), 동아방송(DBS), 서해방송, 전일방송, 대구 FM이 KBS로 흡수
11.30	TBC·DBS·전일·서해·한국 FM 방송 종방
1990.04.15	평화방송 개국
05.01	불교방송 개국
05.	교통방송 개국
1991.03.20	SBS 라디오 방송 개국
1997.12	1차 지역 민영방송에 FM 라디오 방송 개국
2001.10.15	울산극동방송 허가(정통부)
2001.03	국악 FM 방송국 개국(서울, 남원)
2001.04.17	대구 등 6개 지역 KBS 2FM 신설 허가 추천(방송위)
2001.10.01	극동·아세아방송 합병
2005	지상파 DMB 개국
2008.04.30	YTN 라디오(FM 보도전문채널) 개국
2009	(재)부산영어방송재단, (재)광주영어방송재단 개국
2010.09.13	KBS 경인방송센터 개국
2011.10.27	전주 국악방송 개국
11.08	부산 국악방송 개국

1) 라디오 독점기(1927~1961년)

1927년 2월 16일 경성방송국이 개국한 이후 1961년 12월 31일 KBS TV가 개국할 때까지 라디오 방송은 독점적 지위를 누렸다. 물론 1956년 5월 12일 한국 RCA 배급회사(Korea RCA Distributor: KORCAD)의 HLKZ TV가 개국해 1961년까지 존재했으나, 당시의 여건상 텔레비전 방송이 라디오 방송의 영향력을 대체할 만한 정도는 아니었다.

라디오 독점기는 크게 세 시기로 구분할 수 있다. ① 일제강점기, ② 해방 후 미 군정기, ③ 정부 수립 이후부터 KBS TV가 개국하는 1961년까지이다.

(1) 일제강점기의 라디오 방송

경성방송국은 1926년 11월 30일 사단법인으로서 설립 허가를 받았고, 이듬 해인 1927년 2월 16일 정식으로 방송을 시작했다. 이것이 한국 최초의 방송국 이다. 일제 총독부의 지원 아래 일본인의 주도로 설립된 경성방송국은 한국에 거주하는 일본인의 정보와 문화 욕구에 부응하고 일제 식민지 체제에 우리 민 족을 순응시키기 위한 교화의 수단이었다(김영희, 2002: 152).

① 혼합 방송

개국 당시 방송은 하나의 채널로 한국어 방송과 일본어 방송을 교대로 내 보내는 양국어 방송이라는 기형적인 편성으로 진행되었다. 개국 당시 한국어 방송과 일본어 방송의 비율이 1 : 3이었으나 이에 대한 비난이 일자 그해 7월, 2 : 3의 비율로 바꾸어 방송했다(최창봉·강현두, 2001: 26). 이른바 혼합 방송이 었는데 일본어와 한국어를 한 문장씩 즉시 번역으로 들려주기도 했다.

② 이중 방송

하나의 채널로 한국어와 일본어를 교대로 내보내는 혼합 방송은 한국인이 나 일본인 모두에게 불편했다. 이를 해결하기 위해 두 채널로 한국어와 일본 어를 각각 내보내게 되었다. 기술적 어려움으로 몇 차례 실시가 연기되다가 마침내 1933년 4월 26일 이중 방송이 시작되었다. 이후 한국어 방송인 제2방 송은 비교적 독립적인 프로그램을 제작하면서 활기를 띠었으나, 1937년 중일 전쟁이 일어나자 국민정신 총동원 계획에 의해 총독부의 대변인 노릇을 철저 하게 담당하기 시작했다.

1941년 일본이 태평양전쟁으로 전쟁을 확대하면서 라디오 프로그램은 보도 제일주의로 도쿄 방송의 중계를 강화했고, 군국주의를 고취하고 황국식민화를 위한 내용이 대부분을 차지하게 되었다. 라디오가 전시통제 체제를 유지해나가는 데 주도적인 역할을 했던 것이다. 그나마 1942년 12월 단파방송 사건이 발생해 1943년 6월 결국 제2방송이 일시적으로 폐지되었다(한진만, 2008: 137).

③ 경성방송국에 대한 평가

한국 방송의 효시에 대한 두 가지 입장이 부각되고 있다. 방송의 시작으로 보아 당연히 경성방송국을 우리 방송의 효시로 보아야 하나 방송국의 설립이 우리의 의지와는 무관하게 일제의 식민정책의 일환으로 이루어졌기 때문에 한국 방송 전사(前史)에 포함시켜야 한다는 주장이 제기되고 있는 것이다. 그러나 경성방송국은 기술적인 면에서나 프로그램 면에서 일정 부분 한국의 방송 발전에 기여했고 방송에서 바른말을 사용함으로써 국어순화에 이바지했다는 점, 그리고 생활정보뿐만 아니라 민요와 창, 동요 등을 제공함으로써 국민정서 함양에 기여했다는 점 등을 들어 비록 일제강점기라고는 하나 경성방송국을 한국 방송의 시작으로 인정해야 한다는 주장도 있다(한진만, 2013a).

(2) 해방 후 라디오 방송
① 미 군정기의 방송

해방과 더불어 일본의 통제에서 벗어날 수 있었으나 한국만의 방송을 할 만한 준비나 과학적인 자료, 전문가 등의 부재로 한국의 방송은 시작부터 일본의 방식을 따를 수밖에 없었다. 또한 해방과 더불어 미 군정의 통치를 받게 되면서 한국만의 독자적인 방송 방식을 만들어가기보다 식민통치하에 사용했던 일본의 통제 방식에 미국의 방식을 절묘하게 결합했기 때문에 한국의 방송은 일본과 미국의 방송 편성 양식을 상당히 많이 따르게 되었다.

▌정시방송제와 콜사인 도입

한국 방송에 정시방송제가 처음 실시된 것은 1946년 10월 18일이었다. 정시방송제는 미 군정청이 제시한 새로운 편성 개념이었다. 정시방송제가 채택되기 전까지는 '뉴스', '가정 시간', '어린이 시간'을 제외하고는 언제 어떤 프로그램이 방송되고 끝날지 담당자밖에 몰랐다. 미 군정청은 15분 단위 구분법에 의한 편성과 프로그램의 시간 엄수를 종용했고, 띠 프로그램과 주 단위 시리즈 프로그램을 강화하도록 권고했다(김원용·김광옥·노영서, 1991: 539; 한국방송협회, 1997: 199~200). 그 당시 방송 단위 15분은 퍽 짧은 시간으로 여겨졌다. 일반적으로 30분 또는 1시간짜리 프로그램을 방송했기 때문에 15분짜리 방송을 내보내는 것을 어색하게 여겼고, 프로그램을 짜는 데도 서툴렀으나 15분이 끝나면 반드시 콜사인(call sign)을 넣었다. 가령 30분짜리 프로그램의 경우 15분이 되는 중간에 콜사인을 넣어야 했다. 그때 들어갔던 콜사인은 KBS(This is Seoul, Korea. Key Station of the Korean Broadcasting System)였다(한국방송협회, 1997: 200).

▌편성 방향

당시 국가 기간 채널인 KBS의 편성 방침은 해방된 모습을 진실하고 정확하게 알려 청취자가 국내외 정세를 빠르게 파악하게 하는 것과 위축되었던 우리 문화를 소생시키는 일이었으며, 나아가 자주독립 정신을 함양하고 새로운 시대사조를 받아들여 민주주의 발전에 이바지하는 것이었다. 이런 방침 아래 편성되는 프로그램은 많은 부분을 뉴스와 교양에 돌렸으며, 교양의 으뜸은 강좌가 차지했다. 해방의 기쁨과 더불어 바른 말과 바른 글을 배우는 것이 무엇보다 급한 일이 아닐 수 없었다. 이러한 목적에서 처음으로 시도한 것이 바로 '국어 강좌'이고, 뒤따라 '국사 강좌'가 설치되었다. 프로그램은 별로 다양하지 않았지만 출연자를 선정·교섭·출연시키는 일이 매우 힘들었고, 음악 프로에 독창이나 독주가 많은 것도 이런 이유에서였다(한국방송협회, 1997: 185).

▎ 국제무선통신회의에서 HL 할당

한편 1947년 9월 3일 미국 애틀랜틱시에서 개최된 국제무선통신회의에서 한국에 무선통신부호 HL을 할당했다. 한국은 그해 10월 1일 경성방송국에서 서울중앙방송국(HLKA)으로 변경해 호출부호(콜사인)를 사용하기 시작했다(한동안 10월 2일이 한국 최초로 호출부호를 사용한 날로 알려져 있었으나 이는 1978년 방송의 날을 제정하면서 10월 1일이 이미 국군의 날로 정해져 있어 하루 뒤인 10월 2일로 방송의 날을 옮기면서 생긴 해프닝이었다).

② 정부 수립 후 방송

1948년 8월 15일 정부 수립과 함께 방송 편성 방침에 적지 않은 변화가 일어났다. 미 군정기에는 정치적 중립이라는 이름 아래 좌우 양측에 대한 태도가 모호했고 반공 사상 고취에도 미온적이었다. 그러나 정부 수립과 함께 북한 공산집단을 불법집단으로 단정하고 실지회복(失地回復)과 애국 동포 구출이란 정부 시책에 순응하는 방송을 편성했다. 따라서 뉴스 취재와 해설은 물론 용어 사용까지 엄격하게 선별했고 노선을 선명하게 했다. 〈이북동포에게 보내는 시간〉과 〈우리의 나아갈 길〉 같은 프로그램이 등장한 것도 이때였다. 이 프로그램들은 단결해 공산당을 물리치자는 반공독본(反共讀本) 같은 것이었으며 대공 방송은 크게 성과를 올렸다(한국방송협회, 1997: 211~212).

그러나 일반 프로그램의 편성은 저조했다. 방송사업을 정부 기구에서 관장하면서 기구가 축소된 데다 많은 방송인이 방송에서 물러난 때문이기도 했고, 더욱이 1948년 5월 북한에서 송전을 중단해서 전기 사정이 나빠져 청취가 불가능했기 때문이기도 했다. 방송은 절전운동의 선봉에 나서기도 했다(한국방송협회, 1997: 212).

(3) 한국전쟁기의 방송

1950년 6월 25일 오전 4시를 기해 북한 공산군이 38선을 넘어 일제히 남침을 개시했는데, KBS는 아침 7시가 되어서야 전쟁 발발에 관한 제1보를 내보냈다. 대규모 남침이 있은 지 3시간이 지나서였다. 국민에 대한 방송 내용은 사태의 심각성을 정확하게 알리는 것은 아니었으나 공휴일을 맞아 각처에 흩어져 있는 국군 장병에게 속히 원대로 복귀하라는 비상소집 명령을 전달하는 화급한 상황만은 느낄 수 있었다. 그런데 놀랍게도 이날 KBS는 방송을 평소와 다름없이 진행했다(한국방송협회, 1997: 217). 다만 정규 방송 사이사이에 휴가나 외출 중인 군인은 속히 부대로 복귀하라는 정도의 고지 방송을 했을 뿐이었다. 이날 방송이 종료된 후 6월 26일 첫 방송 시간부터 KBS는 실제적으로 군 관리하에 들어갔다.

KBS를 관장한 부서는 국방부 정훈국 보도과였다. 그들은 6월 26일 첫 방송부터 뉴스를 검열하기 시작했다. 모든 정규 프로그램을 중단하고 임시 편성으로 방송을 진행했으며, 아침·낮·저녁의 구분 없이 종일 방송을 실시했다(한국방송협회, 1997: 217). 이후 전쟁 기간에 부산의 하루 방송 시간은 10시간(아침 2시간 30분, 낮 2시간, 밤 5시간 30분)이었다. 부산에 정착하면서부터 KBS의 중앙 방송은 어느 정도 전시 방송 체제를 갖추었다. 그리고 전시 중의 방송은 전황을 국민에게 알려주는 뉴스가 주축이 되지 않을 수 없었다(한국방송협회, 1997: 227).

① 최초의 교육방송

1951년 6월 18일 부산에서 한국 최초의 학교 방송이 실시되었다. 초등학교 교사를 대상으로 매일 오전 15분간 〈교사의 시간〉을 방송했는데, 오래 지속된 것은 아니었지만 방송이 교육에 이용된 효시로서 한국 교육방송사에 언급된다. 방송국은 우선 초등학교를 대상으로 하되 교과목 수업은 어려우니 교사를 대상으로 한 〈교사의 시간〉을 따로 편성해서, 각 학교에 이 시간을 청취하는 조건으로 라디오를 나누어주었다(한국방송협회, 1997: 227).

(4) 환도 후의 방송

① KBS

서울로 환도한 1953년 KBS의 방송 시간은 하루 14시간이었다. 아침 방송이 오전 5시부터 9시까지 4시간, 낮방송이 오전 11시부터 오후 2시까지 3시간, 저녁 방송이 오후 5시부터 12시까지 7시간이었다(한국방송협회, 1997: 266). 그 후 1956년 12월 1일 제1방송의 확충과 제1방송의 종일 방송 실시를 위한 프로그램 개편이 있었고, 1957년 6월 1일부터 낮 휴식시간을 없애는 종일 방송 체제를 실시했다.

그즈음 방송 프로그램에서도 장족의 발전을 이루었다. 한국 방송사에 길이 남을 라디오 드라마 〈청실홍실〉(1956년 10월 첫 방송)도 이 시기의 산물로, 이를 계기로 연속방송극 붐이 일기 시작했다. 그뿐 아니라 방송극에 뒤지지 않는 녹음 편성 프로그램이 제작되어 시청자의 인기를 얻었고, 라디오의 특성을 잘 살린 디스크자키(disk jockey) 프로그램도 유행하기 시작했다. 더불어 프로그램이 대형화하는 추세를 보였다(한국방송협회, 1997: 266).

대외 방송도 활기를 띠었다. KBS가 북한 동포를 대상으로 1948년부터 〈북한동포에게 보내는 시간〉을 방송하기 시작했으며, 1956년 3월 대북계를 신설해 대북방송 체제를 갖추고 1957년 12월 1일 제2방송과 독립하는 동시에 〈자유대한의 소리〉라는 대북 방송으로 발전했다(한국방송협회, 1997: 266~270).

② 기독교방송

1954년 12월 15일 설립된 기독교방송(CBS)은 방송의 소유 구조 측면에서 볼 때 획기적인 사건이었다. 즉, 종래의 국가 독점적 소유 구조가 아닌 민간단체에 의한 소유라는 점에서 기독교방송의 출현은 방송의 소유 구조 변화에서 중요한 분기점이 되었다고 볼 수 있다. 기독교방송은 선교 활동 외에도 보도·오락물 등 종합편성을 실시함으로써 다른 방송에 자극을 주었다(김원용·김광옥·노영서, 1991: 544).

개국 초기 CBS의 연예·오락 프로그램은 종교 및 교양과 보도, 음악 프로그램에 비해 비중이 훨씬 약했다. 그러나 CBS도 KBS와 마찬가지로 방송극, 특히 연속방송극이 어느 사이엔가 큰 비중을 차지하게 되었다. 그렇지만 CBS가 비중을 높이 둔 부문은 음악 프로그램이었다. "클래식과 세미클래식을 중점적으로 편성해 음악방송국으로서의 전통을 수립한다"는 기본 지침을 세우고 개국 당시부터 음악방송에 역점을 두어, 그때까지 KBS에서는 들어보기 어려웠던 교향악이나 협주곡, 실내악, 기악 독주, 오페라, 합창, 독창, 성가 등 세계의 명곡을 방송하는 전통을 세워나갔다(한국방송협회, 1997: 290). 그리고 1961년부터 당국의 허가를 받아 방송 시간의 30% 범위 안에서 이윤을 목적으로 하지 않는 전제하에 광고 방송을 시작했다.

한편 기독교방송은 1959년 대구 CBS와 부산 CBS가 개국했고, 1961년에는 광주 CBS와 이리(전북) CBS가 개국함으로써 네트워크의 형태를 갖추었다.

2) 라디오 경쟁기(1961~1972년)

상업 라디오가 대거 개국하는 기간이다. 1959년 부산문화방송의 개국을 필두로 1961년 문화방송(MBC), 1963년 동아방송(DBS), 1964년 라디오 서울(RSB, 후에 TBC) 등이 개국하면서 상업 라디오 방송의 전성기를 이루었다. 또한 종교방송인 기독교방송에도 부분적 광고 방송이 허용되어 더 많은 청취자를 확보하려는 방송국 간의 경쟁이 치열해졌다. 물론 이 시기에는 KBS TV(1961년 12월 31일), TBC TV(1964년 12월 7일), MBC TV(1969년 8월 8일) 등 3개의 텔레비전 방송이 개국하지만 텔레비전 수상기가 각 가정에 충분히 보급되지 않은 상태였기 때문에² 큰 영향력을 갖지 못했다.

---

2 텔레비전 수상기의 세대당 보급률이 1963년 0.7%, 1967년 1.3%, 1972년 14.7%에 지나지 않았다(김승현·한진만, 2001: 30).

(1) 부산문화방송

1959년 4월 15일 개국한 부산문화방송은 한국 최초의 민간 상업방송국이다. 지역 방송국이기는 하지만 상업 라디오 방송으로서는 최초라고 할 수 있는 부산 MBC는 개국 초기에는 광고 형식, 방송국 조직, 영업 방법 등에 이르기까지 모든 내용을 일본의 상업적 민영방송을 모방했다. KBS나 기독교방송이 공공방송으로서의 수준을 유지하던 것에 비해 부산문화방송은 초창기부터 대중의 흥미를 찾아 대중가요를 가장 많이 편성하는 등의 특징을 드러냈다(노정팔, 1995: 72).

부산문화방송의 등장은 한국 방송사에 실로 중요한 전환점이 되었다. 이를 계기로 한국 방송계는 새로운 민방 시대의 막을 연 것이다. 방송 기업의 여건이 비교적 성숙되어 있던 일본에서 상업방송의 개시는 1951년경이었다. 이처럼 한국은 일본보다 약 8년 정도 늦게 상업방송이 시작되었지만 한국전쟁 등의 격동기를 겪은 점을 고려하면 오히려 상대적으로 빠른 편에 속한다고 할 수 있다(부산문화방송, 2009: 28).

(2) 문화방송

1961년 12월 2일 서울에서 최초로 개국한 민영 라디오인 문화방송(MBC)은 개국하면서 방송사업의 기본 지침이 될 '방송 헌장'을 내세웠다. 주요 내용은 ① 민주주의 제 원칙하에 사회정의 확립과 질서 유지에 전력하고, ② 불편부당의 공정성을 지키고 진실을 전파해 자율을 확보함으로써 표현의 자유를 유지하며, ③ 명랑하고 건전한 방송을 통해 국민 생활에 실익과 교양·오락을 제공한다는 것 등이었다(한국방송협회, 1997: 369).

또한 문화방송은 서민적이고 개방적이며 자유스러운 대중성을 부각한다는 편성 전략을 세우고, 국영 KBS 라디오의 전통적인 편성과 차별화를 꾀했다. 특히 생동감 넘치는 편집으로 관심을 모은 MBC의 뉴스 프로그램은 하루 8회 (오전 7시, 8시, 11시, 정오, 오후 1시, 7시, 9시, 10시) 정규 뉴스로 방송되었다. 연속극은 평일에 방송하는 연속방송극(월~토)과 주말연속극(토~일)으로 차별화했으며, 개국 초기의 편성 비율은 오락 61%, 교양 25%, 보도 11%, 기타 3%의 순이다(문화방송, 1992: 267~268).

문화방송은 본격적인 민영방송 시대를 열어나갈 주역으로서의 사명감을 가지고 전통적인 편성의 틀을 벗어나기 위해 새로운 변화를 추구했다. 문화방송은 KBS와 같은 종합편성의 형식을 취하긴 했으나 방송이 지녀야 할 공공성과 광고 매체로서의 역할을 소홀히 할 수 없는 상업방송으로서의 품격을 조화시키는 데 역점을 두는 편성 형식상의 특징을 보였다. 또 내용에서는 KBS의 일방적이고 고정적인 편성 방향과는 달리 대중에 파고드는 자유스러운 개방성과 대중성을 크게 부각시켰다. 이와 같은 문화방송의 편성 전략은 경직된 국영방송의 고정적인 틀에 비해 파격적인 것으로 받아들여졌고, 방송의 대중성을 새롭게 인식하는 전기가 되었다(문화방송, 1992: 270~271).

(3) 동아방송

동아방송(DBS)은 상업방송이긴 하지만 ≪동아일보≫의 창간 이념에 맞추어 '민주주의를 지지하고 문화주의를 제창하는 민족의 표현기관으로서 구실을 다한다'는 사명감에 따라 편성의 기본 방향을 설정했다. 동아방송의 프로그램은 '건전하고 공평하며 명랑한 내용을 담아 방송의 품위를 높이고, 새로운 소식을 빠르고 정확하게 전달함으로써 공익에 봉사한다'는 목적으로 구상·편성되었다. 이 같은 편성 지침에 따라 뉴스와 음악이 방송 내용의 주류를 형성했고, 서울을 중심으로 한 주변의 중소도시 시민과 준(準)도시인을 주요 청취층으로 잡고 수도권의 지역사회 개발에도 역점을 둬 편성에 반영했다(동아일보사, 1990: 90~91).

동아방송의 성장기 편성의 흐름과 특징을 요약하면 다음과 같다. 첫째, 뉴스와 보도 프로그램의 시간과 비율이 초창기에 이어 일관되게 계속 증가했으며, 그 증가폭과 추세가 다른 부문에 비해 매우 안정적이었다. 둘째, 본격적인 사회 교양 프로그램의 점진적 감소와 대조적으로 생활정보(Service Information) 프로그램 편성의 급격한 증가가 계속되었다. 생활정보 프로그램의 급격한 증가에 따라 생방송과 대상 프로그램의 비율이 그만큼 늘었다. 셋째, 다큐멘터리 드라마와 라디오 캠페인이 계속 중요한 비중을 차지하면서 동아방송의 대표적인 골격으로 그 기틀을 더욱 공고하게 다졌다. 넷째, 음악 프로그램의 편성에서 클래식·세미클래식의 시간과 비율의 급격한 하락과 계속적인 감소와는 달리 외국 유행 음악(팝송)의 급격한 증가가 지속적으로 이루어졌다(동아일보사, 1990: 203~208).

(4) 동양방송

동양방송(TBC)은 개국 이념의 구현과 다채로운 프로그램 개발에 힘썼던 개국 초에는 의욕적이며 과감한 방송 편성으로 선명한 이미지 부각에 주력했다. 중점 편성 방침을 채택하고 국내 최초의 심야 방송으로 〈밤을 잊은 그대에게〉를 기획했으며, 처음 등장한 '새나라 택시'를 겨냥한 방송으로 〈가로수를 누비며〉를 등장시켰다. 직장인을 대상으로 한 〈직업인의 휴게실〉과 노인층을 대상으로 한 〈장수무대〉를 편성했으며, 그 밖에 다채로운 방송 효과를 위해 1일 연속 퀴즈 형식인 〈정오에 답을 받습니다〉와 위성 스튜디오를 이용한 〈신세계 스튜디오〉를 선보였다. 또한 저녁 7시대에는 공개 오락물을 집중 편성했으며, 품위 있는 방송을 위한 교양물의 강화와 고전음악과 국악에 많은 비중을 두었다(중앙일보사, 1975: 176~177).

동양방송의 전신인 라디오서울(RSB)은 이미 치열한 청취율 경쟁을 벌이고 있는 판도에 마지막으로 뛰어들었기 때문에 편성 지침이 비교적 구체적이었고 상업방송의 본질을 잘 표현했다(한국방송협회, 1997: 369). 그때까지 일반적이었던 종합편성의 관념에서 과감하게 벗어나 방송의 면모를 일신하려는 중점편성의 원칙을 세우고, 아울러 새로운 제작 기법의 개발에 박차를 가해나갔다(중앙일보사, 1985: 717).

3) 라디오 위기 시대(1973~1992년)

(1) 텔레비전 시대의 라디오

1960년대 들어 여러 상업 라디오 방송사가 개국하면서 라디오 방송의 번성기를 맞는 듯했지만, 텔레비전 방송사 역시 이 시기에 개국함으로써 라디오 방송은 위기를 맞았다. 특히 1960년대 말, 50만 대에 이르던 텔레비전 수상기가 1973년 100만 대를 넘어서면서, 가히 텔레비전의 전성시대가 개막했고 라디오 방송은 더욱 위기에 처했다. 이에 따라 라디오 방송은 텔레비전 방송과는 다른 자신만의 특성을 살릴 수 있는 새로운 제작·편성 방향을 모색하게 되었다.

텔레비전 시대의 라디오 방송은 매체의 특성상 신속한 정보 전달을 위해 긴 시간을 생방송하는 것이 최상이라는 결론에 도달했다. 그런데 긴 시간을 잡다한 토막으로 이어가려면 그것을 하나로 통합하는 역할자로서 또는 청취자를 끌어들이는 요소로서 개성 있고 유능한 방송인이 필요하다. 즉, 방송인의 퍼스낼리티(personality)를 강조하게 된 것이다. 그리고 지금 바로 필요한 정보와 신속하게 제공되는 뉴스가 유연하게 끼어들 수 있도록 반드시 생방송이라야 한다. 그러므로 텔레비전 시대의 라디오 방송은 생-와이드-퍼스낼리티적 형태의 프로그램의 적절성을 발견하고 이를 편성 전략에서 중요하게 고려했다.

텔레비전이 '안방극장'의 오락적 기능(드라마와 오락 프로그램으로 대표된다)에서 단연 라디오를 앞지르는 1970년대 초반부터 라디오 드라마 홍수 시대도 막을 내렸다(김원용·김광옥·노영서, 1991: 697~698). 1970년대에 들어 라디오 연속극의 전성기였던 1960년대에 비해 라디오 연속극의 수가 현저하게 줄어들면서 장기간 방송할 수 있는 새로운 방식의 다큐멘터리 드라마와 대하물을 기획하고 정보와 음악 위주의 편성으로 프로그램을 구성하는 전략을 마련했다. 즉, 작은 매체를 지향할 수밖에 없는 상황에서 라디오 방송은 수신의 보편성과 실내외 어디에서든 청취가 가능한 융통성을 살려 청취자가 관심을 갖는 뉴스의 속보와 여러 가지 생활정보 제공 중심으로 편성 전략을 새롭게 구성하고, 디제이(DJ)를 앞세운 유행 음악을 청취자의 사연 소개 등의 이야기와 곁들여 들려주는 프로그램 형식으로 전환되었다(한국방송협회, 1997: 410).

(2) 정부의 방송 통제

1972년 10월 유신헌법의 제정 이후 1973년 새로운 '방송법'이 공포되면서 한국 방송은 커다란 전환점을 맞았다. 유신 체제의 출범은 방송을 정부 주도의 국가 시책에 발맞추도록 강제했으며, 10월 유신을 홍보하는 이른바 유신 프로그램의 양산을 요구했다. 유신 프로그램은 새 질서 확립과 새마을운동에 부합되는 내용을 담은 정규 프로그램, 유신 체제를 홍보하는 중계방송, 특집 좌담, 촌극과 SB 스파트 등의 비정규 집중 편성 프로그램, 그리고 기존 프로그램에 유신을 홍보하는 내용을 삽입하는 부분적 구성 변형 프로그램 등으로 대별할 수 있다. 이러한 프로그램은 유신 초기에 폭발적으로 급증했고, 1970년대 말까지 정치적·사회적 여건에 따라 수시로 증감을 반복하면서 꾸준히 방송되었다(동아일보사, 1990: 281~282).

1980년 11월 한국신문협회와 한국방송협회가 이른바 자율적인 형식으로 결의한 언론통폐합이 단행되면서, 라디오 방송의 경우 KBS는 TBC와 DBS 등을 인수해 MBC와 양대 축을 이루었다. 또한 기독교방송은 1980년 11월 24일부터 보도 방송을 할 수 없게 되었고 12월 1일부터는 광고 방송도 할 수 없게 되면서 종교방송으로서 순수 복음방송만 남았다. 1970년대 공영과 민영의 혼영 체제로 운영되던 방송 체제는 언론통폐합 이후 민영이 사라진 채 공영 체제로 바뀌었다.

(3) 컬러텔레비전 시대의 도래

1980년대는 한국 방송사에서 컬러텔레비전 시대를 맞이한 연대라는 점에서 특기할 만하다. 컬러텔레비전 방송으로 가장 큰 영향을 받은 부문은 라디

SB 스파트

스테이션 브레이크(station break: SB)는 한 프로그램이 끝나고 다음 프로그램이 시작되는 사이의 시간을 의미한다. 이 시간에는 방송국명을 고지하며 짧은 CM(commercial message)을 방송한다. 이것을 스테이션 브레이크의 스파트 CM(SB 스파트)라 한다.

오 방송이었다. 인기 프로그램마저 광고주에게 철저히 외면당하는 상황에서 라디오 방송은 새로운 진로를 모색하지 않을 수 없게 되었다. 라디오 방송은 새롭게 기획된 생존 전략의 하나로 TV 탤런트를 라디오 드라마 또는 DJ 프로그램에 기용해 그 후광을 노리는 프로그램을 편성했고, 청취 대상의 세분화 전략과 다양한 생활정보 프로그램에 대한 집중 편성 등 근본적인 대응책 마련에 고심했다.

(4) 이산가족 찾기 캠페인

1982년부터 1983년에 걸쳐 우리의 기억에 오랫동안 남을 만한 '이산가족 찾기'운동이 펼쳐졌다. KBS는 6·25 특집방송으로 텔레비전 방송과 함께 이산가족 찾기 운동을 전개하면서 총 138일간 방송을 진행하는 한편, 453시간 45분 연속 생방송이라는 기록을 남겼다. 그 후 KBS는 이를 고정 프로그램으로 편성해 지속적으로 방송하기 시작했다. 이에 대해 MBC 라디오는 광복절 특집방송으로 〈아름다운 이 강산〉을 12시간에 걸쳐 생방송으로 실시했다. KBS의 이산가족 찾기 운동이 민족 이산의 슬픔과 통일 의지를 반영했다면, MBC의 〈아름다운 이 강산〉은 국토 분단의 아픔과 국토 확장의 민족적 의지를 주제로 했다는 점에서 대조되는 것이었다. 또한 KBS가 8월 16일을 기해 24시간 종일 방송을 시작한 것과 KBS 제1FM이 방송 시간을 1시간 연장한 것도 1983

년의 빼놓을 수 없는 주요 기록이다(한국방송협회, 1997: 753).

(5) 민영방송의 등장

방송 통폐합의 대변화가 있은 후 10년, 방송계는 또다시 변화의 시기를 맞았다. 1987년 11월 개정된 '방송법'과 이듬해의 '방송법 시행령'에 따라 1990년 4월부터 종교방송 등 민영 형태의 특수 목적 방송이 연이어 개국했고, 12월에는 KBS 라디오와 TV의 교육방송 기능이 분리되어 한국교육개발원 부설 교육방송(EBS)이 개국했다. 또한 서울방송(SBS)이 라디오와 TV 방송 무선국 허가를 취득함으로써 방송의 공영화 이후 만 10년 만에 공·민영 체제와 상업 방송 시대의 막이 열렸다(정순일·장한성, 2000: 245~246).

4) 다매체·다채널 시대(1993년~현재)

1980년대 후반에 밀어닥친 방송 환경의 변화는 KBS와 MBC가 공영방송의 틀 안에 안주해오던 라디오 방송계에 거센 변화를 일으켰다. 1990년대의 들머리인 1990년은 걸프전(Gulf War), 독일 통일, 남북고위급회담, 남북통일축구 대회 등 나라 안팎으로 갖가지 변화의 회오리가 거세게 몰아친 격동의 한 해였다. 방송계도 예외는 아니었다. 9월 정기국회에서 새 '방송법'이 통과되었고 정부가 방송구조 개편 계획에 착수했으며, 위성방송과 케이블 TV의 개막도 목전의 현실로 다가와 있었다. 한마디로 그동안 KBS가 누려온 공영방송의 독과점 체제는 종식되고, 국·공·민영방송이 공존하는 다채널 경쟁 시대를 맞이하게 된 것이다.

1990년대 방송 제도와 환경에서 나타난 두드러진 특징은 무엇보다도 뉴미디어 방송의 등장과 함께 다매체·다채널 시대가 본격적으로 시작되었다는 점이다. 방송에서 다채널화의 서곡은 1980년 언론통폐합 조치에 따라 사라졌던 민영방송이 11년 만에 부활하며 울려 퍼졌다. 1990년 기존의 평화방송,

불교방송, 교통방송이 개국하는 등 특수 방송사가 잇따라 설립되었으며, 1991년 3월 서울방송의 개국을 계기로 방송 환경은 다시 공·민영 혼합 체제로 복귀했다.

1995년 3월 1일 케이블 TV가 본격적인 방송을 시작함으로써 뉴미디어 시대가 활짝 열렸다. 그뿐 아니라 지역 민방 시대의 개막과 함께 1994년 8월 5일 무궁화위성이 발사되고 1996년 7월 1일 KBS가 위성 시험방송을 시작함으로써 공·민영 혼합 체제하의 기존 지상파방송 외에 케이블 TV, 위성 TV 같은 뉴미디어 방송이 가세했다(한국방송협회, 1997: 876). 또한 2008년에는 YTN FM이 보도전문채널로 개국했다.

이와 같은 다매체·다채널 시대의 개막으로 라디오 방송은 채널별·매체별 특성화 전략을 강화했다. 즉, 이른바 백화점식 편성이라고 일컬어지는 종합편성에서 벗어나 시간별로 청취 대상 계층을 분명하게 구분하는 전문편성 등 채널의 전문화에 힘쓴 것이다. 라디오 방송은 다매체·다채널이라는 치열한 경쟁 상황 속에서 생존을 위한 전략으로 저마다 특성화를 추구하고 있다.

KBS 1라디오는 특수·민영 라디오와의 차별성, 공익 이념 구현 등에 역점을 두면서, 정보의 시간대별 차별화·전문화·세분화를 통해 시사정보 전문 채널로서의 이미지 구축을 시도하고 있다. KBS 2라디오는 오락과 가정문화 채널로서의 이미지 확립에 역점을 둔다. 이를 위해 각계각층의 다양한 국민 의식이 여과 없이 드러나고 현재의 대중문화를 적절히 조화시키는 편성 전략으로 청취자의 정보 욕구를 충족시키는 동시에 대중문화 활성화의 기능을 겸비하고자 노력하고 있다. MBC는 라디오 방송의 다채널·지역화 추세에 따라 프로그램의 전문화, 와이드화, 퍼스낼리티 강화에 집중적인 관심을 갖고 이에 따른 편성 전략을 수립하고자 노력한다. 특히 청취 성향에 대한 자체 조사 결과를 바탕으로 라디오 특성에 부합하는 프로그램을 보강하는 편성 전략을 세우면서 좋은 라디오의 이미지를 계속 유지할 수 있는 새로운 포맷 개발에 주력하고 있다. SBS는 전체적으로 종합편성의 형태를 유지한다는 전략하에 뉴스, 교통정보, 교양과 오락 부문에서 특성을 드러낼 수 있는 방안을 모색하고 있다.

2. 한국 텔레비전 방송의 역사[3]

한국 텔레비전 방송의 역사를 간략히 정리해보면 다음과 같다.

1956.05.12	대한방송(HLKZ TV), 한국 최초의 TV 방송국으로 개국
1961.10.15	HLKZ TV, 방송 중단
1961.12.31	KBS TV 개국
1964.12.07	TBC TV 개국
1969.08.08	MBC TV 개국
1980.12.01	방송사 통폐합(언론사 통폐합)
1981	공영방송 제도 도입, 컬러 TV 도입, UHF 교육TV(KBS 3TV) 실시
1982~1983	KBS TV 이산가족 찾기 생방송
1990.12.27	한국교육방송국(EBS) 개국
1991.12.09	서울방송(SBS) 개국
1995.05.14	4개 지역 민방 개국(부산, 대구, 광주, 대전)
1997.09~10	2차 지역 민방 개국(전주, 청주, 울산, 인천)
2001.02.01	방송 프로그램 등급제 실시
2001.05.05	KBS 〈열린 채널〉 첫 방송(호주제 폐지: 평등 가족으로 가는 길)
2001.12.15	강원 민방 개국

---

3 한진만(2006)을 수정·보완.

2001.12.31	방송 3사 HDTV 본방송 실시
2002.05	제주 민방 개국
2004.12.31	경인방송(iTV) 허가 취소
2007.12	경인TV(OBS) 개국
2010.09.13	KBS 경인방송센터(수원) 개국
2011	(주)MBC경남 출범(창원문화방송과 진주문화방송 통합)
2012	수도권 지상파 3사 아날로그TV 방송 종료
2015	(주)강원영동문화방송 출범(강릉과 삼척문화방송 통합)
2017	지상파 3사 UHD 본방송(수도권을 포함한 일부 지역)

1) HLKZ TV 방송(1956~1961년)

1956년 설립된 HLKZ TV는 세계에서 15번째로, 그리고 아시아에서 일본·타이·필리핀에 이어 네 번째로 개국한 한국 최초의 텔레비전 방송국이자 상업방송국이다. 서울을 가시청권으로 한 HLKZ TV는 NTSC 방식으로 텔레비전 방송을 시작했는데, 당시 한국의 경제 사정이 매우 열악했으므로 처음부터 광고에 의존해서 운영하다 보니 상당한 어려움을 겪을 수밖에 없었다. 결국 1957년 5월 한국일보사에 양도되어 DBS(대한방송주식회사)로 개편되었고, 미국 상업TV 패턴에 충실한 종합편성을 했다. 그러나 1959년 2월 화재로 방송 시설이 불타 방송이 중단되었고, 3월 1일 이후 매일 밤 30분씩 AFKN TV의 채널을 통해 방송이 송출되다가 1961년 KBS TV 개국에 즈음해 채널 9와 제작 요원을 대부분 넘겨주고 문을 닫았다.

2) 국영방송기(1961~1964년)

1961년 12월 31일 KBS TV가 개국하고 1964년 TBC TV가 개국하기 이전까지의 기간이다. 이때 KBS TV는 유일한 텔레비전 방송국이었으며 국영방송으로 존재했다. KBS TV는 개국 이후 1962년 1월 14일까지 하루 4시간 임시 편성으로 방송하다가 1월 15일부터 하루 4시간 30분의 정규 방송을 시작했다. 그 당시 프로그램의 종류는 다양하지 않았다. 10분 스트레이트 뉴스, 토크, 어린이 프로그램, 외화가 주류였고, 정부 시책 홍보를 위한 프로그램이나 교양 대학 등의 교육 프로그램도 등장했다.

KBS는 후일, 드라마와 다큐멘터리의 본격적인 제작으로 연결되는 새로운 연출 기술과 제작 기술을 모색하는 동시에 텔레비전의 특성을 활용한 프로그램의 개발을 목표로 인형극이나 드라마를 시도하는 한편, 텔레비전의 매력을 도출하려는 편성의 일환으로 라디오 인기 프로그램을 텔레비전에 활용해 〈스무고개〉, 〈노래자랑〉, 〈퀴즈쇼〉 등 제작비 절약을 겸한 이른바 라디오-텔레비전 공용 프로그램을 방송했다. 그 당시에는 라디오에서 인기를 끌었던 프로그램의 출연자를 눈으로 직접 볼 수 있다는 사실만으로도 라디오-텔레비전 공용 프로그램의 인기가 높았기 때문에 라디오 프로그램에 대한 의존도가 매우 높았다(정순일, 1992: 42). 이렇듯 인기 있는 라디오 프로그램을 텔레비전에서 활용하는 사례는 한국에 앞서 텔레비전을 도입했던 나라에서 공통적으로 나타났던 현상이다.

그러나 가중되는 제작비 압력으로 개국 7개월 만에 연예·오락 프로그램의 침체가 눈에 띄게 나타나자 시청자의 불만이 높아졌고, 정부가 국가 예산을 절약하면서도 텔레비전 방송국 운영을 정상화하는 방안을 강구하면서 1962년 8월 차관회의에서 KBS 시청료 제도와 광고 방송 실시를 검토하기에 이르렀다. 그 결과 11월 4일 국가재건최고회의는 정부 예산안의 부수 법률로서 '국영 텔레비전사업 운영에 관한 임시 조치법'(법률 1119호)을 심의·통과시켰다.

이 법에 따라 KBS는 1963년 1월 1일부터 월 100원의 시청료를 징수하면서 광고 방송을 실시해 적정한 재원을 확보할 수 있게 되었다. 그러나 KBS는 광고 방송을 개시하면서 시청자보다는 광고주의 의사를 대폭 반영해 기본 편성이 오락 성향으로 대폭 기울어, 와이드 프로그램을 30분 단위로 축소 조정하고 손쉽게 시청자를 흡수할 수 있는 외화를 11편이나 집중 편성했다(정순일, 1992: 45~46). 이러한 편성 방향은 1964년 TBC의 개국을 앞두고 더욱 강화되었다(인운섭, 1986).

3) 국·민영방송기(1964~1980년)

1964년 12월 7일 TBC TV[4]에 이어 1969년 8월 8일 MBC TV가 개국하면서 본격적인 국·민영방송기로 접어들었다. 이 시기는 정부의 통제가 가시적으로 나타나기 시작한 때이기도 하다. 구체적으로 1964년 '방송법'에 편성 기준을 명시하고 보도 방송 10% 이상, 교육·교양 방송 20% 이상, 오락 방송 20% 이상을 편성하도록 규정했고, 1973년 '방송법'의 개정('한국방송공사법')과 더불어 1976년 문화공보부가 방송사에 편성 지침을 하달하는 등 통제를 실시했다.

(1) TBC TV

TBC TV 개국 이후 KBS와 TBC 양 방송사 간에 본격적인 경쟁이 시작되었다. KBS는 제도상으로 국영방송의 성격을 갖추었지만 주요 수입원을 방송광고에 의존하고 있었기 때문에 광고 수입을 위해 TBC와 편성 경쟁을 벌이지 않을 수 없었다. KBS와 TBC의 편성 경쟁으로 인해 동일한 유형의 프로그램을 동일한 시간대에 편성하는 실력 편성이 전략으로 등장했는데, 뉴스와 쇼, 드라마 등이 주요 경쟁 대상 프로그램이었다.

상업방송의 색채가 뚜렷한 TBC TV는 개국 첫날부터 독특한 편성 패턴으로 출발했다. TBC TV는 KBS가 섭렵하지 못한 각종 프로그램의 개발과 본격화

---

4 원래 1964년 12월 7일 DTV로 출발했으나 1965년 12월 5일 동화백화점 시대를 마감하고 중앙일보 사옥으로 이전하면서 중앙방송(JBS)으로 이름을 바꾸었다가 1966년 7월 16일 다시 동양방송으로 개칭했다.

를 추진했다. 개국 당시 TBC TV의 기본 편성 방향은 ① KBS가 시도하지 않은 새 포맷(format)의 개발, ② 외화와 해외 프로그램의 과감한 도입, ③ 프로그램의 대중성 제고, ④ 하루 5시간 편성, ⑤ 오락성과 공익성의 조화 등이었다. 특히 TBC TV의 드라마는 〈민며느리〉, 〈정경부인〉, 〈상궁나인〉, 〈수청기생〉, 〈공주며느리〉 등으로 이어지는 사극의 제작에 역점을 두었는데, 이러한 사극은 주간연속극 형태로 30~40분 분량 15회 전후에서 매듭지었다. 또한 TBC TV는 평일과 주말을 구분해 주말 편성에 오락성을 강화했다(오명환, 1995: 87).

한편 정부가 절전에서 소비 권장으로 정책을 전환함에 따라 1967년 3월 6일 TBC는 서울과 부산에서 아침 방송을 시작했고, KBS도 4월 17일 아침 방송을 시작했다. TBC와 KBS는 모두 아침 방송을 두 차례의 뉴스를 주축으로 하면서 미국과 일본의 와이드쇼를 본뜬 정보와 교양 프로그램(KBS는 〈안녕하세요〉, TBC는 〈굿모닝〉)으로 편성했다. 그러나 6월 26일부터 전력 사정이 악화되어 밤 10시 이후의 텔레비전 방송이 중단되었고, 11월 9일부터는 아침과 낮 방송이 중단되었다(정순일·장한성, 2000: 50).

(2) MBC TV

1969년 8월 8일 MBC TV의 개국은 TV 방송의 편성에 큰 변화를 가져왔다. KBS는 이보다 3개월 전인 5월 1일부터 광고 방송을 완전히 폐지하고, 5월 5일부터 일일연속극 〈신부 1년생〉을 방송하면서 본격적인 일일연속극 시대의 막이 올랐다. 그리고 한편으로 〈TV 교육방송〉을 개시해 평일 오전 9시 45분부터 11시까지 초등학생을 대상으로 사회, 과학, 자연, 예능, 음악, 미술의 6개 프로그램을 방송하는 동시에 국영방송 본연의 기능에 충실한다는 기본 방침 아래 사회교양 프로그램을 종전보다 늘리고 오락 프로그램은 줄임으로써 보도와 교양 방송에 주력하겠다는 자세를 보였다(정순일·장한성, 2000: 51).

MBC TV의 개국은 약 5년간 유지되어온 공·민영 이원 체제의 새로운 변수였다. MBC는 당초 교육방송으로 출발했으나 1년도 채 못 되어 종합편성을 단행해 오락과 대중성을 띤 프로그램으로 TBC와 맞대응을 꾀했다(오명환, 1995: 89).

개국 초기 MBC TV의 편성 방침은 ① 재래식 편성 방식에서 탈피, ② 생활시간 및 습성과의 일치, ③ 높은 시청률과 프로그램 판매를 동일하게 고려, ④ 대상 프로그램 개발에서 시청자층의 명확한 이해, ⑤ 사회 교양 프로그램의 일정 수준 유지, ⑥ 해설과 속보성을 동시에 갖춘 보도 프로그램의 제작 등이었다. 이러한 편성 방침하에 MBC TV의 편성 방향은 ① 오후 7~9시까지 주부중심, 오후 9시 이후 남성 중심의 시간대 구분 편성, ② 개국 초기에는 하루 5시간, 1970년에는 8시간, 1971년에는 10시간 방송으로 단계별 확대, ③ 상업방송으로서 수익성 제고, ④ TV 문화의 토착화와 생활 주변 취재의 강화, ⑤ 전 방송의 20%에 이르는 교육방송의 충실 등이었다(오명환, 1995: 89). MBC는 TBC와는 달리 순식간에 전국화를 이룰 수 있었다. MBC 라디오 방송망의 지방 확충과 더불어 5·16 장학회가 주도하는 지방 텔레비전 방송망 확장이 순조롭게 진행되었기 때문이다. 1971년 6월 18일부터 서울국 프로그램의 전국 동시 중계가 가능해졌다(정순일, 1992: 144~145).

(3) '방송법' 개정

1973년 3월 21일 개정된 '방송법'에 따라 프로그램 편성 기준은 보도 방송 10% 이상, 교양 방송 30% 이상, 오락 방송 20% 이상으로 정해졌는데, 이는 1964년의 '방송법'보다 교양 방송을 10% 더 편성하도록 한 것이다. 이후 문화공보부는 1차적으로 1973년 7월 16일 일일연속극이 범람하는 데 비해 교양 프로그램이 '방송법'에 규정한 30%에 미달되고 있음을 지적하고, 각 방송사에 '일일연속극을 한 편씩 줄이고 골든아워(golden hour)에 교양 방송을 편성하도록 요망'하는 담화까지 발표했다(정순일·장한성, 2000: 93). 또한 그해 12월 3일 정부는 세계적인 석유파동으로 인한 에너지 절감 정책의 일환으로 아침 방송의 전면 중단을 지시함으로써 평일 아침에 재방송되던 드라마가 자연히 자취를 감추었고, 1975년에 일일극을 3편 이내로 줄이라는 지시에 이어, 1976년 1월 12일에는 골든아워에 교양 프로그램의 편성 의무화, 가족 시간대의 일괄 편성, 일일극을 2편 이내로 축소 등 방송의 정화 정책이 강화되면서 드라마 홍수 시대는 강제로 종결되었다(정순일·장한성, 2000: 114).

(4) 방송에 대한 정부의 규제 강화

1976년 4월 12일 문화공보부에 의한 권고 형식의 TV 프로그램 편성 지침이 하달되자 방송사들은 획일적인 편성을 할 수밖에 없게 된다. 그 당시 정치적·사회적 분위기에서는 정부로부터의 '시간대 설정' 협조 요청은, 말이 협조 요청이지 곧 강제적인 준수를 의미했다. 방송사들은 반강제적으로 저녁 방송 시간대를 '오후 6시대는 어린이 시간', '오후 8시대는 민족사관 정립 드라마와 캠페인 시간', '오후 9시대는 종합뉴스 시간', '오후 9시 30분 이후는 오락 프로그램 시간' 등으로 설정하고 그에 합당한 프로그램을 편성했다. 따라서 당시 저녁의 주요 시간대에는 국난 극복의 드라마나 새마을정신, 서정쇄신(庶政刷新), 경제개발 등을 다룬 이야기, 밝고 명랑한 드라마 등이 대거 편성되었다(안정임, 1995: 110).

10월 유신 이후로는 방송 편성에서 억지웃음을 강요하는 유치한 언동, 애드리브(ad lib)에 의한 저속한 대화, 아동 교육에 악영향을 줄 수 있는 작희적(作戱的) 행동을 피하도록 정부로부터 강한 규제를 받았고, 가을 개편을 앞둔 1977년 10월 26일 텔레비전 프로그램에서 코미디를 일제히 폐지하라는 지시가 문화공보부를 통해 하달되었다. 코미디가 저속하다고 해서 코미디 자체를 없앤다는 것은 본말의 전도라는 여론이 일자, 11월 개편에서 이 문제는 방송사의 재량에 위임하는 선으로 방향이 바뀌어 주 1회의 코미디 프로그램만 생존했다. 그 여파로 〈웃으면 복이 와요〉는 캠페인성 코미디로, 〈고전유머극장〉은 권선징악을 주제로 한 코믹 사극으로 변신했다(정순일·장한성,

2000: 111).

4) 공영방송기(1980~1990년)

한국 방송의 역사에서 1980년대는 언론통폐합을 통한 위로부터의 권위주의적 방송 구조 개편으로 시작되었고, 1980년대 중반을 거치면서 언론통폐합과 언론 통제에서 비롯된 여러 가지 후유증이 노정되고 왜곡·편파 방송 시비가 잇따라 제기되면서 방송사 내·외부에서 방송 민주화를 향한 운동이 표출되는 시기였다(한국방송협회, 1997: 614). 1980년대의 개막과 함께 몰아닥친 방송개혁은 '언론기본법'의 제정·공포를 비롯한 '한국방송광고공사법'의 제정 등과 같은 법·제도의 개혁과 함께 언론통폐합, 컬러 방송 개시, 교육전담 방송의 출현, 아침 방송의 재개 등 큼직한 사건들로 숨 가쁘게 이어졌다. 방송의 공영화를 기본 골격으로 하는 '언론기본법'은 공영방송이 지켜야 할 헌법상의 원칙을 확인하고 이를 실현하기 위한 제도적 장치로서, 방송위원회와 방송자문위원회를 두도록 규정했다(정순일·장한성, 2000: 153).

이렇게 설립된 방송위원회에서는 공영방송의 지침인 '방송의 운용·편성에 관한 기본 방향'을 심의·의결해 각 방송사에 통보했다. 통보된 방송의 운용·편성에 관한 기본 방향은 다음과 같다. ① 방송의 공정성과 국민의 표현의 자유를 확보하며 건전한 국민 의식을 함양한다. ② 1980년대의 국제 정세에 능동적으로 대처할 국민의 긍지와 미래상을 개발한다. ③ 공공방송 체제를 정착시켜 국민의 이해와 지지 기반을 굳히며 경영·창작·기술의 개선에 주력한다. ④ 방송의 시대적 사명과 책임을 다하기 위해 보도·교양·오락 등 모든 부분에 걸쳐 사회교육적 기능을 강화한다.

(1) 방송사 통폐합

1980년 12월 1일 방송사 통폐합으로 TBC를 인수한 KBS는 기존 채널을

'제1텔레비전'으로, 인수한 TBC 채널을 '제2텔레비전'으로, 그리고 3개월 후에 발족한 교육전담 방송을 '제3텔레비전'으로 구분해 3개 채널을 정착시켰다. 이미 1980년 11월 14일 한국신문협회와 한국방송협회가 자율적인 형식으로 결의한 언론통폐합과 관련된 조치가 이날을 기해 효력을 발휘한 것이다(한국방송협회, 1997: 618). 각 채널의 편성 방향은 채널이 고유 성격을 갖도록 하면서 상호 보완하는 편성이었다. 제1TV는 전국 네트워크로 연결된 기간 방송으로서 종전과 같이 종합편성의 성격을 유지하고, 제2TV는 처음에는 성인 대상의 교양 방송 위주로 편성하되 수도권 시청자를 주 대상으로 하여 취향에 알맞은 성격을 부여했다. 그러나 제3TV가 개국하면서 제2TV는 수도권 시청자 대상의 종합편성 성격으로 전환되었다(정순일·장한성, 2000: 154).

1980년대 초기의 TV 편성은 1970년대 공·민영방송 제도하에서 벌어졌던 일일드라마의 지나친 경쟁 상황에서 벗어나 주간드라마를 개발하고 2시간 드라마를 정규 편성했으며, 〈100분 쇼〉 등 오락물의 대형화, 장기 기획물의 대담한 편성 등 공영방송의 면모를 보였다. 아침 방송이 재개되면서 생활정보를 중심으로 한 정보 생방송이 활성화되었으나, 장시간 정책 홍보성 생방송과 캠페인 프로그램도 빈번하게 편성되었다. 또한 뉴스, 정치성 보도 제작 프로그램과 스포츠가 획기적으로 강화되었고, 한국 역사의 뛰어난 지도자를 극화한 대하드라마와 장기간 제작된 문화 다큐멘터리 시리즈, 정치드라마 등 의욕적인 대형 프로그램이 돋보였다. 그중에서도 1983년 6월 말 특집으로 편성되었던 KBS의 〈특별생방송 이산가족을 찾습니다〉는 방송 사상 최대의 열풍을 몰고 와 장장 136일간의 방송으로 국내외의 관심을 집중시켰다(정순일·장한성, 2000: 149).

(2) 컬러 텔레비전의 도입

1980년 12월 22일 시험방송에 이어 1981년 1월부터 컬러 방송이 본궤도에 올라 각 채널 모두 90% 이상의 컬러화가 이루어졌다. 텔레비전 방송의 컬러화로 프로그램은 더욱 다양화·대형화되었으며, 쇼 프로그램의 비중이 크게 높아지고 뉴스 프로그램의 편성이 확대되었다. 그리고 어린이 프로그램과 교양 프로그램이 신설·강화되었다(한국방송협회, 1997: 624~625).

(3) 교육방송

방송계에 컬러화라는 변화가 있은 지 얼마 되지 않아 또 다른 획기적인 조치가 발표되었다. 새로운 방식의 텔레비전 채널이 도입된 것이다. KBS는 1981년 2월 2일 UHF 주파수대를 사용해 교육전담 방송인 제3TV를 발족시켰다. 대학입시를 위한 과외 교육의 폐단이 극심해지자 1980년 초부터 KBS 라디오로 가정고교방송을 시작했다. 라디오의 고교입시 교육이 인기를 얻자 그해 6월 16일부터 텔레비전으로 가정고교방송을 시작했다. KBS 1TV를 통해 매일 밤 11시 10분부터 90분간 방송하고, 다음날 새벽 5시에 1시간 재방송을 내보냈다. MBC도 KBS에서 방송된 프로그램을 밤 11시대와 새벽 시간에 재방송했다. 당시 아침 방송이 없던 시기였으나 고교 교육방송은 정책적으로 예외 조치를 취했던 것이다. 가정고교방송이 심각한 사회문제였던 당시의 과외 열풍을 진정시키는 데 크게 기여하기는 했으나, 공영방송이 과외라는 왜곡된 교육 행태를 모방한다는 비판도 만만치 않았다. 결국 프로그램 명칭을 〈고교 교육방송〉으로 변경하고 방송 시간대도 자주 변경했으며, 이 프로그램이 시작된 지 일 년이 되지 않아 밤 시간대의 프로그램을 폐지했다(한국방송협회, 1997: 626~627).

(4) 아침 방송의 부활

1981년 5월 25일 아침 방송이 부활했다. 1973년 12월 3일 전 세계적으로 몰아닥친 석유파동으로 일요일을 제외한 평일의 아침 방송이 전면 중단되었다가 7년 6개월 만에 재개된 것이다. 아침 방송의 부활은 에너지 사정이 좋아진 이유도 있지만, 1981년 전두환의 제12대 대통령 취임과 제11대 국회 개원

을 계기로 흩어진 민심을 모으고 정치적 안정을 추구하기 위한 선심 조치라고
할 수 있다. 4월 1일 아침 방송 편성에 관한 지시가 내려졌고, 불과 두 달이 되
지 않은 기간에 방송사들은 매일 4시간의 프로그램을 준비해야 했다. 따라서
주로 생방송 위주의 편성이 이루어졌다(한국방송협회, 1997: 625~626).

(5) 정부의 규제 완화

1980년대 중반 TV 편성에 대한 정부의 통제가 상당히 완화되고 대형 프로
그램도 점차 후퇴하면서 방송사의 자율적인 편성과 프로그램 개발이 활성화
되었다. 토크쇼(talk show), 매거진 프로그램, 자연과 문화 다큐멘터리 등 새로
운 형식의 교양 프로그램, 다양한 장르의 드라마, 코미디를 포함한 코믹 프로
그램의 개발이 두드러졌으나 주간 연속 드라마, 코미디 프로그램 등 오락물에
의한 지나친 프로그램 경쟁이 방송사 내외에 큰 비판을 불러일으키기도 했다.
한국 최초의 텔레비전 애니메이션이 제작되었고, LA올림픽과 86아시안게임
등 국제 스포츠 행사가 연속되어 스포츠 편성이 강화된 특징을 보였다(정순일·
장한성, 2000: 150).

6·29선언 이후 1980년대 후반기는 방송에도 민주화의 열풍이 몰아친 기간
이다. 언론 통제의 법적 장치인 '언론기본법'이 폐기되고 새로운 '방송법'이 제
정되었으며, 방송의 공정성과 자유 언론에 대한 요구가 편성과 프로그램에 반
영되었다. 또한 민의 수렴을 위한 정치·사회문제 토론이 활발해졌고, KBS의
심야토론 〈전화를 받습니다〉, MBC의 〈진단 87〉 등 토론 프로그램이 각광을
받았다(정순일·장한성, 2000: 150).

(6) 이산가족찾기 생방송

KBS가 1983년 6월 30일부터 11월 14일까지 무려 138일에 걸쳐 453시간
45분 동안 생방송으로 진행한 텔레비전 프로그램이다. 방송 기간에 이산가족
소개를 한 출연 인원은 5만 3162명이었으며, 이산가족 1만 189명이 만났다.

38선으로 분단된 국토와 한국전쟁으로 비롯된 민족적 비극의 주인공이 된 우리 겨레는 말할 것도 없었지만 그 생생한 비극적 현실을 적나라하게 펼쳐 보인 감동적인 프로그램은 세계 모든 나라 사람들을 함께 감동의 도가니로 몰아넣어 "이산의 아픔"이 어떤 것인지를 실감케 했다(한진만, 2013b).

5) 공·민영방송기(1991년~현재)

1990년대는 한마디로 공중파 텔레비전 시대가 끝나고 다채널·다매체 시대가 열린 시기라고 요약할 수 있다. '방송법' 개폐로부터 시작된 1990년대 방송계의 현황을 대략 정리해보면 다음과 같다(오명환, 1995: 100~101).

- '방송법'의 개정으로 공영 시대를 마감하고 공·민영 시대의 복원, 민영방송 SBS의 탄생으로 3사 4채널 구조 성립(1991년 12월)
- 종합유선방송의 출범(1995년 4월)
- 지역 민영방송의 출범(1차 4개, 2차 4개)
- 프로그램 전문 제작사 출현
- KBS 1TV의 광고 폐지 및 시청료의 공과금 병합 납부제 실시(1994년 10월)
- 시청자 단체의 TV 끄기 운동(1993년 7월 7일)
- 선진 방송 5개년 계획 성안 및 위성 발사(1995년)
- '범죄와의 전쟁' 선포에 따른 TV 수사극 폐지(1990년)
- TV 광고 시간 조정(프로그램 광고를 100분의 8에서 100분의 10으로 확대)
- 지상파방송 3사의 과열 경쟁 지양 및 시청률 조사 안 보기 선언(1995년 4월)
- 심야 방송의 정착(1995년 9월 4일 이후)

1990년 이후 텔레비전 방송 편성의 몇 가지 특징을 살펴보면 다음과 같다. ① 6·29선언 이후 권위주의와 관료적 관행에 대한 도전과 불공정 방송에 대한

시청 요구로 인한 방송계 내부의 갈등이 편성에 직접적인 영향을 미쳤다. ②
민영·상업 텔레비전 방송이 개시되면서 상업적 오락 프로그램의 화려한 등장
으로 편성과 프로그램의 경쟁이 치열해졌다. ③KBS의 제2공영방송 원년 선
언 이후 공영성과 상업성의 차별화로 KBS 텔레비전 방송이 강세를 보였다(정
순일·장한성, 2000: 245).

(1) 외주 제작물의 의무 편성

1990년대 방송 편성에서 또 다른 커다란 변화는 외주 제작물의 편성을 의
무화함으로써 편성쿼터에 대한 통제의 역사가 시작되었다는 점이다. 1990년
8월 개정된 '방송법'과 '방송법 시행령'에 따라 외주 제작물의 편성 비율을 매
년 고시하게 되었다. 외주 제작 비율은 1991년 3%에서 1992년 5%, 1993년
10%로 늘어났는데, 방송사들이 순수한 형태의 외주 제작보다는 별도의 제작
사를 설립해 충당하자 정부는 순수 독립제작에 의한 외주비율을 규정했다.
한편 1999년부터 주 시청시간대에 외주 제작 프로그램의 편성을 강제했는
데, 첫해 6%로 시작해 2002년부터는 10%로 해오고 있다. 2005년부터 KBS의
1·2TV를 분리·고시하고 1TV는 24%, 2TV는 40% 그리고 MBC와 SBS는 35%
를 외주 제작물로 편성하도록 정해놓았었는데, 2016년부터는 모든 채널이 공
통으로 35%를 유지하도록 했다(제10장 '외주 정책' 참조).

(2) 프로그램 등급제 실시

2000년 3월 13일부터 시행 중인 '방송법'에 등급제의 실시를 명시함에 따라
준비 과정을 거쳐 2001년 2월 1일부터 실시하기에 이르렀다. 처음에는 '영화',
'수입 드라마', '뮤직비디오', '애니메이션' 등 4개 부문에 대한 방송 프로그램
등급제를 실시했으며, 2002년 11월부터 국내 제작 드라마가 포함되었다.

등급 체계는 '모든 연령 시청가', '7세 이상 시청가', '12세 이상 시청가', '19
세 이상 시청가'로 하되, 영화의 경우 방송사업자가 '15세 이상 시청가'를 추가

할 수 있다.

'15세 이상'과 '19세 이상' 프로그램은 해당 시청등급으로 분류한 사유를 방송 시작 전 자막으로 표시하도록 해 시청자가 프로그램의 유해성 여부를 쉽게 파악할 수 있도록 했다. 시청등급 분류 기준의 경우 기존의 주제, 폭력성, 선정성, 언어 사용 외에 '모방 위험'을 추가하여 세부분류 기준도 구체화했다.

(3) 지역 민영방송국 출범

1995년 케이블 TV와 지역 민영방송의 출범은 뉴미디어·다채널 시대를 현실화했으며, 이에 따라 지상파 텔레비전 방송사의 편성 형태에 커다란 변화가 보이기 시작했다. 1995년 5월 부산·대구·광주·대전에서 1차 지역 민방이 개국했으며, 1997년 전주·청주·울산·인천에서 2차 지역 민방이 개국했다. 3차 지역 민방은 2001년 12월 개국한 강원민방과 2002년 5월 개국한 제주민방 등이다.

(4) '방송법'상 편성쿼터제 변화

2000년 들어 '방송법'이 개정되었는데, 편성과 관련된 조항은 ① 외주 제작 방송 프로그램의 편성 비율('방송법' 제72조, '방송법 시행령' 제58조), ② 국내 제작 프로그램의 편성 비율('방송법' 제71조 제1항, '방송법 시행령' 제57조 제1항), ③ 다른 한 방송사업자 방송 프로그램 편성 비율('방송법' 제69조 제5항, '방송법 시행령' 제50조 제5항), ④ 방송광고의 편성 비율('방송법 시행령' 제59조 제2항), ⑤ 방송 프로그램의 유형별 편성 기준('방송법' 제69조 제3항·제4항, '방송법 시행령' 제50조), ⑥ 시청자 참여 프로그램 편성('방송법' 제69조 제6항, '방송법 시행령' 제51조) 등이다.

(5) 경인방송(iTV) 재허가 취소

1997년 10월 11일 2차 지역 민방으로 개국한 인천방송(주)은 100% 자체 편

성을 하는 순수한 독립민영방송국으로, 2000년 3월 22일 경인방송(주)으로 명
칭을 바꾸어 2004년 12월 31일까지 방송했다. 그러나 노사 양측의 극한 대립
으로 사측은 2004년 12월 13일 직장 폐쇄라는 방송사 초유의 극단적인 조치
를 내렸고, 결국 2004년 12월 21일 방송위원회의 재허가 추천 거부로 12월 31
일 오전 11시 12분경 애국가 송출을 끝으로 TV 방송을 종료했다.

(6) 낮방송과 종일 방송 실시

2005년 12월 1일 한국 텔레비전 방송에 낮방송이 전면적으로 허용되었다.
낮방송 허용은 지상파 텔레비전 방송에 대해 그동안 정파 상태에 있던 평일
낮 12시부터 오후 4시까지 방송 시간을 연장하도록 한 것이다. 한국의 지상파
방송은 점진적으로 방송 시간을 확대해왔으며, 방송 시간이 연장될 때마다 많
은 논란을 일으켜왔다. 지상파의 독(과)점적 지위가 보장되던 상황에서는 물
론 지상파의 시장 우위적 지위가 사라져가는 오늘날에도 논란의 핵심은 연장
된 방송 시간에 방영되는 프로그램의 종류와 질에 대한 것이다. 다시 말해 지
상파의 방송 시간을 연장했을 때 대부분 이미 방영한 프로그램(특히 드라마와
오락 프로그램)을 재방영한다거나, 프로그램 제작자의 참신하고 실험적인 아이
디어를 다루는 프로그램보다 기존에 제작하기 손쉬운 프로그램이 편성되어
다양한 프로그램을 전달하지 못한다고 비판받기도 했다(한진만 외, 2008). 낮방
송 실시에 대해 프로그램의 질이나 전파 낭비 등을 고려해 시기상조(時機尙早)
라는 부정적인 시각과 시청자 유출 및 광고 시장 잠식 등을 이유로 한 경쟁 매
체의 반발도 적지 않았다. 그러나 낮방송의 실시에 따른 시청자의 기대가 큰
것 또한 사실이다.

낮방송에 이어 종일 방송이 가능해졌다. 방송통신위원회가 2013년 9월 7일
'지상파 TV 방송운용시간 규제 완화안'을 의결함으로써 1961년 정식으로 텔
레비전 방송이 시작한 지 51년 만에 지상파 TV의 24시간 종일 방송이 가능해
진 것이다. 기존에는 지상파 TV 방송사가 새벽 1시 이후 심야 방송을 할 때에

는 개별적으로 방송통신위원회로부터 별도의 승인을 받아야 했다.

(7) KBS 경인방송센터 개국

2010년 9월 13일 KBS는 경기도와 인천광역시를 송출 구역으로 하는 경인 방송센터를 개국했다. 개국 당시 경인방송센터가 자체 제작한 프로그램은 평일 5분 정도의 〈KBS 뉴스네트워크 경기·인천〉과 평일 10분 정도의 〈KBS 뉴스 9 경기·인천〉이라는 뉴스 프로그램이었다.

(8) OBS개국

2007년 12월 경인TV인 OBS가 개국했다. 경기 인천 지역에 경인방송(iTV)가 문을 닫은 지 3년 만에 새로운 방송사가 탄생한 것이다.

3. 다매체 시대의 도래와 유료방송의 역사

한국 유료방송의 역사를 간략히 정리해보면 다음과 같다.

1994	광역도시 53개 SO 허가(1차)
1995	아날로그 케이블 TV 방송 실시
1997	2차 SO 24개 허가
2001	3차 SO 33개 허가
2002	4차 SO 9개 허가
	KT 스카이라이프 서비스 실시
2003	위성방송 HDTV 본방송 실시
2005	디지털 케이블 서비스 상용화
	위성 DMB(SK Telecom TU미디어) 서비스 실시

	지상파 DMB 서비스 실시
2008	KT IPTV 서비스 실시
2009	LGT, SK브로드밴드 IPTV 서비스 실시
	OTS(OlleTV-SkyLife) 서비스 실시
2011	종합편성채널 개국
2012	위성DMB사업 종료
2014	케이블 TV 8VSB(8-level Vestigial sideband) 허용
2016	위성방송 DCS(Dish Convergence Solution) 승인

(1) 종합유선방송 출범

종합유선방송은 프로그램 채널사용사업자로부터 콘텐츠를 제공받아 채널과 상품을 구성하고, 이를 전송망사업자의 전송망을 이용해 가입자에게 방송 서비스를 제공한다. 종합유선방송은 1995년 3월 1일 뉴스, 영화, 음악, 스포츠, 교육 등 11개 분야 20개의 전문 채널로 시작되었다. 그 이전에는 난시청 해소를 목적으로 하는 중계유선방송이 있었다. 종합유선방송 초기 전국을 11개 사업 권역으로 나누었는데, 도입 초기 정부의 엄격한 규제 정책으로 방송사 상호 간 겸영 또는 인수 합병이 불가능했지만 2000년 '통합방송법' 시행으로 복수 지역의 사업권을 가진 복수종합유선방송(Multiple System Operator: MSO)이 등장했다.

2001년 4월 방송위원회는 38개 중계유선을 종합유선방송으로 전환하는 것을 승인했다. 중계 유선의 종합유선방송 전환 허용이 의미하는 바는 매우 크다. 사실 종합유선방송 실시 이전에 난시청 해소를 목적으로 하는 중계유선방송의 망이 이미 깔려 있었기 때문에 이러한 중계유선방송을 무시하고 출범한 종합유선방송은 가입자 확보와 운영 등에서 여러 가지 어려움을 겪을 수밖에 없었다.

(2) 위성방송 출범

1989년 8월 '통신·방송위성산업추진위원회 규정'(대통령령 제12788호)이 공포됨으로써 국내 최초의 실용 위성인 무궁화위성(KOREA SAT) 사업이 구체화되었다. 1995년 8월 한국 최초의 방송·통신 복합 위성(무궁화위성 제1호)이 발사되었는데, 여기에서 방송용 위성 채널 12개가 제공되었다. 1996년 1월 무궁화위성 제2호가 발사되어 케이블 TV와 경마TV 중계, 대기업 사내 방송, 방송사들의 TV 뉴스 현장 중계(SNG), 고속 데이터통신 등 다양한 통신 서비스에 본격적으로 활용되기 시작했다.

1996년 KBS가 위성 시험방송을 시작했고, 1997년 EBS는 위성 교육방송 2개 채널을 가동했다. 1998년 방송대학TV(OUN)에서 1개 채널로 위성방송을 개시했으며, 1999년 무궁화위성 제3호를 발사했다. 2001년 12월 위성방송사업자 허가 추천 대상 법인으로 한국디지털위성방송(KDB)을 선정했으며, 2002년 3월 1일부터 국내 최초의 디지털 위성방송인 스카이라이프가 무궁화 3호위성을 이용해 본방송을 시작했다.

위성방송 스카이라이프가 출범할 당시는 케이블 TV 보급이 급격하게 이루어지던 시기였기 때문에 가입자 확보에 어려움이 많았다. 특히 케이블 TV에서는 지상파방송이 실시간 재송신되는 데 반해 위성방송에서는 허용되지 않았다. 위성방송을 통한 지상파방송의 재송신은 허가받은 방송 권역을 넘어 다른 지역에서도 시청 가능한 문제가 발생했다. 지상파방송은 허가받은 방송 권역에서만 송출이 가능하기 때문이다. 당시 시청자들은 지상파방송에 대한 의존도가 매우 높았기 때문에 위성방송을 통해 지상파방송을 실시간으로 시청할 수 없다는 것은 엄청난 불편함으로 작용할 수밖에 없었다. 이에 스카이라이프는 위성방송 컨버터에 지역별 수신제한 장치(Conditional Access Channel: CAS)를 도입해 지역 지상파 차별화 문제를 해결했고, 마침내 2005년 2월 지상파방송을 서비스할 수 있었다.

(3) DMB 본방송 시작

한국 위성 DMB 사업은 SK텔레콤이 2003년 설립한 TU미디어가 독점적으로 운용했다. TU미디어는 일본 MBCo사와 공동으로 2004년 3월 DMB 위성 한별1호를 발사하고 위성 DMB 사업을 준비해 2005년 5월 본방송을 시작했다.

그러나 한때 200만 명의 가입자를 확보했던 위성 DMB는 스마트폰 대중화로 어려움을 겪다가 결국은 역사 속으로 사라졌다. SK텔링크는 2012년 7월 2일 방송통신위원회에 위성 DMB 서비스를 마친다는 내용의 사업종료 계획서를 제출했다. 방송사업 종료는 허가 사항이 아니라 신고 사항이다. 2005년 방송을 시작한 이후 2006년 가입자 100만 명을 돌파하고 2009년에는 200만 명을 넘기는 등 초기엔 성장세를 이어갔다. 그러나 2010년부터 가입자가 감소세로 돌아서 2011년 말 127만 명을 기록했고, 2012년 6월 말엔 3만 9000명으로 뚝 떨어졌다(≪디지털타임스≫, 2012.7.5).

한편, 지상파 DMB는 2005년 12월 1일부터 본방송을 실시했다. 주요 사업자는 KBS·MBC 계열 방송사, SBS를 포함한 지역 민방, YTN DMB, 한국 DMB, U1미디어 등이다. 이들 사업자가 운영하는 채널은 TV 채널, 라디오 채널, 데이터 채널이다. 지상파 DMB는 위성 DMB와 달리 지상의 방송 송신소를 통해 방송 신호가 송출된다. 2009년 DMB 사업자의 중계기 사용료와 유지비가 광고 수익에 비해 턱없이 높아 지하철에서 DMB 수신이 불가능해질 위기를 맞기도 했다.

(4) IPTV 서비스 시작

국내 IPTV 시장은 하나로텔레콤(현재 SK브로드밴드)이 국내 최초로 VOD 중심의 '하나TV' 서비스를 시작하면서 형성되었다. 2014년 7월 현재 KT의 올레 TV(QOOK TV), SK의 'BTV', LG의 'U+tv G' 등 세 개의 IPTV가 실시간 방송 및 VOD 서비스를 병행해 제공하고 있다. 국내에서 최초로 IPTV 방송 서비스

를 실시한 것은 KT(QOOK TV)로 2008년 11월 17일이었으며, LG텔레콤과 SK
브로드밴드는 2009년 1월부터 서비스를 시작했다.

(5) 종합편성채널 시작

2011년 12월 종합편성채널은 많은 우려 속에서 탄생했다. 일반 방송채널사
용사업자(PP)는 전문적인 내용을 편성하는 형태를 띠고 있으나 종합편성채널
(이하 '종편채널')은 보도 프로그램을 포함한 교양과 오락 등 다양한 프로그램을
편성한다. 출범 초기에 종편채널은 특히 지상파방송인 KBS와 MBC, 그리고
SBS와 같은 종합편성 형태의 방송을 하기 때문에 지상파방송과 경쟁하는 또
다른 유사한 형태의 방송사를 허용해야 하는지에 대해 논란이 많았다(한진만
외, 2016).

정책적 판단의 실현 가능성에 대한 논란에도 불구하고 방송통신위원회는
2010년 12월 31일 기대보다 많은 4개의 종편채널을 허가했고, 이들은 다음
해 12월 1일자로 개국하면서 보도와 오락 프로그램을 동시에 편성할 수 있는
새로운 방송사업자로 등장했다.

2017년 12월 말 현재 한국에는 jtbc, MBN, 채널A, TV조선 등 4개의 종편
채널이 있다. 이들은 모두 의무 재송신 채널에 해당한다.

종편들이 다양한 유형의 프로그램을 편성해야 함에도 불구하고 보도 유형
의 프로그램을 중점 편성하는 경향을 보여 방송통신위원회는 2016년 8월 11
일 전체회의를 열어 주(主) 시청시간대 보도 프로그램의 편성 비율이 42%을
넘어서면 방송사 재승인 심사 때 감점을 받게 하는 내용을 담은 '2016년도 방
송평가 세부기준 개정안'을 의결한 바 있다.

제 **7** 장

방송의 공정성

공정성은 사회적 맥락과 시대적 상황에 따라 서로 다른 의미를 갖는다. 그러나 방송의 공정성은 언론자유 우선의 원칙, 즉 언론의 독립성을 기본 가정으로 한다. 방송의 공정성은 끊임없이 논란의 대상이 되어왔는데, 방송은 심의를 통해 공정성을 평가받기 때문이다. 방송의 공정성에 대해서는 학자들마다 개념과 판단의 기준이 조금씩 다르다. 방송이 공정해야 한다는 명제의 이상적인 차원에는 동의하면서도 현실적인 차원에서는 차이를 보이기 때문이다.

이 장에서는 여러 학자들이 주장하는 공정성의 하위 개념을 방송의 공정성 심의 규정 적용 사례를 중심으로 살펴볼 것이다. 또한 방송사마다 자율적으로 마련한 규제 기준을 내용으로 하는 가이드라인을 소개하고, 방송통신심의위원회의 심의 규정도 함께 소개할 것이다. 특히 방송통신심의위원회의 공정성 관련 규정을 적용한 심의 사례를 소개하면서 방송의 공정성에 대한 이해를 돕고자 한다.

1. 방송의 공정성을 둘러싼 논의

공정성은 사회적 맥락이나 시대적 상황에 따라 다르게 규정될 수 있다. 특히 언론의 공정성은 정치적 압력에서 벗어난 비판적 언론을 기대하는 민주적 개념을 의미하며, 지금까지 공정성은 끊이지 않는 시비의 대상이 되어왔다. 1980년대의 공정성 논의는 민주 대 반민주(反民主)의 대립 구조에서 나타난 민주적 요구였고, 2004년의 탄핵 보도에 대한 공정성 요구는 보수 대 진보의 대립 구조에서 보수의 요구라 할 수 있다(이창현, 2008). 이처럼 시대를 달리하며 끊임없이 제기되는 방송의 공정성에 대한 논란은 최근 다시 쟁점으로 부상했다. 특히 촛불 정국하에 벌어진 MBC〈PD수첩〉의 미국산 쇠고기의 광우병 안전성 여부를 내용으로 한 방송과 관련한 공정성 논란은 방송통신심의위원회의〈PD수첩〉에 대한 '시청자에 대한 사과' 조치가 있은 후 심의 기준의 공정성에 대한 문제 제기로 확장되었다. 2014년 4월 16일 침몰한 세월호에 관한 보도에서 보수 대 진보의 대립을 떠나 전 국민을 경악하게 만든 '학생 전원 구조'를 비롯한 여러 가지 형태의 '오보'는 '방송의 공정성'에 대해 다시 한 번 생각하게 하는 계기가 되었다.

언론의 공정성은 언론자유 우선의 원칙, 즉 언론의 독립성을 기본 가정으로 한다. 그렇지 않다면 공정성의 원리가 작동할 수 없다(최영재·홍성구, 2004). 그렇기 때문에 언론이 '공정하지 못하다'는 것은 정치로부터이든 자본으로부터이든 어떤 형태로든 통제가 있음을 전제로 한다. 언론 공정성의 개념적 실체가 무엇이며, 언론의 공정성을 담보하기 위해 정부가 개입할 수 있는 정당한 범위가 어디까지인지에 대한 논란은 매우 복잡하고도 민감한 문제이다. 언론의 공정성에 대해 그동안 많은 연구가 있었음에도 아직까지 그 기준이 명확하지 않은 것이 현실이다. 그 이유는 여러 가지가 있겠지만 공정성 개념이 보편적 진리의 유무나 진리 탐구의 가능성 같은 존재론적·인식론적 가정을 투영하고 있는 복합적이고 다차원적인 개념이기 때문이다. 따라서 공정성의 개념을 구성하는 요소나 차원은 학자들마다 조금씩 차이가 있으며, 이와 더불어 객관성, 중립, 불편부당, 균형 등의 유사한 개념과 혼재되어 애매하게 논의되는 경향이 있다.

먼저 방송의 공정성 심의에 대한 논점을 살펴보기 이전에 선행되어야 할 것은 바로 공정성에 대한 인식 문제이다. 공정성에 대해 서로 다른 기준을 가지고 있기 때문에 혹은 명확한 개념 정의가 없기 때문에 방송의 공정성에 대한 논쟁이 끊이지 않는 것이다.

1) 공정성 하위 개념

공정성의 하위 개념은 연구자마다 약간씩 다르게 제시한다. 몇 가지 사례를 살펴보면 다음과 같다.

우선, 김민환 외(2008)는 공정성의 하위 개념을 사실성, 불편부당성, 균형성의 세 차원으로 구분한다. ① 사실성은 방송 보도가 검증 가능한 사실관계에 기반하는지에 관한 것이다. 방송은 세상에서 실제 일어난 검증 가능한 사실관계나 사실을 시청자에게 충실하게 전달하는 것이 기본적인 사명이라는 것을 전제로 한다. 방송 보도의 사실성은 일차적으로 정확성(accuracy)을 의미한다. ② 불편부당성은 방송이 공적인 중요성을 띠며 논쟁의 여지가 있는 쟁점이나 이해관계가 첨예하게 대립되는 사안을 다룰 때 특정한 견해에 치우치지 않고 다양한 의사 표명의 기회를 부여하는 것을 의미한다. ③ 균형성은 방송이 관련 당사자나 방송 대상자의 비중이나 사회적 영향력 등을 공명정대하게 다루는 것을 뜻한다.

이들의 연구는 특히 균형성과 불편부당성에 대한 구분을 명확히 한다. 즉, 균형성은 사회적 쟁점에 대해 다양한 의견의 공표를 요구하는 불편부당성의 책무와 유사하지만, 균형성은 쟁점 관련 의견의 다양성보다는 그 쟁점과 관련된 사람들에게 공정(fair)했는지에 초점을 맞춘다. 다시 말해 불편부당성이 쟁점과 관련된 의견 다양성을 구현하기 위한 기준이라면, 균형성은 프로그램에 참여한 출연자에 대한 공정한 대우를 보장하기 위한 기준으로 볼 수 있다.

이민웅(1996)은 공정성 개념 구조를 진실성, 적절성, 균형성, 다양성, 중립성(불편부당성), 이데올로기 등의 여섯 차원으로 나눈다. ① 진실성이란 정확한 정보라는 정확성과 부분적 사실의 정확성을 넘어 종합적이고 맥락적인 정보를 제공해야 한다는 완전성을 포함한다. ② 적절성이란 특정 아이템(item)이 선택되느냐의 여부와 기사로 선택된 이후 어떻게 처리되느냐의 두 가지 측면을 포함한다. ③ 균형성은 시간 배분, 뉴스 항목의 제시 순서, 인터뷰 음성, 영상 처리 등의 측면에서 양적인 균형을 이루고 있느냐의 여부와, 상반된 이해 당사자의 주장을 균형 있게 정리해 전달하느냐의 질적 균형을 포함하는 개념이다. ④ 다양성은 다시 두 가지 차원으로 나뉜다. 즉, 사회적으로 중요한 이슈에 대해 다양한 입장이나 정보가 제공되느냐의 측면과, 다양한 사회계층의 입장과 관심사가 골고루 반영되고 있느냐의 두 측면을 포함한다. ⑤ 중립성(불편부당성)은 그 정도에 따라 소극적 중립성과 적극적 중립성으로 구분된다. 소극적 중립성은 양시양비론(兩是兩非論)적 입장을 취하면서 궁극적인 판단을 시청자의 몫으로 미루어 결과적으로 냉소주의를 유발할 가능성이 있는 태도이며, 적극적 중립성은 이슈의 접근에는 중립적 자세를 취하지만 충실한 취재를 통해 진실에 입각해 판단을 내리는 태도이다. ⑥ 이데올로기는 세계관 또는 계급관으로 추상화할 수 있는 공식적이고 분명한 의미·가치·신념 체계로 정의되는데, 이를 보도의 공정성과 관련지으면 지배계급의 견해와 일반 국민의 견해가 일치하는 정도, 일반 국민과 지배계급을 매개하는 중재자의 유사성 정도, 지배계급의 이익에 반하는 정보와 의견이 누락되는 정도 등이 포함될 수 있다.

유종원(1995)은 공정성을 그 자체나 하위 개념으로 완성되는 단일한 개념이 아니라고 보며, 우리 사회가 언론의 역할을 어떻게 보느냐에 따라 공정성 해석이 달라진다고 본다. 언론의 역할에 따라 공정한 심판으로서의 언론, 단순한 관찰자와 기록자로서 역할을 강조하는 배심원형 언론, 옳고 그름에 대한 판별력을 필요로 하는 단독 판사형 언론 등 세 가지 유형으로 구분한다.

강태영·권영설(2000)은 보도의 공정성 분석을 위한 하위 개념으로 진실성,

적절성, 균형성, 다양성, 중립성, 종합성(심층성)을 제시한다. ① 진실성은 자료의 정확성, 신뢰할 만한 정보원, 추측이 아닌 사실 보도를 의미하며, ② 적절성은 아이템의 선정과 배치를, ③ 균형성은 양적 균형을, ④ 중립성은 질적 균형을 의미한다. 또한 ⑤ 다양성은 공평한 입장의 반영과 다양한 계층의 입장 반영을 의미하며, ⑥ 종합성은 심층성과 같은 개념으로 분류할 수 있다.

문종대·윤영태(2004)는 언론 공정성 개념의 재개념화를 시도한다. 즉, 기존의 언론 공정성 개념은 다차원적으로 구성되어 가치의 상충과 해석의 차이로 인한 논란을 야기했다고 분석하며, 이를 해소할 개념으로 '언론의 자율성'을 제시한다. 언론의 자유는 언론 공정성의 필요조건이므로 공정성 개념에 대한 통일성을 강조하거나 획일적 기준을 적용하기보다 언론의 자율성 조건을 살펴보는 것이 언론 공정성 평가에 바람직하다는 것이다.

김승수(2004)는 방송의 공정성 모형을 제시한다. 방송의 공정성은 이념·본질·수단·실천 기준에서 정당성을 충족해야 하고, 이렇게 정당성을 확보한 언론은 공정한 것으로 판단이 가능하다고 주장한다. 따라서 진실과 정의가 명백히 존재하는 상황에서 찬반이 존재한다는 이유로 기계적으로 판단 내리는 것은 공정성이 아니라고 주장한다.

이창현(2003)은 공정성을 형식적 공정성과 내용적 공정성으로 구분한다. 형식적 공정성은 중립성을 강조하는 것이며, 내용적 공정성은 시청자의 정보 욕구를 얼마나 충족시키는가의 문제이다. 원용진(2006)은 한국과 같은 역사적 맥락을 가진 사회에서 언론의 공정성을 평가할 때 가장 중요한 기준은 이데올로기성이라고 제시한다. 한국처럼 오랫동안 권위주의적 정부가 뉴스의 생산·유통·소비에 대한 검열과 통제를 해온 사회에서는 다른 범주보다 이데올로기적 측면이 뉴스의 공정성과 직접적인 연관을 맺는다고 본 것이다.

문종대 외(2007)는 기존의 연구들이 생산자 중심의 연구에 치우쳐 있음을 비판하면서, 수용자의 불공정 인식 연구를 토대로 진실성, 적절성, 균형성, 중립성, 다양성, 독립성, 상업성, 윤리성을 공정성의 구성 개념으로 제시한다.

김연식(2008)은 공정성의 하위 개념을 확인될 수 있는 '사실의 타당성', 한쪽으로 치우치지 않았는가의 '형평성', '취재 방법과 태도의 정당성(취재 정당성)' 등 세 범주로 구분한다.

2. 방송의 공정성 관련 규정 적용 사례 분석

대통령 선거나 커다란 사회적 이슈가 발생할 때 빠지지 않고 등장하는 것이 관련 사안을 다룬 방송의 공정성 논란이다. 이해관계별 대립이 큰 사안일수록 방송의 공정성 논란도 커진다. 해당 사안의 직접적인 이해 당사자 간, 찬반 의견을 가진 시청자 간, 언론 매체 간에 각각의 입장에서 방송의 공정성 논쟁이 이어진다(김주희, 2008). 이 절에서는 한국 방송사의 공정성에 대한 규정이 구체적으로 적용된 사례를 살펴보고자 한다.

1) 국내 방송사(지상파 3사와 YTN)의 공정성 심의 근거

국내 방송의 공정성 관련 규정은 기본적으로 방송통신심의위원회에서 발간한 '방송 심의에 관한 규정' 제2장 제1절 공정성 항목[1]에 근거한다. 지상파 방

---

1 '방송 심의에 관한 규정'(방송통신심의위원회). 제2장 일반 기준, 제1절 공정성 부분 참조.
제9조(공정성)
   ① 방송은 진실을 왜곡하지 아니하고 객관적으로 다루어야 한다.
   ② 방송은 사회적 쟁점이나 이해관계가 첨예하게 대립된 사안을 다룰 때에는 공정성과 균형성을 유지하여야 하고 관련 당사자의 의견을 균형 있게 반영하여야 한다.
   ③ 방송은 제작 기술 또는 편집 기술 등을 이용하는 방법으로 대립되고 있는 사안에 대해 특정인이나 특정 단체에 유리하게 하거나 사실을 오인하게 하여서는 아니 된다.
   ④ 방송은 당해 사업자 또는 그 종사자가 직접적인 이해 당사자가 되는 사안에 대하여 일방의 주장을 전달함으로써 시청자를 오도하여서는 아니 된다.
   ⑤ 방송은 성별·연령·직업·종교·신념·계층·지역·인종 등을 이유로 방송 편성에 차별을 두

송사와 보도전문채널에서는 각자의 제작 가이드라인, 윤리 강령, 방송 심의 규정, 공정 보도 준칙을 정해 공정한 방송을 하기 위해 힘쓰고 있다. 하지만 케이블을 비롯한 유료방송에서는 방송의 공정성 심의와 관련된 규정이 없는 실정이다. 각 방송사별로 공정성의 기준으로 삼는 규정은 다음과 같이 분류할 수 있다.

어서는 아니 된다. 다만, 종교의 선교에 관한 전문 편성을 행하는 방송사업자가 그 방송 분야의 범위 안에서 방송을 하는 경우에는 그러하지 아니하다.

제10조(사실 보도와 해설 등의 구별) 방송은 사실 보도와 해설·논평 등을 구별하여야 하고, 해설이나 논평 등에 있어서도 사실의 설명과 개인의 견해를 명백히 구분하여야 하며, 해설자 또는 논평자의 이름을 밝혀야 한다.

제11조(재판이 계속 중인 사건) 방송은 재판이 계속 중인 사건을 다룰 때에는 재판의 결과에 영향을 줄 수 있는 내용을 방송하여서는 아니 되며, 이와 관련된 심층 취재는 공공의 이익을 해치지 않도록 하여야 한다.

제12조(정치인 출연 및 선거방송)

① 방송은 정치와 공직선거에 관한 문제를 다룰 때에는 공정성과 형평성에 있어 주의를 기울여야 한다.

② 방송은 정치문제를 다룰 때에는 특정 정당이나 정파의 이익이나 입장에 편향되어서는 아니 된다.

③ 방송은 '공직선거법'의 규정에 의한 선거에서 선출된 자와 정당법에 의한 정당간부를 출연시킬 때는 공정성의 원칙에 따라 균형을 유지하여야 한다.

④ 방송은 '공직선거법'의 규정에 의한 선거에서 선출된 자와 국무위원, '정당법'에 의한 정당간부는 보도 프로그램이나 토론 프로그램의 진행자 또는 연속되는 프로그램의 고정 진행자로 출연시켜서는 아니 된다.

⑤ '공직선거법'에 의한 방송 및 프로그램 중 선거와 관련한 사항은 '선거방송심의위원회의 구성과 운영에 관한 규칙'과 '선거방송심의에 관한 특별규정'에 의한다(개정 2007.3.12).

제13조(토론 프로그램)

① 토론 프로그램의 진행은 형평성·균형성·공정성을 유지하여야 한다.

② 토론 프로그램은 출연자의 선정에 있어서 대립되는 견해를 가진 개인과 단체의 참여를 합리적으로 보장하여야 한다.

③ 토론 프로그램은 토론의 결론을 미리 예정하여 암시하거나 토론의 결과를 의도적으로 유도하여서는 아니 된다.

④ 토론 프로그램에서 사전 예고된 토론자가 불참하였을 경우에는 그 사유를 밝혀야 한다.

(1) 왜곡 금지: 취재원(여론조사)

여론조사를 활용하는 보도에 대해 이미 많은 의문이나 비판이 제기되고 있다. 여론조사의 문제점으로 빈번하게 거론되는 것은 여론조사의 결과를 과연 믿을 수 있겠는가 하는 점과 그것이 과연 진정한 여론을 포착한 것인가 하는 점이다. 전자는 측정에 따르게 마련인 오차를 어떻게 배제 또는 축소할 수 있느냐는 점인데, 근래 이 점에 관한 이론과 기술이 상당히 진전되고 있으나 아직도 개선의 여지는 많다. 문제는 후자이다. 여론조사의 대상이 복잡하고 다면적·유동적인 경우 한두 번의 조사로 정확한 여론을 포착한다는 것은 불가능하다. 하지만 여론조사가 선거에서 유권자에게 엄청난 영향을 미치는 것은 부인할 수 없는 사실이다. 그러므로 여론조사를 다루는 방송은 마땅히 여기에 대한 그 나름의 기준을 가지고 있어야 한다.

방송 심의 규정에서 정하고 있는 "방송은 진실을 왜곡하지 아니하고 객관적으로 다루어야 한다"는 조항에 대한 각 방송사의 여론조사 관련 규정은 다음과 같다.

'KBS 방송 제작 실무 지침 _ 유사 여론조사

제작자는 과학적 여론조사가 굳이 필요하지 않은 경우, 일종의 인기투표 방식인 유사 여론조사를 기획하고 수행할 수 있다. …… 제작자는 유사 여론조사도 편파 시비에 말려들 가능성이 있다는 점에 대해 주의해야 한다. 유사 여론조사의 설문 문항이 명백하게 편향되어 있거나 특정한 계층만의 의견을 수집했다면 틀림없이 시청자의 반발을 초래할 것이다. 따라서 제작자는 유사 여론조사의 경우에도 설문 문항을 결정하는 데 신중해야 하며, 조사 결과를 발표할 때 불편부당하고 공정한 태도를 유지해야 한다.

MBC 방송 강령 _ 보도·시사 프로그램 기준

통계 및 여론조사: 시·청취자를 크게 오도할 수 있는 통계 숫자는 주의 깊게, 그리고 적절한 맥락 속에서만 사용해야 한다. 통계는 반드시 출처를 밝히며, 여론조사도 조사 기관, 조사를 의뢰한 기관, 조사 기간, 표본의 크기와 오차 한계, 조사 방

법 등을 밝힌다. 아울러 설문 내용과 조사 방법을 면밀히 검토하여 특정의 결과를 유도하지 않았는지 살펴보고 신중히 다룬다.

MBC 선거 방송 준칙 _ 보도 방송

여론조사 결과를 응답자들의 생각으로 보도하고, 국민 대표 의견으로는 표현하지 않는다. …… 여론조사 결과를 전할 때에는 조사 방법, 시기와 샘플, 신뢰 수준과 오차 범위 등을 반드시 밝혀야 한다.

이처럼 KBS와 MBC는 자체 방송 제작 실무 지침과 방송 강령 및 선거방송 준칙을 통해 여론조사 결과의 보도에 대한 공정성 준수를 명시한다. 특히 MBC는 여론조사를 보도할 때 조사 기관, 조사를 의뢰한 기관, 조사 기간, 표본의 크기와 오차 한계, 조사 방법 등 여론조사 관련 데이터를 밝히도록 하면서 비교적 자세하고 구체적으로 여론조사 보도의 공정성 기준을 마련하고 있다. 하지만 KBS는 '신중', '불편부당', '공정' 같은 구체적이지 않은 단어를 사용하는데, 이런 선언적 차원의 조항은 자의적 해석이 가능해 논란의 여지가 있다고 할 수 있다.

(2) 왜곡 금지: 취재원(인터뷰)

국내 언론 보도를 보면 '익명의 취재원'을 이용한 기사가 적지 않다는 것을 알 수 있다. 특히 정치와 관련된 기사에서 '고위 관료', '정부 관계자' 또는 '익명의 소식통'이 넘쳐난다. 물론 보호가 필요한 취재원이 있지만 익명의 취재원을 남용하며 작성된 보도는 그 신뢰성에 의문을 갖게 된다.

언론에서 인터뷰를 사용하는 방식은 기사의 내용과 가치를 결정하는 중요한 요소이다. 인터뷰 취재원이 특정 부류의 사람에게만 편중되지 않고 다양한 계층의 사람을 포함할수록 보도의 정확성과 공정성이 높아질 개연성은 당연히 증가한다. 그뿐 아니라 취재원을 익명이 아닌 실명으로 인용할수록 기사의

2) 섭외

…… 특히 시사 고발 프로그램에 있어서는 인터뷰의 사용 목적을 의도적으로 변질·왜곡하거나 하는 일이 없어야 하고, 프로그램명과 취재자 및 제작자의 직책, 성명, 직위 등이 정확하게 전달되어야 한다. ……

5) 인터뷰 취재

　(1) 질문자의 태도: 인터뷰할 때 가장 중요한 것은 질문자의 태도이다. 질문자는 어디까지나 객관적이어야 하며 여러 가지 입장에 대해 공정하여야 한다. 또 질문자는 항상 시청자를 대신해서 질문한다는 사실을 잊어서는 안 된다.

　(7) 특정 내용의 강요·청탁: 그 어떤 경우에도 인터뷰의 내용을 강요해서는 안 된다. 꼭 필요한 내용의 인터뷰라 하더라도 질문자나 제작자가 그 내용을 지정하여 강제하거나 부탁하여서는 안 된다. 특히 거리에서 제작자의 의도대로만 인터뷰를 하고서는 그것을 일반 여론화하면 안 된다.

6) 편집

만일 여러 가지 질문에 대해 길게 답변했을 경우, 자신의 취지와는 다른 내용의 말을 하는 경우가 있는데 이때 발언 취지와는 관계없이 프로그램의 기획 의도에 맞는 부분만을 발췌해 편집해서는 안 된다. 또 인터뷰 대상자의 발언 순서는 최대한 지켜야 한다. 순서가 바뀌면 발언 취지가 왜곡되기 쉽다. 프로그램의 이해를 돕기 위해 순서를 바꿀 필요가 있을 때는 취지를 왜곡하지 않는지 면밀히 검토해야 한다.

MBC 방송 강령 _ 보도·시사 프로그램 기준

5. 영상·음향 편집

　(3) 인터뷰: 내용을 정확하게 반영하도록 편집하고, 질문 순서를 바꾸거나 특정 내용을 삭제할 때는 내용을 왜곡하지 않도록 한다.

6. 사건 보도

　(2) 피의자와의 인터뷰: 피의자와 인터뷰할 경우 범죄행위를 과장하거나 정당화하지 않도록 유의한다.

YTN 윤리 강령 실천 기준

⑬ 취재원의 진의를 왜곡할 소지가 있는 인터뷰의 편집을 금지한다.

신뢰성이 높아진다. KBS와 MBC 그리고 YTN은 인터뷰 관련 보도의 공정성 준수에 관한 사안을 내규로 정하고 있다.

KBS는 인터뷰 대상의 섭외부터 인터뷰를 할 때의 질문자 태도와 편집까지 이르는 전체 과정에서 정확하고 공정한 인터뷰가 될 수 있도록 원칙과 방법을 자세하게 설명한다. 하지만 MBC나 YTN은 '과장', '정당화', '진의를 왜곡할 소지'라는 개념에 대한 구체적인 언급이 없어 자의적인 해석이 가능하게 했다.

(3) 균형 유지: 일반 기준

"방송은 사회적 쟁점이나 이해관계가 첨예하게 대립된 사안을 다룰 때에는 공정성과 균형성을 유지하여야 하고 관련 당사자의 의견을 균형 있게 반영하여야 한다"는 '방송 심의에 관한 규정'에 따라 각 방송사는 균형 유지에 관해 그 나름의 기준을 가지고 있다.

KBS는 선거 보도의 균형성을 강조하며, MBC는 정치·경제·사회 통합·종교·논쟁·사건 보도 등에서, 그리고 별도로 선거방송 준칙 등에서 공정성을 명시하고 있다. 한편 SBS는 포괄적으로 보도·제작자가 공정한 프로그램의 제작을 위해 노력해줄 것을 요구한다. YTN은 공정 보도의 기준을 통해 편향성은 배제하고 공정하게 다루도록 하는 내용을 명시한다.

'KBS 부분별 제작 지침 _ 정치와 선거

(7) 가치 판단의 문제
어느 사안에 대해 한 당사자나 한 정당의 입장만을 일방적으로 대변하거나 전달해서는 안 된다. 특정 사안에 대한 반대 의견도 공평하게 수렴하여야 하며, 그렇게 함으로써 전체적으로 균형 잡히고 올바른 결론을 이끌어낼 수 있을 것이다. ……

MBC 방송 강령 _ 프로그램 일반 기준

3. 정치, 경제
  (1) 정치 문제는 특정 정파나 정당에 편향되지 않도록 공평하게 다룬다.

(2) 방송 내용을 통하여 공직 선거의 특정 후보자나 정당을 지지·반대하는 행위를 하지 않는다. 자세한 기준은 별도로 규정된 선거방송 준칙에 따른다.

4. 사회 통합

(3) 노사 문제는 객관적이고 공정하게 다룬다.

6. 종교

(1) 종교에 관한 방송은 신앙의 자유를 존중하며, 각 종교나 종파를 취급할 때는 공정하게 한다.

(2) 특정 종교를 찬양 또는 비방해서는 안 되며 종교의식을 모독하지 않는다.

(3) 종교나 과학을 다루는 프로그램에서는 일방적으로 어느 한쪽을 비하하거나 부정하는 표현을 하지 않는다.

13. 논쟁, 재판

(1) 의견이 대립되고 있는 공공의 문제는 가능한 한 여러 시각에서 공평하게 다룬다.

'MBC 방송 강령 _ 보도·시사 프로그램 기준

2. 공정성

(1) 균형 보도: 사회적으로 논란이 되고 있는 문제를 다룰 경우에는 대립된 견해를 균형 있게 다루어야 한다. 균형성은 양적인 균형과 질적인 균형을 동시에 요구한다. 문제에 관련된 당사자들의 대표적인 모습과 입장이 정리되어야 하며, 관련된 주요 사실의 의도적 누락이나 은폐 등으로 내용이 편향되지 않도록 한다.

6. 사건 보도

(4) 시위: 시위 현장에서 방송 취재는 시위 참가자를 자극하거나 고무할 수 있으며, 군중에 의하여 이용당할 수 있다는 것을 명심해야 한다.

① 취재 담당자는 어느 한쪽에 동조한다는 인상을 주지 않도록 하고, 사태를 전체 사건의 맥락 속에서 객관적으로 보도해야 한다.

② 선동적인 구호나 문구를 기사에 그대로 사용하는 것은 가능한 한 피한다.

③ 시위 상황의 배경과 과정도 가능한 한 보도한다.

2. 보도 세칙
 3) 보도 순서
  가. 공식 후보로 선정되기 전에는 여당, 제1야당, 제2야당, 군소정당, 무소속
   의 순서를 유지하며 후보가 된 후에는 기호별 순서를 따른다.
 4) 시간 배분
  가. 여야 후보의 아이템 수와 시간은 균등하게 배분함을 원칙으로 한다.
  나. 군소 정당과 무소속 후보자에 대해서도 시간과 아이템 배정에 공평성을
   기해야 한다.
  다. 취재자(기자)가 출연해 보도할 때에도 각 후보자에 대한 동일한 시간 배
   분에 노력해야 한다.
 5) 촬영·영상 편집
  라. 각 당의 경선, 전당대회 등 유권자들의 선택에 도움이 될 수 있는 특집 프
   로그램을 적극 편성하며 이 경우에도 편성·편집에 기회균등의 원칙이 유
   지되도록 해야 한다.

'YTN 공정 보도 준칙

2. 공정 보도 기준
 3) 취재기자, 촬영기자, 데스크, 뉴스진행자, 프로그램 제작자의 편향된 가치 결
  정을 배제한다.
 4) 뉴스나 프로그램 제작자는 개인, 집단 등 이해 당사자의 입장을 공정하게 반
  영한다.
 6) 특정 현상을 폭로하거나 개인 또는 집단을 비판할 때는 당사자에게 대응할
  수 있는 공정한 기회를 주고 반론권을 인정한다.
6. 사건사고 보도 기준
 10) 공안, 노동 관련 보도는 단편적 사실을 보도하는 데 그치지 않고 원인과 배
  경 등 총체적인 상황을 알 수 있도록 중립적으로 보도한다.

'SBS 윤리 강령

3. 공정성과 다원성
SBS의 보도·제작 종사자들은 모든 프로그램을 공정하게 제작하기 위해 최선을

다한다. 또 기사의 보도나 프로그램 제작에 있어 가능한 한 다양한 의견이나 입장을 취재해 비중에 맞게 반영하도록 노력한다. 제작 편의를 위해 이분법적인 양극단의 주장만을 포함시키는 제작 관행을 탈피해 점점 더 다원화되는 사회의 변화를 적극적으로 수용하려 노력한다.

(4) 균형 유지: 국제관계 및 남북관계

방송은 북한에 대해 가급적 편견을 배제하고 있는 그대로의 진실과 실상을 전해줌으로써 남북한과 국제사회 모두에게 이익이 되도록 해야 할 것이다. 북한 문제는 남북한뿐만 아니라 주변국 모두의 이해관계가 걸려 있다. 그런 만큼 각 나라의 이익이 훼손되지 않고 모두에게 이익이 되도록 제작이나 방송에 유의해야 할 것이다. 남북관계와 국제관계에서 균형을 유지하고자 하는 조항은 SBS를 제외한 3개 방송사의 내부 규정에서 찾아볼 수 있다.

'KBS 방송 제작 실무 지침 _ 해외 취재

1) 일반 지침
  ③ 외국 상호 간의 전쟁이나 내전, 내분 등을 취재할 경우 어느 한쪽만이 아닌 해당 국가 모두를 취재하기 위해 노력한다. 부득이 한쪽만을 취재할 수밖에 없는 상황에서도 공정한 시각을 유지해야 한다.
  ④ 각종 조약, 협정 등 미묘한 문제를 취급하는 경우 인류 보편적 가치에 무게를 두고 판단하며, 자국 이기주의에 빠지는 것을 경계해야 한다.

KBS 부분별 제작 지침 _ 북한과 통일

2) 균형 잡힌 관점
북한 관련 프로그램 제작자는 우리 사회에 다양한 의견이 존재한다는 점을 유념해서 어느 쪽에도 치우치지 않는 객관적이고 균형된 시각과 일관된 내용을 유지해야 한다.

'YTN 공정 보도 준칙

> 8. 남북관계 보도 기준
> 1) 북한에 대한 편견과 불신을 의도적으로 조장하는 보도는 하지 않는다.
> 3) 특정 사안과 관계없는 호전적이고 도발적인 화면이나 용어의 사용을 자제한다.
> 4) 정부 정책이나 특정 단체, 개인에 대해 공정성을 잃은 편향된 해설이나 논평은 배제한다.

국제관계 및 남북관계의 균형 유지 조항에서 MBC는 남북관계에 관한 기준이 없고, YTN은 국제관계에 대한 언급이 없다. 반면 KBS는 방송 제작 실무 지침에서는 국제관계 보도에 대해, 부분별 제작 지침에서는 남북관계 보도에 대해 자세히 언급한다.

(5) 취재·제작 시 유의사항: 일반 기준

"방송은 제작 기술 또는 편집 기술 등을 이용하는 방법으로 대립되고 있는 사안에 대해 특정인이나 특정 단체에 유리하게 하거나 사실을 오인하게 하여서는 아니 된다"라는 '방송 심의에 관한 규정'과 관련해 각 방송사는 다양한 기준을 제시한다.

'KBS 방송 제작 실무 지침 _ 풀 취재

> 풀(pool) 취재는 대표 취재라고도 하며 …… 어쩔 수 없이 풀 취재를 받아들여야 하는 경우가 있다. 그러나 풀 취재는 피치 못할 경우에 한해서 수용해야 하며 다음과 같은 문제점이 있음을 인식하고 있어야 한다. ……
> ② 현장에 직접 접근하여 취재하지 않을 경우 사실을 정확히 수집하고 판단하기 힘들다.
> ③ 출입처 취재의 경우 자신도 모르게 취재원과 시각이 비슷해지거나 서로 담합할 위험이 있으며, 균형 있게 보도하기가 어렵다.

4. 객관성

SBS의 보도·제작 종사자들은 명확한 근거가 없는 본인의 주관적 생각을 불특정 다수나 익명을 이용해 보도·제작하지 않는다. 익명 보도는 해당 정보를 다른 출처를 통해 얻을 수 없고 공개가 되어도 신뢰성이 높아 뉴스 가치가 있다고 판단될 때만 보도한다. 특히 주관적 판단을 기사화할 위험이 있는 '관계자에 따르면', '소식통에 따르면'이라는 상투적인 인용 문구의 사용을 최대한 억제한다.

'MBC 선거 방송 준칙 _ 보도 방송

3. 정보 제공의 의무
 3) 지역주의 적극 배제
   가. 지역 여론에 편승해 특정 후보, 정당을 비호하거나 비방하는 인터뷰 및 기사 작성을 하지 않는다.
   나. 지역주의 선동과 지역감정을 조장하는 보도와 표현을 해서는 안 된다.
   다. 지연, 학연, 위주의 득표 분석은 현상 적시 이외엔 삼간다.
 6) 일반 뉴스와 선거 관련
   가. 선거에 영향을 미칠 수 있는 기사를 검증 없이 보도해 특정 정당, 후보에게 유리한 또는 불리한 영향을 주어서는 안 된다.
   나. 선심성 정책 발표나 대통령, 행정 부처 관료들의 순시 때 지시되는 각종 사업들이 선거 지원 활동이 아닌지 신중히 검토해야 한다.
   다. 외신에 의한 특정 정당 유·불리 분석 전망 보도는 신중하게 심의해야 하고 반론 보도에 유의해야 한다.
   라. 특정 정당이나 후보, 특정 언론사의 논쟁은 양측의 주장을 객관적으로 정리, 적극적으로 보도함을 원칙으로 한다.

'YTN 보도 방송 준칙

3. 보도 책임자와 기자(제작자)의 의무
 1) 취재·제작 책임자는 객관적이고 타당성을 지닌 취재나 제작을 지시해야 하며 취재 내용을 일방적으로 왜곡시켜서는 안 된다.
 2) 취재·제작 책임자는 불공정하게 특정 사안을 고의적으로 누락·지연시키거나 확대·과장해서는 안 된다.

3) 취재·제작 책임자는 취재기자나 제작자에게 공정하고 객관적인 보도를 할 수 있도록 충분한 여건을 만들어줘야 한다.
4) 취재기자나 제작자는 공정하고 객관적인 취재 및 제작을 해야 한다.
5) 동일한 사안에 대한 용어가 쟁점이 될 경우 노사 공방위를 통해 협의한다.
6) 취재 및 제작자는 자신의 취재 및 제작 내용이 왜곡되거나 잘못 전달될 우려가 있을 때에는 취재·제작 책임자나 진행자에게 이를 시정할 수 있게 알려야 한다.
7) 취재 및 제작자는 취재·제작 책임자의 데스크 기능을 존중해야 한다.

KBS는 풀 취재를 피치 못하게 받아들여야 하는 상황에서 담합을 배제하고 균형성을 유지하는 노력과 주의를 게을리해서는 안 될 것을 주문한다. SBS는 가급적 익명 보도를 배제하여 불가피한 경우를 제외하고는 밝히며 '관계자에 따르면', '소식통에 따르면' 같은 상투적 인용 문구의 사용은 최대한 억제할 것을 구체화하고, 주관적 판단을 기사화하는 위험을 경계한다. MBC는 보도 방송에서 지역주의를 배제하고, 선거 관련 기사에서 특정 정당이나 특정 후보에게 영향을 미칠 수 있는 기사는 최대한 객관적으로 보도함을 원칙으로 명시하고 있다. 마지막으로 YTN은 보도 책임자와 기자가 취재나 제작 시에 유의해야 할 사항에 대해 자세히 언급하고 있다.

(6) 취재·제작 시 유의사항: 포스트 프로덕션(편집, 음향, 이미지, 기타)
방송 프로그램 제작 시에 편집을 포함한 후반 작업은 프로그램을 시청자가 쉽게 보고 이해할 수 있게 한다. 하지만 편집을 어떻게 하느냐에 따라 취재 또는 제작된 프로그램은 전혀 다른 색깔을 갖게 된다. 다시 말해 편집자의 편집 의도에 따라 방송 프로그램이 바뀔 수 있다. 그래서 방송사는 편집에 관한 유의사항을 따로 정해 공정하고 정확한 방송이 될 수 있도록 노력한다.
포스트 프로덕션(post production)이 방송 프로그램을 심각하게 왜곡할 수 있는 만큼 KBS와 MBC는 상당히 구체적으로 포스트 프로덕션 작업과 관련한 유의사항에 많은 지면을 할애한다.

1) 편집

 (2) 편집의 객관성 유지

　편집자는 편집에 있어서 정치적·상업적, 그 밖의 어떤 이해관계나 자신의 개인적 편견에 의해 영향을 받아서는 안 된다. 편집의 객관성은 단순히 동일한 시각 배분 같은 1차적인 균형의 유지만을 의미하지 않는다. 편집자는 프로그램의 객관성을 유지하기 위해 다양한 관점을 균형 있게 제시해야 한다.

 (5) 인터뷰 편집

　인터뷰 편집은 인터뷰 전체의 문맥을 존중해야 한다. 인터뷰에 응한 출연자의 발언을 자의적으로 발췌하여, 발언 의도와 다르게 프로그램의 흐름에 꿰어 맞추는 편집을 해서는 안 된다. …… 인터뷰 시 한 대의 카메라로 촬영한 경우 편집을 위해 별도로 촬영한 영상의 사용은 기본적으로 허용되나 사실이 왜곡되지 않도록 주의한다. 인터뷰의 재사용은 원래의 인터뷰 상황을 왜곡하지 않는 방식으로 하여야 하며 이때 인터뷰 시점을 자막이나 멘트로 알리는 것이 바람직하다.

 (6) 이미지 커트

　…… 이미지 커트는 제작자만의 이미지를 시청자들에게 일방적으로 강요하여 자유롭고 다양한 이미지를 막을 수 있다. 따라서 뉴스에서의 사용은 제작자의 주관적인 이미지가 객관성을 훼손할 수 있다는 점에서 신중해야 한다.

2) 음악과 음향

 (1) 음악의 사용

　…… 특정 이미지가 뚜렷하게 형성되어 있는 음악은 프로그램의 내용을 의도하지 않은 방향으로 왜곡시킬 수 있으므로 사용에 각별히 유의해야 한다. 특히 사실을 보도하는 뉴스에서는 시·청취자들에게 불필요한 선입견을 주지 않도록 음악의 선택과 사용에 주의해야 한다.

 (2) 음성과 음향

　…… 뉴스에서 사실을 왜곡하거나 과장하는 효과음의 사용은 피해야 한다. 특히 현장음이 중요한 사실의 근거가 되는 경우에는 효과음을 사용해서는 안 된다. 같은 현장에서 수록된 자연음을 사용하여 편집에서 현장음이 끊어지는 느낌이 없도록 하는 경우에도 전체의 흐름이 왜곡되지 않도록 유의해야 한다.

3) 멘트

  (1) 올바른 표현

    …… 멘트는 간결하고 정확해야 한다. 그러나 지나치게 간결한 나머지 사실과 다르게 전달되어서는 안 된다. …… 하나하나의 단어와 문장이 전체적인 실체에 접근할 수 있도록 멘트의 뉘앙스(nuance)까지 검토되어야 한다. 만일 확인된 사실에 기초해 추측하는 경우에는 반드시 멘트의 내용이 추측이라는 것을 알 수 있도록 기술적으로 표현해야 한다.

  (4) MC와 출연자의 발언

    …… 출연자는 선정 기준을 명확히 하고 신중을 기하되, 특히 대립적 관계의 출연자들에 대해서는 참여 인원과 발언 시간 배분에 주의한다.

  (6) 번역 더빙

    외국인의 인터뷰를 번역하는 경우 지나친 의역이나 생략은 삼가야 한다. 특히 원문에 없는 말을 덧붙여 발언 내용을 왜곡해서는 안 된다.

4) 재연

…… ② 중요한 사실을 생략 또는 과장하는 방식으로 재연함으로써 총체적인 사실을 왜곡해서는 안 된다. …… ④ 뉴스에서의 재연은 원칙적으로 삼가야 한다. ……

'YTN 보도 방송 준칙

5. 편집 기준

  2) 아이템의 교묘한 배열을 통한 이미지 조작이나 특정 아이템의 중복·과잉 배열을 통한 이미지 조작을 배제한다.

  4) 기사를 의도적으로 왜곡하거나 누락하지 않는다.

  5) 어깨걸이 등에 사용되는 표제어의 의도적 왜곡을 피한다.

(7) 기타

그 밖의 공정성 심의 관련 조항은 다음과 같다.

'MBC 방송 강령

(5) 반론권 보장: 개인이나 단체의 명예를 부당하게 훼손하지 않으며, 관련된 당사자들에게 반론이나 해명의 기회를 보장한다.

2. 토론 방송의 편성과 일반 원칙

  1) 기회균등: 후보자에게 공평하게 토론 방송 참여 기회를 주는 것을 원칙으로 한다.

  2) 편성: 후보자 개별 토론 방송의 편성은 동일 시간대, 동일 방송 분량의 원칙을 가능한 한 지킨다.

  3) 예고방송: 예고방송과 후보자 관련 사전 제작물(리포트 또는 영상 구성물 등)은 동일한 시간량과 포맷으로 처리한다.

  6) 특수 관계의 배척: 특정 후보와 관련 있는 기관이나 단체가 개최한 토론은 방송하지 않는다.

'MBC 방송 강령 _ 보도·시사 프로그램 기준

1. 정확성

  (2) 객관적인 표현(제목, 영상): 표현은 객관성 유지를 원칙으로 하고, 우호적이나 적대적인 태도로 오해될 수 있는 말은 가능한 한 피한다. 특히 제목이나 자막은 내용을 축소·과장하거나 왜곡되어 전달되지 않도록 신중을 기하며, 영상도 객관적인 사실에 부합하도록 내용과 길이를 적절하게 구성한다.

5. 영상·음향 편집

  (2) 음향: 최상의 음향은 취재 현장에서 동시에 녹음된 자연음으로 하고, 인위적인 효과음을 사용하는 것은 원칙적으로 삼간다. 단, 질문과 대답이 분명하도록 음량은 조절할 수 있다. 사회적으로 논란이 이는 사안인 경우 음악과 음향 효과는 가능한 한 넣지 않는다.

MBC 선거 방송 준칙 _ 보도 방송

2. 보도 세칙

  1) 취재·보도의 정치적 독립성

    가. 특정 정당, 후보자, 지지 세력, 단체, 개인으로부터의 압력에 의해 보도 내용이 변경되는 일이 있어서는 안 된다.

    나. 기자나 제작 간부 개개인의 정치적 성향과 이해관계, 지연, 학연, 친소 관계 등에 따른 편향성을 배격해야 한다.

다. 취재자, 편집자 이외 누구도 취재 내용이나 방송 여부에 관여할 수 없다.
라. 선거 취재와 관련한 비용은 문화방송이 부담하며 정당·후보자들로부터
   편의·향응을 제공받지 않는다.
2) 취재·편집의 자율성
   나. 보도 책임자는 편집자의 정당한 판단을 저해하는 사내외 압력에 적극 대
      처하고 불공정 보도 관련자에 대한 책임을 물어야 한다.
3) 보도 순서
   나. 선거 관련 일반 보도에서는 여야의 순서보다 기사의 비중이 우선하며, 이
      때 기사의 비중은 정치부가 판단하고 편집 회의는 이 판단을 존중해 편집
      한다.
5) 촬영·영상 편집
   가. 영상 취재기자와 영상 편집 담당자는 선거 관련 현장 보도가 공정·균형
      을 유지하도록 충실한 화면 구성을 해야 한다.
   나. 객관적인 화면 구성을 위해 관련 부서가 긴밀히 협의하며 후보에게 부정
      적인 인상을 줄 수 있는 화면은 가능한 한 배제한다.
   다. 후보자들의 연설 화면은 동일한 규격을 원칙으로 하며 삽입 화면과 현장
      음도 균형을 유지해야 한다.

'YTN 보도 방송 준칙

4. 앵커의 의무
   1) 앵커는 공정하고 객관적인 시각에서 뉴스를 진행한다.
   2) 앵커는 특별한 의미를 부여하는 멘트를 할 경우 데스크와 사전 협의한다.
   3) 앵커는 출연자와의 대담에서 출연자의 일방적인 홍보나 선전을 막기 위해 세
      심한 주의를 기울여야 하며 어느 일방을 편들기식 멘트를 해서는 안 된다.

이처럼 MBC는 보도에 대한 반론권 보장을 명시하고, 토론 방송과 관련한
편성과 원칙 — 기회균등, 편성, 예고 방송, 특수 관계의 배척의 조항 — 을 통해 토
론 방송에서 공정성을 담보하고자 노력한다. 또한 YTN은 보도전문방송답게
앵커에 대해 따로 지면을 할애한다. 즉, 앵커의 기본적인 자세를 비롯해 특별
한 의미가 부여된 멘트를 할 경우의 방법, 출연자와의 대담에서 어떻게 대처
해야 하는지 등을 명기하고 있다.

2) 방송사별 심의 규정의 특징

KBS는 다른 방송사에 비해 상대적으로 체계적인 자체 심의 규정을 가지고 있다. KBS 가이드라인에는 균형, 다양성, 불편부당성, 공공성, 반론권 등 공정성과 관련해 다양한 내용이 언급되는데, 문제는 이에 대한 개념 설정이 모호하다는 점이다. 공정성의 하위 개념에 대한 관계와 개념 정리를 명확하게 할 필요가 있다. 상징적·선언적 수준의 가이드라인이라 할지라도 이 부분의 명확하고 구체적인 정리 작업이 선행되어야 한다.

MBC는 방송 강령과 선거방송 준칙을 통해 공정한 방송을 위한 구체적인 유의사항을 잘 제시하고 있다. 하지만 대부분의 공정성 관련 논의가 선거방송과 연관되어 있는 것을 볼 수 있는데, 보도를 제외한 일반 프로그램에 해당하는 공정성 관련 조항을 보강할 필요가 있다.

YTN은 비교적 구체적이고 실천 가능한 조항을 공정 보도 준칙을 통해 명시한다. 선거 보도, 남북관계 보도, 전쟁 보도 등과 같은 상대적으로 공정성이 많이 요구되는 항목에 대한 구체적인 언급을 통해 보도의 공정성을 더하고자 노력하는 것을 볼 수 있다. 보도전문채널답게 보도와 관련해 구체적으로 언급한다. 하지만 KBS와 마찬가지로 공정성의 하위 개념이 자의적으로 해석될 가능성이 있다. '객관적', '중립적', '적절한' 같은 추상적인 개념의 정리도

〈표 7-1〉 방송사별 공정성 관련 제재 현황(2003~2012년)　　　　　　　　(단위: 건)

구분		2003	2004	2005	2006	2007	2008	2009	2010	2011	2012
한국방송공사	본사	2	-	-	1	2	1	1	2	11	3
(주)문화방송	서울	1	1	-	1	1	1	3	2	4	4
(주)에스비에스		1			2	-	-	-	-		1
(재)기독교방송		-	-	-		1	-	-			3
라디오인천		-	1	-	-	-	-	-			
총계		4	2	0	4	4	2	4	4	15	11

자료: 해당 연도 『방송 심의 사례집』에서 발췌·정리(이하 표 동일).

필요하다.

SBS는 방송사 가운데 공정성 심의 기준을 가장 낮은 비중으로 다룬다. SBS 윤리 강령을 더 체계적으로 정리하고, 지금의 선언적 차원에서 실천 가능한 구체적인 조항으로 확대해나갈 필요가 있다.

3. 공정성 관련 방송 심의 사례

여기서 제시한 내용은 방송통신심의위원회(구 방송심의위원회 포함)의 방송 심의 사례에 해당하는 것이다. 그런데 2003년은 공정성의 하위 개념과 관련이 있는 위반 조항도 포함했으나, 2004년부터는 '방송심의에 관한 규정' 제9조 (공정성) 위반 사례만을 중심으로 제시했다. 각 연도별로 자세한 내용을 살펴 보자.

1) 2003년

2003년에는 KBS 2건, MBC와 SBS가 각각 1건의 심의 제재를 받았다. 제재 의 결과는 주의 2건, 경고 2건이다. '방송 심의에 관한 규정' 중 위반 조항은 제 11조(재판이 계속 중인 사건)가 2건이고, 제12조(정치인 출연 및 선거방송) 제1항· 제2항·제3항 및 제19조(사생활 보호) 제1항, 제9조(공정성) 제3항 및 제14조(객 관성)가 각각 1건이다.

(1) 사례1: KBS 〈시청자 칼럼 우리 사는 세상〉

제재 심의를 받은 KBS 〈시청자칼럼 우리 사는 세상〉은 고속도로 편입 토 지의 입목 평가와 관련한 민원을 처리하는 과정에서 보상결정 과정에 대한 정 확한 사실관계를 확인하지 않고 민원인의 일방 주장을 근거로 도로공사가 보

〈표 7-2〉 2003년 지상파 공정성 심의 제재 내용

구분	해당 프로그램	'방송 심의에 관한 규정' 중 위반 조항	제재 결과
KBS 2TV	〈시청자 칼럼 우리 사는 세상〉	제12조(정치인 출연 및 선거방송) 제1항·제2항·제3항	주의
KBS 1R	〈시사플러스〉	제11조(재판이 계속 중인 사건)	경고
MBC TV	〈생방송 화제집중〉	제9조(공정성) 제3항 제14조(객관성)	주의
SBS TV	〈그것이 알고 싶다〉	제11조(재판이 계속 중인 사건) 제19조(사생활보호) 제1항	해당 방송 프로그램의 관계자에 대한 경고

상을 지연하고 있다고 방송한 것은 사실을 객관적으로 다루지 않았다며 주의
를 받았다.

(2) 사례2: MBC 〈생방송 화제집중〉

MBC 〈생방송 화제집중〉은 전국노동자대회 시위 현장 관련 소식 화면을
전하면서 당대회(시위)에 참가한 노동자의 과격성과 폭력적 장면보다는 경찰
(의경 등)의 시위 진압 장면과 시위 참가자의 피해를 위주로 구성·방송해 특정
사실을 공정하고 객관적으로 다루지 않았다는 이유로 주의를 받았다. 사안을
객관적인 시각으로 보도해야 함에도 어느 한쪽의 입장만 대변하는 것은 방송
의 공정성을 해치는 행위라 할 수 있다.

(3) 사례3: KBS 1라디오 〈시사플러스〉

KBS 1라디오 〈시사플러스〉는 2003년 대통령 선거 당시 이회창 후보의 아
들 이정연 씨 병역 문제와 관련해 『179cm 45kg 인간 미이라』라는 책을 출간
해 '공직선거 및 선거부정 방지법' 위반으로 기소된 후, 2003년 10월 23일 1심
재판이 예정되어 있는 당사자와 전화 인터뷰해 본인의 무죄 입장을 여과 없이
방송한 것은 재판이 계속 중인 사건을 다룸으로써 재판 결과에 영향을 줄 우
려가 있다는 이유에서 경고를 받았다. SBS 〈그것이 알고 싶다〉는 의부증을
다루는 과정에서 이혼 소송을 위해 남편이 법원에 제출한 자료(부부간의 전화

녹취 등)를 음성변조나 모자이크 처리의 방법을 사용해 방송했는데, 이해 당사자(부인)의 동의 없이 방송한 것은 개인의 사생활 침해로 판단되고 또한 이해 당사자 일방의 입장만 다룬 것에 대해 진행 중인 재판 결과에 영향을 줄 수 있는 것으로 보아 경고를 받았다.

'방송 심의에 관한 규정'은 재판이 계속 중인 사건에 대해 "보도는 재판에 영향을 줄 수 있는 내용을 방송하여서는 아니 되며 이와 관련된 심층 취재는 공공의 이익을 해치지 않도록 하여야 한다"고 명시한다. 그러므로 앞의 두 사례는 공정성을 심각하게 훼손한다고 볼 수 있다.

2) 2004년

2004년에는 총 2건의 사례가 공정성 심의 제재를 받았다.

(1) 사례1: MBC 〈신강균의 뉴스서비스 사실은〉

MBC 〈신강균의 뉴스서비스 사실은〉은 프로그램 중 '시민의 광장 시민의 품으로' 코너에서 '집회 및 시위에 관한 법률'이 집회의 자유를 제한한다는 내용을 방송하면서 대통령 탄핵과 관련한 찬성과 반대 측 시위 현장을 취재·소개하던 중 탄핵을 찬성하는 보수 단체의 집회에서 대통령 영부인을 비하하는 발언을 소개한 방송 내용은 전후의 내용을 생략 편집함으로써 방송의 맥락이 실제 상황과 다르게 방영된 것이며 저속하고 거친 언어를 여과 없이 소개함으로써 방송의 품위를 실추시킨 것으로 주의를 받았다.

(2) 사례2: 경인방송 iFM 〈박철의 2시 폭탄〉

경인방송 iFM 〈박철의 2시 폭탄〉에서는 진행자가 최근 고르지 못한 날씨 때문에 iFM이 잘 들리지 않는다는 청취자의 문자 사연을 소개하는 과정에서 "촛불시위 해서 대통령 컴백시켰다고 치면 여러분은 라디오를 듣기 위해 뭘

〈표 7-3〉 2004년 지상파 공정성 심의 제재 현황

구분	해당 프로그램	'방송 심의에 관한 규정' 중 위반 조항	제재 결과
MBC TV	〈신강균의 뉴스서비스 사실은〉	제9조(공정성) 제3항, 제26조(품위유지)	주의
iFM R	〈박철의 2시 폭탄〉	제9조(공정성) 제4항, 제14조(객관성)	주의

하고 있겠습니까"라는 선동적인 내용을 여과 없이 방송하고, 계양산 중계소를 허가하지 않는 정보통신부의 홈페이지 주소를 청취자에게 수차례 고지하면서 "(정보통신부 홈페이지를) 그냥 완전히 도배로 쫙 다……" 등을 언급한 것 등은 방송사가 직접적인 이해 당사자가 되는 사안에 대해 일방의 주장을 전달하는 것이며 불명확한 내용을 사실인 듯 방송하는 것으로 청취자를 오도하는 것으로 주의를 받았다.

3) 2006년

2005년에는 공정성 심의 제재 사례가 없었고, 2006년에는 총 4건의 사례가 공정성 관련 심의 제재를 받았다. 4건 모두 지상파 3사의 대표 뉴스 프로그램에 관한 것으로 MBC와 KBS가 각각 1건씩, SBS가 2건이었다.

(1) 사례1: SBS의 〈8시 뉴스〉

비교적 중징계를 받은 SBS의 〈8시 뉴스〉는 "주식회사 진로에서 새로 출시한 '참이슬 fresh'는 천연 알칼리 소주로 미네랄이 풍부하고 맛이 깔끔한 특징을 가지고 있으며, 알코올 도수 19.8도로 국내 소주 사상 처음으로 20도 벽을 허물었다"는 내용을 보도하면서, 주식회사 진로의 하진홍 사장이 "대표적인 천연 웰빙 소주로 대나무 숯으로 네 번 여과했습니다", "천연 알칼리수라고 자신 있게 말씀드릴 수 있습니다"라고 말하는 인터뷰 내용, 기자가 직접 술을 마시는 장면과 "진로 측은 기존의 소주와 비교하며 마셔보면 순함과 깨끗함의 차이를 금방 느낄 수 있다" 등을 언급한 것은 '방송 심의에 관한 규정' 제9조(공

〈표 7-4〉 2006년 지상파 공정성 심의 제재 현황

구분	해당 프로그램	'방송 심의에 관한 규정' 중 위반 조항	제재 결과
MBC TV	〈뉴스데스크〉	제9조(공정성) 제4항, 제26조(품위유지) 제1항	권고
KBS 1TV	〈뉴스 9〉	제9조(공정성) 제4항, 제26조(품위유지) 제1항	권고
SBS TV	〈8시 뉴스〉	제9조(공정성) 제4항, 제26조(품위유지) 제1항	권고
		제9조(공정성) 제2항, 제48조(정보전달) 제2항	시청자에 대한 사과

정성) 제2항 및 제48조(정보전달) 제2항을 위반한 것으로 '시청자에 대한 사과'
라는 중징계를 받았다.

4) 2007년

2007년에는 KBS가 2건, MBC와 대전 CBS FM이 각각 1건씩 심의 제재를
받았다. 위반 조항은 제9조(공정성) 제1항과 제14조(객관성)에 관해 세 차례,
제26조(품위유지) 제1항에 관해 두 차례, 제9조(공정성) 제4항과 제16조(통계 및
여론조사) 제2항은 한 차례 적용되었다.

(1) 사례1: KBS 캠페인 〈수신료의 가치를 생각합니다〉

KBS는 캠페인 〈수신료의 가치를 생각합니다〉에서 일반 시청자를 대상으
로 유료방송의 선정성, 폭력성, 화질 열화를 부각시키는 것으로 비칠 수 있는
내용으로 방송을 구성했고, 또한 유료방송이 난시청 해소와 다양한 콘텐츠 제
공에 기여해온 점을 간과하고 자사에서 실시한 여론조사 결과(오차 한계 등을
밝히지 않음)를 이용해 일방의 주장을 전달한 것으로 판단될 소지가 있는 "유료
방송 가입자 중 54%는 유료방송을 해지하고 깨끗한 지상파방송만 보기를 원
합니다"라는 자막 내용을 방송한 것으로 주의를 받았다. 여론조사를 다루는
방송은 마땅히 이에 대한 그 나름의 기준을 가지고 있어야 한다. '방송 심의에
관한 규정'에서 정한 "방송은 진실을 왜곡하지 아니하고 객관적으로 다루어야

〈표 7-5〉 2007년 지상파 공정성 심의 제재 현황

구분	해당 프로그램	방송 심의 규정 중 위반 조항	제재 결과
KBS 1TV	캠페인 〈수신료의 가치를 생각합니다〉	제9조(공정성) 제4항 제16조(통계 및 여론조사) 제2항	주의
KBS 1TV	〈아침마당〉	제9조(공정성) 제1항, 제14조(객관성) 제26조(품위유지) 제1항	경고
MBC TV	〈생방송 오늘 아침〉	제9조 제1항, 제14조(객관성) 제26조(품위유지) 제1항	경고
대전 CBS FM	〈시사포커스〉	제9조(공정성) 제1항 제14조(객관성)	경고

한다"를 위반한 이 사례는 방송의 공정성을 훼손했다.

(2) 사례2: KBS 〈아침마당〉

KBS 〈아침마당〉에서는 프로그램 토요특집 '가족노래자랑'에 출연해 새로운 1승을 한 '특별한 인연팀'의 사연이 시청자의 문제 제기로 인해 거짓 사연으로 확인되어 경고 조치되었다.

(3) 사례3: MBC 〈생방송 오늘 아침〉

(또한) MBC 〈생방송 오늘 아침〉은 프로그램의 '결혼 사랑과 전쟁, 남자의 눈물' 코너에 출연한 한 실직 가장과 그를 박대하는 부인이 이 프로그램과 같은 날 방송된 KBS 2TV 〈윤종신의 소문난 저녁〉 프로그램의 '관찰카메라: 부부 공동명의' 코너에 화기애애한 부부로 출연한 사람과 동일 인물로, 거짓 연출한 내용을 방송한 것으로 경고 조치되었다.

(4) 사례4: 대전 CBS FM 〈시사포커스〉

대전 CBS FM 〈시사포커스〉는 차기 대선 후보 관련 기관 9곳의 신년 여론조사 결과의 평균치로 대선 출마 후보의 지지율을 분석했으며, 특정 대선 출마 후보(이명박 전 서울시장)의 지지율 상승 원인만을 분석·방송해 경고를 받았다.

5) 2008년

비교적 활발하지 않았던 공정성 논의가 탄핵 보도를 시작으로 촛불시위와 광우병 사태에 이르러 상당히 열띤 논쟁을 불러일으켰다. 당시 국내에서 가장 쟁점이 된 방송 공정성 논란의 핵심은 바로 MBC 〈PD수첩〉 '긴급취재! 미국산 쇠고기, 과연 광우병에서 안전한가'였다. 이 프로그램은 '시청자에 대한 사과' 제재를 받았음에도 공정성 논란이 끊이지 않았었다.

방송통신심의위원회가 발표한 「2008년 방송 심의 현황 자료」에 따르면 지상파방송의 경우 총 91건의 심의 제재를 받았고, 그중 공정성 위반 사유로 제제를 받은 건수는 5건이었다. 방송사별로는 MBC가 3건, KBS가 2건의 심의 제재를 받았으며, '방송 심의에 관한 규정' 중 위반 조항은 제9조(공정성) 제2항이 3건, 제3항이 2건, 제4항이 1건이었다. 참고로 '방송 심의에 관한 규정' 제9조의 관련 내용은 다음과 같다.

'방송 심의에 관한 규정' 제9조

> **제2항** 방송은 사회적 쟁점이나 이해관계가 첨예하게 대립된 사안을 다룰 때에는 공정성과 균형성을 유지하여야 하고, 관련 당사자의 의견을 균형 있게 반영하여야 한다.
> **제3항** 방송은 제작 기술 또는 편집 기술 등을 이용하는 방법으로 대립되고 있는 사안에 대해 특정인이나 특정 단체에 유리하게 하거나 사실을 오인하게 하여서는 안 된다.
> **제4항** 방송은 당해 사업자 또는 그 종사자가 직접적인 이해 당사자가 되는 사안에 대하여 일방의 주장을 전달함으로써 시청자를 오도하여서는 아니 된다.

(1) 사례 1: KBS 〈시사파일 제주〉

공정성 심의 제재를 받은 5개 프로그램 중 KBS 〈시사파일 제주〉는 뇌물수수 혐의로 수감 중인 전 제주지사에 대한 제주도 내 사면 청원운동을 다뤘는데, 이를 긍정적으로 보이도록 방송한 것이 공정성과 객관성을 유지하고 시청자의 준법정신을 고취해야 한다는 '방송 심의에 관한 규정'을 위반한 것으로 권고를 받았다.

<표 7-6> 2008년 지상파 공정성 심의 제재 현황

구분	해당 프로그램	'방송 심의에 관한 규정' 중 위반 조항	제재 결과
MBC TV	〈PD수첩〉'긴급취재, 미국산 쇠고기 광우병에서 안전한가'	제9조 제2항·제3항	시청자에 대한 사과
	〈생방송 오늘 아침〉 7월 29일 방송분	제9조 제3항	권고
	〈뉴스 후〉 7월 5일 방송분	제9조 제2항	권고
KBS 제주TV	〈시사파일 제주〉 6월 6일 방송분	제9조 제2항	경고
KBS 1TV	〈뉴스 9〉'감사원의 특별감사 관련 보도'	제9조 제4항	주의

(2) 사례 2: MBC 〈PD수첩〉

방송통신심의위원회는 MBC 〈PD수첩〉에 대해 영어 인터뷰에 대한 오역으로 사실을 오인하게 한 점, 미국의 도축 시스템, 도축장 실태, 캐나다 소 수입, 사료 통제 정책 등에 대해 다른 견해가 있음에도 미국소비자연맹이나 휴메인 소사이어티(Humane Society) 관계자의 인터뷰만 방송한 점 등이 '방송 심의에 관한 규정'의 제9조 제2항·제3항을 위반했다고 결정했다.

(3) 사례 3: KBS 〈뉴스 9〉

KBS 〈뉴스 9〉는 리포트 제목으로 '공영방송 장악 의도', '공정성 훼손 우려', '표적감사 비판 확산'을 사용하는 등 자사의 입장을 옹호하는 기관이나 단체의 주장을 중점적으로 방송한 것은 직접적인 이해 당사자가 되는 사안에 대해 일방의 주장을 보도해 '방송 심의에 관한 규정'의 제9조 제4항을 위반했다고 보았다.

6) 2009년

방송통신심의위원회가 발표한 「2009년 방송 심의 현황 자료」에 따르면 지상파방송의 경우 207건의 심의 제재를 받았으며, 그중 공정성 위반 사유로 10

건(TV)이 제재를 받았다. 방송사별로는 MBC가 9건, KBS가 1건이었으며, '방송 심의에 관한 규정'의 위반 조항은 제9조 제2항이 8건, 제3항이 2건, 제4항이 3건이었다.

징계의 수위를 보면 전체 10건 중 가벼운 징계에 해당하는 "권고"는 6건이었으며 비교적 중징계에 해당하는 "주의" 1건, "경고"가 3건이 있었다.

(1) 사례 1: MBC 〈뉴스데스크〉

공정성 제제 심의를 받은 프로그램 가운데 MBC 〈뉴스데스크〉는 뉴스 진행자가 "'방송법'의 내용은 물론 제대로 된 토론도 없는 절차에 찬성하기 어렵다"며 '방송법' 개정안에 반대한다는 의견을 제시하고 이어서 언론 노조의 파업 취지에 이해를 구하는 방송을 한 것은, 공적인 방송을 개인의 사적인 이해 표현의 수단으로 이용한 것이며 사회적 쟁점 사안에 대해 일방의 주장을 전달하여서는 안 된다는 관련 심의 규정을 위반한 것으로 보았다. 그 외의 사례에서 인터뷰의 비율이 맞지 않는 것을 공정성 위반으로 판단했다.

(2) 사례 2: 〈KBS 뉴스특보〉

〈KBS 뉴스특보〉는 서울광장에서 열린 노무현 대통령 노제 이후 서울역까지 운구 행렬이 진행되던 15시 12분경 KBS를 비난하는 시민의 음성이 약 1분간 방송되었으나 이후 약 16분에 걸쳐 현장음이 제거된 상태로 방송된 것은 비록 악의는 없다고 할지라도 "편집 기술 등을 이용하는 방법으로 대립되는 사안에 대해 특정 단체에 유리하게 하거나 사실을 오인하게 하여서는 아니 된다"는 관련 심의 규정을 위반한 것으로 보았다.

(3) 사례 3: MBC 〈100분 토론〉

MBC 〈100분 토론〉은 MBC 웹페이지의 '시청자 의견' 및 '한 줄 참여' 게시판에 당일의 주제에 대해 시청자가 게시한 개인 의견의 일부분만 편집·방송해

〈표 7-7〉 2009년 지상파 공정성 심의 제재 현황

구분	해당 프로그램	'방송 심의에 관한 규정' 중 위반 조항	제재 결과
MBC TV	〈뉴스데스크〉 '방송법'(12월 25일 방송분)	제9조 제2항·제4항	경고
	〈뉴스데스크〉 '총파업 돌입', '비밀리 의견수렴'(12월 26일 방송분)	제9조 제2항·제4항	경고
	〈뉴스데스크〉 '총파업 이틀째', '여론 독과점 우려', '여론 독점의 폐해'(12월 27일 방송분)	제9조 제2항·제4항	경고
	〈시사매거진2580〉 '미디어 관련 법 개정 관련'(12월 21일 방송분)	제9조 제2항	권고
	〈뉴스데스크〉 "방송법' 재투표 관련 보도'(7월 22일 방송분)	제9조 제2항	권고
	〈뉴스데스크〉 '여론 독과점 우려', '신문 재벌에 방송'(7월 22일 방송분)	제9조 제2항	권고
	〈뉴스데스크〉 '재투표 선례 없어'(7월 23일 방송분)	제9조 제2항	권고
	〈뉴스데스크〉 '규정·전례 다 없다'(7월 24일 방송분)	제9조 제2항	권고
	〈100분 토론〉	제9조 제3항	주의
KBS 1TV	〈KBS 뉴스특보〉	제9조 제3항	권고

시청자가 사실을 오도할 수 있도록 객관성과 공정성 규정을 위반한 것으로 보았다.

7) 2010년

2010년의 경우 공정성 위반으로 모두 4건이 제재를 받았는데 모두 지상파 방송으로, 텔레비전이 3건, 라디오가 1건이었다. 방송사별로는 KBS가 2건(TV), MBC가 2건(TV 1건, 라디오 1건) 제재를 받았다. 그런데 제재의 내용을 보면 4건 모두 비교적 경미한 "권고"에 해당했다.

(1) 사례 1: MBC TV 〈PD수첩〉

MBC TV 〈PD수첩〉의 '미국산 쇠고기, 과연 광우병에서 안전한가' 제작진에 대한 형사소송 1심 재판 결과를 방송했으나, 이는 현재 사회적 논란이 많고

민형사 등 여러 재판이 걸려 있어 각기 다른 결과가 나오는 상황에서 자사에 유리한 재판 결과만을 방송한 것이고, 자신들의 주장을 해명용으로 방송해 공공 전파를 사적으로 남용했다는 민원이 제기되었다. 이에 대해 위원회에서 방송 내용을 확인하고 논의한 결과, 이는 방송사업자가 직접적인 이해 당사자가 되는 사안에 대해 일방의 주장을 전달함으로써 시청자를 오도하여서는 아니 된다고 규정한 '방송심의에 관한 규정' 제9조(공정성) 제4항과, 방송은 재판이 계속 중인 사건을 다룰 때에는 재판의 결과에 영향을 줄 수 있는 내용을 방송하여서는 아니 된다고 규정한 '방송심의에 관한 규정' 제11조(재판이 계속 중인 사건)를 위반한 것으로 판단했다.

(2) 사례 2: MBC FM 〈박혜진이 만난 사람〉

MBC FM 〈박혜진이 만난 사람〉의 경우 철도 노조 KTX 승무지부 조합원과의 인터뷰 과정에서, 진행자가 "뉴스를 통해 접했을 때 너무나 마음이 아파서……", "정당한 요구였으니까", "정당한 요구, 용기 있게 끝까지 맞서시길 저도 응원하겠습니다"라고 말하는 등의 내용을 방송한 사안에 대해 논의한 결과, 화제가 되는 인물과의 인터뷰 프로그램이라는 점을 감안하더라도, 이해관계가 대립되고 법원의 최종 확정판결이 나지 않은 사안에 대해 일방의 주장과 이에 호응하는 진행자의 발언 등을 방송한 것은 관련 심의 규정을 위반한 것으로 판단했다.

8) 2011년

2011년 공정성을 위반해 제재를 받은 사례는 지상파 TV 9건, 라디오 5건, 방송채널사용사업자 1건, 케이블 TV 2건 등 모두 17건이었다. 방송사별로는 KBS가 10건(TV 6건, 라디오 4건), MBC가 4건(TV 3건, 라디오 1건), SBS 방송채널사용사업자가 1건, C&M 구로금천 케이블TV 1건, (주)아름방송네트워크 1

건이 있었다.

총 17건의 위반 사례 중 9건은 비교적 경미한 '권고'에 해당했으며 나머지 8
건은 당시까지 존재했던 비교적 중징계에 해당하는 '시청자에 대한 사과 2건',
'주의 4건', '경고 2건' 등이었다.

(1) 사례 1: KBS 2TV 〈추적 60분〉

KBS 2TV 〈추적 60분〉의 '의문의 천안함, 논쟁은 끝났나?' 편에서, ① 천안
함 합동조사단(이하 합조단)의 '스크루(Screw, 프로펠러)' 관련 조사에 스웨덴 조
사팀이 실제 참여했음에도 마치 스웨덴 조사팀이 전혀 참여하지 않았고, 합조
단이 보고서의 공신력을 높이기 위해 조작해 발표한 것처럼 또한 이러한 잘못
을 국방부가 인정한 것처럼 관련 인터뷰와 화면 등을 편집해 방송하고, ② 합
조단이 발표한 폭발 원점과 백령도 초병들이 목격한 지점에 차이가 있다는 내
용을 보도하면서, 실제로는 초병 2인이 각각 진술한 지점에도 서로 큰 차이가
있고, 그중 1인은 조사 과정에서 진술을 번복했음에도 관계자 인터뷰와 부정
확한 CG(Computer Graphics) 화면 등을 통해 마치 초병들의 진술은 일치되고
정확하며 합조단이 발표한 폭발 원점에는 의혹이 있다는 취지로 방송했으며,
③ 천안함 선체와 어뢰 추진체 등에서 발견된 흡착 물질에 대해서는 '폭발에
의한 입자' 또는 '침전 물질' 여부 등 다양한 견해가 존재함에도 '침전 물질'이
라는 제작진 측 전문가의 주장 위주로 방송하고, ④ 재조사 또는 추가 검증과
관련해, 국방부 측이 "진실 확인을 위한 진정성을 갖고 합리적인 의혹을 제기
한다면 언제든 참여할 용의가 있다"라고 여러 차례 언급했음에도, "정치적 의
도를 가진 재조사 요구에는 응할 용의가 없다"라는 내용만을 부각시켜, 국방
부 측이 마치 재조사 자체를 회피하고 있다는 내용 위주로 방송한 것에 대해
'경고'로 의결했다.

(2) 사례 2: KBS 1TV 〈KBS 뉴스 9〉

KBS 1TV 〈KBS 뉴스 9〉에서 국회 'KBS 수신료 인상안 공청회' 관련 내용을 보도하면서, 인상에 찬성하는 한나라당 의원들의 발언 위주로 방송했다는 민원이 있었다. 이에 대해 방송 내용을 확인하고 논의한 결과, 비록 민주당 의원들이 불참한 상태임을 감안하더라도 한나라당 의원들의 찬성 발언을 위주로 방송하고, 외부 토론자의 의견은 간략히 소개하는 등 자사가 직접적인 이해 당사자가 되는 사안에 대해 균형성을 유지하지 못한 내용을 방송했다고 판단하여 '주의'로 의결했다.

(3) 사례 3: MBC TV 〈로열 패밀리〉

MBC TV 〈로열 패밀리〉 등에서 KT 스카이라이프와 MBC TV의 재송신 대가(代價) 지급 분쟁과 관련해, MBC가 스카이라이프로 송출하는 자사의 지상파 HD 방송을 통해, 스카이라이프의 계약 불이행 등에 따라 향후 HD 방송 재송신을 중단할 예정이라는 등 방송사업자가 직접적인 이해 당사자가 되는 사안에 대해 일방적인 주장을 담은 흐름 자막을 송출했으며 특히 많은 경우 하루 200회 이상, 특정 프로그램은 60분 방송 중 100회 이상, 총 12일간 140개 프로그램에서 941회 송출하는 등 과도하게 반복적으로 이 자막을 방송한 것은 공정성을 위반한 것으로 보아 '경고'로 의결했다.

(4) 사례 4: 진주 MBC TV 〈새로운 지역 MBC 탄생〉

진주 MBC TV 〈새로운 지역 MBC 탄생〉에서 진주·창원 MBC 통합이 확정되지 않았음에도 합병을 기정사실화하는 내용을 담은 홍보 영상물을 방송한 것은 지역사회의 여론을 왜곡시킬 우려가 있다는 민원에 대해 방송 내용을 확인하고 논의한 결과, 진주 MBC와 창원 MBC의 통합으로 'MBC 경남'이 새로이 출범한다는 내용의 홍보 영상물(45초)을 방송하면서, ① "진주 MBC와 창원 MBC가 통합해 변화의 시대를 주도할 MBC 경남으로 새롭게 태어납니다",

"MBC 경남의 본사는 진주입니다" 등 당시로서는 결정되지 않은 내용을 기정 사실화하는 단정적인 표현을 사용했고, ② 실존하지 않는 'MBC 경남'을 이 홍보물 송출의 주체로 고지하는 등 불명확한 내용으로 시청자를 혼동하게 하는 내용을 방송한 것은 객관성과 공정성을 위반한 것으로 보아 '시청자에 대한 사과'로 의결했다.

9) 2012년

2012년에는 지상파 TV는 8건, 지상파 라디오 3건, 케이블TV방송사 8건, 보도전문채널 1건 등 모두 20건의 공정성 위반 사례가 있었다. 방송사별로는 KBS가 3건(TV 3건), MBC가 4건(TV 4건), SBS 1건 (라디오 1건)이 있었는데, CBS 라디오가 2건, YTN 1건, 케이블TV방송사 8건이 있었다는 점이 특이했다. 특히 케이블TV방송은 지상파방송 재송신 중단과 관련하여 각기 다른 사업자들이 같은 내용으로 위반한 사례에 해당한 것이었다. 총 20건의 위반 사례 중 '권고'가 16건으로 가장 많았으며, 주의 3건(CBS AM 2건, SBS AM 1건) 경고 1건(MBC-TV)으로 나타났다.

(1) 사례 1: SBS AM 〈김소원의 SBS 전망대〉

SBS AM 〈김소원의 SBS 전망대〉의 '뉴스브리핑' 코너에서 '의약계 리베이트 수수 금지 결의 및 정부의 의료 수가 인상' 등에 대한 뉴스를 소개하면서 출연자와 진행자가 뉴스의 절반 이상을 특정 신문의 사설과 기사를 그대로 인용해 방송한 것에 대해, 출처를 명시하지 아니하고 사회적 쟁점 사안 등에 대해 대립되는 의견이 있음에도 특정 신문의 사설·기사를 인용해 일방의 의견만을 전달한 것은 관련 심의 규정을 위반한 것으로 판단하고 그 위반의 정도가 비교적 심하다(주의)고 보았다.

(2) 사례 2: CBS AM ⟨시사자키 정관용입니다⟩

CBS AM ⟨시사자키 정관용입니다⟩ 2부에서 출연자가 현직 대통령을 '거짓 말하는 사람(거짓말쟁이)' 또는 '사기꾼'에 빗대어 비판하는 과정에서 구체적인 사례를 제시하며, ① "위증을 교사하였다", ② "대통령 선거 과정에서 갑자기 어느 날 총을 든 괴한이 우리 집에 들어와 협박을 했다. 그런데 나중에 알고 보니까 누가 전화를 걸어서 탕탕탕 했다", ③ "조금만 문제가 생기면 세무조사 나오고, 또 주변 사람까지 샅샅이 뒤져서 괴롭히는 게 이번 정권이다", ④ "대 단히 유명한 정신과 의사인 선생님이 세무조사로도 안 나오니까 직원 여섯 명 밖에 없는 그 조그마한 병원 치료실에 노무조사를 나와 가지고 차 없는 사람 한테 차량 보조비를 줬다고 세금을 매겼다", ⑤ "이런 식으로 노무현 대통령 주변을, 하다못해 잘 가던 음식점까지 가서, 삼계탕 집인가요? 뭐, 뒤지고 그 랬다는데, 거기에 견뎌낼 사람이 없다"는 등과 같이 발언하는 내용을 방송한 것에 대해, 사실을 정확하고 객관적으로 다루지 아니하여 청취자를 혼동하게 할 수 있으므로 관련 심의 규정을 위반한 것으로 판단하고 그 위반의 정도가 비교적 심하다(주의)고 보았다.

(3) 사례 3: CBS AM ⟨김미화의 여러분⟩

인터뷰 형식으로 진행되는 시사 프로그램 CBS AM ⟨김미화의 여러분⟩ 1부 에서 출연자가 최근의 경제 현안에 대한 의견을 피력하는 과정에서, 소 값 폭 락 사태와 관련해 ① "광우병 파동이 날 때 미국산 소가 풀리면 그다음 해에 이런 일이 벌어질 거라고 얘기했는데, 다 예상되었던 거거든요", ② "거기다 FTA 문제가 하나 더 끼잖아요. 지금 상태, 형태의 그런 축산 정책을 하면 이 런 일을 피할 수 없습니다. 그리고 내년에도 더 많아질 거고요. 여기서 꼼수 라고 생각하는 거는 아예 축산을 하지 말라는 게 지금 정부 방침인 것 같아 요", ③ "'그래야 마음대로 농업도 다 없애고, 개방하고 뭐 이럴 거다'라고 보는 거죠" 등과 같이 발언하는 내용, 이자율 및 물가 정책 등과 관련해 ④ "빚내서

집 사라는 거예요, 정부하는 얘기는. 근데, 지금 빚내서 집 사면 패가망신의 지름길이거든요", ⑤ "개인들이 아닌 '강부자한테만 좋게 한다'라고 한다면 환율, 이자율, 부채, 딱 왜 정부가 이렇게 하는지 설명이 되죠" 등과 같이 발언하는 내용을 비롯해 정부의 경제정책 전반을 객관성이 확보되지 않은 사실 관계를 바탕으로 단정적·반복적으로 비판하는 내용을 방송한 것에 대해, 사실을 정확하고 객관적으로 다루기 위한 진행자의 노력이 부족해 청취자를 혼동하게 할 수 있으므로 관련 심의 규정을 위반한 것으로 판단하고 그 위반의 정도가 비교적 심하다(주의)고 보았다.

10) 2013년

2013년에는 모두 23건의 공정성 위반 사례가 있었다. 지상파 TV는 7건, 지상파 라디오 4건으로 지상파방송의 경우 2012년과 비슷한 현상을 보였는데, 종합편성채널이 17건, 그 밖의 채널사용사업자가 2건이 있었다. 방송사별로는 우선 지상파방송의 경우 KBS가 3건(TV 2건, 라디오 1건), MBC가 6건(TV 5건, 라디오 1건), 부산 MBC 1건(라디오 1건), CBS 라디오가 1건 있었다. 한편 종합편성채널의 경우 2012년 12월 개국한 이후 공정성 위반 사례가 많아 15건을 기록했으며, 경제뉴스채널인 SBS CNBC와 시민방송인 RTV가 각각 1건의 공정성 위반이 있었다.

총 20건의 위반 사례 중 '권고'와 '경고'가 각 9건으로 가장 많았으며, 의견 제시가 3건, 주의 2건(MBN, TV조선 각 1건)으로 나타났다. 중징계에 해당하는 "경고"를 받은 방송사는 지상파 TV 4건(MBC TV 3건, KBS 2TV 1건), 종편채널 3건(JTBC, TV조선, 채널A 각 1건), 일반채널사용사업자(RTV) 1건이었다.

(1) 사례 1: MBC TV 〈뉴스데스크〉

교비 횡령 혐의를 받고 있는 사학 설립자가 보석으로 석방되었다는 소식을 전하면서, 민주통합당 문재인 의원의 사진을 피의자의 실루엣으로 사용한 것에 대해 '해당 방송 프로그램의 관계자에 대한 징계 및 경고'를 의결했다.

(2) 사례 2: KBS-2TV 〈추적60분〉

재북 화교 출신 유우성이 서울시 공무원으로 재직하며 국내 탈북자 명단을 북한에 제공한 혐의 등으로 기소된 후 1심에서 '국가보안법' 위반에 대해 무죄 판결을 받은 사건에 대해 소개하는 내용을 방송한 것에 공정성 위반과 재판이 계속 중인 사건을 다루어서 '경고'로 의결했다.

(3) 사례 3: MBN 〈특집 대선 D-2 MBN 뉴스 8〉

장광익의 대선 뒷얘기' 코너에서 '안철수 전 후보의 문재인 후보 찬조 연설 거절', '3차 TV 토론회에 대한 평가'에 이어 '여야 판세 예측'에 관한 이야기를 하는 과정에서, △"(진행자) 이제 얼마 남지 않았습니다. 근데 여론 조사는 나오고 있죠. 공표만 못할 뿐이죠. 공표는 못하고 있습니다. 그래서 저희들이 얘기해줄 수는 없지만 알고 계시죠?", △"(장광익) 오늘도 벌써 한 세 군데에서 여론조사가 나왔고요, 어저께는 다섯 군데에서 나왔고 한데, 분명한 것은 좁혀지고 있는 것은 사실입니다. 그렇지만 좁혀지고 있는 속도가 한 3~4일 전보다는 훨씬 그 속도가 더뎌졌다는 것은 분명하고… 어떤 결과는 지금까지 나왔던 결과와는 달리 문 후보가 약간 0.5% 혹은 1% 앞서는 결과도 눈에 보이는, 그런 경향도 있습니다"라고 말하는 내용을 방송한 바, 여론조사 결과 공표 금지 기간에 특정 후보가 앞서고 있다는 여론조사 결과를 언급한 것에 대해, '주의'로 의결했다.

11) 2014년

2014년에는 예년에 비해 공정성 위반 사례가 급증했다. 모두 71건의 공정성 위반 사례가 있었다. 지상파 TV는 15건, 지상파 라디오 4건으로 지상파방송의 경우 TV만 전년에 비해 8건 증가한 반면, 종합편성채널은 전년에 비해 32건 증가한 47건으로 나타났다. 그 밖에 채널사용사업자가 5건이 있었다. 방송사별로는 지상파방송의 경우 KBS가 6건(TV 5건, 라디오 1건), MBC TV가 5건, 부산 MBC TV, OBS, CBS 라디오, TBN 부산교통방송, KFM이 각 1건이 있었다. 한편 종합편성채널의 경우 2012년 12월 개국한 이후 공정성 위반 사례가 가장 많아 47건을 기록했으며, 보도전문채널인 YTN이 3건, KT와 KT 스카이라이프의 직접사용 채널인 Skyplus 2건의 공정성 위반이 있었다.

총 71건의 위반 사례 중 비교적 경미한 수준인 '권고'와 '의견 제시'가 각각 48건과 15건으로 가장 많았으며, 이어서 '주의' 6건(TV조선 3건, KBS 1TV, CBS, YTN 각 1건), '경고' 2건(채널A, JTBC 각 1건)의 순으로 나타났다.

(1) 사례 1: KBS-1TV 〈KBS 스페셜〉

공영방송에서 〈중국 인민군 해방군가〉를 작곡한 공산주의자 정율성을 미화하는 내용을 방송한 것은 문제가 있다는 민원에 대해 방송 내용을 확인한 결과, 그 행적에 대해 상반된 평가가 존재하는 인물을 다루면서도, 해당 인물의 항일 행적과 음악 활동 등에 대한 소개나 이에 대한 긍정적 평가가 담긴 인터뷰 등을 주된 내용으로 방송한 반면, 중공군과 북한군 군가 작곡, 한국전쟁 참전 등의 공산주의 활동과 이에 대한 비판은 짧게 소개한 것에 대해 '주의'로 의결했다.

(2) 사례 2: JTBC 〈뉴스 큐브 6〉

현재 재판이 진행 중인 '서울시 공무원 간첩 사건'의 당사자와 변호사가 출연해 일방적으로 자신의 입장을 변호하고, 위조 여부에 대해 논란이 진행 중인 검찰 측 출·입경 기록 확인서에 대해, 근거 없이 위조라고 주장하거나, 1심 결과, 국정원 조사 과정에서 유우성의 여동생에 대한 가혹행위가 없었음이 밝허졌음에도, 가혹행위가 있었다고 주장하는 등, 공정성과 객관성에 벗어난 주장으로 재판에 영향을 줄 수 있는 내용을 방송한 것에 대해 제재해줄 것을 요청한다는 민원에 대해 방송 내용을 확인하고 논의한 결과, 시사 대담 프로그램에서, 서울시 공무원 간첩 의혹 사건 당사자인 유우성 씨와 변호사가 출연하여, 유 씨의 신분 및 간첩 혐의를 받게 된 이유, 검찰 측의 유 씨 출·입경 기록 위조 여부, 유 씨 여동생에 대한 국정원의 가혹행위 여부 등에 대해 인터뷰하는 내용 등을 방송한 것에 대해, '해당 방송 프로그램 관계자에 대한 징계 및 경고'로 의결했다.

(3) 사례 3: 채널A〈이언경의 직언직설〉

시사토크 프로그램에서, 진행자들(이언경, 김진)과 출연자들(김유송 전 인민군 상좌, 김진옥 탈북 방송인)이 '1998년 북한의 대규모 숙청'에 대해 이야기하면서, "(이언경) 그런데요 아버님. 아까 말씀하신 것처럼 이제 북한은 권력 싸움을 하는 거니까 상대방을 뭐 처단하는 그런 일들이 생길 수 있는 건데, 아까 저희가 궁금한 건, 저희가 알고 있는 아까 말씀하신 북쪽으로 돌아 올라가서 성공한 그 사람들을 어떻게 알게 되었냐는 거죠. 30년 동안 안 들켰는데. 그렇죠?", "(김진) 리스트가 있었나요 혹시?", "(김유송) 그래서 북한에서는 간부들이 다 이야기를, 이구동성으로 이야기를 했습니다", (이언경) 간부들이 이야기를 했는데…", "(김유송) 네. 간부들이 어떻게 이야기를 하는가. 당시에 김대중이 대통령이 되었습니다, 한국에. 김일성이 고용한 간첩이 대통령을 하는데, 어떻게 휴민트들이 안 넘어올 수 있겠는가. 북한에 파견한 간첩들의 명단이 안 올 수 있겠는가. 생각해보라. 그런데 그런 말을 했던 사람들이, 지금 저한테 이야기했던 사람들이 지금 하여간 다 간부들이에요. 누가 누군지는 말은 잘 못하겠는데. 지금 북한 국가 고위부에 다 국장들이에요", "(이언경) 그러면 믿을 만한 얘기라는 말씀이신거고. 남한의 누군가가 그 명단을 넘겼다는 게 지금 아버님의 주장이신거죠?"라고 말하는 내용 등을 방송한 것에 대해, '해당 방송 프로그램의 관계자에 대한 징계 및 경고'로 의결했다.

12) 2015년

2015년에는 모두 39건의 공정성 위반 사례가 있었다. 지상파는 모두 9건 (TV 6건, 라디오 3건)이었고 종편채널은 30건(TV조선 18건, MBN 1건, 채널A 11 건), 보도전문채널인 YTN 1건으로 나타났다.

총 39건의 위반 사례 중 비교적 경미한 수준인 '권고'와 '의견 제시'가 각각 17건과 12건으로 가장 많았으며, 이어서 주의 6건(TV조선 3건, KBS 1TV, KBS 부산, YTN 각 1건), 경고 4건(TV조선 3건, 채널A 1건)의 순으로 나타났다.

(1) 사례 1: KBS-1TV 〈뿌리 깊은 미래〉

- 광복 이후 전쟁 발발 전후를 배경으로, 미 군정하의 대구 폭동 사건 관련 "쌀의 자유 판매가 독이었다. 사람들이 쌀을 매점매석해 쌀값이 폭등한 것이다. 1년도 안 되는 사이 쌀값이 10배 이상 올랐다. 미 군정은 물가 안정을 명목으로 일정량의 쌀을 강제로 거두기 시작했다. 곳곳에서 이 대로는 못살겠다는 아우성이 들려왔다. 사람들의 곡물 섭취량은 일제히 낮아졌고, 굶주림은 일제강점기와 크게 다르지 않았다. 쌀을 살 엄두를 내지 못해 배를 곯던 사람들이 거리로 뛰쳐 나왔다. 300만 명이 넘는 사 람이 참여한 이 시위는 미 군정과 경찰에 의해 진압되었다"는 내용
- 한국전쟁 발발 관련
  "전쟁이 났다는 소식이 들려왔지만 사람들은 대수롭지 않게 생각했다. 총격전은 38선 부근에선 으레 있던 일이었다. 정부도 괜찮다 했다", "피 난민들이 건너고 있던 한강 다리가 폭파되었다. 그것은 군 관계자의 지 시였다. 수백 명의 피난민이 그 자리에서 즉사했다"는 내용
- 서울 수복 후 부역자 처벌 관련

"피난 갔다 돌아온 이들이 한강 다리가 파괴되어 미처 피난을 가지 못한 이들을 찾아내 심문하기 시작했다. 공산군에게 협조했다는 것이 그들의 죄명이었다. 부역 혐의자에 대한 검거는 뚜렷한 증거 없이 심증만으로 이루어지기도 했다. 누군가 나를 가리키며 빨갱이라고 외치면 그대로 검거되었다. 정확한 죄명도 모른 채 사형당하는 사람도 있었다"는 내용

- 전쟁에 참전한 소년병 관련

"15살짜리 앳된 소년들도 전쟁터로 나갔다. 그들을 소년병이라 불렀다. 소년병 3000여 명 중 2400여 명이 전쟁터로 나가 다신 돌아오지 못했다"는 내용

- 미군의 흥남 철수 관련

"이때 흥남엔 미군이 북에 원자폭탄을 투하할지도 모른다는 얘기가 돌았다. 살고 싶으면 미국과 함께 떠나야 했다. 미군과 함께 배를 타야 했다. 당시 흥남에 모인 민간인이 수만 명, 수십만 명이었다. 미군은 떠나면서 부두를 폭파시키기로 결정했다. 부두 곳곳에 폭탄이 설치되었다. 철수 준비를 모두 끝낸 미군이 먼저 배에 오르고, 이어 민간인들도 배에 탔다. 흥남에 남은 민간인들이 있었다. 그러나 이후 그들이 어떻게 되었는지는 알 수가 없다"는 내용

흥남부두 폭파 장면 노출 등 역사적 사실을 다루면서 맥락상 필요한 부분을 생략하여 왜곡된 역사 인식을 조장할 우려가 있는 내용을 방송하고, 전쟁에 참전한 소년병 및 전사자 수에 대해 사실과 다른 내용을 방송하여 '경고'로 의결했다.

(2) 사례 2: 채널A 〈김부장의 뉴스통〉

세월호 추모집회와 관계없는 과거의 다른 시위 현장 사진을 '단독 입수' 자막과 함께 '세월호 시위대, 경찰 폭행 사진'으로 방송한 바, 이는 사실과 다른

내용으로 세월호 집회의 폭력성을 부각시켜 부정적 여론을 형성하기 위한 악의적인 방송이며, 타 언론의 사진을 인용했음에도 해당 출처를 명시하지 않았으므로 이에 대해 심의를 요청한다는 민원에 대해 방송 내용을 확인하고 논의한 결과, 진행자(김광현)와 출연자들(박상병 정치평론가, 이웅혁 단국대 경찰학과 교수, 황장수 미래경영연구소장)이 '세월호 집회, 과격시위 현장' 등을 주제로 대담을 나누는 과정에서, 5월 1일 노동절 집회에 참가한 세월호 시위대가 경찰을 폭행하는 사진을 단독으로 입수했다고 전하면서, 해당 집회와 관계없는 2003년 농민 시위 사진(방송 화면 1)과 2008년 광우병 시위 사진(방송 화면 2)을 방송하고, 이를 근거로 과격한 시위 행태에 대해 비판하는 내용 등을 방송한 것에 대해, '해당 방송 프로그램의 관계자에 대한 징계 및 경고'로 의결했다.

13) 2016년

2016년에는 모두 28건의 공정성 위반 사례가 있었다. 지상파는 모두 8건(TV 7건, 라디오 1건)이었고 종편채널은 19건(TV조선 12건, MBN과 JTBC 각 3건, 채널A 1건), 보도전문채널인 연합뉴스 1건으로 나타났다. 28건의 공정성 위반이 모두 경미한 수준인 '권고'(19건)와 '의견 제시'(9건)였으며, '주의'니 '경고'는 없었다.

14) 2017년

탄핵 정국으로 방송통신심의위원회의 후속 인사가 이루어지지 않아 위원회의 기능이 제대로 이루어지지 않았다. 모두 6건의 공정성 위반 사례가 있었는데 '권고' 4건, 의견 제시 1건, '주의' 1건(TV조선)이었다.

재송신에는 의무 재송신(must-carry)과 역외 재송신, 동시 재송신, 이시(異時)
재송신 등이 있다. 한국에서는 위성방송 출범 당시 MBC와 SBS 등의 지상파
방송 재송신 요구, 경인방송(OBS)의 역외 재송신 허용 문제와 지상파 방송사
의 케이블 방송사(SO)와 위성방송 등 유료방송사업자들을 상대로 한 재전송
사용료 요구 등으로 재송신 문제가 커다란 쟁점으로 부각했다. 재송신 정책은
프로그램의 다양성 확보와 보편적 접근을 통해 수용자의 복지를 향상시키려
는 목표를 갖는다. 또한 재송신 정책은 매체 간의 균형적 발전을 이루기 위해
특정 매체가 방송 시장에서 과도한 시장지배력을 발휘하는 것을 억제하기 위
한 정책이라 할 수 있다.

이 장에서는 의무 재송신과 역외 재송신 등 쟁점으로 부각된 사항을 소개하
면서 갈등 관계에 있는 방송 산업의 제 입장을 살펴볼 것이다. 또한 미국, 일
본, 독일, 영국, 프랑스 등 외국의 재송신 정책을 살펴볼 것이다.

1. 재송신의 유형

재송신에는 의무 재송신과 역외 재송신, 동시 재송신, 이시 재송신 등이 있다.

의무 재송신은 '방송법' 제78조 제1항에 명시된 것처럼 "종합유선방송사업자·위성방송사업자(이동 멀티미디어 방송을 행하는 위성방송사업자를 제외한다) 및 중계유선방송사업자는 한국방송공사와 한국교육방송공사가 행하는 지상파방송(라디오 방송을 제외한다)을 수신하여 그 방송 프로그램에 변경을 가하지 아니하고 그대로 동시에 재송신('동시 재송신'이라 한다)해야 한다"는 규정에 따른 것이다.

역외 재송신은 지상파 방송사가 허가받은 지역 이외에서 종합유선방송사나 위성방송 등을 통해 프로그램을 송출하는 것을 의미한다. '방송법' 제78조 제4항에는 "종합유선방송사업자 및 중계유선방송사업자가 당해 방송 구역 외에서 허가받은 지상파방송사업자가 행하는 지상파방송을 동시 재송신하고자 하거나 위성방송사업자가 제1항 및 제2항의 규정에 의하여 동시 재송신하는 지상파방송 이외의 지상파방송을 재송신하고자 하는 때에는 방송통신위원회의 승인을 얻도록" 하고 있다.

동시 재송신은 방송을 수신해 방송 편성을 변경하지 않고 동시에 재송신하는 것을 의미하며, 이시 재송신은 방송을 수신해 방송 편성을 변경하지 않지만 녹음·녹화 방송 프로그램을 일정한 시차를 두고 재송신하는 것을 뜻한다.

2. 재송신 정책의 목표

도준호(2004)는 다채널 환경의 도입으로 케이블 TV와 위성방송 시청자의 지상파방송 시청 문제가 부각되면서 재송신 정책에 대한 논의가 시작되었다고 전제하고, 재송신 정책은 다음과 같이 크게 두 가지 정책 목표가 있다고 정리한다.

첫째, 수용자의 복지 향상 측면이다. 케이블 TV나 위성방송사업자가 지상파방송을 재송신하지 않는 경우 유료방송 가입자는 지상파방송을 시청하기 위해 별도의 방안을 강구해야 한다. 시청자의 지상파방송에 대한 수요가 가장 큰 점을 고려할 때 지상파방송의 프로그램을 유료방송 패키지를 통해 시청할 수 없다면 프로그램의 다양성이 저하되면서 수용자의 복지가 훼손되는 결과를 가져온다. 따라서 재송신 정책으로 프로그램의 다양성 확보와 보편적 접근을 꾀해 수용자의 복지를 향상시키려는 목표가 있다.

둘째, 재송신 정책은 매체 간의 균형 발전을 이루려는 정책적 목표를 갖는다. 특정 매체가 방송 시장에서 과도한 시장지배력을 발휘하는 것을 억제하는 재송신 정책을 도입할 수 있다. 케이블 텔레비전으로 지상파방송을 시청하는 시청자의 수가 많은 미국은 의무 재송신 정책을 통해 다채널·다매체 환경에서 플랫폼 사업자의 과도한 시장지배력을 억제하려는 취지가 주요 정책 목표로 나타났다.

3. TV 방송의 유료방송에의 재송신 역사

한국에서 유료방송을 통한 지상파방송의 재송신이 처음부터 갈등을 일으켰던 것은 아니며 재송신이 오히려 지상파방송으로부터 좋게 평가를 받았던 것도 사실이다. TV 수상기 보급이 본격화된 1970년대 초반 유선텔레비전 방송의 법적 토대가 마련됨에 따라 본격적인 유선텔레비전 방송 시대가 시작되었다(미디어미래연구소, 2015: 54). 1980년대 중반까지 유선텔레비전 방송사업은 지상파방송과 호혜적인 관계 속에서 확장될 수 있었다. 이처럼 협조적인 관계가 형성될 수 있었던 것은 산악 및 해안 지역이 많은 국내의 지형적 특징으로 인해 난시청 지역이 많았지만, 다수의 중계시설을 설치하기 어려운 상황에서 지상파 방송사의 가시청 지역을 확장하는 데 기여하는 동시에 유선텔레비전 방송사업자의 가입자 확보에도 긍정적으로 작용했기 때문이다(미디어미래연구소, 2015).

1995년 종합유선방송이 설립되고 나서도 기존의 중계유선방송과 교통정리가 제대로 되지 않고 지상파방송의 재송신도 이루어지지 않아 가입자 확보에 어려움을 겪었다. 그러나 곧이어 관련 법 개정과 정부의 각종 지원책 등으로 중계유선방송을 종합유선방송에 끌어들일 수 있게 되고 지상파방송의 재송신을 실시하게 됨으로써 종합유선방송은 비록 IMF라는 위기 상황을 맞기는 했지만 그런대로 버티어나갈 수 있었다.

그러다가 2002년 3월 1일 스카이라이프 위성방송이 개국했다. 그런데 스카이라이프는 개국 당시 의무 재송신에 해당하지 않는 지상파방송인 MBC와 SBS는 중계할 수 없었다. 당시 이들 지상파방송은 막강한 경쟁력을 갖고 있었기 때문에 가입자 확보에 어려움을 겪은 것은 너무나 당연했다. 위성방송이 MBC나 SBS를 재송신할 경우 방송위원회로부터 허가를 받도록 했는데 지역 MBC와 충돌 문제, 역외 재송신 문제가 야기될 수 있기 때문이었다.

위성방송인 스카이라이프는 2004년 12월 14일 지역 지상파방송의 연합체인 지역방송협의회와 '권역별 이행 약정'을 체결하고 대전 MBC와 지역민방인 대전방송을 시작으로 지상파 권역별 시험방송을 개시했다. 그리고 2005년 '권역별 동시 재송신 표준 약정서'를 체결함으로써 최초로 지상파 재송신 계약을 체결하고 재송신 대가를 지불하게 되었다. 이 계약을 계기로 지상파방송과 유료방송 간의 재송신 분쟁이 끊이지 않고 발생하게 되었다.

1) 쟁점 1: 의무 재송신

1990년대 초반 한국에 케이블 텔레비전이 도입되면서 기존의 지상파방송 이외의 다채널 시대가 본격적으로 열렸다. 케이블 텔레비전을 통한 새로운 방송 시청 행태가 이루어지면서 기존 지상파방송의 재송신 문제가 제기되었다. 헌법재판소는 한국에서 '의무전송제도'가 갖고 있는 법적 의미를 판결문에서 다음과 같이 밝혔다. 즉, '종합유선방송법' 제2조 제1호 등에 관한 위헌확인 소원에서 헌법재판소는 "한국방송공사와 한국교육방송공사의 공영성 강한 프로그램을 케이블 텔레비전으로 하여금 의무적으로 전송하게 하여 케이블 텔레비전이 일정 수준 이상의 공익성을 확보하고 '방송법' 제78조 제2항에 준하는 의무 재송신인 경우 저작권(동시 중계방송권)이 면제됨을 명시함으로써 난시청 지역 시청자의 시청료 이중 부담을 해결하고자 하는 입법 목적을 갖고 있음"을 판시했다(유의선·이영주, 2001).

이러한 판시를 통해 드러난 입법 취지를 보면, 국내의 의무전송제도의 도입목표는 다채널 시대에서 케이블텔레비전사업자가 최소한도로 갖추어야 할 방송의 공영적 성격의 유지 및 난시청 지역 시청자에 대한 고려로 요약될 수 있다. 재송신 정책은 케이블 텔레비전과 위성방송사업자가 지상파방송을 재송신하게 함으로써 다채널 텔레비전 방송 시청자가 지상파 프로그램을 편리하게 시청할 수 있도록 시청권을 보호하고 방송 매체 간 균형 있는 발전을 도모하려는 목적을 갖고 있다(도준호, 2004: 8).

2000년 12월 한국디지털위성방송(KDB)이 위성방송사업자로 선정되면서 위성방송을 통한 지상파방송의 재송신 문제가 불거져 나오기 시작했다. 1999년 12월에 통과된 '방송법' 제78조와 '방송법 시행령' 제61조 제1항은 다채널 방송사업자에 대한 재송신 정책의 핵심을 이루는 부분이다. 이에 따르면 위성방송사업자는 대통령령이 정하는 지상파방송사업자의 방송 신호를 수신해 방송 프로그램에 변경을 가하지 않는 조건으로 동시에 재송신한다. 이렇게 재송신된 신호는 KBS 1TV와 EBS로 명시되어 있다.

한편 '방송법' 및 'IPTV법'으로 유료방송에서 플랫폼사업자인 케이블 TV와 위성방송, 그리고 IPTV 등은 채널사용사업자 중에서 의무적으로 송신해야 하는 채널을 규정하고 있다. 이들 의무 재송신 채널에 해당하는 것은 공공채널(종교채널, 장애인채널), 공익채널로 선정된 채널, 보도전문채널, 종합편성채널 등이다. 원칙적으로 이러한 의무 재송신 채널에 플랫폼사업자들은 채널사용료를 지급하지 않아야 하는데 현재 공공 및 공익채널을 제외한 종합편성채널과 보도전문채널에 사용료를 지급하고 있어 이중 특혜라는 논란이 있기도 한다.

2) 쟁점 2: 역외 재송신

역외 재송신이 쟁점으로 부각된 것은 위성방송이 MBC와 SBS의 재송신을 주장하면서부터이다. 위성방송사업자는 위성방송의 광역성을 이용한 난시청 해소, 시청자 편의성, 케이블 텔레비전과의 공정한 경쟁을 위해 KBS1과 EBS 의 의무 재송신뿐만 아니라 MBC와 SBS의 재송신을 주장했다. 그러나 위성방 송사업자의 지상파방송의 동시 재송신은 역외 재송신에 해당하는 문제점을 발생시킨다. 지상파 네트워크 방송사는 키스테이션과 다수의 지역 방송국으 로 구성되어 있고, 지역 방송국은 키스테이션에서 송출하는 프로그램을 수신 해 이를 다시 해당 방송 권역으로 송출하는 구조이다. 따라서 위성을 통한 서 울 지역의 지상파 네트워크 방송의 재송신은 각 방송국별로 정해져 있는 방송 권역을 훼손하는 결과를 가져온다(도준호, 2004: 9).

한편 옛 경인방송은 종합유선방송과 중계유선방송을 통한 지상파방송의 역 외 재송신 승인을 방송위원회에 신청했으나, 방송위원회는 2000년 7월 19일 「종합·중계유선방송 채널 운용 기준」을 발표하면서 방송 매체 간 균형 발전 과 방송 권역의 유지를 명분으로 지상파방송의 권역 외 재송신을 불허한다는 방침을 밝혔다.

2001년 11월 19일 방송위원회에서 발표한 채널 정책은 위성방송의 지상파 방송 동시 재송신과 종합·중계유선방송의 역외 지상파방송 재송신, 위성·종 합유선방송의 외국 방송 재송신 등으로 나뉜다(방송위원회, 2001). 이 중에서 가장 큰 쟁점으로 부각된 것은 위성방송의 지상파방송 동시 재송신이다.

방송위원회는 한국디지털위성방송에서 2002년 3월 본방송 이후 한시적으 로 2년간 서울 MBC와 SBS 등의 지상파방송을 수도권만을 대상으로 송신하고 2년 후에는 전국으로 방송할 수 있도록 했다. 한편 KBS와 EBS에 대해서는 현행 '방송법'에 따라 위성방송 개시와 함께 동시 재송신을 허용하기로 했다. 이후 이러한 내용이 발표된 후 재송신에 대한 찬반 논쟁이 과열되었는데, 2002년 4월 8일 지상파 의무 재송신 대상을 KBS1과 EBS로 제한한다는 '방송법' 개정안이 국회를 통과한 후 일단락되었다.

(1) 역외 재송신 부분 허용

방송위원회는 2004년 7월 26일 위성방송의 지상파 재송신과 지상파방송의 권역 외 재송신을 조건부로 허용하는 것을 골자로 한 '방송채널 운용정책 운용방안'을 발표했다. 방송위원회에서는 채널 정책의 목표로 시청권 보호와 공익성 확보, 매체 간 균형 발전을 위한 공정한 경쟁 구도 확립, 지역 방송 육성과 로컬리즘(localism) 구현을 제시했다. 구체적인 방안을 살펴보면, 케이블 방송사는 당해 방송 구역 내에서 허가받은 지상파방송사업자의 텔레비전 방송 채널을 의무 재송신하고, 대상 지상파방송이 허가된 방송 구역 내에서만 수신되도록 하는 조건으로 위성방송사업자의 지상파방송의 재송신을 허용하며, 자체 편성 비율이 50% 이상인 지역 방송에 한해 공적 책무 수행과 지역 문화 발전 기여도 등을 심사해 SO의 역외 지상파방송 재송신을 승인한다는 내용이다. 이러한 결정에 따라 지상파방송의 위성 재송신이라는 묵은 과제의 실마리가 풀렸고, OBS도 역외 재송신을 허용받아 재도약의 기반을 마련했다.

옛 방송위원회에서는 티브로드와 CJ 헬로비전 계열 서울의 13개 구역에서 OBS의 역외 재송신을 허용했다. 그러나 방송통신위원회가 설립된 후에는 C&M이 신청한 서울의 8개 구역의 재송신 승인을 계속 보류해 결국 해당 SO가 신청을 철회했다. 2010년 2월 방송통신위원회는 기존에 승인받은 13개 SO에 대해서는 시청자 보호를 위해 별도의 심사 절차 없이 3년간(2010.2.19~2013.2.18) 연장하되 나머지 14개 SO는 불허를 결정했다. 야당 추천위원 두 명은 옛 방송위원회에서도 경인 지역만을 대상으로 100% 자체 편성하는 독립방송사의 경영이 불가능함을 인정하고, 역외 재송신을 허용한 사례를 들어

OBS의 역외 재송신을 서울 지역 27개 권역으로 확대해줄 것을 주장했으나 표결에서 나머지 여당 측 위원 3인의 반대로 허가되지 않았다.

(2) OBS의 역외 재송신 허용

그런데 방송통신위원회는 2011년 3월 21일 OBS의 서울 전역에 대한 역외 재송신 허용을 골자로 한 'OBS 역외 재송신 관련 시장영향평가 결과에 관한 사항'에 대한 보고 안건을 채택함에 따라, OBS는 서울 지역 내 13개 SO를 포함한 전 지역에 방송 전파를 송출할 수 있게 되었다.

3) 쟁점 3: 지상파방송과 위성방송 간의 재송신 갈등

2000년 12월 한국디지털위성방송(KDB)이 위성방송사업자로 선정되고 위성방송에서 지상파방송을 재송신하는 것이 허용됨에 따라 위성방송을 통한 지상파방송의 재송신 문제가 불거져 나오기 시작했다. 1999년 12월에 통과된 '방송법' 제78조와 '방송법 시행령' 제61조 제1항은 다채널방송사업자에 대한 재송신 정책의 핵심을 이룬다. 즉, 이 조항에 의하면 위성방송사업자는 대통령령이 정하는 지상파방송사업자의 방송 신호를 수신하여 방송 프로그램에 변경을 가하지 않는 조건으로 동시에 재송신하는 것이 허용된다. 시행령에 의해 이렇게 재송신 되는 방송 신호는 대통령령으로 정한 KBS 1TV와 EBS로 명시되었다(한진만, 2017).

2002년 3월 1일 한국디지털위성방송 '스카이라이프'가 개국하며 한국에도 위성방송서비스가 시작되었다. 개국을 이틀 앞둔 2월 27일 방송위원회가 MBC와 SBS 재송신에 대한 유보 요청을 하면서 준비 부족이었던 공익 채널 '시민방송'과 해외 재송신 채널인 '디즈니' 등과 함께 이들을 제외한 142개의 채널로 위성방송을 시작했다(미디어미래연구소, 2015).

KBS1과 EBS 이외의 다른 지상파방송을 재송신하려면 반드시 방송위원회

<표 8-1> '지상파 재송신 분쟁' 위성방송 중단 사례

시기	내용
2011.4.14~4.19	MBC, 스카이라이프에 수도권 HD 공급 중단(6일간)
2011.4.27~6.13	SBS, 스카이라이프에 수도권 HD 공급 중단(48일간)

자료: ≪전자신문≫, 2012.7.25.

의 승인을 얻도록 했는데, 이는 서울의 지상파방송이 위성 전파를 타고 전국 곳곳에 방송되면 지역방송이 고사할 우려가 있다는 지역민방의 요구가 받아들여진 것이다. 하지만 스카이라이프는 '방송법' 개정(2002년 4월 20일) 후 방송위원회 고시로 KBS 2TV의 재송신이 금지되자 스카이라이프 가입자의 시청권 등 권익 보호와 종합유선방송과의 형평성을 주장하며 KBS 2TV의 송출을 계속해 방송위원회가 과태료 처분을 내리는 등 충돌을 빚기도 했다. 이러한 논란은 2년여에 걸친 줄다리기 끝에 스카이라이프가 지역별로 해당 지역방송을 재송신하는 내용에 합의하며 일단락되었다. 2004년 9월 21일 방송위원회는 스카이라이프의 KBS 2TV 동시 재송신을 승인했다(미디어미래연구소, 2015).

그러나 KBS 1TV와 EBS만을 의무 재송신으로 한정함으로써 재송신 갈등의 불씨는 남아 있게 되었다. 실제로 MBC는 2011년 4월 14일부터 19일까지 재송신료를 지급하지 않는 위성방송인 스카이라이프에 수도권 HD방송 공급을 중단했다. MBC의 요구는 2년간 밀린 재송신료를 지불하라는 것이다. MBC는 2008년 2월 스카이라이프와 HD 재송신 협약을 체결했다. 2009년 3월까지 1년간 스카이라이프로부터 미니멈 개런티(minimun guarantee, 콘텐츠 송신료를 한꺼번에 지불하는 것)를 받고, 4월부터는 가입자 수에 따라 송신료를 정하는 CPS(cost per subscriber, 가입자당 비용) 방식을 적용한다는 내용이다.

그러나 스카이라이프는 CPS 정산 방식이 케이블사업자나 인터넷 멀티미디어방송에 비해 계약 조건이 불리하지 않아야 한다는 '최혜 대우' 조항에 위배된다며 2009년 4월부터 송신료 지급을 중단했다. MBC가 SO로부터는 송신료를 받지 못하면서 스카이라이프에만 CPS 정산을 요구하는 것에 대한 불만을 드러낸 것이다.

두 회사 간 분쟁은 법정 싸움으로 번졌고 서울남부지법은 2011년 4월 12일 "스카이라이프의 사용료 미지급을 원인으로 한 MBC의 HD 재송신 협약 해지 통지는 적법한 것으로 보인다"고 결정했다. MBC는 이를 근거로 2011년 4월 14일 수도권 HD 방송 신호의 공급을 중단했다(≪경향신문≫, 2011.4.20).

4) 쟁점 4: 한국의 지상파방송과 케이블 텔레비전 간의 재송신 갈등

한국은 지상파 재전송을 목적으로 유선방송을 보급했고, 이후 중계 유선을 흡수·통합한 케이블 텔레비전을 중심으로 난시청을 해소해왔다. 그러나 별문제가 없어 보였던 케이블 텔레비전의 지상파 재전송이 최근 들어 위기를 맞았다. KBS·MBC·SBS 3사가 케이블텔레비전사업자를 상대로 지상파방송 재전송 행위가 저작권을 침해한다며 소송을 제기하고, 디지털 케이블 텔레비전 가입자에 대해 별도의 지상파방송 시청료를 요구하고 있다.

과거 아날로그 방송 시절 지상파방송과 케이블 TV 간 갈등은 없었다. 서로가 보완재 역할을 했기 때문이다. 케이블 TV는 가입자를 유치하려면 킬러 콘텐츠인 지상파방송 프로그램이 필요했고, 지상파방송은 열악한 수신환경을 보완하기 위해 케이블 TV가 절대적으로 필요했다. 그리고 그 당시에는 지상파방송의 광고 매출이 지금보다 꽤 괜찮은 상황이었다(채수웅, 2016.4.22).

하지만 디지털 전환이 이뤄지고 IPTV 론칭, CJ의 대형화, 종합편성채널 등장 등으로 방송 시장 환경이 급변했다. 지상파 방송사들의 시청 점유율은 하락했고 광고 매출까지 떨어졌다. 반면 유료방송 및 PP들은 꾸준히 성장했다. 지상파방송 매출 감소는 그동안 수면 아래 있던 콘텐츠 재송신 대가를 부상시켰다(채수웅, 2016.4.22).

지상파의 CPS 인상 요구는 날이 갈수록 점점 더 심해졌다. 경영 상황이 점점 더 나빠지고 있는 것도 하나의 원인이 된다. 국내 방송 업계는 2012년 이후 광고 매출 1위 자리를 온라인에 빼앗겼다. 방송통신위원회의 조사에 의하면 지상파방송 사업자들의 방송광고 시장 점유율은 2006년 75.8%였던 것이 2015년에는 55.0%까지 낮아졌다.

(1) 갈등의 핵심

갈등의 핵심은 케이블 텔레비전 재전송 행위가 지상파의 저작권을 침해하는지 여부이다. 지상파 방송사는 케이블 텔레비전의 무단 재전송은 '저작권법' 위반이며 케이블 업계가 이를 통해 막대한 이득을 얻는 만큼 정당한 대가를 지급해야 한다고 주장한다. 반면 케이블 텔레비전 업계는 암묵적 합의하에 수십 년간 지속된 재전송을 새삼스럽게 문제 삼는 것을 이해할 수 없다는 입장이다. 케이블 텔레비전은 지상파방송의 난시청 해소에 일조해온 만큼 오히려 지상파 방송사 측이 이득을 봤다는 것이다.

케이블방송은 법원 결정에 불복하며 지상파 재송신의 광고 중단 선언 등 초강경 입장을 보였다. 결국 시청자 피해에 직면해 정책 기관인 방송통신위원회는 사업자 간 중재에 들어갔고, 일단 양 사업자는 상호 비방과 실력 행사를 15일간 유예하기로 하는 등 합의점을 찾기 위한 노력을 시작했다.

그러나 이후 유료 방송사와 지상파 방송사 간 재송신 협상이 시작될 때마다 극단의 대치 상황이 벌어질 정도로 마찰이 거듭될 뿐 뾰족한 방안은 마련되지 않고 있다. 급기야 2012년 초에는 5대 종합유선방송(MSO)이 지상파방송과 협상 불발로 일시에 KBS2 HD(고화질) 방송 송출을 중단하는 초유의 사태가 벌어지기도 했다(≪머니투데이≫, 2012.10.29).

(2) 법원의 판결

① 지상파 방송사들의 소송 제기

2009년 9월 지상파방송들은 CJ 헬로비전에 재송신 금지 가처분 소송을 했으나 1심에서 기각되었다. 이어서 같은 해 11월 지상파방송 3사는 5대 케이블

(CJ 헬로비전, 티브로드, C&M, CMB, HCN)에 재송신 금지 가처분 소송, 형사소송, 민사본안 소송을 제기했으나 같은 해 12월 21일 법원은 가처분 기각 결정을 내렸다.

서울중앙지법은 2010년 9월 8일 KBS와 MBC, SBS 등 지상파방송 3사가 2009년 11월 CJ 헬로비전과 티브로드, C&M, CMB, HCN 등 국내 5대 케이블 텔레비전 업체를 상대로 제기한 '저작권 침해 정지 및 예방 청구' 소송에서 지상파방송의 동시 중계방송권 침해 주장을 인정해, 2009년 12월 18일 이후 디지털 케이블 가입자에 대해 지상파방송 재전송을 불허하는 원고 일부 승소 판결을 했다. 케이블 업계가 주장해온 난시청 해소를 위한 지상파 시청 보조 역할을 인정하지 않은 것이다(≪아시아경제≫, 2010.9.8).

재판부는 "케이블 방송사가 지상파 재송신을 통해 이익을 얻는 점에 비춰 난시청 해소 같은 시청 보조 역할을 넘어선 독자적인 방송 행위로 보인다"며, "(종합유선방송사업자들이) 해당 방송 재송신을 통해 실질적으로 영업을 하고 있고, 해당 방송을 다수 유선방송 전용 채널과 묶어 하나의 상품으로 제공하기 위해 (지상파 방송사의) 동의를 얻지 않은 이러한 행위는 독자적 방송 행위로 이들 방송사의 동시 중계방송권을 침해하는 것"이라고 밝혔다. 재판부는 다만 소송의 핵심 중 하나인 저작권 침해는 지상파 방송사가 저작권을 소유하는 프로그램을 특정하기 어렵다는 이유로 각하했다. 또 재전송 금지 위반 시 1일 1억 원의 벌금 부과 요청에 대해서도 강제하지 않기로 해 협상의 여지를 남겼다.

이후, 2011년 7월 법원은 항소심인 2심 판결에서 동일한 판결을 내리며, 2011년 11월에는 종합유선방송사업자 중의 하나인 CJ 헬로비전에 대한 지상파 간접 강제 신청을 수용한다. 이 같은 과정 속에서 단기적인 합의에 그칠 수 있다는 문제가 제기되기도 했지만 2012년 1월 17일 지상파 재송신 협상은 극적인 타결을 이루었다.

'지상파 재송신 분쟁'에서 대법원은 지상파 3사의 손을 들어줬다. 서울중앙

〈표 8-2〉 지상파방송과 케이블 TV 간 분쟁 일지

일시	내용
2007년	MBC-CJ 헬로비전 등 지상파 TV 3사 콘텐츠료 협상 개시
2008년 7~8월	방송협회-케이블 TV 방송협회 저작권 침해 공방(공문 8회)
2008년 9월~2009년 9월	'지상파 - 케이블 방송사' 간 협상 진행 및 결렬
2009년 9월	지상파, CJ 헬로비전에 재송신 금지 가처분 소송(1심 기각)
2009년 9월~11월	KBS, MBC, SBS 소송 시작(HCN, CJ, 티브로드, C&M, CNB 5개사 대상) ※ 가처분 소송, 형사소송, 민사소송
2009년 11월	지상파, 티브로드 등 5대 케이블에 재송신 금지 민사본안 소송
2009년 12월 21일	법원 가처분 기각 결정
2010년 1월	지상파, CJ 헬로비전 가처분 소송 항고
2010년 9월	법원, 민사본안 지상파 저작권 인정, 간접강제 불인정
2010년 9월 8일	민사소송 1심 판결(지상파 일부 승소)
2010년 9월 14일	지상파(방송협회 방통융합특위) 입장 발표
2010년 9월 18일	케이블 결의문 채택 및 발표(SO/PP)
2010년 9월 27일	케이블 SO 협의회 광고/재송신 중단 발표(10월 1일부터)
2010년 9월 28일	방송통신위원회-지상파·케이블 중재 사전 모임
2010년 9월 30일	방송통신위원회 중재로 양측 상호 비방이나 실력행사 자제 발표
2010년 10월	방송통신위원회, 제도 개선 전담반 구성 운영 결정
2011년 6월 2일	법원, CJ 헬로비전 신규 디지털 가입자 지상파 송출 중단 판결
2011년 10월 28일	법원, CJ 헬로비전에 대한 지상파 간접강제 신청 수용
2011년 11월 14일	케이블 "협상 결렬 시 24일 낮 12시부터 지상파 디지털신호 송출 중단"
2011년 11월 28일	케이블, 오후 2시부터 지상파 디지털방송 송출 중단
2011년 12월 16일	케이블, SBS 채널번호 변경 신청서 방송통신위원회 제출
2011년 12월 16일	지상파, 간접강제금 집행 시작
2012년 2월 3일	KBS, 5개 MSO 고소 → 서울중앙지검 형사5부 배정
2012년 2월 8일	한국저작권위원회 조정 1차 기일 → 3.15로 연기
2012년 2월 17일	CJHV-지상파 3사 협상 타결
2012년 3월 15일	한국저작권위원회 조정 2차 기일 → 취하
2012년 9월 7일	지상파, 티브로드·HCN·CMB 상대 송출 중단의 가처분 소송 제기
2012년 11월	C&M, 지상파와 재송신 계약 체결, 소송 전부 취하

일시	내용
2013년 2월 6일	CMB, 지상파와 재송신 계약 체결, 소송 취하
2013년 2월 15일	법원, 티브로드·HCN 대상 가처분 인용 결정 선고
2013년 3월 20일	유료방송 '플랫폼공대위' 구성, 제도 개선 촉구 기자회견
2013년 4월 8~9일	티브로드·HCN, 지상파와 재송신 계약 체결
2014년 4월 15일	지역민방 9개사, 지역SO 14개사에 가입자당 280원 요구 손해배상 청구 소송 제기
2014년 5월 12일	SBS, SO 대상 월드컵 재송신 대가 산정 협상 요청
2014년 9월 17일	SBS → 남인천방송, MBC → 개별SO 9개사에 재송신 대가 손해배상 청구 소송 제기
2014년 12월 29일	JCN 울산중앙, 지상파 대상 '전송설비 이용료 청구' 소송 제기
2015년 5월 22일	지상파 3사, CMB 대상 '지상파 재송신 상품 신규판매 금지' 가처분 신청
2015년 9월 3일	울산지법, 재송신 손해배상 및 전송료 청구 모두 기각
2015년 10월 16일	서울남부지법 CMB 가처분 기각 결정
2016년 1월 13일	서울중앙지법, 지상파와 개별 SO 대상 손해배상청구 소송 'CPS 190원' 판결
2016년 1월 15일	서울남부지방법원, C&M 지상파 3사에 CPS 축소 지급해 총 57억여 원 손해액 배상 판결
2016년 2월 18일	청주지법, CCS 충북방송 대상 손배 청구 소송 'CPS' 170원 판결
2016년 3월 23일	서울고법, CMB 가처분 항고심 기각
2016년 4월 12일	서울중앙지법, 재전송료 감정 평가(한양대 윤충한) 'CPS' 170원 권고

자료: 전지연(2016.1.25, 2016.6.13).

지법 민사합의 50부는 2013년 2월 18일 KBS, MBC, SBS가 "지상파 재송신을 중단하라"며 현대 HCN 서초방송과 티브로드 강서방송을 상대로 낸 저작권 등 침해 중지 가처분 신청을 일부 인용했다. 이에 따라 이들은 가처분 결정을 송달받은 날부터 50일 이후 신규 가입자들에게 지상파 재송신을 할 수 없으며 이를 어길 경우 간접 강제금으로 하루 3000만 원을 지급해야 한다(≪머니투데 이≫, 2013.2.20).

2014년 4월 15일 지역민방 9개사는 지역SO 14개사에 가입자당 280원을 요구하는 손해방송 청구 소송을 제기했으며, 이와는 별도로 SBS는 SO들을 대상으로 월드컵 재송신 대가 산정 협상을 요청했다. 같은 해 9월 17일 SBS는 남인천방송을 상대로 MBC는 개별 SO 9개사에 재송신 대가 손해배상 청구 소송을 제기했다. 지상파방송들이 주로 소송의 원고에 해당했지만 SO가 원고로서 지상파방송에 소송을 제기하기도 했다. 즉, 2014년 12월 29일 JCN 울산방송은 지상파방송을 대상으로 '전송설비 이용료 청구' 소송을 제기했다.

② 법원의 케이블 TV 대가 산정 인정

처음에는 우세한 입장에 있었던 지상파방송의 CPS 요구가 법원에서 받아들여지지 않는 경향을 보였다. 즉, 지상파방송과 케이블 TV 간 법적 소송에서 케이블 TV의 입장이 반영되고 아울러 CPS 280원이 잇달아 부정되기 시작했다.

2015년 5월 22일 지상파 3사는 CMB를 대상으로 하여 '지상파 재송신상품 신규판매 금지' 가처분 신청을 했다. 그러나 같은 해 9월 3일 울산지법은 재송신 손해배상 및 전송료 청구 모두를 기각했고 10월 16일에는 서울남부지법이 CMB 가처분 기각 결정을 내림으로써 일방적인 우위를 점하던 지상파방송의 재송신 분쟁은 새로운 국면을 맞이하게 되었다.

2015년 9월 울산지법의 판결에서 케이블의 재전송에 의한 지상파방송의 부당이득을 인정한 바 있으며, 2016년 1월 13일 서울중앙지방법원 민사11부가 가입자당 재송신료가 190원이 적절하다고 판결했다. CPS 280원을 재송신 대가의 통상 사용료에 해당한다고 볼 수 없다고 판단한 것이다.

또한 서울중앙지방법원 민사 13부가 한양대 경제학부 윤충한 교수에 의뢰해 진행한 지상파방송 콘텐츠 재송신료 감정 결과 280원의 60%인 170원이 적정한 것으로 분석되었다. 이유는 간단하다. 콘텐츠 가치, 즉 재송신 대가는 시청률·광고 매출과 밀접한 관계가 있는데 지상파방송의 시청률과 광고 매출은 계속해서 하락세를 보이고 있기 때문이다(채수웅, 2016.4.22).

윤충한 교수에 따르면 재송신료를 처음 받기 시작한 2008년 말과 비교해 2015년 말 지상파방송의 시청률은 약 25% 감소했다. 광고 수입은 실질가격 기준으로 2002년 최고점을 찍은 이후 2014년에는 절반으로 줄었다. 미디어 대체 현상으로 TV 시청시간이 줄어들고 있기 때문이다. 새로운 방송사업자들의 시장 진입으로 다양한 콘텐츠 경쟁이 갈수록 치열해져 지상파방송의 독점력도 약화되고 있는 것이다(채수웅, 2016.4.22).

디지털방송 초기에는 한 사업자가 지상파방송과 계약하면 다른 사업자는 따라갈 수밖에 없는 구조였다. 특히 후발 주자인 IPTV 입장에서는 더운 밥 찬밥 가릴 처지가 아니었다. 경쟁이 치열하다 보니 한 사업자가 계약하면 다른 사업자는 어쩔 수 없이 따라갈 수밖에 없는 환경이었다. 여기에 유료 방송사들이 대부분 재벌 또는 대기업 계열사다 보니 그룹이나 지주사에서 지상파방송과 각을 세우는 것을 탐탁지 않게 생각할 수 있다. 윤충한 교수는 "시청률과 광고 가격이 콘텐츠 시장 상황을 가장 잘 반영한다"며 "하지만 콘텐츠 가치를 결정하는 시장 메커니즘이 완벽하지 않아 현실에서는 시장의 압력보다 협상력에 의해 가격이 결정될 가능성이 크다"고 분석했다(채수웅, 2016.4.22).

③ CPS에 대한 법원의 상이한 판결

케이블TV사업자들이 지상파방송 프로그램을 송출하는 대가로 지불하는 재송신료(CPS) 소송에 대한 판결이 법원마다 다르게 나오면서 혼란을 겪고 있다. 2016년 12월 8일에는 그동안 각각 170원과 190원으로 산정되었던 CPS 적정 가격에 대한 법원 판결이 280원으로 나왔다. 케이블TV사업자들은 여전히 CPS 280원에 대한 법원의 최근 판결에 의문을 제기하면서 앞으로 나올 지상파와의 소송 결과에 촉각을 곤두세우고 있다.

2016년 1월에만 해도 청주지방법원과 서울중앙지방법원은 각각 CPS 적정가가 170원과 190원이라고 판결했지만, 2016년 12월 8일에 서울중앙지방법원은 SBS와 지역 민방이 복수종합유선방송사업자와 지역유선방송사업자를 상대로 제기한 손해배상청구 소송에서 CPS 280원이 합당하다고 결론을 내렸다.

케이블TV사업자들은 법원마다 다르게 나는 판결을 받아들일 수 없다는 입장이다. 그동안 지상파는 IPTV와 MSO에 CPS를 400원 이상 요구했고, 일부 사업자들은 이를 받아들였다. 그러나 개별 SO들은 지역 SO의 상황은 MSO와 다르다고 주장한다. SO들의 아날로그와 디지털 SD 가입자는 여전히 전체 가입자의 50% 이상을 차지하고 있다. 물론 이번 판결에서는 아날로그와 디지털 SD 가입자는 손해배상에서 제외되었지만, SO들은 사업 규모나 매출액 부분에서도 차이가 나는 MSO와 같은 CPS 금액을 지상파에 지불하는 것은 불합리하다는 주장이다(안희정, 2016.12.22).

한편 2017년 1월 서울남부지방법원은 지상파방송 3사가 복수종합유선방송사업자인 CMB를 상대로 제기한 '지상파 재송신 상품 신규 영업 금지 가처분 소송'을 기각했다. 지상파 3사는 CMB가 2016년 12월 재송신 계약 만료 이후 무단으로 지상파방송을 재송신 했다며 재송신 방송 상품의 신규 판매를 금지하는 가처분 소송을 제기한 바 있다(윤희석, 2017.1.5).

재판부는 △직권조정제도 등 정부 주도의 분쟁 해결이 모색되고 있는 것 △IPTV 등 다른 유료방송 플랫폼과 사회 일반에 미치는 파급 효과가 클 것으로 예상되는 것 △재송신을 중단하는 것보다 당사자 협상으로 분쟁을 해결하는 것이 바람직하다는 것 등을 기각 이유로 밝혔다. 결정문은 "지상파 동시 재송신 분쟁을 저작권 행사라는 관점으로만 접근하면 방송의 공적 책임을 규정한 '방송법' 취지(제1조)에 반하는 결과로 이어질 우려가 있다"며 "채권자(지상파 3사) 신청은 이유 없으므로 이를 모두 기각한다"고 명시했다(윤희석, 2017.1.5).

재판부는 케이블 TV가 동시 재송신으로 지상파방송 보급에 공헌한 것을 인정했다. 동시에 지상파가 그동안 케이블 TV 재송신으로 난시청 해소에 필요한 비용을 절감했다고 판단했다. 울산지방법원도 지난달 울산방송(UBC)과 JCN 울산중앙방송 간 CPS 소송에서 지상파가 케이블 TV 재송신으로 이득을 얻었다고 인정한 바 있다. 이에 따라 가입자당 재송신료(CPS)를 비롯한 지상파 재송신 대가 분쟁은 원점으로 돌아갔다. CPS를 둘러싼 갈등이 극단으로 치닫고 있는 가운데 이번 법원 판단이 향후 재송신 대가 협상과 대가 산정 기준 마련에 영향을 미칠 것으로 전망된다(윤희석, 2017.1.5).

2017년 2월 현재 개별 SO는 지상파와 CPS 소송을 진행 중이다. 일부 지방 법원에서 CPS를 170~190원 수준으로 정한 판례가 있는데, 최근엔 서울지방 법원에서 280원을 인정했다. 이에 대해 개별 SO들은 항소를 준비하고 있다. 2017년 2월 21일 현재 개별 SO 9개사는 푸른방송, JCN 울산방송, 남인천방송, 광주방송, 금강방송, 아름방송, CCS 충북방송, 서경방송, 제주방송 등이다.

2018년 8월 16일 부산고등법원은 울산 지역 케이블TV사업자인 JCN 울산 방송을 상대로 SBS와 울산방송(울산민방)이 제기한 소송에서 SBS 측 손을 들 어줬다. 방송 제작자가 가진 저작 권리를 방송이 지녀야 할 공공성과 보편성 보다 높게 쳐준 것이다. 이에 따라 방송의 공공성을 이유로 재전송료 지급을 거부했던 JCN 울산방송은 저작권 침해 판결에 따라 SBS와 울산방송에 12억 6000만 원을 배상하게 되었다. 또한 각 지상파 방송사에 재전송료도 지급해야 한다. 그런데 이번 경우는 예외적이다. 대부분의 SO들이 이미 지상파 방송사 에 재송신료를 내고 있었던 반면 JCN 울산방송은 재전송료 지급 자체를 거부 해왔다(김유성, 2018.8.22).

(3) 지상파방송의 요구

지상파방송은 "케이블 텔레비전은 지상파에 돈을 내고 지상파 채널을 송출 하라"고 요구한다. 2018년 현재 사업자 간 계약으로 구체적으로 밝히진 않고 있지만 지상파 방송사는 디지털 케이블 텔레비전 가입자 한 명당 월 400~430 원(채널 1개 기준) 정도를 청구하는 것으로 알려지고 있다

한편 2016년에는 지상파방송과 케이블 SO 사이에 지상파 VOD 재전송과 관련하여 갈등을 빚기도 했다. 한국방송협회가 케이블 SO들이 2016년 1월 15 일부터 MBC의 광고 송출 중단 등을 예고하고 나선 데 대해 "SO들이 VOD 협 상에서 우위를 점하기 위해 실시간 재송신 신호까지 무단으로 훼손하겠다는

협박"이고, "방송사가 만든 콘텐츠를 이용해 수익을 얻고 있으면서 그 콘텐츠를 가능하게 한 광고를 훼손하겠다는 것은 콘텐츠 생태계를 파괴한 행위나 다름없다"고 강하게 비판했다(남일희, 2016.1.14).

방송협회는 "이미 케이블 MSO와 지상파 간 재송신 계약이 종료돼 현재 재송신 자체가 적법한 계약 없이 무단으로 이뤄지고 있는데, 이도 모자라 지상파 방송광고를 훼손하고 이를 VOD 협상과 연계하려 한다"며 "전형적인 유료 방송사업자의 횡포인 만큼 저작권 권리자로서 법과 원칙에 따라 단호히 대응하겠다"고 밝혔다.

방송협회는 이어 VOD의 경우, 지상파와 케이블 업계가 합의한 협상 시한(2015년 12월 31일)까지 최선을 다해 협상했지만 케이블 TV VOD사와 MSO가 "케이블 TV VOD사만을 통해 모든 SO에 VOD를 공급할 것"을 고집하면서 결렬돼 공급이 중단되었으며, 오직 C&M만이 가입자 피해 방지에 공감해 개별 공급 및 추가 협상에 응해 서비스가 이뤄지고 있다고 설명했다(남일희, 2016.1.14).

VOD 공급 조건과 관련해서는 "작년 말에 총액 기준 IPTV보다 20~30% 낮은 대가까지 수용하며, 오직 '창사 이래 단 한 번도 재송신 계약을 맺지 않고 불법 서비스를 해온 개별 SO들에게는 VOD를 공급하지 말아달라고 요청'했지만 케이블 TV VOD 측이 거절했다"고 덧붙였다.

방송협회는 "케이블 SO들은 공중의 지상파 신호를 잡아 재송신하는 방식이라, 방송을 끊고 말고 할 결정권은 지상파가 아닌 케이블 SO들이 갖고 있는데도, 이를 지상파가 결정하는 것처럼 악용하면서 계약 없이 무단으로 재송신하는 것도 모자라 지상파를 협박하는 무기로까지 삼고 있다"며 비상식적인 행태의 중단을 촉구했다(남일희, 2016.1.14).

한국방송협회 측은 "저작권은 보호받아야 하며 콘텐츠 가격은 시장에서 자율적으로 정해지는 것이라며" 케이블 TV의 주장을 반박하며 재송신료의 정당성을 주장하기도 했다.

⑷ 케이블 업계의 주장

케이블 업계는 지상파방송 재송신이 난시청 해소와 지상파방송의 광고 수입 증진에 기여한 것을 강조한다. 방송통신위원회 실태 조사에 따르면 아파트의 46.1%, 연립주택의 8.2%, 단독주택의 12.6%에서만 지상파방송의 직접 수신이 가능하다. 케이블 텔레비전에 가입하지 않고는 상당수 가구가 지상파방송을 시청하기 어려운 상황이다. 게다가 케이블 텔레비전 업체가 케이블망을 확대하는 비용을 전액 부담했으며, 이로써 시청 권역이 확대되었고 지상파방송의 광고 수입이 늘었다는 것이다.

케이블텔레비전협회는 재판부의 판결에 대해 성명을 내고 "재판부가 케이블 텔레비전의 지상파 수신 보조 행위의 개념을 인정하면서도 난시청 해소를 위한 노력을 인정하지 않은 데 대해 유감"을 표명했다. 또한 "(1심 판결에 따라) 신규 가입자를 분리해 송출을 중단하는 게 현실적으로 불가능한 만큼 모든 시청자에게 지상파방송 전송을 중단해야 한다"면서도 "시청권 침해와 혼란이 예상되는 만큼 지상파 송출 중단은 신중히 판단하겠다"고 덧붙였다.

이번 판결로 케이블 텔레비전 업계는 돈을 주고 지상파방송을 사든지 아니면 지상파방송을 중단해야 하는 갈림길에 섰다. 케이블 텔레비전이 지상파방송에 돈을 지불할 경우 케이블 텔레비전 요금을 대폭 인상할 수밖에 없다. 한편 케이블 텔레비전협회는 우선 재송신하는 지상파방송 프로그램에서 광고만 내보내지 않는 광고의 블랙 처리도 불사하겠다는 강경한 입장을 표명한 바 있다.

케이블 방송업계 관계자는 "정부가 양측 CPS 갈등을 해결하기 위해 유료방송연구반을 만들어 2015년부터 전문가들이 검토 중이고 조만간 방송통신위원회는 CPS 가이드라인을 발표하겠다고 한 시점에서 일방적인 VOD 송출 중단은 지상파방송의 상업주의"라고 말했다. 이어 방송통신위원회의 VOD 규제 미비에 대해 "VOD도 방송으로 보고, 정부가 지상파 방송사의 실시간 방송 공급 중단에 개입한 것처럼 VOD 공급 중단에도 나서야 한다"며 "법적 배경이 없더라도 시청자 복지나 공공성 측면에서 정부가 못 나설 명분도 없다"고 제언했다(황이화, 2016.10.10).

(5) 지상파방송과 케이블 업계의 협상

지상파 동시 재전송을 놓고 대결로 치닫던 케이블 업계와 지상파 업계가 유예기간을 갖고 본격적인 협상에 들어갔다. 양측은 2010년 9월 30일 방송통신위원회 중재로 10월 1일부터 15일까지를 유예기간으로 정하고 실력 행사와 상호 비방을 자제하고 협상을 벌이기로 합의했다. 이렇게 케이블 업계와 지상파 업계는 협상에 나섰지만 구체적인 의견 접근은 이뤄지지 않고 있다. 케이블 업계는 지상파가 요구하는 재전송에 대한 대가 지불은 절대 받아들일 수 없다는 자세를 고수하고 있다. 방송통신위원회 뉴미디어 정책과장은 "보편적 시청권 확보와 방송 시장의 유효 경쟁 환경의 조성이라는 두 가지 원칙 아래 협상을 진행하고 있는데, 양측이 논의를 출발하는 시작점이 달라 접점을 찾기가 쉽지 않다"고 전했다.

양쪽 의견이 팽팽히 맞서는 것은 '방송법'에 지상파 재송신 관련 규정이 명확하게 나와 있지 않기 때문이다. 2000년 제정된 '방송법' 제78조는 KBS(1TV와 2TV), EBS 등 수신료를 기반으로 하는 지상파방송 채널에 대해 유료방송사업자에게 재송신 저작권료를 면제해주는 대신 의무적으로 재송신하도록 규정했다. 2002년 '방송법'이 개정되면서 KBS2는 의무 재송신 채널에서 제외되었다. 그러나 의무 재송신 채널이 아닌 지상파방송 채널의 재송신에 대해서는 규정이 없기 때문에 이들 채널을 재송신할 경우 유료방송사업자와 해당 지상파 방송사 간에 갈등이 빚어질 가능성이 상존해왔다.

그동안 재송신 논란이 발생하지 않았던 것은 양측 간 묵시적 합의가 있었기 때문이다. 케이블 업체의 경우 가입자 확대를 위해 의무 재송신 채널 이외의 지상파 채널에 대해서도 재송신이 필요했고, 지상파의 경우 케이블을 통해 난시청을 해결해왔다.

2011년 1월 5일 한국방송협회의 방송통신융합특별위원회(방통융합특위)는 성명을 발표하고 방송통신위원회의 재송신 제도 개선 방향에 반대하는 입장을 표명했다. 2010년 9월 지상파 재송신과 관련해 케이블텔레비전협회가 지상파 재송신 전면 중단 등 시청자를 볼모로 압박을 지속하자, 방송통신위원회는 '재송신 제도 개선 전담반'이라는 중재안을 내놓았다. 그러나 방통융합특위는 케이블 방송사의 소극적인 자세와 제도 개선 전담반의 개선안에 대해 불만을 제기한다. 이에 케이블 방송사 측은 지상파가 방송통신위원회의 제도 개선 논의를 무시하고 법적 공방을 강행하는 것을 부적절한 처사라고 반발한다.

(6) 전망

법원의 판결로 케이블 업체가 지상파를 허락 없이 재전송해 지상파 방송사의 고유 권한인 전송권을 침해한 것으로 간주된 만큼, 케이블 업계는 지상파 방송 재전송을 즉각 중단하거나 이용 대가를 지불해야 한다.

그러나 2015년 말 현재 1373만여 가입자를 보유한 케이블 업계가 재전송을 전면 중단한다면, 현재 국내 시청자가 개인 또는 공시청 안테나(Satellite Master Antenna Television: SMATV)를 활용해 지상파방송을 직접 수신하는 비율이 10% 미만이라는 점을 감안할 때 시청권 침해와 혼란이 불가피해질 것이다. 또한 지상파 방송사 입장에서도 난시청 해소라는 짐을 떠안게 되는 동시에 광고 수익에도 적잖은 타격이 예상된다. 이처럼 케이블 텔레비전이 지상파방송 재전송을 중단하면 케이블 업체와 지상파방송 모두 손해를 볼 것으로 전망된다. 케이블 텔레비전은 IPTV, 위성방송 등 경쟁 유료방송에 가입자를 빼앗길 수 있으며 지상파는 시청 권역이 줄어들어 광고 수주가 급감할 것으로 예상된다.

반면 케이블 업체가 기존 수신료에서 지상파의 요구에 부응하여 계속 높아져가는 재전송료를 지불한다면 영세한 방송채널사용사업자의 형편은 더욱 악화될 수밖에 없다. 케이블 업체의 방송 수신료는 매년 감소 추세를 보여 2009년 1조 1500억 원이었던 것이 2015년에는 9405억으로 줄었으며 그에 따라 방송채널사용사업자에 나눠줄 몫이 줄어들 수밖에 없다. 이미 채널사용사업자 총매출액(홈쇼핑PP 제외) 중 지상파방송 3사 계열 채널사용사업 매출액은 20.2%(2015년 기준)를 차지하고 있는데 이에 더해 지상파 3사가 매년 지속적으로 재전송료 인상을 요구하고 있어서 방송채널사용사업자에게 돌아갈 몫이 그만큼 줄어들게 된다.

방송 업계 관계자는 "가난한 방송채널사용사업자의 몫을 부유한 지상파가 가져가는 꼴"이라며 "정부의 정책 부재가 이 같은 사태를 자초했다"고 지적했다(≪한국경제≫, 2010.9.9).

어쨌든 간에 우여곡절 끝에 지상파방송과 5대 MSO 간에는 어느 정도 협상이 타결되었지만, 이후 지역민방과 개별 SO로 소송이 확대되었으며, 향후 진행될 지상파 UHD방송과 관련한 재송신 갈등은 더욱 복잡한 양태를 띨 것으로 예상된다.

또한 기존에 경쟁관계에 있던 유료방송사업자들이 연합하여 지상파방송과 재송신 협상력을 높이려고 한다. 전체 유료방송사업자가 지상파 TV 실시간 재송신(CPS) 계약 협상력을 높이기 위해 뭉쳤다. 케이블 TV, IPTV, 위성방송 사업자 등 유료방송업계는 2016년 2월 15일 오후 서울 충정로 한국IPTV방송협회(KIBA)에서 연대회의를 열었다고 밝혔다. 전체 유료방송사업자는 연대를 통해 지상파 TV에 대항해 협상력을 높일 계획이다. 각 사업자는 이날 회의에서 지상파 TV가 각 사별로 제안한 안을 공유한 것으로 알려졌다. 더불어 개별 협상은 유료방송사업자 전체 협상력을 떨어뜨리기 때문에 연대를 깨면 안 된다는 내용이 오고갔다. 그동안 개별 협상을 해왔던 IPTV 업계는 지상파에 IPTV 3사가 함께 단체 협상을 하겠다고 밝혔다(전지연, 2016.2.16).

(7) 정부의 중재 노력
① 방송유지 명령
지상파방송과 유료방송 간의 갈등으로 인한 피해는 고스란히 시청자가 떠

안게 되어 있어 이에 대한 대비책이 마련되어야 한다. 그러한 방안 중의 하나가 정부의 개입이다. 지상파방송과 유료방송 간 갈등으로 인해 방송이 중단되는 사태를 방지하고 시청자들의 시청권을 보호해야 한다는 취지에서 정부의 적극적인 개입에 대한 요구가 있었다. 이른바 방송유지 명령이다.

방송유지 명령을 통한 정부의 중재 노력 사례는 KT 스카이라이프의 경우에서 찾아볼 수 있다. 실시간 방송의 경우 '방송법'상 규제할 수 있는 장치가 2015년 말부터 마련됨에 따라, 방송통신위원회는 2016년 10월 3일 KT 스카이라이프에 실시간 방송을 중단하겠다고 밝힌 MBC에 방송유지 명령을 내린 데 이어 9일 KBS와 SBS에도 방송유지를 명령했다.

지상파 3사와 KT 스카이라이프는 재전송료를 두고 해결책을 찾지 못하고 방송중단 사태가 우려되자 방송통신위원회는 KBS와 SBS에게 2016년 10월 10일부터 11월 8일까지 30일 동안 KT 스카이라이프로 방송 송출을 유지하라고 명령했다고 10일 밝혔다. 방송통신위원회 관계자는 "미디어 환경이 변화되면서 재송신 관련 분쟁이 심화돼 방송이 중단될 우려가 있다"며 "시청자의 안정적인 시청권을 보장하기 위해 '방송법' 제91조의 7에 따라 방송유지를 명령했다"고 밝혔다. '방송법' 제91조의 7은 방송의 유지·재개 명령제도를 말한다. 방송통신위원회가 시청자의 시청권을 보호하기 위해 30일 동안 방송 프로그램과 채널 공급을 유지·재개할 수 있도록 명령을 내릴 수 있는 권한이다. 방송통신위원회는 30일 뒤에 한 차례 더 30일 이내로 방송유지 명령을 내릴 수 있다.

MBC가 10월 4일부터 KT 스카이라이프에 방송을 중단하겠다고 통보하자 KBS와 SBS도 이에 맞춰 10월 10일로 방송을 중단하겠다고 KT 스카이라이프에 통보했다. 지상파 3사는 셋톱박스 단자 수를 기준으로 재송신료를 지불해 달라며 가입자 상세 정보를 요구하고 있다. 또 재전송료 단가를 현재 280원에서 430원으로 올려달라고 주문했다. 그러나 KT 스카이라이프는 가입자 정보는 영업상 비밀이라며 기존처럼 가입 가구 수로 재송신료를 지불하겠다고 지상파 3사의 요구를 거부했다.

방송통신위원회는 위성방송 스카이라이프와 재송신료 협상 갈등을 빚고 있는 MBC에 대해 2016년 11월 3일 새벽 0시부터 30일간 방송유지 명령을 추가로 부과했다. 방송통신위원회는 2016년 10월 4일 MBC에 방송유지 명령 권을 처음으로 발동했으며, 30일간의 방송유지 명령 기간이 끝남에 따라 이 날 추가 명령을 내렸다. 방송통신위원회는 KBS와 SBS에 대해서도 같은 이유 로 2016년 10월 10일 새벽 0시부터 30일간 방송유지 명령을 내렸다(김인철, 2016.11.3).

이렇듯 방송송출유지 명령은 2개월간 유효하다. 따라서 이 기간이 지나면 방송통신위원회는 지상파 3사가 유료방송사업자에 방송 송출을 강제할 수 있 도록 하는 법적 권한이 없어지게 된다(이지혜, 2016.10.11).

② 지상파방송 재송신 협상 가이드라인 발표

방송통신위원회와 미래창조과학부가 2017년 3월 20일 구체적 대가 산정 모형을 포함하지 않은 '지상파방송 재송신 협상 가이드라인'을 확정 발표했다.

먼저 지상파방송들이 재송신 계약에 따른 대가에 변동을 주장할 경우 그 근 거를 제시하도록 했다. 그리고 제7조에는 정당한 사유 없이 협상이나 계약 체 결을 거부하지 못하도록 했다. 구체적으로는 지상파방송사업자든 유료방송사 업자든 단일 안만을 강요해서는 안 되며 합리적인 거부 사유를 제시하지 않는 경우, 공동으로 부당하게 경쟁을 제한하는 계약 조건을 제시하는 등 정당한 사유 없는 거부행위는 금지하는 내용을 담고 있다. 제8조에는 정당한 사유 없 이 현저하게 불리한 지상파방송 재송신 대가 요구를 하지 못하도록 하는 내용 을 담고 있다.

미래부는 유료방송 발전 방안 연구반에서 사업자와 단체 등이 제안한 '로컬 초이스(local choice)'와 '요금 표시제' 등을 대가분쟁 방안으로 검토한 바 있다. '로컬 초이스(local choice)'요금제는 지상파 방송사만을 별도 패키지로 묶어 판

<표 8-3> 지상파방송 재송신 협상 가이드라인 주요 내용

구분	내용
제5조 자료 제공의 방법	- 기존의 지상파방송 재송신 계약에 따른 대가를 인상하거나 인하할 것을 주장하는 경우에는 그 주장에 대한 근거 제시
제7조 정당한 사유 없는 협상 또는 계약 체결 거부	- 정당한 사유 없는 거부행위 금지 예시 조항 · 상당 기간의 간격을 두고 3회 이상 협상을 요청하였음에도 불구하고 협상에 응하지 않거나 협상 자체를 거부하는 경우 · 지상파방송사업자 또는 유료방송사업자가 단일안만을 강요하는 경우 · 지상파방송사업자 또는 유료방송사업자가 상대방이 제시한 안에 대해 타 사업자들 간에 협상이 진행 중이라는 등 불합리한 사유를 제시하거나 합리적인 거부 사유를 제시하지 않은 채 거부만 하는 경우 · 지상파방송사업자 또는 유료방송사업자 측이 공동으로 부당하게 경쟁을 제한하는 계약 조건을 제시하는 경우
제8조 정당한 사유 없이 현저하게 불리한 지상파방송 재송신 대가 요구	- 정당한 사유 없는 현저하게 불리한 대가 여부 판단 시 고려 사항 예시 조항 · 광고 수익, 가시청 범위, 시청률 및 시청 점유율, 투자 보수율, 방송 제작비, 영업 비용, 유료방송사업자의 수신료, 전송 설비 등 송출 비용, 홈쇼핑 채널의 송출 수수료 등 · 지상파방송사업자 또는 유료방송사업자의 수익 구조, 물가 상승률, 유료방송사업자의 PP에 대한 프로그램 사용료의 비중 등 · 지상파방송사업자와 유료방송사업자 사이에 체결된 다른 지상파방송 재송신 계약이 있는 경우 그 대가 산정에서 고려한 요소와 산정 방식 등 · 요청 시 방송통신위원회와 미래창조과학부 장관은 문가로 구성된 지상파방송 재송신 대가 검증 협의체를 구성해 자문 가능

자료: 윤성옥(2010); 전지연(2016.1.25: 4면).

매하는 방식이며, '요금 표시제'는 재송신료 인상분만큼 가입자에게 부과하는 구조다. 유료방송업계는 요금표시제 도입에 찬성하는 입장이지만 정부는 시청자 측면에서의 영향도 종합적 고려가 필요한 사안으로 보고 있다(이미현, 2016.11.7).

외국의 재송신 정책

(1) 미국[1]

미국의 지상파 의무재송신제도는 1965년 처음으로 연방통신위원회(Federal Communication Commission: FCC)에 의해 채택된 이후 끊임없이 논란에 휩싸여 왔다. 지상파 재송신 정책은 당시 점차로 성장하는 케이블 텔레비전과의 경쟁에서 지상파방송을 보호하는 취지에서 채택되었다. 1960년대 당시는 케이블 텔레비전이 점차 성장하던 시기로 지상파방송은 케이블사업자들과의 경쟁에 직면할 수밖에 없었다. 이런 상황에서 방송사들의 이익 단체인 전국방송사연합(National Association of Broadcasters: NAB)은 강력한 로비를 통해 연방통신위원회가 지상파 재송신 정책을 채택하도록 만들었다. 당시 연방통신위원회는 다음의 이유를 들어 지상파 재송신 정책을 채택했다. 첫째, 무료 지상파방송의 혜택 유지, 둘째, 다양한 정보원으로부터 다양한 정보의 전파, 셋째, 텔레비전 프로그램 시장에서의 공정한 경쟁이다.

미국의 지상파방송 재송신은 몇 차례 우여곡절을 겪었다. 1985년과 1986년 지상파 재송신 정책은 케이블사업자들이 '수정헌법' 제1조의 권한을 침해한다는 이유로 지방법원이나 고등법원에서 기각되기도 했다. 그러나 많은 논란 끝에 재송신 규정은 1992년 '케이블텔레비전 소비자 보호와 경쟁에 관한 법'에 의해 지역 방송사가 의무 재송신과 재송신 동의(retransmission consent) 중 한 가지를 선택할 수 있도록 변화했다.

연방대법원은 1994년과 1997년의 판결을 통해 지상파 재송신 정책을 합헌이라 결정했다. 이 판결에서 대법원은 "지상파 의무 재전송 규정은 콘텐츠에 기반을 둔 정책이 아니라 방송 메시지가 전달되는 방식에 대한 정책"이라고

---

1 박남기(2010) 참조.

밝히면서, "케이블사업자들이 독점적 게이트키퍼(gatekeeper)의 역할을 하는 것을 방지하기 위해서는 지상파 의무 재전송이라는 특별한 정책적 규제가 필요하다"고 밝혔다. 하지만 대법원의 판결이 합헌으로 결정 났음에도 지상파 재전송을 둘러싼 논란은 계속되었다. 1997년의 마지막 결정 직후 연방정부는 디지털 방송으로의 전환을 공표했고, 이 과정에서 지상파 재송신이 다시 이슈로 떠올랐다.

연방통신위원회는 1999년 11월 '위성방송시청자 개선법(Satellite Home Viewer Improvement Act of 1999)'으로 위성방송사업자가 미국 지상파 텔레비전 시장별로 지역 방송국의 신호를 해당 지역(Local into Local) 시청자에게 전송하도록 규정했다. 이를 통해 연방통신위원회는 위성방송사업자의 케이블텔레비전사업자에 대한 경쟁력을 제고시키고 지역 방송의 보호라는 정책적 목표를 이루려고 했다. 이처럼 연방통신위원회는 케이블사업자의 입장을 이해하면서도, 좀 더 거시적인 측면에서 케이블 사업자들이 아날로그 방송과 디지털 방송을 모두 전송할 것을 촉구했다. 그리고 2007년 9월에는 케이블사업자가 아날로그 방송이나 디지털 방송 중 하나만 의무 전송하도록 했고, 디지털 방송의 전송을 개별 케이블사업자에 위임하기도 했다. 한편 디지털 방송으로의 전환 데드라인이 다가오자 케이블사업자들은 연방통신위원회의 정책 방향에 대해 수긍함으로써 2009년 6월 디지털 방송으로의 전면적인 전환이 이루어졌다. 현재 연방통신위원회의 규정에 의하면 디지털 방송이 시작된 지 3년 후까지는 케이블사업자가 의무적으로 디지털 지상파방송을 전송하도록 되어 있다.

개별 지상파 방송사는 의무재송신제도 외에 재송신 동의를 택할 수도 있다. 즉, 지상파 방송사가 케이블사업자에게 자신의 채널을 전송하도록 하고 오히려 현금이나 기타 방식의 보상을 요구하는 경우이다. 이는 지상파 방송사의 프로그램이 여전히 인기 프로그램이며 높은 시청률을 유지하고 있어 의무 재송신이 아니더라도 케이블사업자는 지상파방송을 전송할 것이라는 기대를 바

<부표 1> 미국 지상파 재송신 정책의 주요 변화

연도	주요 내용
1965	- 연방통신위원회가 마이크로웨이브를 이용해 원거리 신호(distant signal)를 전송하는 케이블 텔레비전 시스템에 지역 방송 신호에 대한 의무 재전송 조항을 적용
1966	- 연방통신위원회가 케이블 텔레비전을 지상파방송의 보조적인 서비스(ancillary service)로 규정하고 신호 전송(signal carriage)에 대한 포괄적인 규제를 적용
1972	- 케이블 텔레비전 시스템은 Grade B에 속해 있는 지역 방송사의 신호를 의무적으로 재전송하게 됨
1985	- 퀸시케이블회사(Quincy Cable TV Inc.) 대 연방통신위원회의 소송에서 고등항소심 법원은 '수정헌법' 제1조 침해를 이유로 의무 재전송 조항에 대해 위헌 판결을 내림
1986	- 방송사와 케이블 텔레비전 산업 간에 케이블 텔레비전 시스템에서 50마일 안에 있고, 최소한 2%의 점유율을 가진 방송국을 재전송하는 협상이 이루어짐
1986	- 시청자에게 재전송되지 않는 지상파방송을 쉽게 볼 수 있도록 A/B 스위치를 제공한다는 조건 아래 연방통신위원회가 방송사와 케이블 텔레비전 산업 간의 협약을 받아들임
1987	- 센추리사(Century Communications Corp.) 대 연방통신위원회의 소송에서 고등항소심법원이 의무 재전송 조항에 위헌 판결을 내림
1992	- '케이블 텔레비전 소비자 보호와 경쟁에 관한 법(The Cable Television Consumer Protection and Competition Act)'에 의해 지역 방송사는 케이블 텔레비전 방송국에 의무 재전송이나 재송신 동의를 요구하게 됨
1999	- 「위성방송 시청자 개선법(Satellite Home Viewer Improvement Act of 1999)」에 의해 위성방송사업자는 미국 지상파 텔레비전 시장(DMA)별로 지역 방송국의 신호를 해당 지역 시청자에게 전송하도록 함
2001	- 연방통신위원회가 잠정적으로, 디지털 텔레비전 방송의 의무 재전송 조항은 한 개 채널에만 해당되고 아날로그, 디지털 그리고 멀티캐스트 채널에 대한 의무 재전송 조항 적용을 인정하지 않는 결정을 내림

자료: *Broadcasting & Cable*(2002.10.21: 20); 도준호(2004: 7)에서 재인용.

탕에 둔 것이다. 현재 미국에서는 주요 지상파 네트워크가 소유한 지역 방송사(Owned & Operated: O&O)나 공영방송인 PBS의 지역 방송사 중에는 의무 재전송 대신 재송신 동의를 채택한 경우가 많다. 현재의 법에 따르면 지상파 방송사와 케이블사업자는 3년마다 재송신 계약을 갱신할 수 있도록 되어 있다.

2015년 6월 FCC는 케이블방송의 요금승인제를 사실상 폐지하도록 하는 시행규칙을 개정했다(신홍균, 2018.8.1).

(2) 일본[2]

일본에서 지상파방송의 재송신은 주로 유선텔레비전 방송(이하 케이블 텔레비전)을 통해 이루어져왔다. 최근에는 IPTV나 위성방송을 통한 재송신도 등장했지만 아직은 보완적인 역할에 머물고 있다. 케이블 텔레비전에는 재송신만 하는 경우와 재송신과 함께 자체 제작한 프로그램을 방송하는 '자주방송'이 있다. 지상파방송의 재송신은 방송사업자의 프로그램이 해당 방송사업자의 방송 대상 지역 내에서 재송신되는 '구역 내 재송신'(이하 역내 재송신)과 방송 대상 지역을 넘어 재송신되는 '구역 외 재송신'(이하 역외 재송신)으로 분류된다.

그동안 역내 재송신은 난시청 해소 등 방송의 수신 환경 정비에 기여해왔다. 이는 해당 방송 대상 지역에서 방송이 널리 수신되도록 지상파방송사업자가 노력해야 한다는 '방송법' 규정과 합치되었기 때문이다. 이런 의미에서 케이블텔레비전사업자는 지상파방송의 보완적 기능을 담당해왔으며 둘 사이의 갈등도 거의 없었다. 또한 '유선텔레비전 방송법'은 총무성 장관이 지정한 수신 장애 발생 구역 내의 케이블텔레비전사업자에게 재송신을 의무화하고 있다. 한편 역외 재송신은 지역의 필요에 따라 방송 대상 지역이 인접한 방송사업자의 방송 프로그램을 제공하는 경우가 일반적이다. 이는 방송 대상 지역을 뛰어넘는 것으로 지금까지 지역적 필요에 따라 인접 방송 대상 지역의 프로그램을 재송신해왔다. 그러나 완전 디지털화를 앞두고 로컬국의 경영 환경이 악화되면서 지상파방송사업자로부터 역외 재송신을 개정해야 한다는 의견이 높아졌으며, 지상파 디지털 방송의 재송신 동의를 둘러싼 협의도 원만하게 진행되지 않는 사례가 늘고 있다.

일본에서는 케이블텔레비전사업자가 재송신하고자 할 경우 방송사업자의 동의를 얻어야 한다. 재송신 동의를 통해 보호하고자 하는 것은 방송사업자의

---

2 안창현(2010) 참조.

'프로그램 편집 의도'이다. 이는 다양한 함의를 가진다. 첫째로 케이블 텔레비전 방송사업자의 일방적인 판단이나 사정으로 인한 재송신 시간, 프로그램 구성 등의 변경으로 방송사업자의 프로그램에 대한 '프로그램 편집 의도'가 손상되거나 왜곡되는 것을 방지하며, 둘째로 '방송법'에 규정된 특정 방송 대상 지역을 전제로 편집된 프로그램이 역외에서 무단으로 재송신되어 방송사업자의 '프로그램 편집 의도'를 해치거나 왜곡하는 것을 방지하는 것 등이다.

(3) 독일[3]

2000년 이후 최근에 이르기까지 '주정부 간 협약'이 여러 차례 개정되는 과정에서 아날로그와 디지털 신호 재송신에 관한 규정이 진화되어왔다. 제52조 프로그램 전송에서 아날로그 케이블 재전송 의무를 각 주의 입법 권한으로 규정했고(제1항), 디지털 케이블 조항(제2항)에서 의무 전송, 의무 전송 면제(non must carry), 임의 전송(can carry)과 관련된 사항을 규정해놓았다. 의무 전송은 각 주 '미디어법'에 규정된 것으로 공영방송, 지역방송, 시민열린채널 등이 여기에 속한다. 의무 전송 면제는 케이블사업자가 '미디어법'에 규정되지 않은 방송 채널을 스스로 결정해 전송하는 것으로, 이때에도 방송 수신자의 권익과 여론 다양성이 확보되어야 하며 무료 채널이 포함되어야 한다. 의무 전송 면제의 일부인 임의 전송은 케이블사업자가 관련 법을 준수하며 임의로 채널을 선정한다. 이와 관련된 사항은 주 미디어 기구로부터 감독을 받는다.

이후 제10차 개정으로 방송과 텔레서비스의 플랫폼에 대한 실질적인 규제 방안이 마련되었으며, 플랫폼 규제 조항이 신설되어 플랫폼 사업의 공정한 기회가 보장되었다. 개정안은 플랫폼 사업자가 요금과 비용을 공개해야 하고, 균형 있는 지역 시장 공급을 감안해야 하며, 사전 허락 없이 콘텐츠 공급을 변경하거나 패키지화하지 말 것 등 플랫폼 사업에 대한 규제 조항을 적시하고

---

3   서명준(2010) 참조.

있다.

(4) 영국[4]

영국의 지상파 재송신 제도는 의무 전송 원칙과 의무 제공 원칙의 결합으로 구성된다. 의무 전송 원칙이 공공 서비스 콘텐츠 제작자·공급자의 입장에서 디지털 전달 플랫폼에 대한 유효한 접근을 보장하는 방식이라면, 의무 제공 원칙은 콘텐츠 전달자·플랫폼 입장에서 경쟁 플랫폼 혹은 경쟁력 있는 콘텐츠 나 채널에 대한 실질적 접근을 보장하는 방식이다.

1984년 '케이블방송법'에 의해 시작된 지상파 재송신 제도는, 새로운 채널 을 갖게 된 케이블 방송사들이 아날로그 지상파 채널을 단순 중계하던 기존 기능을 유지하게 함으로써 케이블방송 가입자의 시청권을 보호하려는 의도가 있었다고 할 수 있다.

영국 지상파 재송신 제도의 목적은 기본적으로 '공공 서비스 방송'에 대한 보편적 접근을 보장하는 것이다. 따라서 지상파방송은 막연히 지상파를 활용 하는 방송이 아니라 국민 일반에게 보편적 서비스를 제공할 의무와 권리가 동 시에 부여된 공공 서비스 방송이기 때문에 그에 대한 재송신 여부가 중요해진 다. 특히 전달 플랫폼이 대폭 다양해진 디지털 방송 환경에서는 재전송 문제 를 단순히 사업자 간의 협상에 맡겨둘 경우 보편적 접근이 보장되어야 하는 공공 서비스 방송 채널에 대한 '시장의 실패'가 발생할 공산이 생기기 때문에 좀 더 강력한 공적 개입의 형태를 띤 의무 전송 개념이 중요해진 것이다.

(5) 프랑스[5]

프랑스의 지상파방송 재송신은 '방송법'에 명시된 '의무 재전송' 규정에 따

---

4 정준희(2010) 참조.
5 김지현(2010) 참조.

라 운영된다. 1980년대 중반에 도입된 의무 재전송 제도는 지난 30년간 방송 환경의 변화와 유럽연합 차원의 지침을 도입할 필요성에 따라 진화해왔다. 현행법상 의무 재전송 제도는 지상파 공영방송 채널 전체, TV5, 의회 채널 및 해외령 채널(RFO)이 모든 전송망 – 케이블, 위성방송, ADSL TV(IPTV) – 에서 무료로 재전송되는 것을 골자로 한다. 그 외의 경우 재전송 관련 계약에 대한 특별한 법제도적 장치가 마련되어 있지는 않다.

제9장

역사 드라마의 사실성과 허구성 논란

역사 드라마는 역사라는 사실과 드라마라는 허구가 결합된 장르로 교육적 기능과 오락적 기능을 모두 반영한다. 역사 드라마의 교육적 기능을 중시하는 입장에서는 사실성을 강조하면서 역사적 사실이 작가의 상상력보다 중요하며 역사 드라마에서 사실 고증은 필요충분조건이라고 말한다. 그러나 역사 드라마의 오락적 기능을 강조하는 입장에서는 역사적 사실을 소재로 하지만 허구의 세계를 다루는 드라마이기 때문에 더 중요한 것은 사실에 기초한 작가의 상상력이라고 주장한다. 즉, 사적(史的)인 오류나 고증의 실수가 없는 한 작가나 연출자에게 작품의 세계를 펼쳐나갈 권한을 부여해야 한다는 것이다.

역사와 역사적 허구물 사이의 관계는 역사학자와 작가 사이의 논쟁거리이기도 하다. 그렇기 때문에 역사 드라마는 사실을 중시하는 역사인가 아니면 허구로 만들어진 드라마인가에 대한 논란이 계속되는 것이다. 이 장에서는 방송 프로그램인 역사 드라마에 대한 역사적 사실 고증에 대한 입장 차이를 자세하게 소개하면서 왜 그러한 논란이 발생하는가를 살펴볼 것이다.

1. 역사 드라마, 역사와 드라마의 합(合)

역사 드라마는 말 그대로 역사와 드라마의 결합이다. 역사라는 말에는 역사적 사실에 대한 확인, 즉 고증 과정이 포함되어 있다. 그리고 드라마라는 말에는 작가적 상상력, 즉 허구적 구성이 포함된다. 당연히 역사적 사실에 대한 확인과 작가적 상상력이 얼마나 균형 있게 조화를 이루는가 하는 문제가 남는다(정기도, 2000: 30).

〈용의 눈물〉, 〈왕과 비〉, 〈허준〉, 〈태조 왕건〉 등의 굵직한 역사 드라마가 시청자를 매료시키면서 역사 드라마의 사실성과 허구성에 대한 논란이 그만큼 더 커졌다. "드라마는 어디까지나 드라마이다"라는 제작진들의 해명에도 역사 드라마가 역사적 사실에 기초하며 또한 시청자에게 미치는 텔레비전의 영향력이 매우 크다는 사실로 인해 역사 드라마에 대한 논란이 끊임없이 나타난다(한진만, 2000).

제작자 이병훈의 지적처럼 역사 드라마는 텔레비전 드라마의 일반적인 기능 이외에 인간의 과거에 대한 반추 욕구를 충족시키고 시공을 뛰어넘어 꿈의 세계에 대한 절실한 카타르시스(catharsis)로 작용한다는 장점이 있다. 또한 역사의 흐름을 교과서식으로 딱딱하게 주입하지 않고 부드럽게 극적인 흥미와 감동을 담아 전해줌으로써 역사 교육의 일익을 담당하고 전통문화의 계승과 민족정신의 함양에도 기여한다.

역사 드라마가 교육과 재미라는 두 가지 목적을 어떻게 반영하느냐에 따라 평가가 달라진다. 교육적인 면을 강조해 사실적인 내용만을 묘사할 때는 교과서식으로 진부해지면서 드라마로서의 기능이 약화된다. 반대로 재미에 비중을 두게 되면 자연히 극적인 전개가 필요하게 되고, 그러다 보면 역사적 사실 이외에 작가의 상상력을 동원해 그려내는 또 다른 세계가 펼쳐지게 됨으로써 사실성 여부가 도마 위에 오르게 된다.

근래 들어 인기를 얻었던 역사 드라마의 공통점은 역사적 사실 이외에 작가의 창의력이 가미되었다는 점이다. 궁내에서 남녀 간의 접촉이 감초처럼 들어가 시대를 거슬러서 인물이 설정되고, 역사적 기록에 나타난 사건이나 인물에 대한 새로운 해석도 있었다. 이러한 요소들 때문인지 혹은 구성이 탄탄해서인지는 몰라도 예전에 홀대받던 역사 드라마가 인기 있는 장르로 자리를 잡아가고 있다.

그런데 역사적 사실이 아닌 꾸며지고 만들어진 이야기들로 인해 많은 논란이 제기된다. 즉, 작가의 창의력을 어느 정도 인정하느냐의 문제가 주요한 논쟁의 대상이 된다. 작가는 재미없는 프로그램은 방송할 가치가 없다는 논리로 역사적 사실 이외에 작가의 상상력이나 창의력이 충분히 반영되어야 한다고 주장하는 한편, 교육적 측면의 우려를 표명하는 입장에서는 역사를 왜곡시킬 수 있는 작가의 창의력을 최소화해야 한다는 목소리도 높다. 역사를 허구적으로 묘사하는 드라마는 역사를 대중에게 친숙하게 하는 데 기여하기도 하지만, 다른 한편으로는 역사적 사건을 재현하는 과정에서 필연적으로 나타나는 영상화로 역사를 하나의 눈요기로 전락시키기도 한다.

2. 역사 드라마를 보는 두 가지 시각

역사 드라마를 보는 시각에는 크게 '역사적 사실'에 더 중점을 두는 시각과 역사적 사실 못지않게 '제작자의 상상력과 창의력'을 중시하는 시각이 있다. 따라서 역사 드라마를 둘러싼 논란의 하나는 역사적 사실과 관련해 특수성을 강조하는 작가적 입장과 보편성을 강조하는 역사학자 사이의 대립으로 나타난다. 작가는 역사적 사실을 배경으로 세계를 재구성하며 역사적 특수성에 주목하고 인간 본질의 감성을 재해석한다. 이렇게 작가의 역사적 상상력을 통해 형상화되는 역사적 허구물에서는 역사적 사실보다 작가적 해석과 상상력이 우위를 차지한다. 반면 역사학자들은 허구물이라 하더라도 역사적 보편성에 주목해야 한다고 지적한다. 즉, 역사적 허구물이라 하더라도 '과정으로서의 역사'를 다룰 때 올바른 역사 인식을 보여주어야 한다는 것이다. 이처럼 역사적 허구물을 놓고 벌어지는 작가의 상상력이라는 특수성과 과정으로서의 역사라는 보편성 사이의 갈등은 쉽게 해결될 것 같지 않다(주창윤, 2005: 93).

1) 사실에 충실해야

대체로 역사학자와 같이 역사 드라마의 교육적 기능을 중시하는 입장에서는 사실성을 강조한다. 한국 사회에서 역사 드라마가 역사 교육에 미치는 영향을 고려할 때 작가의 상상력을 어느 정도 인정한다 할지라도 그 당시의 정황이나 분위기 또는 시대상과 맞아야 하며, 역사물을 다룰 때는 역사를 왜곡하지 않는 범위 내에서 역사 전체를 통찰할 수 있는 상상력을 허용해야 한다는 주장이 제기되기도 한다. 역사학자의 입장에서 보면, 역사 드라마에서 사실이 작가의 역사적 상상력보다 중요하며 사실 고증은 필요충분조건이다.

> 대중을 상대로 하는 역사 드라마의 정확한 역사적 사실 고증은 필요조건이자 충분조건이다. 역사적 사실 고증이 정확하다고 해서 재미없는 드라마가 되는 것은 아니다(정옥자, 전 서울대학교 교수).[1]

> 역사적 사실을 다루는 드라마는 배경이 역사적 사실이기 때문에 인물이나 사건은 물론이고, 그와 관련된 시간적·공간적 배열이나 시대적·문화적 맥락은 허구로 꾸며져서는 안 된다(정기도, 2000: 30~31).

> 역사 드라마인 이상 허구는 용납될지 몰라도 역사적 사실의 오류는 용납될

---

1 한진만(2000: 24)에서 재인용.

수 없다는 것이다. 특히 교육적인 측면에서 왜곡은 있을 수 없다. 학교 현장의 일선 교사들이 지적한 문제점은 학생들이 드라마의 내용을 사실로 인정하는 데서 오는 가치관의 혼란이다.

사극은 학생들에게 역사 공부에 흥미를 갖게 하고 등장인물 이름의 암기 등에 도움을 줄지 모르지만 그릇된 역사적 지식과 역사관을 심어줄 수 있다. 사극이 허구임에도 불구하고 많은 시청자가 역사적 사실로 받아들인다(최현상, 중앙고등학교 교사).[2]

역사 드라마가 역사적 사실에 대한 이야기라는 점을 감안해 시청자의 역사관에 혼란을 줄 수 있을 만큼 재미적 요소에만 집착해서는 안 된다(조성일, 웹진 ≪부꾸≫ 기자).[3]

초등학생과 중학생은 대체로 텔레비전에서 제시하는 역사극을 사실로 받아들이는 경향이 있다는 조사 결과가 있다. 일례로 '초등학생의 역사 인물에 대한 인식 실태 조사'를 보면, 초등학생의 69.8%가 텔레비전 역사극에 묘사된 장면을 역사 인물에 대한 사실로 인식한다(이인희, 2004). 중학교 2학년 학생을 대상으로 한 조사에서는 역사 드라마에 역사적 왜곡이 있음을 알고 있지만, 70%에 가까운 응답자가 역사 드라마의 내용을 역사적 사실로 여기고 그것을 역사 지식으로 인지하는 것으로 나타났다(최혜경, 2008).

한편 서길수(2007)는 "드라마는 재미있어야 하지만 시청자가 사극에 나오는 역사를 그대로 믿어버리는 경향이 있고, 한국 사람들은 역사를 드라마에서 배우기 때문에 다른 기준으로 접근해야 한다"고 주장한다. 역사 드라마의 사실

---

2 한진만(2000: 24~25)에서 재인용.
3 한진만(2000: 25)에서 재인용.

을 강조하는 입장에서는 특히 텔레비전의 영향력을 고려할 때 더욱 중요하다는 견해를 피력한다. 왜곡된 역사가 텔레비전을 통해 마치 사실인 것처럼 방영되면 시청자는 그것을 역사적 사실로 받아들이는 경향이 있기 때문이다. 혹자가 텔레비전을 정신적인 교사라고 하듯이, 역사 드라마는 살아 있는 역사 교과서 역할을 하기도 한다.

2) 작가의 상상력을 존중해야

역사 드라마는 또 다른 차원에서 허구적 재미를 자극한다. 사실상 〈해신〉에서 장보고에 대한 역사적 사실은 중요한 것이 아니다. 오히려 역사적 사실보다 허구적 상상력이 만들어내는 사랑과 성공 신화가 시청자에게 더욱 가깝게 다가갔을 것이다. 이렇게 허구적 상상력이 역사적 사실을 지배하는 경향은 1990년대 말부터 등장하는데, 대표적 드라마로 〈허준〉, 〈여인천하〉, 〈대장금〉 등이 있다. 대중은 역사적 사실에 집착하는 것이 아니라 역사적 상상력이 만들어내는 재미에 몰두한다고 볼 수 있다(주창윤, 2005: 94).

역사 드라마의 제작자들은 역사 드라마의 역사적 사실성에 대한 역사평론가와 역사학자의 비판에 대해 반론을 제기하면서, 이러한 비판은 제작진의 고유 권한을 침해하는 것으로 볼 수밖에 없다는 입장을 견지한다.

드라마는 오락성과 함께 계도성을 갖고 있다. 따라서 흥미를 고조시키기 위한 지나친 미화나 비하는 금물이지만 다소의 과장된 묘사는 극작상 기승전결에 따른 의도적인 테크닉이다(김연진, 전 KBS 예능국장).[4]

1990년대 중·후반 이후에 제작된 역사 드라마의 특징적인 현상 중 하나는

---

4   한진만(2000: 26)에서 재인용.

상상적(imaginative) 역사 서술이다. 상상적 역사 서술은 역사적 재료보다 작가의 허구적 상상력이 지배한다. 역사 드라마에 등장하는 인물들은 대체적으로 정사(正史)에 간략하게 기술되어 있기 때문에 작가적 상상력이 역사 드라마의 이야기 전개에서 중요한 역할을 담당한다. 여기서 '상상적'이라는 말은 완전히 '허구적(fictive)'이라는 것이 아니라, 주요 등장인물은 실존 인물이고 주요 사건은 역사 기록을 따르지만 대부분의 인물 관계와 인물 설정, 주변 사건은 기록에 의한 것이 아니라 작가적 상상력에 의존한다는 의미이다(주창윤, 2006: 13).

안병욱은 "역사극을 역사로 해석하는 것은 위험하다. 시청자가 역사극을 드라마로서 접근할 수 있어야 한다"고 지적하면서, "역사극에서 본 장면은 시청자의 잠재의식 속에 남아 '역사'로 착각하게 만든다. 역사극은 큰 줄거리를 제외하고는 모두 상상에 의해 재현된 것임을 잊지 말아야 한다"고 강조한다(프로듀서연합회, 2004).

상상의 역사를 다루는 드라마는 중심 사건이나 주요 인물만 실존할 뿐 주변 인물이나 인물의 성격과 행위 등은 모두 작가적 상상력으로 만들어진다. 허준이나 정난정에 대한 정사의 기록은 제한적이기 때문에 역사적 맥락에 대한 기본적 이해를 바탕으로 작가가 역사 드라마를 구성할 수밖에 없다. 더욱이 고려 시대 이전의 역사적 기록은 매우 제한적이기 때문에 작가의 상상력은 역사 재현 방식에서 중요할 수밖에 없다(주창윤, 2006: 14).

특히 한국의 경우 과거에는 역사 드라마가 주로 조선 시대가 배경인 경향이 있었는데, 이는 사료에 충실하려는 연출진의 역사의식이 기저에 깔려 있었고 실제 고증을 잘못하면 역사학자나 의상·건축·문화 등을 연구하는 연구자들로부터 거센 비판을 받았기 때문이다. 그런데 근래에 역사적 기록은 빈약하지만 고구려 신화를 배경으로 한 〈주몽〉, 백제의 〈근초고왕〉, 가락국의 시조를 배경으로 한 〈김수로왕〉 등의 드라마가 등장한 것은 작가의 상상력이 뒷받침되었기 때문이다.

3. 사실성에 기초한 허구성과의 조화

역사 드라마의 사실성과 허구성에 대해 가장 많이 고민하는 사람은 아마도 역사 드라마의 작가나 연출자일 것이다. 제작자의 입장에서는 재미와 교육이라는 두 마리 토끼를 모두 잡을 수 없을까 하는 고민에 빠지지 않을 수 없다. 제작자는 드라마에 재미를 더하기 위해 역사적 사실과 고증이 지켜야 할 한계를 설정하는 데 적지 않은 어려움을 겪는다.

> 지나치게 고증에 충실하면 드라마의 극적 구성이 약해지기 때문에 경우에 따라서 고증을 어느 정도 무시할 수밖에 없다(이병훈, 드라마 제작자).

역사 드라마의 제작자는 역사 드라마는 대체로 역사를 바탕으로 꾸며진 픽션이기 때문에 역사와 역사 드라마는 엄격히 구분되어야 한다고 주장한다. 역사 드라마에 정사나 교과서의 내용이 꾸밈없이 제시된다면 그것은 드라마라기보다는 역사책 또는 역사 다큐멘터리에 가까워진다는 것이다.

그러나 역사 드라마가 비록 꾸민 이야기일지라도 그 배경은 역사이기 때문에 인물이나 사건조차 허구여서는 안 된다는 주장도 적지 않은 만큼 해석상 논란의 여지가 있는 역사에 대해서는 좀 더 신중하고 객관적·중립적으로 다루려는 노력이 있어야 한다. 역사 드라마의 빗나간 역사관이 자칫 시청자에게 그릇된 역사의식을 심어줄 수 있음을 간과해서는 안 될 것이다. 우리의 주변에는 역사 드라마가 자녀의 학업에 도움이 된다고 여겨, 부모가 다른 텔레비전 프로그램의 시청은 억제하면서도 역사 드라마의 시청은 권장하는 경우까지 있다. 아직 배움의 과정에 있는 청소년은 텔레비전의 부정적 영향력에서 보호받아야 한다. 한때 '침대는 과학이다'라는 광고 카피를 마치 사실인 것처럼 받아들여 혼란을 야기했던 경험으로 인해 더욱 걱정이 된다.

역사 드라마의 교육적 기능에 대한 우려는 제작자 스스로가 제공하기도 한다. 생소한 개념이나 풍습 또는 제도나 인물을 자막을 통해 설명하는 경우가 종종 있는데, 이는 시청자가 이해하는 데 도움을 주기 위한 서비스이면서 한편으로는 방영하는 역사 드라마가 분명히 역사적 사실에 기초하고 있음을 강조하는 것이기도 하다. 바로 이런 점이 역사 드라마에서 작가의 상상력의 폭을 제한하는 자충수가 되기도 한다.

> 사극은 '역사적 사실이냐 아니냐'의 논쟁보다는 어떤 관점을 취할 것이냐가 더 중요할 때가 많다. 그러니까 작가의 상상력은 관점과 해석의 범위 내에서만 발동되어야 한다(서병기, 2010).

프로그램 제작자가 더 많은 상상력을 동원할 수 있는 권한을 누리려면 '역사 드라마'라는 타이틀을 포기해야 할지도 모른다. '역사'라는 단어가 붙어 있는 한 '사실성' 시비는 끊이지 않을 것이기 때문이다.

제작자가 역사 드라마를 제작하면서 너무 자유스러운 해석과 창작을 하는 것도 위험하다는 지적을 한다. 예를 들어 신봉승(2006)은 "픽션이 작가에게 주어진 가장 큰 특권이라고 하더라도 그 픽션을 구사하는 룰(rule)이 있다는 사실을 잊어서는 안 된다"고 했다.

근래에 들어 역사 드라마는 정사의 기록에 구애받지 않고 상당 부분 작가의 상상력에 의존하는 경향이 점점 더 커지고 있다.

일부 역사가가 지적했듯이 역사 드라마의 가장 큰 문제점은 철저한 고증이 되지 않았으면서도 고증을 바탕으로 했다고 표방하는 것이다. SBS 드라마 〈제중원〉에서 백정 출신의 주인공이 한국 최초의 의사 중 한 명이 되고 의대 교수가 되어 간도로 가서 독립운동을 했다는 것은 역사 속 인물 '박서양'이 백정 출신이라는 것만 같을 뿐 모든 설정이 사실과 관계없다. 따라서 소재만 역사에서 가져왔을 뿐 상상으로 꾸민 이야기라고 밝히는 것이 중요하다(손제민, 2010).

그런데 역사 드라마는 역사적 사실인지 아닌지라는 단순한 시비를 벗어나 법적인 문제로 확산되기도 한다. 특히 역사 드라마에서 실존했던 정치인이나 유명 인사를 묘사하는 과정에서 허구로 인한 명예훼손을 이유로 법적인 소송을 하는 경우도 나타나고 있다. 양동복(2009)의 지적처럼 역사적 사건이나 실존했던 정치인이 등장하는 역사 드라마에서 그 허구적 묘사에 대한 명예훼손죄 판단은 결국 표현의 자유와 개인의 명예권 간의 조화로운 지점을 찾아야 한다. 그러나 어쨌든 역사 드라마의 제작진으로서는 이제 사회적 문제나 정치적인 문제뿐만 아니라 법적인 문제까지를 충분히 고려하여 제작에 신중을 기해야 한다.

양비론이 될지 모르지만 역사학자도 국민이 올바른 역사관을 갖는 데 어떠한 기여를 했는지 자성해야 한다. 실제로 방송이 국민의 역사의식을 고취시킨 공로를 어느 정도는 역사 연구자도 인정해야 한다. 역사 연구는 이제 논문이나 학술의 장을 벗어나 국민에게 다가서려는 노력을 기울여야 한다. 역사 드라마를 비롯해 역사 관련 프로그램의 제작에 적극 참여해 재미있으면서도 교육적인 내용으로 국민이 올바른 역사관과 역사의식을 형성하는 데 도움을 줄 수 있어야 한다.

제 10 장

외주 정책

외주 제작 프로그램 편성쿼터제는 국내 영상 산업의 활성화를 실현하기 위한 정책이다. 한국은 방송사가 기획과 편성, 제작, 송출의 기능을 모두 가지고 있는 특성 때문에 각 기능을 전문화할 수 있는 방송 산업은 성장하기 어려운 환경에 놓여 있다. 따라서 국내 영상 산업의 발전을 위한 방안으로 독립제작사를 육성하기 위해 외주 제작 비율에 대한 쿼터제를 적용하는 외주 정책이 도입되었다.

그러나 외주비율 확대 문제와 관련해 견해차가 분명하게 드러난다. 방송 산업의 수직통합과 다양성, 독립제작사의 활성화, 국제 경쟁력 등의 문제를 놓고 외주비율 확대에 대한 찬성과 반대 의견이 나타난다. 방송사와 외주 제작사 간에 제작비, 저작권, 방송사 권리, 제작사 권리 간의 계약 과정에서 나타나는 견해차와 불공정 거래 역시 문제점으로 지적된다.

이 장에서는 방송의 외주 정책에 대한 현황과 문제점을 살펴보고 바람직한 외주 정책의 실현을 위한 제언을 덧붙일 것이다.

1. 외주 정책 도입의 의미

1) 외주 정책의 도입 의미

한국의 방송 외주 정책은 외주 제작 프로그램 편성쿼터제를 통해 실현되는데 이러한 정책은 국내 영상 산업의 활성화를 위한 시도라고 할 수 있다. 방송에서 기획과 편성, 제작, 송출의 세 가지 기능이 분화·전문화되는 것이 세계적인 추세인 반면 한국의 방송사는 세 가지 기능을 모두 갖고 있다. 특히 방송사의 제작 기능 집중화는 방송사가 거대한 조직으로 군림할 수 있게 하는 반면에 제작원의 다양화, 방송영상산업의 저변 확대, 균형 발전을 저해하는 요인으로 작용하기도 한다. 이러한 현상을 타파할 수 있는 길은 프로그램을 전문적으로 제작하는 독립제작사의 육성이며 이를 실현하기 위한 외주 제작 편성비율의 강제적 부과가 필요하다.

국내 영상 산업의 발전을 위한 한 가지 방안으로 독립제작사 육성의 필요성은 오래전부터 제기되어왔다. 독립제작사를 집중 육성함으로써 다매체·다채널 시대에 급증하는 방송 프로그램의 수요를 충족하고 독립제작사 제작 프로그램의 질을 제고함과 동시에 다단계 유통 및 해외 수출을 확대하자는 것이 기본적인 취지였다. 이에 따른 정책의 일환으로 1991년 방송 프로그램 의무외주비율 고시, 1994년 독립제작사 외주비율 분리 고시에 이어 1998년 문화관광부의 '방송영상산업 진흥대책'에 단계적 외주비율의 확대를 언급했다.

특히 한국의 방송영상산업의 기반 구조가 취약하고 방송 제작 시장이 영세성을 면치 못하기 때문에, 세계화 시대에 발맞추어 방송 시장을 활성화하고 국제 경쟁력을 강화하려면 독립제작사를 육성하고 이들의 방송 제작 능력을 제고해야 한다. 그리고 케이블이나 위성방송 또는 IPTV와 같이 새로운 매체와 채널이 급증하는 데 따른 소프트웨어의 공급 부족 문제를 해결하려면 독립제작사의 육성이 필수적이며, 이를 실현하기 위한 외주 제작 비율의 쿼터제

적용은 커다란 의미가 있다.

2) 방송법상의 규정

한국의 '방송법'과 '방송법 시행령'은 외주 제작 프로그램의 편성과 관련해
다음과 같이 규정한다.

'방송법' 제72조(외주 제작 방송 프로그램의 편성)

① 방송사업자가 아닌 자가 제작한 방송 프로그램(이하 "외주 제작 방송 프로그램"이라 한
   다)을 대통령령이 정하는 바에 따라 일정한 비율 이상 편성하여야 한다.
② 특수관계자 조항 삭제
③ 종합편성을 행하는 방송사업자는 외주 제작 방송 프로그램을 주 시청시간대에 대통령령
   이 정하는 바에 따라 일정한 비율 이상 편성하여야 한다.
④ 제1항의 규정에 의한 외주 제작 방송 프로그램의 편성 비율은 방송 매체와 방송 분야별
   특성 등을 고려하여 차등을 둘 수 있다.

'방송법 시행령' 제58조(외주 제작 방송 프로그램의 편성)

① 지상파방송사업자 및 지상파방송채널사용사업자는 법 제72조 제1항의 규정에 의하여
   국내에서 해당 방송사업자나 특수관계자가 아닌 자가 제작한 텔레비전 방송 프로그램(영
   화를 제외하며, 이하 "외주 제작 방송 프로그램"이라 한다)을 해당 채널의 매 반기 전체
   텔레비전 방송 시간의 100분의 35 이내에서 방송통신위원회가 고시하는 비율 이상 편성
   하여야 한다(개정 2004.9.17, 2008.2.29, 2010.10.1, 2016.5.27).
② 특수관계자 조항 삭제
③ 종합편성을 행하는 방송사업자는 법 제72조 제3항의 규정에 의하여 외주 제작 방송 프
   로그램을 해당 채널의 매 반기 주 시청시간대 텔레비전 방송 시간의 100분의 15 이내에
   서 방송통신위원회가 고시하는 비율 이상 편성하여야 한다(개정 2004.9.17, 2008.2.29,
   2010.10.1, 2016.5.27).
④ 방송통신위원회는 제1항 내지 제3항에 따라 편성 비율을 고시하는 경우에는 문화체육관
   광부 장관과 합의하여야 한다(개정 2008.2.29, 2016.5.27).
⑤ 제1항 및 제3항에 따른 순수 외주 제작 방송 프로그램의 인정 기준과 편성비율 산정 시
   특정 방송 프로그램에 가중치를 두거나 전체 방송 시간에서 특정 방송 프로그램의 방송
   시간을 제외할 수 있는 기준은 방송통신위원회가 정하여 고시한다[신설 2011.8.19,
   2016.5.27].

3) 외주 정책의 목적

외주 정책의 목적은 대체로 세 가지로 정리할 수 있다. 첫째, 방송영상 제작원의 다양화로 지상파방송 중심의 방송 구조를 개선한다. 이는 프로그램의 품질과 다양성을 제고해 수용자의 프로그램 선택권과 복지를 향상시킬 수 있다. 둘째, 프로그램 제작 시장에 경쟁을 활성화시켜 방송영상물의 국제 경쟁력을 제고시킨다. 셋째, 다미디어·다채널 시대에 폭증하는 영상물의 수요에 대비해 튼튼한 기획·창작 하부 인프라를 형성한다(문화관광부, 2003).

2. 외주 정책의 변천 과정

1) 방송제도연구위원회 보고서

외주 정책은 방송위원회의 위촉에 따라 설립된 독립적 연구 집단인 '방송제도연구위원회'(위원장: 김규)에 의해 제안·입법화된 정책 중 하나이다. 이 위원회는 독립제작사가 활성화될 필요가 있음을 밝히고 있다. 위원회는 보고서에서 "방송이 '국민을 위한' 방송으로 봉사하기 위해서는 무엇보다도 중요한 것은 수용자에게 좋은 프로그램을 제공하는 것이며, 계속된 기술혁신으로 유선텔레비전이나 직접 위성방송도 방송의 영역으로 수렴됨에 따라 다양한 방송 프로그램이 필요하게 될 것"이라고 전망했다. 이에 따라 "방송이 프로그램 제작의 효율성을 도모하면서 경영을 합리화하기 위해서는 프로그램 공급원을 다원화할 필요성이 있다"고 보고, "아직은 초기 단계에 있는 독립제작사의 활성화가 요구된다"고 했다. 독립제작사가 활성화되면 더 좋은 프로그램 제작을 위한 경쟁이 강화될 것이고 결과적으로 수용자에게 이익이 되며, 방송사는 제작과 경영을 합리화하게 되는 계기가 될 것으로 전망한 것이다(방송제도연구위원회, 1990: 147).

이 보고서는 독립제작사가 활성화되어야 할 필요성을 다음과 같은 방송 환경의 외적·내적 요구에서 찾았다. 그 내용은 다음과 같다(방송제도연구위원회, 1990: 148~150).

(1) 외적 환경의 변화
1. 첫째, 방송 매체가 다양화되면서 프로그램의 수요는 증가할 것이다.
2. 방송사가 방송문화를 독점적으로 생산하던 방식에서 탈피해야 할 것이다.
3. 방송은 경쟁 체제로 변화하게 될 것이다.
4. 수용자의 환경이 변할 것이다.
5. 방송사와 다른 매체 산업과의 유기적 관계가 필요하다.
6. 문화 종속의 위험이 커질 것이다.
7. 프로그램 제작 인력의 개발이 필요하게 될 것이다.

(2) 내적 환경의 변화
1. 방송사의 경영을 합리화시켜야 한다.
2. 방송사는 자체 제작의 매너리즘에서 탈피해야 한다.
3. 방송사 외부의 창의력이 필요하다.
4. 시설 장비 대여 회사의 설립이 필요하다.
5. 프로듀서 시스템의 도입이 필요하다.

2) 문화관광부의 '방송영상산업 진흥 대책'

문화관광부는 방송영상산업을 국가전략사업으로 적극 지원·육성하고, 문화정체성 확립으로 문화 경쟁 시대에 능동적으로 대비한다는 취지에서 1998

년 10월 '방송영상산업 진흥 대책'을 수립했다. 문화관광부가 이러한 대책을 마련한 데는 영상 산업을 21세기 핵심 고부가가치 산업으로 인식하고, 방송영상산업에 대한 중요성이 증대하고 있으므로 문화 경쟁 시대에 자국 문화 보호와 해외 확산 전략 수립, 방송영상산업의 육성을 통한 문화정체성 보호, 외국 문화 유입에 따른 대응 방안과 급변하는 국제경제질서 변화에 능동적으로 대처하는 방안을 마련하고 이를 실천하겠다는 의지가 담겨 있다.

'방송영상산업 진흥 대책'에 따르면 4대 중점 추진 과제로 ① 방송 프로그램 제작 활성화, ② 해외 시장 적극 개척, ③ 방송영상산업 인프라 구축, ④ 방송 영상 전문 인력 양성 등을 집중 추진해나감으로써 21세기 문화의 시대를 이끌어갈 방송영상산업의 기반을 구축하고 프로그램 질의 제고로 고유문화 유지·발전 및 문화 정체성을 확립하며 대외 경쟁력 강화로 세계 영상 시장에 적극 진출해 2003년 방송영상 선진권 진입을 목표로 한다.

4대 중점 추진 과제 중 방송 프로그램 제작 활성화와 관련해 제시된 독립제작사의 육성책이 방송계의 최대 쟁점으로 부각되었다. 당시 지상파 방송사는 일단 수긍하면서도 방송영상산업 인프라의 미비 등을 이유로 시기상조론이 지배적이었으며, 독립제작사는 이 대책을 환영하면서도 실효성을 낙관할 수만은 없었다. 그러나 한국의 영상 산업이 발전을 도모하려면 획기적인 전환점이 마련되어야 한다는 데는 이론(異論)이 없는 듯싶다. 특히 IMF 관리 체제로 들어가면서 그나마 겨우 유지되던 영상 산업의 발전 기반도 대폭 위축되고 있기 때문에 어떤 형태로든 영상 산업 진흥책은 필요했던 것이다.

3) 문화관광부의 '디지털 시대 방송영상산업진흥정책 추진 전략'

문화관광부는 2001년 6월 발표한 '디지털 시대 방송영상산업진흥정책 추진 전략'에서 외주비율을 2002년 35%, 2003년 40%로 법정 최고 한도까지 늘려가는 한편, 2003년부터 '제작비 쿼터제'를 추가로 도입하겠다는 정책 방안을

〈표 10-1〉 외주비율의 변화(1991~2018년) (단위: %)

구분		외주비율				독립제작사 비율 (특수 관계자 비율)	주 시청시간대 외주 제작 비율(KBS, MBC, SBS)	SBS 제외 민영방송 사업자
		KBS 1	KBS 2	MBC SBS	EBS			
1991년		3						
1992년		4	5					
1993년		7	10					
1994년	봄 개편	10	13			4		
	가을 개편	13	15			5		
1995년		13	15			5		2
1996년	봄 개편	13	15			5		2
	가을 개편	16	18			8		2
1997년	봄 개편	19				9		2
	가을 개편	20				12		2
1998년	봄 개편	20				12		2
	가을 개편	20				14		4
1999년	봄 개편	20				16	6	4
	가을 개편	20				18	6	4
2000년		22	27			18	6	4
2001년	봄 개편	24	29			18	8	4
	가을 개편	26	31			18	8	4
2002년		28	33	20		20	10	4
2003년		30	35	20		21	10	4
2004년		30	35	20		21	10	4
2005~2015년		24	40	35	20	21	10	4
2016~2018년		19	35	30	16	-	10	3.2

제시했으며, 같은 해 11월 방송위원회에 의해 운영되는 방송정책기획위원회가 지상파 방송사의 자체 제작을 전체 대비 50% 이내로 유지하는 등 한층 강화된 외주 정책을 주문해 논란을 불러일으켰다. 물론 이러한 추진 계획은 실현되지 않았지만 지상파 방송사의 독점적 제작 구조에 대한 당시 정부 당국의 비판적인 시각을 잘 보여주는 것으로 볼 수 있다.

4) 외주 편성 비율의 변천

〈표 10-1〉은 1991년 3%로 출발한 한국 외주비율의 2017년 현재까지의 변천 과정을 보여준다.

5) 특수관계자 제한 규정 폐지

처음 정부에 의해 주도된 외주 정책은 제작의 다양화, 즉 기존 방송사 위주의 제작에서 탈피하여 영상제작산업을 좀 더 활성화할 필요성에서 만들어진 것이다. 그러나 초창기 방송사들은 외주 제작사를 통하기보다는 자회사를 설립하여 프로그램을 제작 공급했다. 제작원의 다양화를 통한 영상제작산업의 활성화를 모색하고자 했던 당초의 의도와는 어긋나는 것이었다. 그래서 만들어진 것이 특수관계자 제한 규정이다. 일정 비율 이상 특수관계자인 자회사 또는 지역방송사들이 제작한 프로그램을 편성하는 것을 제한하여 외주 제작 시장의 활성화를 도모하기 위해 만들었던 것이다.

그러나 방송사들의 끊임없는 제한규정 폐지 요구와 지역방송 육성의 문제가 맞물려 결국 특수관계자가 제작한 프로그램의 편성을 제한하는 '방송법'(2015.6.22) 및 동법 시행령(2016.5.27)이 개정됨에 따라 외주 정책에서 특수관계자 편성 비율은 삭제되었다. 또한 '외주 제작'을 '순수 외주 제작'으로 변경했다.

이러한 특수관계자 관련 조항 폐지 이후 지상파 방송사들이 갖고 있던 기존의 자회사들은 물론, KBS와 CJE&M가 각기 설립한 자회사인 '스튜디오 드래곤'과 '몬스터 유니온' 등에서 제작한 방송영상물을 자유롭게 편성할 수 있게 되었다.

3. 외주 정책에 대한 평가

이러한 외주 제작 정책은 도입 초기부터 지상파 방송사는 물론 독립제작사에게조차 불만스럽다는 평가를 받아왔는데 아직도 그러한 불만은 양자 모두로부터 수그러들지 않고 있다. 외주 정책은 옹호하는 입장과 반대하는 입장이 대립각을 세워왔는데 전자는 독립제작사와 정책 당국이, 후자는 지상파 방송사가 해당된다.

외주 정책을 옹호하는 논리는 한국 지상파방송 산업이 수직 계열화된 독과점 구조를 형성하며, 그에 따라 방송 산업의 육성과 수용자 복지 차원에서 여

〈표 10-2〉 외주비율 확대에 대한 찬반론

구분	지지	반대
방송 산업의 수직 통합	- 방송 산업에서의 수직통합은 창구 효과를 감소하고 독립제작사 등 제작 산업의 활성화를 저해	- 규모의 경제 - 거래비용 감소 - 질 높은 프로그램의 제공 - 국제 경쟁력 강화
다양성	- 지상파방송의 자체 제작 중심은 프로그램 소스의 다양성과 프로그램 내용의 다양성을 저해	- 기획과 편성권이 대개 지상파방송에 있으므로 프로그램 소스의 다양성이 내용이나 노출의 다양성으로 이어지는 것은 아님
독립제작사의 활성화	- 인적·기술적인 측면에서 독립제작사의 제작 여건을 개선할 수 있는 계기 - 영상제작 산업의 기반을 확고히 하는 작업	- 독립제작사의 수적 확대만 가져옴 - 영화제작사들 간의 경쟁으로 불합리한 계약 관행 계속 - 소수 독립 제작사에 집중
국제 경쟁력	- 편성과 제작의 분리를 통한 영상제작 산업의 활성화 - 독립제작사의 육성을 통한 제작 산업의 국제적 경쟁력 강화	- 지상파방송의 재정적 위축으로 인한 영상제작 산업의 국제 경쟁력 약화 - 외주 제작에 의한 질적 저하로 인한 프로그램 경쟁력 저하
다매체 다채널 시대 대비	- 다매체 다채널 시대의 영상 수요를 충족시킬 수 있도록 독립제작사 육성	- 다채널 시대의 외적 다원주의를 유도하는 정책이 아니라 채널의 내적 다양성만 높이는 정책
수용자 복지 제고	- 독립제작사 자생적으로 프로그램 편성의 질과 다양성이 제고되어 수용자의 프로그램 선택권 확대	- 프로그램 질에 따라 이루어지는 방송사의 편성권을 약화시켜 시청자의 질 좋은 프로그램 선택권 약화

자료: 임정수(2003: 25); 장하룡(2007).

러 가지 부정적 성과가 초래된다는 문제의식에서 출발한다. 외주 정책 옹호 논리에 대한 반박은 수직 계열화된 지상파 방송사의 산업 구조가 과연 한국 방송 산업과 관련해 지적되는 부정적 성과들의 원인인지, 그리고 지상파방송 산업의 제작 부분을 분리해내고자 하는 외주 정책이 긍정적 성과를 초래할 것인지에 대한 더욱 엄밀한 평가가 필요하다는 데서 출발한다(윤석민·장하용, 2002: 254~255).

1) 외주 정책에 대한 긍정적인 평가[1]

첫째, 지상파방송의 기능 분화를 통해 방송 산업 발전에 기여할 수 있다. 지상파 방송사가 편성과 제작, 유통을 수직적으로 통합하는 것은 시장 구조 문제를 유발할 수 있으며 방송영상산업의 활성화를 가로막는다. 따라서 외주 편성 비율 확대는 궁극적으로 편성과 제작의 분리를 추구함으로써 지상파방송의 수직 통합을 막고 방송영상 시장의 활성을 유발할 수 있다.

둘째, 지상파 방송사의 독점적 제작 구조가 무너지고 제작 주체의 다양화라는 정책 목표를 달성한다. 프로그램 자체 제작 비율이 높으면 정치적·문화적 측면에서 소스(source)의 다양성을 낮추고 수용자가 접할 수 있는 내용의 다양성과 의견의 다양성을 저해한다. 이처럼 지상파 방송사의 독점적 제작 구조로는 프로그램의 다양성을 기대하기 어렵다. 제작원의 다양화를 통해 경쟁적 관계를 유지함으로써 프로그램의 질적 향성을 도모할 수 있다.

셋째, 외주 정책은 국내의 독립제작사를 활성화시키는 데 기여한다. 특히 지상파 방송사들이 자체 제작할 수 있는 비율을 제한하고 외부 독립제작사의 의존도를 높임으로써 독립제작사의 활성화에 기여한다. 독립제작사의 활성화는 궁극적으로 영상 제작 인프라의 저변을 확대·발전시키는 데 기여하고 나아

---

1   임정수(2003: 23~24)을 재구성.

가 영상 산업의 발전을 도모할 수 있다.

넷째, 영상 산업을 통한 한류의 확산에 기여한다. 한류가 계속 상승세를 이어갈 수 있을지에 대해서는 회의적인 시각도 적지 않다. 한류에 대한 반대의 분위기가 없는 것은 아니지만, 무엇보다도 초창기 한류를 주도했던 프로그램보다 더 매력적인 프로그램이 뒷받침되어야 한다. 즉, 한류의 지속적인 확산은 다양한 양질의 콘텐츠를 통해서만 가능한데 독립제작사의 활성화를 통한 영상 산업의 발전은 나아가 한류의 확산에도 기여할 것이다.

2) 외주 정책에 대한 부정적 평가

첫째, 방송 콘텐츠 산업의 위축을 초래한다. 제작 주체 및 프로그램의 다양성 확보라는 외주 정책의 규제 목적은 결과적으로 방송 내용의 다양성 확보로 이어지지 못할 것이며 오히려 소수 외주 제작사, 작가, 연기자들만 부를 축적하도록 돕고 콘텐츠 제작에 재투입되지 않음으로써 방송 콘텐츠 산업을 위축시켜 실패한 정책이 될 것이다. 1991년 시행되어 일률적으로 적용되고 있는 외주 제작물의 의무 편성 비율은 외주 정책에서 분쟁의 소재이자 핵심 문제이며, 지상파방송과 외주 제작사 모두에게 불만족스러운 대표적인 정책으로 지적받아왔다(안형환, 2010).

둘째, 지상파 방송사의 자체 제작 능력이 약화된다. 지속적인 외주비율 확대를 추진하면서 생긴 과도한 외주 부담으로 외주 정책이 당초 정책 목표인 다양성으로 연결되지 못하고 다수의 영세 독립제작사만 양성할 뿐 아니라, 질 높은 콘텐츠를 제작하던 지상파 방송사의 자체 제작 능력까지 현저히 약화시켰다(김경환, 2010b). 외주 제작 개선 방안 마련을 위한 토론회에서 방송 외주 제작의 문제점을 극복하려면 외주 제작사 인정 기준을 세분화하고 자격 요건을 강화해야 한다는 주장이 제기되기도 했다. 2012년 2월 방송통신위원회가 마련한 방송 프로그램 편성 등에 관한 고시 중에는 다섯 가지 외주 제작 인정

기준이 있다. ① 작가 계약 체결, ② 주요 출연자 계약 체결, ③ 주요 스태프 계약 체결, ④ 협찬 유지 또는 제작비의 30% 이상 조달, ⑤ 제작비 집행·관리 등 다섯 가지 중 세 가지 이상만 갖추면 외주 제작 프로그램으로 인정한다. 그런데 이 중에서 제작비 30% 이상만 있으면 방송 외주 제작으로 인정한다는 조항이 부실 제작사가 나타날 수 있는 문제의 조항이라는 비판이 제기되었다(≪전자신문≫, 2013.9.6: 4면).

셋째, 왜곡된 외주 시장이 형성된다. 현재 한국 외주 정책의 가장 큰 문제점은 외주비율의 확대로 외주 제작 과정에서 시청률을 중시하는 방송사, 외주 제작 수주 경쟁에서 살아남기 위한 제작사의 톱스타 캐스팅, 천정부지(天井不知)로 치솟는 출연료와 제작비, 제작비 조달을 위한 협찬 및 간접광고의 남용 등 악순환이 반복되는 것이다(안영환, 2010). 독립제작사가 방송사로부터 프로그램을 수주받기 위해서는 작품성보다 시청률에 연연할 수밖에 없다. 그러다 보니 자연히 안정적인 시청률을 담보하기 위해 인기 있는 톱스타에 의존할 수밖에 없고 출연료는 상상을 초월할 정도로 치솟게 마련이다.

방송사에서 책정해주는 제작비로는 턱없이 부족하고 협찬이나 간접광고에 더욱 기대게 되는 현상이 나타난 것이 현실이다.

외주 정책이 외견상 돌파구를 마련한 것은 '외주 제작사에 대한 차별적 협찬 고지 허용'이었다. 외주 제작사들의 재정적 부담을 줄여주려는 의도에서 마련된 협찬 고지 정책은 오히려 외주 제작사에 부담으로 작용하기도 하며 지상파 방송사에서도 차별적 지원책에 대한 불만이 끊이지 않았다. 결국 정부는 지상파방송에도 협찬 고지를 허용하고(2011년 10월 19일), 외주 제작사에도 간접광고를 허용함으로써 차별적 규제를 해소했다. 일반적으로 방송사는 외주 정책이라는 정부의 규제에 반발하는 경향이 있다. 1991년부터 시작한 외주비율 정책은 결코 성공적이라고 할 수 없다. 특히 규제를 통해 육성한 사업은 성공한 사례가 없으며 인위적인 시장 개편은 무리가 따른다. 정부가 현실을 무시하고 계속 높은 외주비율을 고집한다면 자생력 없는 왜곡된 외주 시장을 형성할 것이다.

넷째, 스타의 권력화 현상이 나타난다. 최근 가장 심각한 문제로 대두되는 스타 권력화 문제는 외주 정책에서 기인한 측면이 크다. 현실로 인정해야 할 정도로 스타 권력은 전성기를 구가하고 있다. 주연배우급 유명 스타가 한국의 대중문화와 문화 산업 전체를 좌지우지할 정도로 급격하게 성장했으며, 영향력의 확장·강화가 우리 사회에 미치는 순기능이 큰 만큼이나 역기능적 요소도 많이 등장한다. 스타의 '권력화' 문제다. 특히 산업적 측면에서 스타는 '한류'를 타고 무소불위(無所不爲)의 권력을 휘두르는데도 이를 견제할 아무런 장치가 없을 정도다. 이는 또다시 스타급 연예인의 출연료 문제와 연결된다. 즉, 드라마 제작비의 상당 부분이 스타급 주연배우의 출연료로 충당됨으로써 조연을 비롯한 스태프와 전반적인 제작비 부족 현상이 심화되어 드라마의 질을 떨어뜨린다(이도경, 2006).

다섯째, 연예기획사의 대형화와 이들의 제작 시장 잠식이 나타난다. 연예기획사는 최근 대중문화 콘텐츠 생산의 전초기지(前哨基地)로 변했다. 톱스타 군단을 보유한 대형 연예기획사는 단순 매니지먼트 사업에서 벗어나 드라마와 영화 제작에 나서는 등 대중문화 전방위에 걸친 사업 다각화에 나서고 있다. 연예기획사의 확장은 제작 환경 변화에 따른 '스타 파워'를 바탕으로 한 것이다. 영화 산업의 폭발적 성장과 '한류' 열풍에 힘입어 영화나 드라마 제작 편수는 늘어난 반면, 주연급 연기자의 수는 한정되어 있어 수요·공급의 불균형이 나타났다. 여기에 매체 간 경쟁이 치열해지면서 영화나 드라마의 흥행을 스타에게 의존하는 경향이 갈수록 심화되고 있는데, 이 틈을 타고 스타 캐스팅의 열쇠를 쥔 연예기획사가 권력의 한 축으로 자리 잡은 것이다(이도경, 2006). 기획사가 스타급 연예인의 출연을 조건으로 능력이 뒤떨어지는 연예인을 끼워 출연시키는 사례도 적지 않다.

여섯째, 방송영상산업의 국제 경쟁력이 약화된다. 영상 산업의 국제 경쟁력을 강화하기 위해서는 제작사의 몸집을 키워야 할 필요가 있는데, 영세한 독립제작사보다 지상파 방송사에 그런 역할을 기대할 수 있다. 특히 거대한 자본, 누적된 제작 기술과 마케팅 기술을 가진 미국 방송영상산업의 한국 시장 침투에 맞서 생존하려면, 지상파방송의 축소와 독립제작사의 수적 성장만으로는 불가능하다(임정수, 2003: 24~25).

4. 외주 정책에 대한 이해 당사자의 입장

앞에서 언급했듯이 한국 외주 정책에 대해 당사자인 지상파 방송사나 독립제작사 모두 여전히 불만족스럽다는 입장을 표명한다. 각각의 입장에서 요구하는 내용을 살펴보면 다음과 같다.

1) 지상파 방송사의 입장[2]

첫째, 양적 규제 제도인 외주 제작 프로그램 의무 편성 비율은 대폭 완화 또는 철폐되어야 한다. 외주편성 의무비율제도로 인해 지상파방송의 제작 역량이 매우 취약해지면서 여러 가지 폐해가 나타나고 있기 때문이다. 소수의 드라마 제작사만 어느 정도 경쟁력을 갖추었을 뿐 전체 외주 제작 프로그램의 70% 이상을 차지하는 교양 및 다큐멘터리 프로그램을 제작하는 독립제작사의 육성은 제대로 이루어지지 못했다. 소수의 외주 제작사, 작가, 연기자만 혜택을 보는 구조가 형성되면서 외주 제작의 활성화로 야기된 부가 콘텐츠 제작에 재투입되지 않음으로써 방송 콘텐츠 산업을 위축시키는 악영향이 파급되고 있다.

둘째, 주 시청시간대 의무 비율은 폐지되어야 한다. 현재 주 시청시간대의

---

2   박상호(2010: 45~48) 참조.

100분의 15 이내에서 외주 제작 프로그램을 편성하도록 한 의무 비율은 방송사의 편성권을 침해할 뿐만 아니라 시청자의 시청권을 박탈할 수 있다는 점에서 폐지하는 것이 바람직하다.

셋째, 방송 콘텐츠의 다양성 확보라는 정책적 목표를 재수립해야 한다. 다양성뿐만 아니라 품질 제고와 경쟁 활성화를 통해 방송 산업의 발전을 도모한다는 측면에서 독립제작사뿐만 아니라 지상파 방송사의 경쟁력을 다시 육성시킬 수 있는 법과 제도의 마련이 필요하다.

한편 방송사들은 외주 정책의 부실에 대한 책임을 방송사에 전가하는 것에 대해 이의를 제기했다. 방송사들은 문화체육관광부가 2010년 6월 9일 발표한 '방송 외주 제작 지원강화 계획'에 대해 "'외주개선협의회'의 취지에는 동의하지만 방송 제작 현실을 도외시하고 외주 제작사의 일방적인 주장만 수용하는 방식에는 동의할 수 없다"고 반발했다. "대부분의 외주 제작 프로그램은 방송사가 70% 이상의 제작비를 지급하고 기획 단계에서부터 참여하며 제작·편집 시설과 카메라 등을 제공하고 홍보·심의까지 책임지는 상황에서 외주 제작사가 리스크는 부담하지 않고 저작권만 일방적으로 요구하는 것은 무리"라는 것이다. 한편 2008년 드라마제작사협회가 방송 3사를 상대로 공정거래위원회에 제기한 '방송사들의 공정거래법상 지위 남용 및 드라마 판매 수익 분배율 담합 신고'에 대해서는 방송사의 무혐의 결정이 내려졌었다(≪한겨레≫, 2010.6.10).

2) 제작사의 입장

(사)한국방송영상제작사협회는 방송 불공정 관행 청산을 위한 특별대책위원회를 통해 외주 제작 시장의 활성화를 위해 여러 입장을 표명한 바 있다. 우선 제작비 불공정을 해결하기 위해 제작비 가이드라인 책정과 매년 방송사와 외주 제작사 간의 협상 테이블을 정례화할 것, 외주 제작 계약 시 표준제작비 준수와 내용 공개 의무화, 정부의 제작 지원 작품에 대한 방영권 구매 의무화

<표 10-3> 합리적 저작권 배분을 위한 제안

구분	내용
방송사 창작(100%) + 방송사 재정(100%)	- 저작권 방송사 소유 - 방송사는 제작사에 제작비만 지급
제작사 창작(100%) + 제작사 재정(100%)	- 저작권 제작사 소유 - 방송사는 제작사에 방송권료만 지급
제작사 창작(100%) + 공동 재정(100%)	- 저작권 공동 소유 - 재정 지분에 따라 수익 배분 (제작사의 경우 재정에 협찬/간접광고 금액 포함)
제작사 창작(100%) + 방송사 재정(100%)	- 저작권 공동 소유(방송사 유통 권리) - 제작사에 50% 수익 배분(방송사 이외 유통 제한) *공동 창작의 경우 개별 협상을 통해 수익 배분

등을 제시했다.

그리고 저작권 배분의 문제를 해결하기 위해 저작권의 무조건적 방송사 귀속 관행 근절, 제작사가 여러 플랫폼에 유통 판매까지 담당하여 저작권을 인정받고 방송사는 방영권 구매를 기본으로 하는 제도 구축, 저작권 관련 배분에 대해 정부가 제정한 표준계약서상의 저작권에 대한 '권리 합의서'와 관련, 창작(기획) 및 재정적(제작비) 기여도를 감안해 〈표 10-3〉과 같이 제안했다.

또한 협찬에 대한 불공정을 해소하기 위해 '방송법 시행령' 및 '협찬 고지에 관한 규칙'에서 정한 바 이외의 사각지대를 이용한 협찬 편법을 규칙 정비로 규제하고 엄격히 준수하도록 할 것, 각 방송사와 프로그램별로 천차만별인 협찬 운용 방식과 비율에 대해 합리적인 기준의 마련 등을 요구했다.

3) 저작권에 대한 상반된 입장

외주 제작 저작권 보유 주체와 권리배분 강제에 대해 지상파 방송사와 독립 제작사는 상반된 입장을 갖고 있는데 〈표 10-4〉를 참조하기 바란다.

〈표 10-4〉 외주 제작 저작권에 대한 상반된 입장

지상파 방송사의 입장	독립제작사 입장
2차 저작물 관련 저작권의 지나친 세분화와 수익 배분은 새로운 콘텐츠의 개발과 유통에 장애로 작용	해외마켓 판매 시 다큐·교양·포맷 판매에 대한 방송사의 관심 부족, 일정 기간 저작권 보유 이후 독립제작사에 권한을 넘겨 판매 수익을 배분하는 구조 필요
드라마 장르는 독립제작사가 이미 '갑'의 위치	-
교양 장르는 독립제작사의 단독 기획이 적고 방송사가 기획 단계부터 프로그램 완성까지 지속 관리하기 때문에 저작권법에 근거해 저작권을 갖는 것은 당연	공모 기획 주체가 독립제작사인 경우도 프로그램 제작을 통해 방송사에 저작권을 귀속하도록 하는 것은 문제
현재의 여건상 권리 양도보다 방송사(자회사)를 통해 프로그램을 유통하는 것이 독립제작사에도 비즈니스 측면에서 유리	독립제작사 외부에서 투자 재원을 일부 충당하는 경우, 방송사를 상대로 권리 행사가 가능
독립제작사의 기획·제작·유통 등의 능력에 대한 평가가 필요	독립제작사가 만든 기획안의 창조성에 대한 방송사의 인식 전환이 필요

자료: 조배숙(2007).

5. 외주 정책을 위한 제언

우선, 외주 제작사의 양극화 문제를 해결해야 한다. 이를 위해서는 일부 드라마 제작 중심의 대형 외주 제작사에서 영세한 소형 외주 제작사의 외주 제작이 활성화될 수 있는 기반 조성에 힘써야 한다. 우선 드라마를 제작할 수 있는 대형 외주 제작사가 지상파 방송사와 경쟁할 수 있는 구도를 만들어주고, 그 대신 영세 외주 제작사가 지상파 방송사로부터 더 많은 외주 프로그램을 수주할 수 있는 시스템 구축이 시급하다. 지상파방송에는 금지된 제작 지원을 개선해 지상파 방송사의 드라마 제작을 유도하는 방법으로 지상파 방송사와 외주 제작사들의 드라마 장르에 대한 경쟁 체제를 도입하는 것이 바람직하다 (김경환, 2010b).

또한 독립제작사에 대한 지상파 방송사의 인식 전환이 필요하다. 방송사의 입장에서 우수한 독립제작사 프로그램을 유치하는 것이 자사의 경쟁력을 높인다는 거시적인 안목에서 독립제작사를 방송영상산업 발전의 동반자로 인식하는 사고의 전환이 요구된다. 독립제작사는 스스로 경쟁력을 갖추기 위한 다각적인 노력을 경주해야 한다. 독립제작사 활성화의 관건은 결국 우수한 기획과 제작으로 경쟁력 있는 방송 프로그램을 생산하는 자체 능력에 달려 있기 때문이다(김재영, 2001). 방송사도 스스로 외주 제작에 대한 필요성을 재인식하고 방송 인력을 효율적으로 운영할 수 있는 체제를 갖추어야 한다. 현재와 같은 방송사 내의 구조 조정 없는 외주 정책의 강제화는 결국 방송사의 비효율적 구조를 야기하는 결과를 초래할 뿐이다.

현재 종합편성채널의 경우 주 시청시간대에는 의무 편성을 하도록 명문화되어 있는데, 나아가 지상파방송과 마찬가지로 전체 프로그램 편성을 기준으로 외주 의무 편성 비율을 부과하는 것도 고려해볼 필요가 있다.

한편 공정 거래를 위한 법과 제도적 장치를 마련해야 한다. 외주 프로그램의 거래 관행에서 지상파 방송사가 외주 제작사에 매우 불공정한 거래를 강요할 수 있다는 점에서 외주 프로그램의 인정에 관해 좀 더 체계적인 기준을 마련하고 공정한 거래 관행이 정착될 수 있는 법과 제도의 보완을 동시에 진행해야 한다(김경환, 2010b). 정부와 규제기관의 입장에서는 지상파 방송사를 한국 방송영상산업의 견인차로 삼는 정책상의 방향 선회가 요구된다. 지상파방송의 장점을 위축시키는 규제보다 지원 방안을 통해 지상파 방송사를 영상 산업 발전의 근간으로 삼는 데 주력해야 한다(김재영, 2001).

6. 불공정 관행 해소를 위한 정부의 정책적 지원

현재 방송 시장은 콘텐츠를 제작하는 제작사와 방송을 내보내는 방송사 간의 불균형이 심각하다. 그나마 방송사가 지상파 3사에 종합편성채널(종편)과 케이블 채널까지 더해졌지만 외주 제작사가 훨씬 많다. 문화체육관광부에 등록된 곳만 1400여 곳이다. 방송 콘텐츠를 만드는 곳은 많고 이를 대중에게 알릴 곳은 소수다. 방송사들이 업계에서 이른바 '갑'일 수밖에 없는 이유다(박현준, 2017.10.29).

방송사와 외주 제작사 간 불공정 관행을 청산하기 위해 정부가 나섰다. 방송 프로그램 외주 제작사가 정당한 제작비를 지급받고 저작권을 인정받을 수 있도록 정부가 나선 것이다. 2017년 7월 19일 아프리카에서 촬영하던 두 명의 독립PD가 교통사고로 사망한 사고 이후 외주 제작자들의 열악한 제작 환경이 개선되어야 한다는 목소리가 쏟아졌다. 이어 방송국이 외주 제작사에 행하는 불공정 관행이 국정감사 도마에 오르기도 했다.

유승희 더불어민주당 의원은 13일 서울 영등포구 여의도 국회에서 진행된 국정감사에서 "외주 제작사들에 대한 방송국의 갑질 행태를 이제는 막아야 한다"며 방송통신위원회에 대책을 요구했다. 방송사들의 비현실적인 제작비 책정, 저작권 독식 등에 공식적으로 문제를 제기한 것이다(김소연, 2017).

2017년 12월 19일 오전 문재인 대통령 주재로 개최된 국무회의에서는 방송통신위원회, 문화체육관광부 등 5개 부처 합동으로 '방송 프로그램 외주 제작 시장 불공정관행 개선 종합대책'(종합대책)이 보고되었다. 1991년 외주 제작 의무편성제도 도입 이래, 외주 제작 시장은 양적·질적으로 급성장했으나 외주사에 대한 방송사의 불충분한 제작비 지급, 저작권과 수익의 자의적 배분, 인권침해 등의 불공정 관행은 지속되어왔다(송현경, 2017).

종합대책의 주요 내용은 △방송 제작인력 안전 강화 및 인권 보호 △근로환경 개선 △합리적인 외주 제작비 산정 및 저작권 배분 △외주시장 공정거래 환경 조성 △방송 분야 표준계약서 제·개정 및 활용 확대 등이다.

외주 제작비가 합리적으로 산정될 수 있도록 방송통신위원회는 방송사별 자체 제작 단가 제출을 재허가 조건으로 부과해 방송사 자체 제작 프로그램 제작비와 외주 프로그램 제작비 간 격차를 최소화하도록 유도한다. 아울러 저작권이 합리적으로 분배될 수 있도록 방송통신위원회는 방송법을 개정해 외주 제작 가이드라인을 마련하며 이에 따라 방송사는 '저작권 귀속' 등을 포함

〈표 10-5〉 방송 프로그램 외주 제작 시장 불공정 관행 개선 종합대책

핵심 개선 과제	세부 과제
방송 제작인력 안전 강화 및 인권 보호	- 외주 제작사의 제작 인력 안전 강화 - 외주 제작사 인력 인권 보호
근로환경 개선	- 외주 제작 노동 권익 보호 - 외주 제작사의 근로조건 준수 인식 제고 - 연장 근로 한도 특례업종 단계적 폐지·최소화 - 외주 제작 근로환경 범부처 실태조사 정례화
합리적인 외주 제작비 산정 및 저작권 배분	- 합리적인 외주 제작비 산정 - 저작권의 합리적 배분
외주시장 공정거래 환경 조성	- 콘텐츠 공정상생센터 설치 - 외주 제작 관련 방송사의 금지행위 조항 신설 - 정부지원금 '사업수행지침' 개선
방송 분야 표준계약서 제정 및 활용 확대	- '방송 작가 집필표준계약서' 제정 - '방송업종 표준하도급계약서' 개정 - 표준계약서 사용 기준 마련 - 표준계약서 적용 및 인센티브 확대 - 표준계약서 사용 교육 및 홍보

자료: 송현경(2017.12.19).

한 규약을 작성하고 외주 제작사와 계약 시 이를 준수해야 한다. 방송사와 외주사 간 계약서에 외주사의 저작권 보유 합의 조항이 있을 경우, 방송통신위원회와 문화체육관광부는 순수제작 방송 프로그램 의무 편성 비율에 가중치를 부여할 방침이다.

외주사에 대한 불합리한 협찬 배분, 저작권 양도 강요, 계약서 작성 거부 등을 금지행위로 규정하는 '방송법' 개정도 추진된다. 신설되는 콘텐츠 공정상생센터에서는 방송사와 외주사 간 계약서 미작성 등 불공정 거래에 대해 신고를 받을 계획이다. 과학기술정보통신부는 콘텐츠 제작비로만 사용하도록 한 정부 지원금에 대한 이면 계약이 있을 경우 이를 환수한다(송현경, 2017.12.19).

한편 문화체육관광부는 방송 산업의 지속 가능한 발전과 공정한 방송 산업 생태계 조성을 위한 '방송 작가 집필 표준계약서'를 마련해 발표했다. 이번에 발표한 방송 작가 집필 표준계약서는 작년 8월에 마련한 초안을 바탕으로 방송 작가, 방송사, 제작사 등과의 회의와 방송통신위원회, 과학기술정보통신부,

구분	내용
목적 및 대상	방송 프로그램에 사용되는 방송 원고의 집필 및 사용에 관한 '방송사 - 작가' 또는 '제작사 - 작가' 간의 합리적 권리관계 명확화
원고료	▲계약금 및 1차 중도금, 2차 중도금, 잔금 등에 대한 명확한 금액 및 ▲지급 시기, ▲원고료 세부 내역 명시
부당한 계약 취소 등 금지	'작가'의 책임이 없음에도 불구하고 '방송사 또는 제작사'가 ▲계약 내용을 임의로 변경·취소하는 행위, ▲'작가'의 원고 집필을 중지시키는 행위, ▲원고 인도를 거부하는 행위 등 금지
저작권 및 2차 이용	▲'저작권법' 등 관련 법률에 따르되 원고료, 제작비, 기여도 등을 고려하여 달리 정할 수 있으며, ▲2차적 저작물에 대한 사용은 별도 계약에 따라 '작가'에게 사용료 지급
손해배상	귀책사유로 인해 발생한 상대방의 손해에 대해 배상 의무
이의 분쟁 해결	이의·분쟁 시 당사자 간 합의, 콘텐츠분쟁조정위원회·저작권위원회 조정, 소송 등으로 해결

자료: 이선기(2018.1.2).

공정거래위원회 등 관계 부처와의 협의를 거처 제정되었다. 방송 작가 집필 표준계약서는 지난 2017년 12월 19일 관계 부처 합동으로 발표한 '방송 프로그램 외주 제작 시장 불공정 관행 종합대책'의 첫 번째 후속 조치다. 이를 통해 방송 콘텐츠의 생산과 유통 과정에서 더욱 촘촘하고 명확한 권리 보호가 가능해졌다(이선기, 2018.1.2).

표준계약서에는 '방송 프로그램에 사용되는 방송 원고의 집필 및 사용'을 중심으로 '방송 작가와 방송사', '방송 작가와 제작사' 간의 명확하고 합리적인 권리관계를 규정하고 있다. △계약금, 중도금, 잔금 등 원고료의 금액과 지급 시기 명시 △부당한 계약 취소, 부당한 원고 집필 중지 및 원고 인도 거부 행위 금지 △원고에 대한 저작권 △2차적 사용 및 전용 시의 권리관계의 명확한 처리 △귀책사유에 따른 상대방의 손해에 대한 배상 의무 △이의·분쟁 발생 시 해결 절차 등을 규제하고 있다.

제 11 장

방송 저널리즘의 이해

2010년 말 KBS의 〈추적 60분〉 '4대강 편'이 2주째 계속 방송되지 못하다가 일부 내용을 수정한 후 방송이 결정되는가 하면, MBC의 〈PD수첩〉은 '황우석 교수 연구 조작 사건', '광우병과 촛불시위', '스폰서 검사 사건' 등 굵직굵직한 사건을 다루면서 프로듀서가 만드는 저널리즘이 큰 사회적 파장을 일으켰다. 한편에서는 이런저런 이유에서 비판을 했고 다른 한편에서는 프로듀서에 의한 저널리즘(PD 저널리즘)의 새로운 지평을 열었다는 긍정적인 평가도 있었다.

방송 저널리즘은 유형에 따라 시사 고발 프로그램, 탐사보도(Investigative Reporting) 프로그램, 탐사 저널리즘으로 구분된다. PD 저널리즘은 탐사 저널리즘의 전통을 이어받음과 동시에 한국의 특수한 저널리즘 현상을 반영하는 용어라고 할 수 있다.

이 장에서는 쟁점으로 부각된 PD 저널리즘의 변천 과정을 살펴보고 이에 대한 긍정적 시각과 부정적 시각의 논의를 다룰 것이다.

1. 저널리즘에 대한 이해

1) 저널리즘이란

저널리즘이란 뉴스 등을 취재·편집해서 신문·잡지·방송을 통해 보도·논평·해설하는 활동 또는 이러한 활동을 전문적으로 하는 직업 분야를 말한다. 저널리즘이란 말은 본래 '매일매일 기록한다'는 뜻의 라틴어 jiurna에서 유래했다. 이것이 변해 프랑스어의 주르날(journal), 영어의 저널(journal)이 되었으며, 정기간행물을 뜻하는 이 말이 다시 행위·주의·제도·직업 등을 뜻하는 '-ism'이라는 접미사가 붙어 저널리즘이 되었다. 따라서 그 어원으로 보면, 저널리즘이란 곧 신문·잡지 등의 정기간행물을 발행하는 직업 활동이라는 뜻이다. 그러나 방송 매체가 등장해 신문이나 잡지와 마찬가지로 시사적 문제에 관한 보도와 논평 등의 활동을 전개하자 방송 역시 저널리즘 분야에 포함되었다. 오늘날에는 모든 매스커뮤니케이션 활동이나 분야를 저널리즘이라 부른다. 그러나 좁은 의미로는 시사 문제에 대한 보도와 논평·해설 등의 활동이나 그러한 활동 분야만 지칭하며 오락이나 광고 등의 활동은 제외한다(한국언론연구원, 1993).

저널리즘은 보도와 개념상 구분된다. 저널리즘은 보도처럼 단순한 직업상의 기능만이 아니라 민주주의 사회의 유지·발전과 관련된 이념을 내포한다. 저널리즘은 정확하고 공정한 정보 전달을 통해 주변 환경을 감시하고, 그러한 정보에 대한 수준 높은 분석과 해석을 통해 민주주의 사회의 정통성의 토대가 되는 여론을 형성해 생활인으로서의 국민, 시민으로서의 국민을 위해 그들의 알 권리를 대행하는 기본적인 사명을 갖고 있다(이민웅, 1996: 8). 통상적으로 저널리즘은 매체에 상관없이 통칭하는 용어로 사용되지만, 경우에 따라 다루는 매체별로 신문 저널리즘과 방송 저널리즘으로 구분해 사용하기도 한다.

2) 방송 저널리즘

1920년대 라디오 방송이 시작된 이래로 방송 저널리즘을 지탱해온 중심 가치는 공공성과 공익성이다. 이것은 물론 신문 저널리즘의 기본 가치이기도 하다. 따라서 공공성과 공익성은 매체의 특성과 관계없이 모든 저널리즘 활동의 기본 가치라고 해도 크게 무리가 없다(이재경, 2005: 32). 그런데 TV 저널리즘은 시청자의 눈을 사로잡기 위해 선정주의나 오락적 요소를 활용하거나 무미건조한 보도 관행에서 벗어나 주의·주장을 강력하게 표출해 대립 구도를 형성하는 주창 저널리즘을 강화하기도 한다(Kovach and Rosentiel, 1999).

방송 저널리즘은 전통적인 저널리즘과의 차별화를 강조하면서 나타났다. 원용진(2005)은 방송 저널리즘 일각에서 제기된 전통적 저널리즘에 대한 반발을 몇 가지로 요약해 제시한다. 우선, 현상 유지를 야기할 수 있는 저널리즘 관행에 대한 지적을 들 수 있다. 기존의 정치 엘리트를 주요 취재원으로 삼으며 변치 않는 구조 내에서 객관 보도를 하는 것은 현상 유지를 원하는 기득권 세력의 이해를 대변하는 결과를 가져올 뿐이라는 지적이다. 저널리즘은 단순한 사실 전달만이 아니라 사회 변화를 위해 더욱 적극적으로 비판적 기능을 수행해야 함을 강조한 것이다.

둘째, 객관 보도를 위해 강조되었던 사실의 단순한 전달로는 보도의 정확성을 확보할 수 없다는 비판이 제기되었다. 보도의 정확성이란 사실성뿐만 아니라 심층성과 사회성을 확보함으로써 얻을 수 있다는 주장이다. 특정 사건의 경과와 제반 영역, 역사의 흐름을 총체적으로 보여줄 수 있는 심층성과 사회성을 담지 않는 보도는 온전하게 정확할 수 없다는 입장이다. 다시 말해, 저널리즘은 더 이상 사실의 단순한 나열로 그쳐서는 안 됨을 강조한 것이다. 그 대신 입체적 자료 구성과 배경 제공을 통해 독자나 시청자가 사건에 대한 통찰력을 갖도록 도와주어야 한다고 주장한다. 이 같은 입장과 주장에 대해서는 더 많은 학술적 논의가 필요하다고 했다.

3) 방송 저널리즘의 유형

방송 저널리즘은 시사 고발 프로그램이나 탐사보도 프로그램 같은 형태로
구체화된다.

(1) 시사 고발 프로그램

특정 사안을 고발하고 스트레이트(straight) 뉴스의 부족한 점을 보완하는 시
사 고발 프로그램의 기본 정신과 형식은 1970년대 미국의 비판적 사회 분위기
속에서 저널리즘의 한 유형으로 등장했다. 또한 이것은 19세기부터 대두된 폭
로 저널리즘에 그 기초를 둔다.

폭로 저널리즘을 좁은 의미로서 하나의 '보도 형태'로 본다면, 정부나 사회
의 부정·부패·비리·위선 등을 파헤쳐서 폭로 보도하는 것이나 그 기사를 의
미한다. 그러나 광의로는 그러한 보도에 치중하는 언론의 일반적 풍조 경향이
나 사조를 가리켜 폭로 저널리즘이라고 부른다(차배근, 1986).

시사 고발 프로그램은 정부와 사회에 대한 감시자 역할을 하고 사회적 규범
을 강화하는 역할을 하면서 사회 개혁을 선도하는 역할을 하지만, 신뢰성·불
공정성·선정성·사생활 침해·명예훼손·인권 유린 등과 같은 역기능적 요소도
산재해 있다(김우룡, 2000: 115~116).

(2) 탐사보도 프로그램과 탐사 저널리즘

① 탐사보도

탐사보도를 좀 더 구체적으로 정의하면, "하나의 사건이나 사안에 관해 비
교적 오랜 시간 동안 취재하여 그 사건이 갖는 실체와 사회적 의미에 관해 상
세히 보도하는 보도 유형"이라고 말할 수 있다(김연식·조성호, 2008: 153).

시사 고발 프로그램의 전형적인 기법인 탐사보도는 영국과 미국에서 19세
기 이전의 언론 상황에 대한 돌파구로 시작되었다. 새로운 형태의 '폭로 저널

리즘'으로 대두되었던 탐사보도는 특히 정부의 비위와 그것의 은닉을 파헤치고 폭로하면서 정부의 엄격한 감시자(Watch-dog)로서의 사명을 강조했다는 특성이 있다. 그래서 정부와 언론 간의 관계를 심지어는 대립관계로 상정한다는 점에서 대립 저널리즘이라고까지 부른다(차배근, 1986).

② 탐사저널리즘

탐사보도 프로그램을 통해 구현되는 탐사 저널리즘은 사실과 진실은 동일한 것이 아니라는 명제하에 사건 자체보다는 그 이면을 적극적으로 파헤치는 언론 보도 방식이다. 특히 정부나 관리 또는 기업 등의 부정부패를 언론기관이 독자적으로 조사·취재해 깊이 파헤쳐 폭로한다(한국언론연구원, 1993).

탐사 저널리즘은 객관 저널리즘과는 달리 언론인의 주관적 입장이 프로그램에 개입하는 것을 허용한다. 여기서 언론인은 정보를 걸러주는 '수문장(gate-keeper)' 역할에 그치는 것이 아니라 특정한 입장을 옹호하는 '주창자(advocator)'의 역할을 수행한다. 따라서 탐사 저널리즘 종사자는 자신의 도덕적 판단에 따라 사회적 약자의 이해를 대변한다는 등의 주장을 펼친다(김연식·윤영철·오소현, 2005: 85).

그러나 탐사 저널리즘은 객관 보도의 원칙을 정면으로 거부하지 않는다. 탐사 저널리즘에서 피할 수 없는 가치판단은 사실을 충분히 취재한 후 내린다는 점에서 객관 보도의 원칙은 여전히 유효하다. 즉, 사실에 관한 취재를 소홀히 한 채 제작진의 선입견이나 정치적 신념에 따라 프로그램을 제작하는 것은 탐사 저널리즘의 전형이 아니다(윤호진, 2005: 27~28).

③ 탐사보도 프로그램 사례

1960년대에 들어와서 특히 정부의 잘못이나 위선을 파헤치는 보도가 많이 나타났는데, 이때는 미국의 베트남 정책을 둘러싸고 국민의 반정부 여론이 고조되었던 시기였다. 정부에 대한 불신감이 높아지면서 미국의 언론은 이전에는 감히 건드리거나 접근할 수 없었던 국방성이나 CIA·FBI 등의 비밀이나 비위에도 주목하기 시작했다. 그 당시 디패치 뉴스서비스(Dispatch News Service)사의 기자였던 시모어 허시(Seymour Hersh)는 1968년 베트남의 밀라이 마을에서 발생한 양민학살 사건을 조사해 과감히 폭로했으며, 그는 이 보도 기사로 퓰리처(Pulitzer)상을 수상했다.

또한 파키스탄과 인도 간의 전쟁에 관련된 미국 정부의 위선을 파헤쳤던 잭 앤더슨(Jack Anderson)의 기사도 퓰리처상을 받았다. 이를 계기로 미국 언론계에서는 탐사보도라는 용어가 널리 유행했는데, 어떤 사건에 대한 피상적인 보도가 아니라 그 사건의 내막을 깊숙이 파헤쳐 그 진위를 가려내는 보도를 가리킨다. 그 후 이러한 탐사보도는 워터게이트(Watergate) 사건을 계기로 더욱 각광받으며 저널리즘의 뚜렷한 한 가지 성향으로 자리 잡았다(차배근, 1986).

④ 방송에서의 탐사보도

방송에서는 1954년 미국의 CBS가 정규 보도 다큐멘터리 프로그램 〈시 잇 나우(See It Now)〉를 통해 미국 정치악의 요소였던 매카시즘(McCarthyism)을 폭로·고발함으로써 텔레비전 탐사보도의 시대를 열었다(김연식·조성호, 2008: 154). 또 다른 탐사보도인 CBS의 〈60분(60 Minutes)〉은 1979년까지 계속 시청률이 가장 높은 프로그램으로 인기를 누렸다. 그런데 이러한 탐사보도 프로그램이 너무 부정적인 면을 파헤치면서 심리적 거부감과 아울러 충분한 증거와 확증 없이 사건을 과장해서 폭로한다는 비판의 목소리가 서서히 대두함에 따라 1980년대로 들어오면서 크게 위력이 떨어졌다.

탐사보도 프로그램은 사회 환경을 감시하는 중요한 텔레비전 보도 장르로서 언론의 사회적 책임과 밀접한 관련이 있다. 1990년대 초반에 형성된 한국의 탐사보도 프로그램은 기자가 아닌 프로듀서가 주로 제작하는 등 형식이나 제작 관행에서 기존 저널리즘과는 큰 차이를 보였다. 하지만 시간이 지날수록 본격적인 사회고발 보도의 전형으로서 자리매김했다(김연식·조성호, 2008: 150).

2. PD 저널리즘[1]에 대한 논의

1) PD 저널리즘이란

흔히 저널리즘이 기자의 전유물인 것처럼 여기는 경향이 있으나 프로듀서도 저널리즘을 만든다. 그러나 프로듀서가 만드는 저널리즘은 기자가 만드는 저널리즘과 다를 것이라는 인식이 보편적이다. 외형적으로 기자가 만드는 저널리즘은 주로 뉴스나 보도 프로그램을 통해 제공되는 반면, 프로듀서가 만드는 저널리즘은 대체로 탐사보도 프로그램을 통해 구현되는 경향이 있기 때문이다. TV 저널리즘에서 제작 주체와 프로그램의 특성에 따라 기자 저널리즘과 PD 저널리즘 프로그램으로 구분하기도 한다.

일반적으로 PD 저널리즘이란 방송 PD가 시사 문제에 대한 보도·평가·분석 프로그램을 정기적으로 제작·방송한 결과물을 의미한다. 즉, 시사 고발 프로그램, 시사 다큐멘터리 및 심층 보도 프로그램 등이 여기에 해당한다(윤호진, 2005: 24). PD 저널리즘은 방송 저널리즘의 발전에 기여하면서 고유한 영역을 확립해왔다. 많은 학자들은 PD 저널리즘은 오랫동안 정부의 통제와 안일한 객관주의에 길들여진 기존 저널리즘에 대한 반발로 나타난 후 새로운 형태의 저널리즘으로 자리 잡을 수 있었다는 점을 강조한다. 또한 PD 저널리즘은 그간 신문에 비해 속보성은 뛰어나지만 매체의 특성상 상대적으로 심층성은 취약할 수밖에 없는 방송 저널리즘에 대한 고정관념을 불식시키기에 충분하다고 주장한다.

---

1 'PD 저널리즘'이란 용어의 사용에 대해서는 의견이 분분하다. 그 나름대로 PD가 저널리즘의 영역을 구축했다고 자찬하는가 하면 오히려 PD가 제작한 프로그램을 폄하하거나 비난하는 구실을 제공했다는 비판도 있다. 필자도 'PD 저널리즘'이란 용어의 사용에 반대하는 입장이다. 그러나 이 책에서는 이미 많은 연구자들이 'PD 저널리즘'이라는 용어를 사용해왔기 때문에 인용의 필요성 차원에서 그대로 사용한다.

PD 저널리즘의 주요 특징을 살펴보면 대략 세 가지로 나눌 수 있다. 첫째, 프로그램의 제작 주체가 기자가 아니라 프로듀서라는 점이다. 둘째, 프로그램의 내용이 사회 부조리 고발에 치중하면서 이전보다 더 명확하게 선과 악을 구분한다. 셋째, 그동안 언론 본연의 사회적 감시·비판 기능에 목말라 있던 시청자로부터 강한 지지를 받았다(김연식·조성호, 2008: 164~166).

2) 한국의 PD 저널리즘

한국의 PD 저널리즘은 긴 역사는 없지만 뉴스와 함께 방송 저널리즘의 양축으로 자리한다. 방송 내적으로는 기자 방송 저널리즘과 긴장관계를 유지하고 방송 외적으로는 인쇄 저널리즘과 경쟁 혹은 논쟁의 관계를 유지한다는 점에서, PD 저널리즘은 탐사 저널리즘의 전통을 이어받음과 동시에 한국의 특수한 저널리즘 현상을 반영한다고 볼 수 있다(원용진, 2005: 13).

(1) PD 저널리즘 탄생 배경

1990년대 PD 저널리즘은 전통적 객관주의의 틀에 지나치게 의존하던 기자의 저널리즘 실천에 대한 반성으로서 프로듀서의 탐사보도 프로그램을 통해 등장했다. 프로듀서는 자신의 프로그램을 통해 사회 개혁과 민주주의의 발전을 옹호했다(김연식·조성호, 2008: 167). 또한 PD 저널리즘이 구축한 시사 고발 프로그램, 심층 취재 프로그램은 한국 사회의 투명성과 건강함을 한 단계 끌어올리는 데 기여했다(원용진, 2005: 16).

한편으로 한국에서 PD 저널리즘은 오랫동안 지속된 텔레비전 보도의 모순을 극복하는 과정에서 탄생했다고도 할 수 있다. PD 저널리즘이 발전할 수 있었던 사회적 배경을 크게 세 가지 차원에서 살펴보면 다음과 같다(김연식·조성호, 2008).

첫째, 많은 수용자가 지적하는 객관 보도 관행의 단점과 한계를 극복하고자 하는 방송사 내부로부터의 새로운 시도에서 비롯되었다. 기존 저널리즘이 객관성을 중요한 실천 양식으로 내세우지만 실제로는 객관적이지 못할 뿐만 아니라 기존의 권력·지배 관계를 재생산하는 기능을 한다는 비판이 많다. PD 저널리즘은 기존 저널리즘의 이러한 약점을 보완하고 파수견(watch dog)으로서의 언론 기능을 강화하고자 하는 새로운 시도로 볼 수 있을 것이다.

둘째, 노동자·농민 등 소수자와 사회적 약자 계층의 사회 개혁 요구에 부합하는 저널리즘 형태가 PD 저널리즘과 부합된다는 것이다. 민주주의의 고양에 따라 사회적 약자에 대한 관심이 증가하면서 약자를 변호하는 저널리즘 모델이 채택되고 있는 현상과 무관하지 않다. 프로듀서가 '부당한 강자'를 공격하고 '힘없는 약자'에게 신뢰할 만한 해결사가 되어줄 수 있는 것이 PD 저널리즘이라고 생각한다.

셋째, 다수의 시청자 확보를 위해 무미건조한 객관 보도에서 벗어나 주의·주장을 강력하게 표출해 대립 구도를 형성하는 저널리즘이 선호되었다. 프로듀서가 제작하는 탐사보도 프로그램은 기자가 만드는 객관 보도 프로그램과는 형식이나 구성, 방송 시간 등에서 차이가 난다. 프로듀서는 약자를 옹호하는 가치관을 갖고 있으면서 저널리즘의 실천에서 기자보다 더 강한 독립성을 추구하며, 현상의 이면에 숨은 진실을 밝히는 것을 자신의 역할로 인식하는 편이다.

3) PD 저널리즘의 변천

(1) PD에 의한 시사 고발 프로그램의 시작

엄밀하게 말해, 방송 프로듀서가 시사 고발 프로그램을 만들기 시작한 것은 1964년 TBC의 사회 고발 프로그램이었던 〈카메라의 눈〉이었다. 이어 KBS의 〈카메라 초점〉과 MBC의 〈MBC 리포트〉가 유사한 형식의 프로그램으로 등장했다(고희일, 2005). 그러나 이들 프로그램은 시민 계도에 중점을 둔 초보적인 형태로서 본격적인 탐사보도 프로그램이라 하기에는 부족한 점이 많았다 (박명진 외, 1991).

(2) 본격적인 탐사보도 프로그램의 등장

한국의 본격적인 탐사보도 프로그램의 출발이자 PD 저널리즘의 원조라고 할 수 있는 프로그램은 1983년 2월부터 방영된 〈추적 60분〉이다(안광식, 1984). 〈추적 60분〉은 심층적인 고발 프로그램 성격의 보도 내용으로 방송 후 즉각 시청자의 관심을 끌었고, 시청률에서도 상당한 성과를 올리면서 광고 수입도 상당했다. 초기 PD 저널리즘 프로그램이라 할 수 있는 〈추적 60분〉은 프로듀서의 문제의식에 의해 자리 잡았다기보다는 탐사보도에 대한 시청자의 호응과 적극적 지지에 의해 본격적인 발전의 궤도에 들어섰다고 할 수 있다(김연식·조성호, 2008: 161). 다르게 표현하면, 인포테인먼트(Infotainment = Information + Entertainment)를 지향했던 프로그램 내용이 시청자의 시청 욕구와 맞아떨어지면서 시사적인 내용을 다루는 탐사보도 프로그램으로 발전해갔던 것이다(장윤택, 1991).

물론 〈추적 60분〉에 대한 비판도 있었다. 취재 과정에서 개인의 프라이버시나 초상권을 침해한다거나, 사회의 좀 더 근본적인 문제는 고발하지 못하고 '조무래기'만 고발하며, 문제의 핵심에 접근하지 못한 채 피상적인 취재에 그치고 만다는 비판을 받았다(장윤택, 1984: 116). 더군다나 체제 안정을 바라는 정권의 직접적인 취재 지시가 내려오고 이를 수용할 수밖에 없자 〈추적 60분〉의 신뢰도는 타격을 입을 수밖에 없었고(김연식·조성호, 2008: 162), 소재 제한에다 제작진 내부의 의욕 저하 등이 겹치면서 1986년 5월 168회를 끝으로 폐지되었다.

(3) 본격적인 시사 프로그램 등장

1987년 민주화운동 이후 프로듀서가 만드는 시사 프로그램이 본격적으로 등장해, 그해 1987년 10월 25일 KBS의 〈뉴스비전 동서남북〉이 신설되었다. 〈뉴스비전 동서남북〉은 1986년 폐지된 〈추적 60분〉에 대한 반성과 평가 위에서 시작되었으며 '사실에 대한 진실의 발견'을 제작 기조로 삼았다(전용길, 1991). 1990년에는 MBC의 〈PD수첩〉이 탄생했다. 〈PD수첩〉은 다양한 사회부조리에 대한 성역 없는 취재 보도로 PD 저널리즘으로서의 정체성을 형성해 갔다. 〈PD수첩〉은 상대적으로 덜 조명된 소재를 선택해서 프로그램화했는데 사회적 약자나 소수자의 권리를 옹호한 소재가 많았다(박명진 외, 1991: 64).

SBS 서울방송은 1991년 개국 후 〈그것이 알고 싶다〉라는 새로운 유형의 탐사보도 프로그램을 만들었다. 〈그것이 알고 싶다〉는 문제가 되는 방송 소재를 추리적·미스터리적 접근을 통해 시청자의 의문과 궁금증을 풀어보자는 의도로 기획되었다(홍성주, 2004). 이후 KBS의 〈뉴스비전 동서남북〉이 폐지되고 1994년 〈추적 60분〉이 부활해 오늘에 이르렀다. 그런데 2010년 〈추적 60분〉은 다시 한 번 변화에 직면했다. 즉, 제작 본부(콘텐츠 본부)에서 보도 본부로 이관되면서 기자와 PD가 협업하는 시스템으로 변화한 것이다.

한편 〈PD수첩〉, 〈추적 60분〉, 〈그것이 알고 싶다〉 등이 PD 저널리즘으로 정착되자 각 방송사의 보도국은 이와 유사한 시사 프로그램을 신설했다. 1994년 2월 신설된 MBC의 〈시사매거진 2580〉은 기자가 만드는 대표적인 탐사보도 프로그램이었다. 이후 〈취재파일 4321〉, 〈뉴스 후〉, 〈시사기획 쌈〉 등의 프로그램이 새롭게 방송되었다. 이러한 현상은 PD 저널리즘이 방송 탐사보도의 발전을 견인한 촉매제로 작용했음을 보여준다(김연식·조성호, 2008: 167).

4) PD 저널리즘에 대한 논쟁

PD 저널리즘 프로그램에 대해서는 찬반양론이 분분하다. 우리 사회의 금기와 성역에 과감하게 앵글을 갖다 대고 소외 계층이나 사회적 약자를 배려하며, 출입처로부터 자유로운 PD가 ENG 카메라를 무기로 완성도 높은 작품을 만들어왔다는 점에서는 긍정적으로 평가한다.

그러나 구조적인 문제보다는 개별적·지엽적인 사안에 집착한다거나 시청률을 의식해 자극적이고 선정적인 주제를 다룬다거나 적극적인 주의·주장 속에서 정치적 편향성 논란을 야기했다는 점 등 PD 저널리즘의 부정적인 측면 또한 무시할 수 없다(최영묵, 2002; 윤호진, 2005: 46).

한편 기자, PD 저널리즘의 차이를 주장하는 것 자체가 문제가 있다는 주장도 있다. 이재경(2005)은 "PD 저널리즘이라는 입장에서 제기하는 이러한 차별성은 특히 한국의 방송 저널리즘 문맥에서는 일면 타당성이 있는 것이 사실이다. 그러나 기자의 저널리즘 문화와 프로듀서가 중심이 된 저널리즘 문화가 근본적으로 다르다고 하는 주장은 저널리즘 활동을 지나치게 직종 중심으로 영역 짓는 오류를 포함한다"고 지적했다.

(1) 기자 저널리즘과 PD 저널리즘의 차별화에 대한 논의

방송 저널리즘에서 PD 저널리즘이 강세를 보이는 것은 지극히 한국적인 현상이다. 외국에서는 본격적인 다큐멘터리를 제외한 심층 취재물이나 시사 보도물을 주로 기자가 제작하는 데 비해 한국은 심층 취재가 PD의 전유물처럼 받아들여지는 독특한 방송문화를 지닌다(원용진, 2005: 14).

① 연구자들의 제시하는 기자 저널리즘과 PD 저널리즘의 차이

이러한 두 가지 저널리즘에 대해 연구자들마다 약간씩 표현을 달리하여 제시한다.

우선 김연식·윤영철·오소현은 기자가 만드는 저널리즘과 PD가 만드는 저널리즘의 차이를 다음과 같이 설명한다.

첫째, 기자와 PD는 서로 다른 의사소통 방식을 채택한다. 기자가 뉴스 제작에서 정보의 전달, 즉 리포팅(reporting)에 초점을 맞춘다면, PD가 제작하는 시사 프로그램은 스토리텔링(storytelling) 기능을 더욱 강조한다. '정보 전달'(기

자) 저널리즘은 객관성과 사실성에 충실하므로 뉴스가 무미건조할 수 있다. 반면 PD가 제작하는 탐사 프로그램은 흥미, 즐거움, 통쾌함, 정의감 등을 극적으로 표현하는 스토리로 꾸미는 과정을 거치므로 강조와 과장을 동반하는 경우도 있다.

둘째, 기자는 뉴스 프로그램 시청자를 합리적이고 냉철한 시민으로 간주하며 다양한 사실 및 의견 정보를 접한 후 이성적으로 판단하고 성찰할 것으로 본다. 반면 PD는 시청자가 강한 시각적 이미지를 동반한 극적 이야기를 듣고 흥분·긴장·감동을 느끼면서 이야기 속으로 빠져들어 제작진의 도덕적 판단에 호응하고 공감한다고 본다.

셋째, 기자는 보편적인 저널리즘 원칙을 따르므로 누가 뉴스를 제작하는지에 따라 그 내용이 변하지 않는다. 전문직 언론인이라면 누구라도 동일한 절차와 방식에 따라 뉴스를 제작하기 때문이다. 하지만 PD는 가치관과 작가 정신을 작품에 불어넣어야 한다는 의식과 의지를 가지고 제작하므로 누가 만드는지가 중요하게 작용한다(김연식·윤영철·오소현, 2005: 149~151에서 재구성).

방송 저널리즘의 기본 원칙으로 객관성과 공정성을 중요 덕목으로 받아들이는 기자는 PD 저널리즘에 관한 인식에 동의하지 않는다. 기자는 사실보다 주장을 앞세우는 PD 저널리즘 프로그램에 대해 곱지 않은 시선을 보내며(김연식·윤영철·오소현, 2005: 82), PD 저널리즘 프로그램이 사실과 논평을 뒤섞음으로써 프로그램의 공정성을 훼손하는 경우가 있다고 생각한다. 또한 PD 저널리즘이 공정성과 객관성 측면에서 시빗거리를 제공함으로써 방송사 신뢰도를 하락시키기도 한다고 비판한다. 반면에 PD는 단순한 사실(fact) 전달만으로는 시청자에게 어떤 이슈를 제대로 알려줄 수 없다고 생각한다. 따라서 PD 저널리즘 프로그램은 다양한 정보나 의견을 전달하는 데 의미를 두기보다 도덕적 판단을 통해 결론을 내림으로써 시청자에게 올바른 의견을 명확하게 제시하는 것을 목적으로 삼는 경향이 강하다(김연식·윤영철·오소현, 2005: 104).

한편 김연식과 조성호는 PD 저널리즘은 사실에 집중하는 기자에 의한 저

<표 11-1> 기자 저널리즘과 PD 저널리즘의 인식상의 차이

기자 저널리즘	균형·객관성	조직 강조	출입처 의존	분업 강조	익명성	체제 중심적
PD 저널리즘	사회정의	개성 강조	출입처 무관	총체성 강조	자기 정체성	개인 중심적

자료: 원용진(2005: 23).

널리즘이 간과하기 쉬운 진실을 발굴하는 데 일정 부분 기여하고 있음을 강조한다.

겉으로 드러난 '사실'에 집중한 나머지 사건의 전체적인 맥락이나 숨어 있는 진실의 발굴에는 다소 취약할 수 있다. 탐사보도는 심층적인 조사와 취재를 통해 수용자가 사건이나 이슈를 좀 더 입체적으로 이해하는 데 도움을 준다(김연식·조성호, 2008: 150).

최영묵(2004)은 두 저널리즘 간의 차별성을 다섯 가지로 요약한다. 첫째, PD는 취재 출입처로부터 자유롭다. 보도국이 갖고 있는 출입처라는 제도로부터 자유롭기 때문에 권력과 유착할 가능성이 거의 없으며 권력 비리를 파헤치는 데 거리낌이 없다. 둘째, 짧은 보도국 뉴스에 비해 다큐멘터리 형식의 탐사보도물은 심층 보도에 강점을 갖는다. 셋째, 보도국 기자가 받는 기사 작성의 훈련을 거치지 않기 때문에 뉴스 프레임이라는 틀에서 자유롭다. 넷째, 장기적인 심층 취재가 가능하고 현장 접근성도 용이해 사안에 대해 심도 있는 묘사를 할 수 있는 개연성이 크다. 마지막으로 교양국이나 제작국이 보도국에 비해 권위적이거나 폐쇄적인 분위기가 약해 프로그램 제작에서 자율성의 폭이 크다.

② PD들이 주장하는 기자 저널리즘과 PD 저널리즘의 차이
저널리즘 프로그램을 제작하는 PD의 입장에서 다음과 같이 PD 저널리즘

구분	기자 저널리즘	PD 저널리즘(시사교양)
제작 방식	정보 위주 전달	이야기로 구성
진실추구 방법	확인된 사실에 기초한 진실	해석의 결과로 나타난 진실
소재 선택 기준	무엇이 시청자에게 중요한가? (What's important for viewers?)	무엇이 시청자를 위해 좋은(옳은)가? (What's good for viewers?)
선호하는 저널리즘 유형	객관 저널리즘	주창 저널리즘

자료: 김연식·윤영철·오소현(2005: 108).

의 독특한 영역을 강조하기도 한다.

기자는 사건의 사실 확인을 우선하지만, PD는 진실을 찾는 것을 중요하게 생각한다. 사실과 진실의 차이는 무엇인가. 사실은 나타난 현상을 말하는 것이지만, 진실은 사건의 원인 배경을 말한다(구수환, 2005: 92~93).

한편 MBC〈PD수첩〉팀은 기존 저널리즘과 달리 PD저널리즘은 출입처 없이 이해관계를 초월한 제3자 입장에서 사건을 다루며, 기자 저널리즘의 한계를 극복하기 위한 새로운 장르의 개척이라고 주장했다(MBC PD수첩팀, 2000: 10~12).

(2) PD 저널리즘에 대한 긍정적 시각

KBS·MBC·SBS 등 지상파방송 3사는 다양한 주제 의식과 형식의 PD 저널리즘 프로그램을 제작하고 있으며, 그 결과 기자가 만든 프로그램과는 다르게 방송 프로듀서만의 취재 성향을 느낄 수 있는 새로운 프로그램 장르를 개척했다는 평가를 받는다(윤호진, 2005: 25). PD 저널리즘이 구축한 시사 고발 프로그램, 심층 취재 프로그램은 우리 사회의 투명성이나 건강함을 한 단계 끌어올리는 데 기여했고, 시사 고발 프로그램을 통해 촉발된 PD 저널리즘은 이후 심층 취재 역사물로까지 이어져 역사적 사실을 재발굴하거나 폭로해 역사에 대한 사회적 재인식을 유도하기도 했다(원용진, 2005: 16). 기존의 뉴스와 언론에서 다루지 않거나 침묵함으로써 우리 사회에서 의제로 설정되지 못한 사안에 주목했고, 사회적 약자와 소외 계층의 시각에서 그들의 실상과 문제점 그리고 우리 사회에 만연된 비리와 병폐 등을 심층적으로 보도했다(윤호진, 2005: 26).

방송사를 대표하는 뉴스 프로그램이 정권의 선전 도구로 전락한 것을 목격한 PD들은 권력의 비판과 부패·모순의 폭로, 약자의 보호를 새로운 저널리즘의 목표로 설정하고 그 실천을 통해 과거를 성찰하고 방송의 민주화를 꾀하며 궁극적으로 사회 민주화에 기여하겠다는 비판적이고 진보적인 이념을 내비쳤다. "그 어떤 권력과도 싸워왔고 …… 지속적으로 성역을 깨는 역할을 해왔다"는 최승호 PD의 말은 이를 잘 압축한다(전규찬, 2006: 8).

그 밖에도 PD 저널리즘이 기자 저널리즘에 긴장을 제공했다는 점도 주요한 의의로 들 수 있다. 기자에 의한 전문 분야 심층 취재인 〈미디어 비평〉 프로그램을 구상하게 된 것도 그 같은 긴장과 무관하지 않다(원용진, 2005: 17).

(3) PD 저널리즘에 대한 부정적 시각

권력 감시와 비판이라는 방송의 공익적 사명을 수행한다고 볼 때 PD 저널리즘의 확산은 긍정적인 측면을 지닌다. 그러나 방송 저널리즘이 주장과 주창을 지나치게 강조함으로써 저널리즘의 기본 원칙을 위반할 우려가 있다는 지적도 있다. 정보의 수집과 확인이 차지하는 비중이 점차 줄어드는 반면, 주장과 논쟁의 비중은 늘어남으로써 저널리즘의 기본 원칙인 사실성이 훼손될 수 있기 때문이다(김연식·윤영철·오소현, 2005: 5).

윤호진(2005: 56)은 PD 저널리즘 프로그램이 이항 대립적 담론 구조 속에서 피해자와 사회적 약자 그리고 비주류의 관점과 시각에 깊은 관심을 기울여왔다고 평가하면서도, 이러한 포지셔닝(positioning)이 계층 간 대립을 부추기고 이데올로기적 편향성을 공공연히 표출한다는 비판의 원인이 될 수 있음을 지적한다. 심각하고 딱딱한 정보 위주의 전통적인 저널리즘에서 벗어나 흥미를 고려하거나 일반 시민을 참여시키거나 인포테인먼트를 적극적으로 활용하는 PD 저널리즘에 대해 시청률 경쟁을 지나치게 의식한 결과라는 비판도 있다 (김연식·윤영철·오소현, 2005: 88).

간혹 PD가 만드는 시사 프로그램은 선정성, 사생활 침해, 위장 취재, 소재 반복, 소재 편중, 지나친 일반화 등을 문제점으로 지적받는다. 이는 PD의 보도 영역 진출이 주로 시사 고발 프로그램에 집중되기 때문에 시사 고발 프로그램이 지니는 보편적인 문제점이 고스란히 PD 저널리즘의 문제점으로 지적되는 것이기도 하다(강형철, 2002: 102).

PD 저널리즘이라는 용어의 사용에 대해 PD는 대체로 긍정적이며, 심지어 기자도 하지 못하는 것을 PD인 자신이 해결해낼 수 있다는 자부심을 갖기도 한다. 반면에 기자는 자신의 고유한 영역을 PD가 침범한 것에 대해 다소 불쾌한 반응을 보이기도 하며, PD가 만든 저널리즘은 문제점이 많을 수밖에 없다는 식으로 폄하하기도 한다.

5) PD 저널리즘이 지향해야 할 점

PD가 제작하는 저널리즘 프로그램은 확실히 방송 저널리즘의 새로운 지평을 열었다. 그러나 많은 사람이 우려하듯이 진실을 파헤치는 과정에서 나타날 수 있는 편견이나 사실을 확인하는 과정을 소홀히 해서 나타나는 부작용은 없어야 한다. 아무리 잘 만든 프로그램이라 할지라도 취재나 제작 과정에 사소한 실수가 있다면, 프로듀서가 제작하는 전체 저널리즘 프로그램 평가에 영향을 미칠 수 있기 때문이다.

진정한 PD 저널리즘의 모습을 구현하기 위해서는 저널리즘의 기본 원칙이라 할 수 있는 다양한 취재원을 통한 다각적인 접근, 역사적이고 맥락적인 이해 과정, 미래지향적인 관점의 추론과 전망 등을 항상 염두에 두어야 하며, 취재 분야에 대한 전문성을 구비하기 위한 자기 노력을 부단히 경주해야 할 것이다(윤호진, 2005: 29).

제 12 장

스포츠 중계와 보편적 시청권

스포츠 중계방송과 관련해 이슈화된 중계권 확보, 특히 인기 스포츠의 중계권 확보를 둘러싼 방송계의 갈등이 논란의 대상이 되고 있다. 한때 올림픽이나 월드컵 같은 국민적 관심사가 높은 경기에 대해 국내 방송 3사가 공동으로 풀 (pool)을 구성해 스포츠 중계권을 협상하기로 했으나 풀을 파기하고 단독으로 방송하는 사례가 늘었다. 그런데 방송 3사의 풀은 IB 스포츠 등 중계 에이전시가 등장해 고액으로 중계권을 구매하기 시작하면서 사실상 무의미해진 지 오래다. 방송사의 스포츠 중계권 싸움과 독점 중계 논란은 좀처럼 해결되지 않고 있다.

스포츠 중계가 '방송법'의 '보편적 시청권'에 의거해 국민이 시청할 수 있는 권리로 인정되면서, 방송통신위원회는 중계권 확보에서 과도한 경쟁을 방지하기 위해 방송사업자 또는 중계방송권자 등에게 공동 계약을 권고할 수 있다. 이 장에서는 스포츠 중계권에 대한 갈등과 보편적 시청권에 대한 논의를 살펴볼 것이다.

1. 스포츠 중계권을 둘러싼 갈등

방송과 스포츠는 역사적으로 불가분의 관계를 형성해왔다. 1936년 베를린 올림픽 중계가 텔레비전을 인류에게 알리는 계기였지만, 올림픽이 세계적인 이벤트로 자리 잡을 수 있었던 것은 위성 중계방송의 역할이 크다(김경환, 2010a: 36). 전 세계적으로 다채널 뉴미디어 시대에 돌입하면서 인기 스포츠의 중계권 문제가 사회적 쟁점으로 부각되었다. 스포츠를 통한 지구촌의 상호 교류를 강조하던 올림픽과 월드컵마저 상업주의에 몰입하고, 채널 증가로 인기 콘텐츠인 스포츠 중계권에 대한 수요가 증가하면서 서부 유럽과 미국을 중심으로 인기 스포츠의 중계권료는 폭등하기 시작했다. 예를 들어 월드컵 중계권료는 1998년 프랑스 대회에서 1047억 원이었는데, 2002년 한일 월드컵에서는 1조 원가량으로 폭등했다(송해룡·김원제, 2006).

올림픽이나 월드컵 같은 국민적 관심사가 높은 경기는 국내 방송 3사가 공동으로 풀을 구성해 스포츠 중계권을 협상하는 것이 관례였다(강희종, 2010). 2006년 코리아 풀(Korea Pool)을 구성해 월드컵이나 올림픽 같은 해외 스포츠 중계권을 구입한 후 공동으로 중계하기로 약속했다. 그러나 주요 스포츠 콘텐츠의 편성에 관해서는 합의가 이루어지지 않아, 과도하게 높은 중계료를 지불하고 독점 중계하거나, 한 경기를 방송 3사가 모두 중계함으로써 전파 낭비라는 비난을 받기도 했다(오문희, 2011).

2010년 밴쿠버 동계 올림픽을 SBS에서 독점 중계하면서 스포츠 중계권 논란이 크게 대두된 것은 사실이지만 스포츠 중계권 싸움과 독점 중계 논란은 아주 오래전부터 내려오던 지상파 3사 간의 숙명적인 전쟁과도 같다.

2. 스포츠 중계방송 파행의 역사

1) 코리아 풀

1990년대에 SBS가 등장하면서 스포츠 방송권이 급상승했고 케이블 TV의 등장으로 가속화되었다(정용준·이희진·윤석환, 2011). 그동안 한국에서 올림픽 방송권은 방송 3사 연합인 코리아 풀(Korea Pool)을 통해 계약이 이루어지고 합동방송이 이루어졌다. 코리아풀은 서울올림픽 이전에는 아시아태평양방송 연맹(Asia-Pacific Broadcasting Union: ABU)을 통해 아시안 게임, 올림픽, 월드컵 등 주요 방송권을 획득했다. 그러나 서울올림픽을 계기로 한국은 올림픽방송 권의 경우 ABU 풀에서 탈퇴하고 IOC와 직접 협상하는 독립적 방송권 협상을 하게 되었다(윤병권, 2005).

1996년 아시안컵 축구대회가 벌어질 당시 KBS는 풀을 파기하고 단독으로 계약·방송한 사례가 있고, 1997~1998년 프랑스 월드컵 아시아 지역 최종 예선에서는 MBC가 3사 풀을 깨고 단독으로 방송했다. 2001~2004년에는 MBC 가 풀을 파기하고 미국 메이저리그 경기를 독점 계약했다. 그때 KBS와 SBS는 국내 프로야구와 축구, 농구를 독점 계약한 후 MBC를 배제하기도 했다. 결국 코리아 풀은 유명무실해졌다.

2006년 지상파방송 3사는 사장단의 합의로 '코리아 풀'을 다시 구성했다. 올림픽과 월드컵 등 대형 스포츠 이벤트의 방송권을 공동으로 확보하기로 합의한 것이다. 방송사 간 무리한 경쟁으로 인한 중계권료 인상을 억제하고 중계권을 둘러싼 각종 분쟁을 사전에 방지하자는 취지였다. 하지만 지상파방송 3사는 1996년 이래 돌아가면서 합의한 내용을 파기하는 전례를 남겼다.

〈표 12-1〉 지상파 3사 중계방송 파행 사례

시기	방송사	내용
1996	KBS	- AFC 아시안컵 풀 파기, 단독 계약 및 방송
1997	MBC	- 1998년 프랑스 월드컵 아시아 지역 최종 예선 풀 파기, 단독 방송
1999	KBS	- 브라질 축구대표팀 초청 경기 순차 방송 무시, 단독 중계권 계약·방송
2001~ 2004	MBC	- 메이저리그 풀 파기, 독점 계약 단독 방송(외화 낭비 대 시청자 욕구 충족을 위한 선택이라는 변명은 이때부터 본격적으로 시작)
	KBS, SBS	- 보복 조치로 국내 프로야구·축구·농구 독점 계약(MBC 배제)
2006.2	KBS	- AFC, MLB, WBC 중계권 독점
2006.3	KBS	- WBC 준결승전 KBS 단독 중계 고집, MBC·SBS 사전 합의 무시 반발 동시 중계 선언, 이에 KBS 중계금지가처분 신청(기각, 동시 중계)
2006	SBS	- 2010~2016 동계·하계 올림픽, 2010·2014년 월드컵 중계권 단독 계약

2) 스포츠 기획사의 등장

사실 방송 3사의 풀은 IB 스포츠 등 스포츠 중계 에이전시가 등장하면서 무의미해진 지 오래다. 방송 3사가 아무리 굳건히 약속한다 하더라도 제3의 업체가 나타나 높은 가격으로 중계권을 구매하면 그만이기 때문이다. AFC(아시아축구연맹), MLB(Major League Baseball), WBC(World Baseball Classic, 세계야구선수권대회) 등 굵직한 해외 스포츠 중계권은 IB 스포츠가 갖고 있다. 방송 3사는 한때 "IB 스포츠로부터 스포츠 중계권을 구매하지 않겠다"는 신사협정을 체결했으나 이 역시 지켜지지 않았다. 2006년에 있었던 2010~2016년 동계·하계 올림픽 중계권 협상 논란에도 방송 3사 이외에 IB 스포츠가 포함되어 있다.

3) 치솟는 중계권료

문제는 이러한 파기가 단순히 계약 파기로 끝나는 게 아니라 경제적 손실을 야기한다는 데 있다. 프랑스 월드컵 아시아 최종 예선전에서 MBC는 당초 AFC가 방송 3사에 제안했던 100만 달러의 중계권료보다 많은 110만 달러를 주었으며, 또한 MLB 경기의 2001~2004년 시즌까지 4년간 3200만 달러라는 거액을 주었는데, 이는 경인방송이 IMF 시기에 3년간 550만 달러에 계약해 외화 낭비를 했다고 비판받은 것의 네 배가 넘는 금액이었다.

한편 IB 스포츠는 2005년부터 2008년까지 네 시즌의 MLB 중계권을 무려 5300만 달러라는 거액을 주고 구입했다. SBS 미국 법인인 SBS 인터내셔널은 방송 3사의 코리아 풀이 IOC(국제올림픽위원회)에 제출했던 2010년 동계 올림픽, 2012년 하계 올림픽(3000만 달러)과 2014년 동계 올림픽, 2016년 하계 올림픽(3300만 달러)의 6300만 달러보다 950만 달러 인상한 7250만 달러를 제출해 올림픽 단독 계약을 체결했으며, 2010년과 2014년 월드컵도 1억 4000만 달러에 단독 계약했다.

이렇듯 거액의 중계권료를 지불하고 계약하는 것에 대해 방송사나 스포츠 기획사는 광고로 비용을 조달하기 때문에 별 문제가 없다고는 하나, 국가적 차원에서 보면 외화 낭비라는 바람직하지 못한 결과를 초래하는 것이다(김성길, 2007; 오문희, 2011: 17~21 재구성).

3. 보편적 시청권

'방송법' 제2조(용어의 정의) 제25항은 '보편적 시청권'을 국민적 관심이 매우 큰 체육경기대회나 그 밖의 주요 행사 등에 관한 방송을 일반 국민이 시청할 수 있는 권리로 규정한다.

다매체·다채널 시대로 진입하면서 스포츠 중계권을 둘러싼 갈등은 점점 더 심화되고 있다. 이와 관련해 무엇보다 심각한 문제는 유료방송 혹은 특정 방송이 인기 스포츠의 중계권을 독점할 경우 일반 시청자가 국민적 스포츠 및 이벤트를 무료로 시청하지 못할 수 있다는 점이다. 또한 지상파 TV에 국한되었던 중계권을 둘러싼 경쟁이 위성, 케이블, 기타 기술적 발전으로 인해 더욱 폭넓어지고 있다. 특히 최근 몇 년간 스포츠 중계권료가 가파른 상승세를 보이면서 방송사와 스포츠협회(혹은 마케팅 회사) 간, 그리고 방송사 간 갈등과 경쟁은 심화되었다(송해룡·김원제, 2010: 32). 일례로 jtbc는 2012년 6월 월드컵 축구 아시아 지역 예선 두 경기를 독점 중계했으며, 2013년의 세계야구선수권대회(WBC)를 독점으로 중계(방송)하는 권리를 계약한 바 있다.

사실 방송사업자는 높은 시청률과 많은 광고 수입 보장, 채널 이미지 제고 등을 고려해 인기 스포츠의 중계권 확보에 총력을 기울이지 않을 수 없으며, 이에 따른 중계권료의 지속적인 상승은 자유 시장경제 체제에서는 어쩌면 당연한 논리라고 할 수 있다. 하지만 중계권 폭등과 과열 경쟁 양상이 정상적인 시장의 거래 메커니즘을 넘어 투기와 같은 비정상적인 상황으로 치닫게 되면서 관련 이해관계자(방송사, 협회 등) 간의 반목과 갈등이 심화되고 있다. 특히 스포츠 중계권 사업자와 중계권을 따낸 방송사의 수익과 경쟁 논리는 국민의 '보편적 시청권'을 좌우하는 상황을 낳았다(송해룡·김원제, 2010: 29~30).

1) 보편적시청권 규제에 대한 논란

원칙적으로 일반 국민이 국민적 스포츠 행사를 무료 혹은 저가로 시청해야 한다는 보편적 시청권 규제의 타당성에 대해 반론을 제기하기 힘들어 보인다. 하지만 보편적 시청권 규제가 입법 취지와 같이 국민의 볼 권리보다 지상파방송의 기득권을 옹호하고 시장의 자율적인 영역을 침해한다는 반론도 제기되었다. 지상파 방송사가 코리아 풀이라는 공동협상 방식을 통해 유료방송의 시장 진입을 방해하고 국제사회의 스포츠 연맹으로부터 담합이라는 비난을 받는다는 것이다. 예를 들어 2006년 제2회 WBC 중계권과 관련해 지상파방송이 국제 입찰에 응하지 않다가 IB 스포츠가 중계권을 획득하자 고가 매입 등을 이유로 비난하고 방송통신위원회의 중재 과정에서 저가 매입을 강요했다는 것이다(≪아시아경제≫, 2009.3.7).

보편적 시청권의 법제화를 찬성하는 주요 지상파 방송사와 규제기관은 인기 스포츠 중계권 규제를 통해 지나친 가격 폭등과 스포츠 상업주의를 막고 국민이 인기 스포츠를 무료로 시청할 수 있는 권리를 보장해야 한다는 입장이다. 반면 법제화에 반대하는 뉴미디어 사업자들은 법제화가 자유로운 시장 경쟁을 막고 지상파방송의 독과점을 가속화시킬 우려가 있으며, 오히려 시청자의 자유로운 시청권을 막는다고 주장한다(윤성옥, 2008: 58~59).

2) 보편적 시청권에 대한 외국 사례

물론 보편적 시청권에 대한 접근은 각국의 사정에 따라 다르다. 영국을 비롯한 유럽 국가는 유료 TV 시대에 국민의 기본적인 시청권을 보호하기 위해 필수적인 제도로 받아들인다. 반면 미국은 방송사업의 자유를 막기 때문에 '수정헌법' 제1조에 위배된다는 입장이고, 일본은 유료 TV의 폐해가 많지 않아 아직은 시기상조라고 받아들인다(윤성옥, 2008: 59).

스포츠의 보편적 시청권은 방송 이념과 방송사업자 간의 이해관계로 인해 논쟁의 대상이 된다. 대체로 공공 서비스의 전통이 강하고 유료 TV가 발달한 국가에서는 입법화를, 미국과 같이 시장 전통이 강한 국가에서는 입법화보다는 공정 경쟁 문제로 다룬다. 반면 아시아 국가에서는 유료 TV가 발달하지 않았기 때문에 인도와 한국 외에는 뚜렷한 입법화의 움직임을 보이지 않고 있다. 일본은 1990년대 후반에 보편적 시청권 규제를 논의했으나 입법화하지는 않았다(정용준, 2008: 3).

스포츠 중계권의 가치가 높아짐에 따라 국내뿐만 아니라 세계 각국에서도 스포츠 중계권을 둘러싼 분쟁은 끊이지 않는다. 따라서 영국 같은 국가에서는 스포츠 중계권의 분쟁 해결과 국민의 시청권 보장이라는 차원에서 보편적 서비스 제도를 도입했다. 영국은 보편적 서비스 제도를 통해 올림픽과 월드컵, 윔블던 테니스 등과 같이 국민적 관심사가 높은 스포츠 이벤트를 국가가 지정해 다수의 국민이 즐길 수 있도록 무료로 방송한다. 영국 이외에도 독일, 프랑스, 덴마크, 이탈리아, 오스트레일리아 등에서 보편적 시청권 제도를 운영하고 있다(김경환, 2010a: 39).

유럽 국가에서 보편적 시청권 제도는 국민적 관심사인 스포츠 행사에 대한 방송을 국민이 추가적 부담 없이 시청할 수 있어야 한다는 공익 서비스 내지 보편적 서비스의 일환으로 도입되었다(정용준, 2010: 41). 한국은 보편적 중계권 규정이 2007년 1월 개정된 '방송법'에 명시되었다. '방송법' 개정에 따라 방송통신위원회는 2008년 5월 '보편적 시청권 보장 위원회 구성 및 운영에 관한 규칙'을 제정하고, 6월 방송통신위원회 위원을 위원장으로 하는 일곱 명의 '보편적 시청권 보장 위원회'를 구성했다. 보편적 시청권 보장 위원회는 '국민 관심 행사 등'의 선정에 관한 업무, 중계방송권 확보에 따른 과도한 경쟁을 방지하기 위한 중계방송권의 공동 계약 권고, 과다한 중복 편성으로 시청자의 권익을 침해하지 않도록 중계방송의 채널별·매체별 순차적 편성 권고, 보편적 시청권 보장 관련 방송통신위원회의 규칙 제·개정, 기타 보편적 시청권 보장과 관련해 방송통신위원회가 요청한 사항을 심의한다.

4. 한국 '방송법'상의 '보편적 시청권'에 대한 이해

1) 국민 관심 행사란?

보편적 시청권의 대상인 '국민 관심 행사'가 무엇인지에 대해 논란의 여지가 많을 수 있다. 이러한 논란을 불식시키기 위해 방송통신위원회는 '국민 관심 행사 등'의 고시를 위해 보편적시청권보장위원회를 설치하도록 했으며, 그 위원은 방송통신위원회 위원장이 방송통신위원회의 동의를 얻어 7인 이내로 위촉하고 그 구성과 운영에 관하여 필요한 사항은 방송통신위원회규칙으로 정하도록 했다.

이에 앞서 "국민관심행사 등"의 범위가 포괄적으로 규정되어 중계방송권자 간에 해석상 분쟁이 발생할 소지가 많아 분쟁 최소화를 위해 방송통신위원회 고시에서 규정된 국민관심행사등의 범위를 구체화·명확히 하기 위해 새로 고시했다.

즉, "국민관심행사 등"이란 국민적 관심이 매우 큰 체육경기대회와 국민적 관심이 집중되는 국가적 차원의 주요행사를 의미한다. 그리고 그 종류는 다음 각 호의 규정에 따라 분류했다.

'방송통신위원회고시 제2016-14호(2016.12.28)

1. 국민 전체가구 수의 100분의 90 이상 가구가 시청할 수 있는 방송 수단을 확보해야 하는 국민적 관심이 큰 체육경기대회는 동·하계 올림픽과 FIFA(국제축구연맹)가 주관하는 월드컵 중 성인남자 및 성인여자 국가대표팀이 출전하는 경기로 한다.
2. 국민 전체가구 수의 100분의 75 이상 가구가 시청할 수 있는 방송 수단을 확보해야 하는 국민적 관심이 큰 체육경기대회는 동·하계아시아경기대회, 야구 WBC(월드베이스볼클래식) 중 국가대표팀이 출전하는 경기, 성인남자 국가대표팀이 출전하는 AFC(아시아축구연맹) 및 EAFF(동아시아축구연맹)가 주관하는 경기(월드컵축구 예선 포함), 양 축구협회 간 성인남자 국가대표팀이 출전하는 평가전(친선경기 포함)으로 한다.

2) 공정하고 합리적인 가격으로 제공

그리고 '보편적 시청권'의 대상이 되는 '국민 관심 행사 등'에 대한 중계권자나 그 대리인은 일반 국민이 이를 시청할 수 있도록 공정하고 합리적인 시장가격으로 차별 없이 제공하도록 했다. 여기서 '공정하고 합리적인 가격'이라는 다소 애매한 기준을 제시한 것은 문제가 있다고 여겨진다. 그렇지만 누가 보아도 부당한 만큼 높은 가격을 요구해 불필요하게 비용이 상승하는 것을 억제하기 위한 선언적인 의미가 담겨 있다고 보아야 할 것이다.

방송사업자는 '방송법' 제76조 제1항 및 제3항의 규정을 위반하는 행위를 방송통신위원회에 서면으로 신고할 수 있으며, 방송통신위원회는 신고를 접수한 경우 방송분쟁조정위원회의 심의를 거쳐 60일 이내에 그 결과를 통보해야 한다. '방송법'의 내용은 다음과 같다.

'방송법' 제76조[방송 프로그램의 공급 및 보편적 시청권 등(개정 2007.1.26)]

① 방송사업자는 다른 방송사업자에게 방송 프로그램을 공급할 때에는 공정하고 합리적인 시장가격으로 차별 없이 제공하여야 한다.

② 방송통신위원회는 제76조의 2의 규정에 따른 보편적시청권보장위원회의 심의를 거쳐 국민적 관심이 매우 큰 체육경기대회나 그 밖의 주요 행사(이하 '국민 관심 행사 등'이라고 한다)를 고시하여야 한다. 이 경우 방송통신위원회는 문화체육관광부 장관, 방송사업자 및 시청자의 의견을 들어야 한다(신설 2007.1.26, 2008.2.29).

③ 국민 관심 행사 등에 대한 중계방송권자 또는 그 대리인(이하 '중계방송권자 등'이라 한다)은 일반 국민이 이를 시청할 수 있도록 중계방송권을 다른 방송사업자에게도 공정하고 합리적인 가격으로 차별 없이 제공하여야 한다(신설 2007.1.26).

'방송법' 제76조의 2(보편적시청권보장위원회)

① 제76조 제2항의 규정에 따른 국민 관심 행사 등의 고시 등에 관한 업무의 원활한 수행을 위하여 방송통신위원회에 보편적시청권보장위원회를 둔다(개정 2008.2.29).

3) 금지 행위

일반 국민의 보편적 시청권을 보장하기 위해 방송사업자와 중계방송권자 등이 해서는 안 되는 금지 행위를 '방송법 시행령' 제60조의 3(금지 행위)에서 규정한다. 구체적으로는 ① 중계방송권자로서 국민적 관심이 매우 큰 체육경기대회나 그 밖의 주요 행사의 종류 및 국민 관심도 등을 고려해 국민 전체 가구 수의 100분의 60 이상 100분의 75 이하의 범위에서 방송통신위원회가 고시하는 비율 이상(올림픽이나 국제축구연맹이 주관하는 월드컵의 경우에는 국민 전체 가구 수의 100분의 90 이상)의 가구가 시청할 수 있는 방송 수단을 확보하지 않는 행위, ② 중계방송권을 확보하고도 정당한 사유 없이 국민적 관심이 높은 행사 등을 앞에 규정한 방송 수단을 통해 실시간으로 방송하지 않는 행위, ③ 정당한 사유 없이 중계방송권의 판매 또는 구매를 거부하거나 지연시키는 행위, ④ 정당한 사유 없이 국민적 관심이 높은 행사 등에 대한 뉴스 보도나 해설을 위한 자료 화면을 제공하지 않는 행위 등이다. 한편 '방송법 시행령'에는 방송통신위원회가 필요하다고 인정하는 경우 중계방송권자의 금지 행위를 판별하기 위해 세부 기준을 고시할 수 있다고 명시되어 있다. '방송법'에 규정된 보편적 시청권 보장을 위한 조치 등은 다음과 같다.

'방송법' 제76조의 3(보편적 시청권 보장을 위한 조치 등)

① 방송사업자 및 중계방송권자 등은 제76조 제3항의 규정에 따른 일반 국민의 보편적 시청권을 보장하기 위하여 대통령령에서 정하는 금지 행위 등 준수사항을 이행하여야 한다.

② 방송통신위원회는 제1항의 규정에 따른 금지사항을 위반한 방송사업자 및 중계방송권자 등에 대하여 금지 행위의 중지 등 필요한 시정 조치를 명할 수 있다. 이 경우 방송통신위원회는 시정 조치를 명하기 전에 당사자에게 기간을 정하여 의견 진술의 기회를 주어야 한다. 다만 당사자가 정당한 사유 없이 이에 응하지 아니하는 때에는 그러하지 아니한다 (개정 2008.2.29).

③ 방송통신위원회는 제1항의 규정에 따른 금지 사항의 위반 여부에 대한 사실 관계의 조사를 위하여 필요한 경우 대통령령이 정하는 바에 따라 방송사업자 및 중계방송권자 등에게 자료 제출을 요청할 수 있고, 사무처의 직원으로 하여금 방송사업자 및 중계방송권자 등의 사무소 또는 사업장에 출입하여 조사를 하게 할 수 있다(개정 2008. 2. 29).

④ 방송통신위원회는 방송사업자 및 중계방송권자등이 정당한 사유 없이 제2항의 규정에 따른 시정 조치를 이행하지 아니하는 때에는 당해 중계방송권의 총 계약 금액에 100분의 5를 곱한 금액을 초과하지 아니하는 범위 안에서 과징금을 부과할 수 있다(개정 2008. 2. 29).

⑤ 제3항의 규정에 따라 조사를 하는 사무처의 직원은 그 권한을 표시하는 증표를 지니고 이를 관계인에게 내보여야 한다.

4) 공동계약권고

방송사 간 중계방송권의 확보 경쟁으로 인한 피해는 매우 심각하다. 특히 과도한 중계권료의 지불은 국가적인 손실을 초래한다고 비판받기도 하지만 여전히 근절되지 않고 있다. 방송통신위원회는 국민적 관심이 높은 행사에 대한 보편적 시청권을 보장하고 중계권 확보에서 과도한 경쟁을 방지하기 위해 방송사업자 또는 중계방송권자 등에게 공동 계약을 권고할 수 있다.

'방송법' 제76조의 4(중계방송권의 공동 계약 권고)

① 방송통신위원회는 국민 관심 행사 등에 대한 보편적 시청권을 보장하고 중계방송권 확보에 따른 과도한 경쟁을 방지하기 위하여 중계방송권 계약에 있어서 방송사업자 또는 중계방송권자 등에게 공동 계약을 권고할 수 있다(개정 2008.2.29).

이 조항은 권고 사항으로 실효성에 의문이 간다는 지적도 있지만, 여러 가지 여건을 고려할 때 오히려 권고 사항으로 존재하는 것이 바람직하다고 볼 수 있다. 다만 실효성을 높이기 위해서는 방송사들의 자율적 모임인 방송협회가 나서서 주관 방송사를 정해 계약하게 하든 아니면 협회 내의 코리아 풀의 운용 방식을 개선하든 획기적인 조치가 뒤따라야 한다.

5) 순차 편성 권고

중계방송에서 가장 심각한 문제점은 중복 편성이다. 동일한 경기나 행사를 중복 편성하는 것도 문제이지만, 같은 대회나 행사의 다른 내용을 중계한다 할지라도 그러한 행사나 경기에 별로 관심을 갖지 않는 시청자에게는 이것이 중복 편성으로 여기지기 때문에 불만의 대상이 될 수 있다.

방송통신위원회에서는 비록 권고 사항이지만 중계방송권의 사용에서 과다한 중복 편성을 피해 시청자의 권익을 침해하지 않도록 하고, 채널별·매체별로 순차적으로 편성하려고 노력할 것을 주문했다.

이러한 중계방송권의 공동 계약 권고와 순차 편성 권고는 권고라는 법적 실

'방송법' 제76조의 5(중계방송의 순차편성 권고 등)

① 방송사업자는 국민 관심 행사 등에 대한 중계방송권을 사용함에 있어서 과다한 중복 편성으로 인하여 시청자의 권익을 침해하지 아니하도록 하여야 하며, 채널별·매체별로 순차적으로 편성하기 위하여 노력하여야 한다.

② 방송통신위원회는 제1항의 채널별·매체별 순차 편성이 효율적으로 이루어질 수 있도록 방송사업자에 대하여 권고할 수 있다(개정 2008.2.29).

효성의 문제뿐만 아니라 담합을 법으로 규제하는 국제 규범의 위반으로 볼 수 있다. 따라서 공동 계약과 순차 편성은 방송사업의 자율적인 판단으로 이루어져야지 법으로 규정할 수 있는 사항은 아니다(정용준, 2009: 11).

일본의 스포츠 중계권 협상 사례

일본 NHK와 민영방송이 만든 '저팬 컨소시엄(Japan Consortium)'이 올림픽과 월드컵 축구 중계권 협상에서 창구 역할을 했다. 1980년 모스크바 올림픽에서 TV아사히가 컨소시엄을 깨고 단독 중계권을 따왔다가 서방 국가가 빠진 반쪽짜리로 큰 손해를 보면서부터 컨소시엄이 잘 유지되고 있다. NHK가 중계권료의 50~60%를 내면서 주도권을 쥐고 각 경기를 조정·운영하는데, 경기별로 방송사가 추첨을 해 중계방송이 중복되지 않도록 한다. 더군다나 일본은 지상파와 유료방송이 권리를 나누고 관련 경기의 방송 권리만 획득해 치솟는 중계권료를 대폭 낮추었다(정용준, 2010: 40).

일본은 2002년 월드컵 중계권을 둘러싸고 홍역을 치렀다. 월드컵 중계권료가 폭등하면서 이로 인해 저팬 컨소시엄이 협상에 소극적인 자세로 임하자 그 틈을 유료 위성방송사인 스카이퍼펙TV가 파고들어 2002년 한일 월드컵 전 경기 중계권을 독점 구매했기 때문이다. 스카이퍼펙TV의 중계권 독점으로 자국 내에서 열리는 월드컵을 유료 매체로만 볼 수 있는 사상 초유의 사태가 벌어질 뻔했지만, 결국 저팬 컨소시엄이 전체 64경기 중에서 40경기에 대해 지상파와 지상파 계열인 BS 위성방송의 중계권을 구매하면서 사태가 일단락되었다(김경환, 2010a: 38).

제 **13** 장

방송의 정치적 독립

한국의 방송은 태생적으로 정치권력으로부터 직간접적으로 많은 영향을 받아왔으며, 혹자는 이러한 이유 때문에 우리의 방송이 국영방송의 틀을 크게 벗어나지 못할 수밖에 없었다고 평하기도 한다. 실제로 새로운 방송사의 개국, 방송제도의 변화, 또는 새로운 방송 매체의 출범 등 방송에 변화가 있을 때마다 어떠한 형태로든 당시의 정치권력은 영향을 미쳐왔다. 구체적으로 일제강점기의 경성방송국이 출범하게 된 배경, 해방 후 미 군정청에 이어 정부 수립 후 정부의 방송 관리, 박정희 정권에 의한 KBS 개국, 전두환 정권의 방송사 통폐합, 노태우 정권 시대에는 민영방송인 SBS의 탄생으로 공영방송체제에서 공·민영방송체제로의 변화, 김영삼 정권 때에는 지역민영방송사 개국과 종합유선방송의 출범, 김대중 정권 때 위성방송의 출범, 노무현 정권 때에는 DMB 출범, 이명박 정권 때 IPTV 출범 등 새로운 정권이 들어서면 어김없이 방송제도나 정책이 변하거나, 새로운 방송사 또는 방송 매체가 경쟁적으로 등장하는 일이 반복되어왔다.

또한 방송 매체는 기술적 특성과 사회문화적 특성으로 인해 정치권력으로부터 자유로울 수 없는 한계점을 가질 수밖에 없기 때문에 방송의 정치적 독립 문제는 오랜 기간에 걸쳐 풀어야 할 숙제이면서도 만족할 만한 해결책을 찾지 못한 채 표류해왔다.

1. 6·29선언과 방송의 민주화

한국 방송 역사를 돌이켜볼 때 방송이 정치권력으로부터 벗어나기 위한 노력과 시도는 끊이지 않고 이어져왔다. 방송에 대한 정부의 통제에 맞서 투쟁한 방송인들이 정부에 의해 억압받은 사례도 적지 않았다.

그런데 한국 방송의 정치적 독립이 본격적으로 표면화되고 실현 가능성을 엿보인 것인 방송의 민주화 바람과 연관 지을 수 있다. 한국 방송에 민주화 바람이 분 것은 6·29선언을 기점으로 잡아야 할 것 같다. 6·29선언은 전두환 정권이 대통령 간선제를 고수하고 정치적 탄압을 일삼던 것에 대한 국민적 저항에 직면하게 되고 특히 '박종철 물고문 사건'으로 민주화에 대한 요구가 온 나라에 들끓기 시작하자, 이에 대한 수습책으로 당시 여당이었던 민정당의 노태우 대표가 수용할 수밖에 없었던 것이다. 6·29선언은 집권당의 대통령 후보 노태우가 발표한 시국 수습책으로서 대통령 직선제 개헌·공정 선거 실시·김대중 사면 복권과 시국 사범 석방·국민 기본권 강화·언론기본법 폐지·지방자치제 및 교육 자치제 실시·정당 활동 보장·지역감정 해소 등 국민의 민주적 요구를 일부 수용한 것이다(최창봉·강현두, 2001: 297).

6·29선언 이후 방송에 커다란 변화가 일어났는데 두드러진 특성으로는 방송의 민주화 열풍이 몰아쳤다는 점이다. 5공 정권의 언론통제의 법적 장치였던 '언론기본법'이 폐기되었으며, 방송 민주화의 법적 근거가 되는 새로운 '방송법'이 제정, 공포되었고(11월 28일), 프로듀서협회와 MBC 방송노조의 탄생 등 방송 민주화가 주요 쟁점으로 부각했다(한진만, 2013: 54~55).

제5공화국 방송 체제에 대한 국민의 문제 제기가 이루어지는 가운데, 1987년을 기점으로 권력의 통제 아래에서 숨죽이고 있던 방송 내부 구성원들도 언론 상황에 대한 자성의 움직임을 보이기 시작했다. 6·29선언이 있은 후, 7월 2일에 MBC 보도국 기자들은 공정한 보도로 국민의 눈과 귀가 되기 위해 끝까지 투쟁할 것을 밝히는 '방송 언론의 민주화를 위한 우리의 다짐'이라는 제목의 선언문을 낭독했다. 보도국 기자들의 선언 이후 교양 제작국·TV 제작국·라디오 제작국·편성국 PD 일동에 이어 아나운서·방송 기술인들도 잇따라 지지 성명을 발표했다(최창봉·강현두, 2001: 300).

이러한 과정 속에서 1987년 10월 말 전국 언론사 중 한국일보사가 최초로 노동조합을 결성했다. 이후 중앙 일간지를 중심으로 노조가 잇따라 결성되었고, 12월 9일에는 47명을 창립 조합원으로 하는 MBC 노조가 결성됨으로써 방송 사상 최초로 방송 노조가 탄생했다. KBS 노조도 이듬해인 1988년 5월 20일에 결성되었다(최창봉·강현두: 2001: 301~302).

방송의 민주화는 각 방송사의 편성에 많은 영향을 미쳤다. 1987년 6·29 민주화 선언 이후 KBS는 시국 상황이 급변하자 시국 변화에 따른 정국, 사회발전의 방향 제시와 국민의 욕구를 적절히 수용하기 위해 시국 반영 프로그램 〈금요토론〉(7월 개편)과 사계의 지도급 인물을 시의성 있게 방문하여 현 정국과 사회에 대한 구상과 견해를 듣는 〈특별방문〉(8월 개편) 등을 신설했다(한국방송협회, 1997: 640).

MBC는 1987년 전환기의 각 분야에 표출된 갈등 현상을 진단하는 〈진단 87〉을 편성했으며, 1989년에는 국민의 정치적 관심을 수용한 프로그램을 개발하는 데 주력했다. 봄철 개편에서 4개의 보도프로그램, 즉 〈박경재의 시사토론〉과 일요일의 〈MBC뉴스데스크〉, 토요일의 〈통일전망대〉의 신설과 〈MBC리포트〉의 부활로 보도 프로그램의 약진이 있었다. 그중에서도 〈박경재의 시사토론〉은 미묘한 시사문제를 가감 없이 공개함으로써 화제가 되었다(한국방송협회, 1997: 650~651).

2. 방송 파업

방송에 민주화의 바람이 불긴 했지만 만족할 수준은 아니었다. 오히려 방송의 특성상 민주화와는 역행하는 일들이 빈번하게 일어나고 이에 대항하기 위해 노동조합을 중심으로 파업이라는 극단적인 처방을 하기에 이른다.

한국 방송 사상 노조원들이 파업에 들어간 것은 1988년 8월 26일 새벽 6시부터 문화방송 노조에 의해서였다. 문화방송 노조는 1988년 8월 25일 오후 6시 30분 비상총회를 개최하고, 그다음 날 새벽 6시부터 무기한 파업에 들어가기로 결정했다. 공정방송과 인사권을 두고 노사가 팽팽하게 대립한 것이다. 노조 측은 편성편집권은 담당국장, 부장 및 기자와 프로듀서에게 있으며, 편성·보도·제작·교양·라디오 국장은 소속국의 프로듀서 또는 기자의 추천을 받아야 한다고 주장하는 한편, 사측은 편성편집권은 담당 이사에게 있고 해당 국장 추천제는 사원 간의 불신을 조장한다는 이유로 거부한 것이다(새언론포럼, 2008: 51).

1990년 4월 12일 경찰은 KBS에 난입, '관선 사장 퇴진'을 외치며 농성 중이던 조합원 117명을 연행했다. 이날부터 KBS 사원들은 36일간의 제작 거부에 들어갔다. 사내 경찰 투입과 노조원 강제 연행이라는 초유의 사태를 계기로, 서기원 사장 퇴진운동은 노사 대립의 차원에서 노조와 정부 간의 대결 양상으로 발전했다(새언론포럼, 2008: 112).

이후 KBS와 MBC는 방송의 정치적 독립이라든가 제작의 자율성 확보를 위한다는 명분으로 수많은 파업을 겪어왔다. 최근에는 대통령 탄핵에 이은 정권 교체와 맞물려 사장 교체를 통해 방송의 정치적 독립을 위한 파업을 벌이기도 했다.

3. 방송의 독립과 공영방송 지배 구조

방송의 독립 문제는 방송이 정치권과 자본이라는 두 개의 권력으로부터 얼마나 자유로울 수 있는지에 달려 있다. 그런데 여기서는 방송 중 특히 공영방

송에 국한하고 자본보다는 정치권력에 중점을 두고자 한다

공영방송의 정치적 독립은 공영방송의 지배 구조가 얼마나 투명하고 합리적인 절차에 의해서 이루어지는가가 결정적인 요인으로 작용한다. 공영방송의 지배 구조는 궁극적으로 사장을 선임하는 과정에서 얼마나 정치권력이나 자본으로부터 자유로울 수 있느냐의 문제이다. 우리의 공영방송에서는 사장이 중심이 되어 방송사 운영에 사장이 전적으로 책임을 지는 구조로 되어 있어 사장을 선임하는 지배 구조는 매우 중요하다.

지배 구조 개념은 상법상 회사의 소유와 경영의 분리라는 원칙에 기반을 두고 있다. 이해관계를 달리하면서 기업 존립과 운영에 직접적으로 영향을 미치는 주주, 경영진, 채권자, 노동자 등의 활동을 설명하는 포괄적인 개념인 셈이다. 이 같은 견제와 균형이라는 원칙도 공영방송에 적용될 수 있다. 공영방송 지배 구조가 조직의 이해당사자들 간의 관계를 조정하고 경영을 감시·규율하는 장치이기 때문이다(정필모, 2013). 여기에서 두 가지 의문점이 생긴다. 누가 이 같은 견제와 균형의 원칙을 정하는가 또는 정해야만 하는가에 대한 규칙 제정 주체의 문제와 공영방송 내·외부에 존재하는 각기 다른 입장의 당사자들을 대상으로 어떻게 견제와 균형의 메커니즘을 작동시키느냐라는 제도의 문제점이 있다(김춘효, 2015).

우리의 방송 역사를 돌이켜볼 때 공영방송의 지배 구조를 개선할 수 있는 기회는 여러 번 있었다. 군사정부 시절에야 어쩔 수 없었다고 하더라도 문민의 정부를 표방한 김영삼 대통령부터 국민의 정부인 김대중 대통령, 참여정부인 노무현 대통령에 이르기까지 방송의 정치적 독립을 충분히 실현할 수 있었다. 그러나 우리가 경험한 것은 공영방송을 장악하려는 시도는 정권이 바뀌어도 사라지지 않았다는 점이다. 단적인 예로 어떠한 정권에서도 방송의 주요 정책결정기구인 방송위원회 위원 구성에서 정치적 독립을 실현시킬 어떠한 노력이 없었다는 점을 들 수 있다.

4. 공영방송

공영방송 지배 구조의 문제를 다루기 전에 우선 공영방송에 대한 이해가 선행되어야 한다. 공영방송이란 국민이 재정을 부담하고 통제하는 방송이며, 또한 국민을 위한 방송이다(권형둔, 2004). 이런 면에서 공영방송은 국민이 주인이며, 국민을 위해 봉사해야 함을 공적 책무로 한다. 공영방송이 지향해야 할 대표적인 공적 책무로는 보도의 공정성 및 품격 있는 프로그램의 제작과 보급을 들 수 있다. 또한 공영방송은 디지털 기술을 선도하고, 사회적 약자를 도우며, 사회 통합을 주도해야 한다. 이를 위해 보편적 서비스를 제공해야 하고 우리 문화의 세계화에도 주력해야 한다(유의선, 2012).

한국에서는 국영방송과 민영방송(또는 상업방송, 사영방송)에 대한 비교 개념으로 공영방송이란 말을 사용하고 있으나 공영방송에 대한 합의된 정의는 없다. 다만 공영방송이란 전파라는 공적 자원을 사용하기 때문에 공공성을 가진 사업으로 인식되며, 따라서 앞의 두 방송 형태와 달리 국가권력이나 자본의 간섭에서 독립하여 공익을 구현하도록 소유와 재원 조달 그리고 운영 면에서 공공적인 통제를 받는 방송 형태를 가리키는 것으로 이해된다. 어원적으로 볼 때 우리가 사용하는 공영방송이란 말은 'public service broadcasting' 또는 'public broadcasting'을 번역한 것으로 이해되는데, 이는 1920년대 초 방송이 개시되기 이전에 서구 제국에서 정착되고 있던 우편제도나 철도, 전기나 상수도와 같은 공공사업(public utility)의 한 형태로 방송을 인식하게 된 데에서 유래한다(공영방송발전연구위원회, 1994: 44).

우리 사회에서 '공영방송'이란 용어는 일상적으로 사용되고 있고, 양대 공영방송으로 KBS와 MBC가 꼽힌다. 하지만 공영방송의 개념은 법적으로 명확히 규정된 바가 없다. 특히 한국 사회에서 공영방송 지배 구조가 제대로 역할을 하지 못하는 가장 큰 이유는 지배 구조 구성에 대한 규정만 있는 공영방송에 대한 명확한 법적 정의가 없기 때문이라는 지적이 있다.

'방송법'은 영국, 일본과 달리 공영방송의 개념을 명확히 규정하고 있지 않다. 따라서 공영방송의 의무나 책무 조항도 불투명하다. '방송법'은 방송에 대한 정의만 내리고 있을 뿐 공영방송에 대한 정의를 내리고 있지 않다. 대표적인 공영방송인 KBS에 대해서는 제43조 1항에 "국가 기간방송으로서 KBS를 설립한다"고만 규정하고 있다. MBC의 모법인 '방송문화진흥회법'과 EBS의 모법인 '한국교육방송공사법'도 공영방송에 대한 정의가 빠져 있다(이춘구, 2014).

공영방송'이라는 용어를 사용하고 있는 것은 '공직선거법'과 '정당법'이다. '공직선거법' 제8조의 7(선거방송토론위원회)은 "중앙선거방송토론위원회 및 시·도선거방송토론위원회를 구성함에 있어 '공영방송사'가 추천하는 사람 1명을 포함시켜야 한다"고 하면서, "'공영방송사'는 '한국방송공사'와 '방송문화진흥회법'에 따른 방송문화진흥회가 최다 출자자인 방송사업자를 말한다"(제8조의 7 제2항의 1)라고 밝힘으로써 공직선거법상 공영방송사는 KBS와 MBC임을 확정했다. '정당법' 제39조(정책토론회) 역시 '공영방송사'를 '선거법'과 마찬가지로 KBS와 MBC로 규정(제39조 제2항)하고 있다(김민정, 2017).

공영방송에 대한 '방송법'상의 개념 정의 부재는 사법부가 내놓고 있는 공영방송의 개념과 범주에 대한 유권해석들로 일정 부분 보완된다. 헌법재판소는 2013년 판결에서 MBC를 공영방송으로 규정했고(2012헌마271), 2000년 통합 '방송법' 제정 이후 2015년 7월까지 내려진 지상파 방송사업자 관련 판결 30건을 분석한 정영주(2015)의 연구에서도 드러나듯이 우리 법원은 현실의 개념으로 공영방송을 인식하고, KBS, MBC, EBS를 공영방송의 범주에 포함시키고 있다(김민정, 2017).

공영방송의 개념이 모호한 것은 한국의 법률에서뿐만은 아니다. 해외에서도 공영방송이라는 용어는 'public broadcasting'과 'public service broadcasting'이 혼용되어 사용되는데, 유네스코(UNESCO)는 '각 나라의 공영방송 형태와 모델은 각양각색인데, 이는 해당 국가의 정치적·기술적·경제적 환경이 모두 다르기 때문이며, 이러한 다양성과 복잡성으로 인해 공영방송의 특징이나 작동방식을 규정할 수 있는 하나의 정의나 기준은 존재하지 않는다고 밝혔다(UNESCO, 2005; 김민정, 2017에서 재인용).

공영방송에 대한 해석이 이러한 차이를 보이는 것은 공영방송을 어떠한 차원에서 정의하느냐 하는 문제와 결부되어 있다. 즉, 공영이라는 말에서 알 수 있듯이 공영방송이란 어휘는 방송사의 소유 형태나 재원 조달 또는 운영 주체에서의 정의이다. 그러나 공영방송이 역사적으로 탄생하게 된 이유를 상기한다면 그것이 추구하는 목표 내지 가치 면에서 정의하는 것이 바람직하다. 왜냐하면 방송이 공공 소유화되어 있고 공공적 방법에 의해 재원을 조달한다 하더라도 공익을 실현하지 못하는 방송을 한다면 국영방송이나 상업방송으로 전락하기 쉽다. 같은 논리로 개인이 소유하거나 광고로 재원을 조달하는 상업방송사라고 하더라도 공익 정신을 구현하는 내용의 프로그램을 방송한다면 그 방송사는 공영방송다운 방송을 한다고 말할 수 있을 것이다(공영방송발전연구위원회, 1994).

개념의 복합성 및 가변성에도 불구하고, 공영방송은 국영(state-controlled)방송과 상업(prfit-oriented commmercial)방송의 약점을 보완하기 위해 발전되어왔다는 사실을 주지할 필요가 있다. 유럽 공영방송 운용 사례들을 통해서도 공영방송의 존립 이유는 주파수 희소성이나 공공산업론이 아닌 사회적 책임, 즉 공적 책임의 이행에 있는 것으로 나타났다(김재영·이남표·양선희, 2008). 한마디로, 공영방송의 개념은 공적 책임의 이행이라는 존재 이유로 수렴된다고 할 수 있다(김민정, 2017).

5. 공영방송에 대한 기대

공영방송이 수행해야 할 공적 책임은 구체적으로 무엇일까? 공영방송이 수행해야 할 공적 책임에 대한 논의는 실로 방대한데, 그중 몇 가지만 간략히 소개하면, 우선 유네스코는 공영방송이 복무해야 할 공적 책임으로 '보편성, 다양성, 독립성, 차별성'을 제시했다(UNESCO, 2005). 유럽연합 경쟁위원회 감독관인 닐리크로에스(Neelie Kroes)는 공영방송을 '공공 정보, 민주적 토론, 문화적 목적에 기여하는 서비스'로 보았고, 프리드먼(Freedman)은 공영방송의 목적은 공공 생활에 관한 대화를 촉진하는 것이며, 공영방송은 민주적 여론이 구현되고 강화되는 핵심적 수단이라고 밝혔다(김승수, 2009). 윤석민, 홍종윤, 오형일(2012)은 그간의 논의를 종합하여 공영방송이 추구해야 할 공익성의 목표를 (1) 민주주의에의 기여(정치적 차원의 목표)와 (2) 양질의 서비스 제공(사회문화적 차원의 목표)으로 구분했는데, 첫 번째 목표인 '민주주의에의 기여'로 분류된 세부 가치들은 '정치적·경제적 독립, 불편부당성, 공론장 기능 수행, 식견을 갖춘 시민(교양시민) 양성, 다원성, 다양성, 공정성, 보편적 서비스, 사회통합 등'이었다.

우리 사회 구성원들이 공영방송이 수행해야 한다고 생각하는 공적 책임들의 내용이 무엇인지 알아보는 연구에서, 한국의 전문가 집단은 우리 공영방송이 민주적 가치와 사회적·공동체적 가치에 복무해야 한다고 생각하는 것으로 나타났다(방정배·김재철, 2006). 2013년 KBS가 국민패널을 대상으로 수행한 조사에 따르면, 시청자들은 공영방송이 수행해야 할 공익성 중 '보도 프로그램의 공정성과 객관성'을 가장 중요하게 여겼고, KBS에 가장 기대하는 것은 '신뢰성', '우리 사회의 갈등 이슈를 찾아내 공정하게 다루는지 여부'와 '시청자들에게 도움이 되는 뉴스 프로그램 제공 여부'의 순이었다(홍경수, 2015).

요약컨대, 공영방송은 국영방송과 상업방송이 제공하기 어려운 양질의 정보와 다양한 프로그램을 제공함으로써 모든 시민이 보편적으로 접근할 수 있는 핵심적 공론장으로서 작동할 가능성이 가장 높은 제도적 형식(Curran & Gurevitch, 1991/1995; 정수영, 2012에서 재인용)으로 파악할 수 있으며, 공영방송의 이러한 공적 책무는 다매체·다채널 시대인 지금 더 절실하게 요구된다. 또한 우리 사회의 구성원들은 공영방송이 사회적·공동체적 가치를 구현하고 갈등을 조정하고 중재하는 역할을 수행해 주기를 기대하고 있다(김민정, 2017).

공영방송에 대한 미련은 방송이 정치권력이나 자본으로부터 자유롭고 독립되기를 바라는 데서 오는 기대이다. 즉, 편파적이지 않고 시시비비에 휘둘리지 않은 방송 내용을 제공함으로써 궁극적으로 국민의 알권리를 충족시키기에 충분하고 양질의 프로그램을 제작 공급함으로써 국민 정서를 고양시키는데 일조할 수 있을 것이라는 기대에서 공영방송에 대한 기대와 미련이 남아있는 게 아닌가 싶다.

6. 공영방송에 대한 평가

한국 사람들은 우리의 공영방송이 본연의 책무에 충실하고 있는지에 대해서는 다소 부정적인 평가를 하는 경향이 있다. 빈번하게 발생하는 제작 거부라든가 파업 등은 공영방송이 본연의 역할을 제대로 하지 못하고 있음을 보여주는 것이다. 그리고 과거의 경험에 비추어볼 때 소위 보수든 진보든 관계없이 일단 정권을 잡으면 방송에 대한 미련을 버리지 못하고 어떻게 하든 방송을 장악하기 위해 낙하산 사장을 내려 보내려고 했는데, 이는 우리의 공영방송이 정치적 편향성에서 벗어날 수 없음을 반증하는 것이다.

한국 사회에서 공영방송의 정치적 독립성이 논란이 된 것은 이미 오래 전부터이다. 한국 공영방송에 집권세력 편향의 정치 종속적 지배 구조가 관행처럼 굳어졌다는 것이 대체적인 평가(최영재, 2014)이며, 1990년 이후 KBS 사장 가운데 출근 저지, 사장 퇴진 운동, 제작 거부, 파업 중 하나를 겪지 않은 사람은 없다는 언론의 지적이 있을 정도이다(이춘구, 2014a).

7. 현행 공영방송 지배 구조

1) 사장 선임 절차와 과정

한국의 공영방송이 정치권력으로부터 자유로울 수 없다는 평가는 우선 지배 구조의 관점에서 그 원인을 찾을 수 있다. 앞에서 살펴본 바와 같이 지배 구조에서 가장 중요한 것은 사장을 선임하는 절차와 과정이다. 우선 양대 공영방송인 KBS와 MBC, 교육방송인 EBS의 사장 선임 절차에 약간 차이가 있다.

〈표 13-1〉에서 제시한 바와 KBS는 이사회에서 사장 후보자를 추천하여 행정안전부를 거쳐 대통령이 임명하는 구조이다. 그런데 19대 국회는 2014년 이 과정에서 대통령이 임명하기 전에 국회의 인사청문회를 거치도록 했다. '국회 인사청문회'는 국회 미래창조과학방송통신위원회 산하 '방송공정성특별위원회'가 공영방송 지배 구조 개선을 위한다는 명분하에 '방송법' 개정안을 의결하여(2014.5.28) 만든 제도이다. MBC는 대주주인 방송문화진흥회 이사회에서 사장을 추천하고 주주총회에서 임명하는 절차를 거친다. EBS는 방송통신위원장이 방송통신위원회의 동의를 얻어 사장을 임명한다. KBS와 MBC 모두

〈표 13-1〉 공영방송의 지배 구조(2018년 8월 현재)

방송사	KBS	MBC	EBS
근거 법률	'방송법'	'방송문화진흥회법'	'한국교육방송공사법'
이사회의 구성	이사 11인 (방통위 추천, 대통령 임명)	이사 9인 (방통위 임명)	이사 9인 (방통위 임명)
이사장 선출	이사회에서 호선	이사회에서 호선	이사회에서 호선
이사회 의결 방식	과반수 찬성	과반수 찬성	과반수 찬성
사장 임명	KBS 이사회 제청 / 국회 인사청문회/ 대통령 임명	방문진 이사회 추천	방통위원장이 방통위 동의를 얻어 임명
실제 이사회 구성 결과에서 여야 비율	7:4	6:3	7:2 혹은 6:3

자료: 김민정(2017)을 수정 보완.

이사회에서 과반수의 찬성을 얻어야 사장으로 추천될 수 있다.

2) 이사 선정 과정

앞에서 언급한 바와 같이 KBS와 MBC 사장은 이사회에서 선출해 추천한다. 그런데 여기서 중요한 역할을 하는 이사회의 이사들은 방송통신위원회에서 추천한다. KBS 이사는 각 분야의 대표성을 고려하여 방송통신위원회(방통위) 추천으로 대통령이 임명하고 이사장은 이사회에서 호선한다. 관행상 여권 추천 7, 야권 추천 4로 구성되고 있다. MBC 이사는 방송에 관한 전문성 및 사회 각 분야의 대표성을 고려하여 방통위가 선임한다. 여권 추천 6, 야권 추천 3으로 구성된다.

현재 KBS와 방송문화진흥회 이사의 선임은 법적 근거 없이 여권과 야권이 합의하에 배분하는 방식을 택하여 왔다. 방송문화진흥회는 여야가 6:3의 배분 구조로 합의를 이루어온 반면 KBS의 경우 8대 이사회에서는 여야가 8:3의 구조, 제9대(2012~2015)에서는 7:4의 구조로 변화가 있었다. 물론 이것도 여야의 합의하에 이루어진 사항이다.

〈표 13-2〉 현행 공영방송의 이사 선정 기준

방송사	선정기준	근거 법령	이사 수
KBS	이사는 각 분야의 대표성을 고려하여 방송통신위원회(방통위) 추천으로 대통령이 임명하고 이사장은 이사회에서 호선한다. 법으로 명시되어 있지는 않지만 여권 추천 7, 야권 추천 4로 구성되고 있다.	'방송법' 46조	11
MBC (방송문화진흥회)	이사는 방송에 관한 전문성 및 사회 각 분야의 대표성을 고려하여 방송통신위원회(방통위)가 선임한다. 법으로 명시되어 있지는 않지만 여권 추천 6, 야권 추천 3으로 구성되고 있다.	'방송문화진흥회법' 6조	9
EBS	방송통신위원회(방통위)가 임명하는 비상임 이사에는 교육인적자원부 장관이 추천하는 1인과 대통령이 정하는 교육 관련 단체에서 추천하는 1인이 포함되어야 한다.	'한국교육방송공사법' 13조 근거	9

3) 방송통신위원회 위원 구성

공영방송의 지배 구조에서 중요한 역할을 하는 곳은 방송통신위원회이다. 왜냐하면 사장을 추천하는 이사회의 이사들을 방송통신위원회에서 추천 또는 임명하는 데 방송통신위원회 상임위원 5인 중 위원장을 포함한 2인은 대통령이 지명하고 3인은 국회의 추천을 받아 임명한다. 이 경우 국회는 위원을 추천함에 있어 대통령이 소속되거나 소속되었던 정당의 교섭단체가 1인을 추천하고 그 외의 교섭단체가 2인을 추천한다. 결국 대통령이 2인을 임명하고 대통령 소속 관련 정당, 즉 여당 교섭단체가 1인을 추천하기 때문에 실질적으로는 여권 인사 3인, 야권 인사 2인의 3:2 구도로 형성된다.

한국 방송정책의 최고 결정기관인 방송통신위원회의 위원 구성이 이렇듯 정치적으로 배분되기 때문에 이사 선임이나 사장 선임이 자연히 정치적으로 영향을 받기 쉬운 구조로 되어 있는 것이 현행 한국 공영방송 지배 구조의 문제이다. 따라서 한국 공영방송 지배 구조의 논의는 방송통신위원회의 구성에 대한 논의가 출발점이 된다.

8. 국회의 공영방송 지배 구조 개선안(법률안 제출)

국회는 공영방송의 지배 구조를 개선하기 위해 수차례에 걸쳐 '방송법' 및 '방송문화진흥회법' 개정을 시도했으나 아직 법안이 통과된 적은 없었다. 참고로 18대부터 20대 국회에 이르기까지 법안 개정을 위한 시도는 〈표 13-3〉의 내용과 같다.

〈표 13-3〉 제18~20대 국회 공영방송 지배 구조 개선 법률안 제출 현황

발의자와 개정대상 법률	개정 요지
진성호(2008.10.14) '방문진법'	- MBC를 감사원 감사대상 포함
김재윤(2008.11.6) '방송법'	- 공영방송사 이사 및 임원 정치인 (당원, 선거사무원, 선거후보자 및 선거운동활동 후 5년 이내인 자 등) 배제
이계진(2009.9.14) '방송법'	- 이사회 심의와 의결로 사장추천위원회 구성(15~20) - 사장은 사장추천위원회가 제청하는 1명(3분의 2 이상 찬성으로 의결)을 이사회가 제청하고, 대통령이 임명
최문순(2010.3.19) '방문진법'	- 방문진 이사회에 MBC가 추천하는 인사(노1, 사1) 포함 - 이사장 포함 이사 전원 비상임 운영
정장선(2010.10.29) '방송법'	- KBS 이사회 구성 변경(여당 4, 야당 4, 방통위 4 추천, 대통령 임명) - 이사 결격사유 강화(당원 신분 상실 후 2년 이내인 자) - 사장은 임기 중 본인 의사에 반해 해임되지 않음 (이사회 재직 이사 3분의 2 이상의 찬성으로 해임을 건의하거나 그 밖에 정당한 사 유가 있는 경우 가능)
정장선(2011.2.7) 방문진법	- 이사회 구성 변경(여당 3, 야당 3, 방통위 3 추천, 방통위 임명) - MBC 관련 사항은 이사회 재직 이사 3분의 2 이상 찬성 의결 - 임원 결격사유 강화(정당 탈당 후 2년 이내)
남경필(2012.2.20) '방송법'	- KBS, MBC, 보도 PP 임원 결격사유 강화(정당 탈당 후 3년 이내, 선거대책기수 활 동 후 3년 이내, 정부기관, 공기업, 공공기관 임원 퇴임 후 3년 이내인 자)
허원제(2012.4.19) '방송법'	- 이사회가 사장 임명 제청 시 재적 이사 4분의 3 이상 찬성으로 의결
남경필(2012.6.18) '방송법' '방문진법'	- KBS 이사진 12명으로 증원, 이사진 사회 대표성 강화, 사장 임명 제청 재적 이사의 2/3 이상 찬성으로 의결, 사장 결격 사유로 정치활동 경력을 포함 등 - MBC 임원의 결격사유로 정당법에 따른 당원신분 상실 후 3년이 경과조항, 방문진 의 직무상 독립과 신분보장 명시
배재정 (2012.7.31) '방송법' '방문진법'	- KBS 이사진 12명으로 증원, 이사의 전문성 지역 대표성 강화, 이사는 국회의 추천 을 받아 대통령이 임명하도록, KBS 이사후보추천위원회를 국회 소관 상임위에 설 치, 사장 결격사유 신설 - 방문진 이사 12명으로 증원, 이사회 내에 사장 추천을 위한 사장후보추천위원회 구 성, 사장 후보 기준 강화
최민희 (2012.9.17) '방송법' '방문진법'	- KBS 이사진 15명으로 증원, 국회 교섭단체 각 6명 추천, 사내 구성원 3명 추천, 이 사의 자격 요건과 당원 경력 및 대통령 후보 자문위원 경험자 배제 조항, 이사회 내 사장추천위원회 설치 - 방문진 이사를 11명으로 증원, 국회 교섭단체 각 4명 추천, 사내 구성원 3명 추천, 이사의 자격 요건과 당원 경력 및 대통령 후보자문위원 경험자 배제 조항, 이사회 내 사장추천위원회 설치
노웅래(2012.9.18) '방문진법'	- 방문진 이사를 11명으로 증원, 대표성 강화를 이해 시민단체 추천 후 대통령이 임 명, 임원의 자격 요건 신설, '정당법'에 따른 당원 신분 상실 후 5년 경과 조항

발의자와 개정대상 법률	개정 요지
박홍근(2016.7.21) '방송법' '방문진법' '방송통신위원회법'	- KBS 이사진 13명으로 증원, 대통령이 소속되거나 소속되었던 정당의 국회 교섭단체가 추천하는 사람 7명 및 그 밖의 국회 교섭단체가 추천하는 사람 6명을 대통령이 임명, 사장 임면 제청 시 재적 이사 3분의 2 이상의 찬성으로 의결, 이사회 내 사장추천위원회 설치
	- 방문진 이사를 13명으로 증원, 대통령이 소속되거나 소속되었던 정당의 국회 교섭단체가 추천하는 사람 7명 및 그 밖의 국회 교섭단체가 추천하는 사람 6명을 대통령이 임명. 사장 임면 제청 시 재적 이사 3분의 2 이상의 찬성으로 의결
	- 방송통신위원회의 권한 사항으로 규정된 한국방송공사 이사의 추천에 관한 사항, 한국교육방송공사 임원 및 이사의 임명에 관한 사항 및 방송문화진흥회 임원의 임명에 관한 사항을 삭제함
추혜선(2017.11.14) '방송법' '방문진법' '방송통신위원회법'	- KBS 이사진 13명으로 증원, 이사는 이사추천국민위원회가 추천하고 방송통신위원회가 제청하여 대통령이 임명, 이사회 사장 임명 제청 시 재적 이사 3분의 2 이상의 찬성으로 의결
	- 방문진 이사를 13명으로 증원, 이사는 이사추천국민위원회가 추천하고 방송통신위원회가 제청하여 대통령이 임명, 사장 추천 시 이사회 재적 이사 3분의 2 이상의 찬성으로 의결함
	- 한국방송공사, 한국교육방송공사 및 방송문화진흥회의 이사를 공정하고 독립적으로 추천하기 위해 방송통신위원회에 이사추천국민위원회를 설치
이재정(2018.4.5) '방송법' '방문진법'	- KBS 이사를 9명으로 하고, 방통위에서 추천하고 대통령이 임명하되, 공사와 공사 소속 구성원들, 방송 관련 학계가 추천하는 사람이 전체 이사진의 3분의 1 이상이 되도록 하여야 함. 이사회는 사장 후보자를 추천하기 위하여 국민의 대표성을 고려해 100명 이상 홀수 위원으로 사장추천위원회를 구성
	- 방문진 이사는 방통위가 임명하되 MBC와 MBC 소속 구성원들, 방송 관련 학계가 추천하는 사람이 전체 이사의 3분의 1 이상이 되도록 함, 사장 후보자를 추천하기 위해 100명 이상 홀수 위원으로 사장추천위원회를 구성, 사장추천위원회가 정한 사장 후보자를 주주총회에 추천하도록 함

자료: 유성엽(2013: 46); 유의선(2012: 17); 20대 국회의원 발의 내용 정리.

9. 공영방송 지배 구조 개선안 관련 쟁점

20대 국회의 각 정당과 방송통신위원회의 방송미래발전위원회에서 공영
방송 지배 구조를 개선하기 위해 제시한 안들은 〈표 13-4〉의 내용과 같다.
〈표 13-4〉의 내용을 포함하여 논의되고 있는 방안들을 정리하여 제시하고자
한다.

〈표 13-4〉 공영방송 지배 구조 개선안 관련 쟁점

구분	더불어민주당	자유한국당	바른미래당	정의당	방송통신위원회
이사 선임	여야 추천 비율 6:5 또는 7:6	7:6		이사추천국민위	3분의 1 이상 '중립 지대' 이사
사장 임명 제청	국민 추천제		재적 이사 5분의 3의 찬성으로 수정제안	재적 이사 3분의 2 찬성	3분의 2 특별다수제 또는 다수결

자료: 문현숙(2018.4.18).

31) 사장의 국민 추천제

사장 선출 시 국민의 의사를 반영하겠다는 취지로 거론된 것이며 실제로 2018년 KBS 사장 선출 시 적용된 바 있다. KBS는 2018년 고대영 사장을 해임하고 신임 사장을 선출하는 과정에서 국민추천제를 도입했다. 여론조사기관에 의뢰해 무작위로 모집한 시민 142명이 시민 자문단 이름으로 사장 후보들의 정책 발표도 듣고 질의응답 과정을 거쳐 평가한 결과를 선출에 반영했다. 이사회의 평가 결과 60%, 시민 자문단의 의견 40%를 반영하여 사장 후보자를 선출했다.

이와는 별도로 여당인 더불어민주당은 국민들이 공영방송 사장을 뽑는 '국민추천제'를 제안했다. 시청자 100~200명을 무작위로 선정해 사장을 추천하는 공론화위원회 방식이다.

2) 사장추천위원회

사장추천위원회(이하 사추위)는 이사회에서 사장 후보를 추천하기 전에 내·외부 인사들이 참여하여 사장 후보들을 추천하는 형식이다. 사추위에는 시민단체, 언론단체 등을 포함한 국민대표들이 참여해야 한다는 주장이다. 그런데 일각에서는 이미 이사회가 국민을 대표하는 이사들로 구성되어 있기 때문에 또 다른 국민을 대표하는 절차를 거치도록 하는 것이 타당한가에 대해서는 매우 회의적인 입장을 표명하기도 한다. 하지만 KBS의 경우 제19대 사장 후보 선출 시 사추위를 설치한 적이 있었다. KBS는 2006년 제17대 사장 후보자 선출 과정에서도 사추위 운영을 시도했다. 당시 위원회의 위원은 7명으로 구성되었는데 KBS 이사 4명, 사원 대표(단체) 추천 1명, 이사회와 사원 대표(단체)가 협의 추천 1명, 이사회 추천 1명 등이었다. 그런데 사추위의 특정 위원이 추천 후보자 배수 문제로 사퇴했고, 후임 보궐위원 선임에 난항을 겪는 등 파행 운영 중에 위원회 자체가 무산되었다. 즉, 제538차 임시이사회(2006.11.8) 논의 결과, 사추위에서 사장 후보자를 무리 없이 이사회에 추천하는 것은 사실상 불가능하며 사장 공백 기간이 길어지는 문제점 등을 감안하여 이사회가 직접 응모자 전원을 대상으로 면접 심사를 통해 선정하기로 결정했다.

이후 KBS는 2009년 10월 19대 사장을 선출하는 과정에서 사추위를 구성하고 임시 이사회의 의결(2009.11.6)로 사추위 운영 규칙을 제정해 응모자 15명 중 5명을 선정했으며, 이후 이사회에서 서류 및 면접을 실시해 사장 후보자를 결정했다.

3) 이사 추천 국민위원회

추혜선 의원이 발의한 내용이다. 공영방송 이사진을 꾸릴 때, 원내 정당이 각각 한명씩 추천하고 나머지 인원은 임의로 선정된 시민 추천인단이 추천하는 내용이다. 가령 이사진이 13명이면 현재 원내 정당 5곳에서 5명을, 시민 추천인단이 8명을 추천하는 방식이다. 추 의원은 ≪한겨레≫와 한 통화에서 "추천인단이 100명이면 이들이 생방송으로 이사 후보자에 대해 공개 면접을 보는 것이다. (추천인단) 득표순으로 이사를 뽑는다"고 말했다. 이어 "대통령 탄핵 사태를 거치면서 우리 사회가 공영방송을 바라보는 깊이가 깊어졌다. 사법체계처럼 국민배심원제를 공영방송에도 도입하자는 것"이라고 법의 취지를 설명했다(박준용, 2018).

4) 중립지대 이사 추천

방송통신위원회의 방송미래발전위원회(이하 발전위)에서 KBS, MBC 등 공영방송 이사회 정원의 3분의 1 이상을 가칭 '중립지대' 이사로 할당하자는 의견을 내놓았다. 정당별 추천이 아닌 정당 간 합의적 추천으로 정치적으로 치우치지 않고 전문적 식견을 갖춘 인사들로 이사진을 구성하자는 제안이다.

발전위는 방통위가 요청한 정책 과제를 논의하고, 그 결과를 방통위에 제출하기 위해 구성된 자문기구로 방송미디어, 법률, 경영·회계, 시민·사회 분야 18개 단체의 추천을 받은 위원들로 선정·구성되었다. 이들은 2017년 10월부터 2018년 2월까지 분과별 회의를 열어 논의한 결과를 3월 29일 한국방송회관 3층에서 열린 '공영방송 지배 구조 개선 및 제작 자율성 제고 토론회'에서 발표했다.

발전위는 "현행법에 따르면 방통위가 공영방송 이사진을 추천하거나 임명하도록 되어 있지만 여당과 야당에서 이사 추천권을 분할해 행사하고 있어 정파성이 노골적"이라며 "정치적 후견주의를 통제할 수 있는 제도적 장치를 별도로 마련해야 한다는 데 의견을 모았다"고 밝혔다.

이를 위해 △이사회 정원의 3분의 1 이상 중립지대 이사진 설치 △이사진 임명 시 상호 견제의 원칙 도입 △이사진 임기 교차제 및 연임 제한 등의 방안을 제시했다.

"중립지대" 이사진은 총 정원의 3분의 1 이상으로 전문적 식견을 갖춘 이사들로 구성된다. 이들의 추천과 임명은 상호 견제 원칙에 따라 방통위가 추천 임명권을 행사할 경우, 중립지대 이사 추천권은 국회가 행사하도록 한다. 이때 국회는 학술·직능·시민사회단체 등으로 구성된 협의체로부터 정원 이상의 후보 추천을 받아 추천한다. 반대로 국회가 추천 임명권을 행사할 경우에는, 방통위에서 중립지대 이사를 추천한다. 또 KBS와 방송문화진흥회의 정원은 현재 11명과 9명에서 동일하게 13명으로 증원한다.

사장 후보자 결정 방식으로는 △재적 이사 3분의 2 이상의 찬성을 받는 특별다수제 도입 △특별다수제 도입 시 일정 기간이 경과해도 결정이 이뤄지지 않을 경우 동일 후보에 대한 과반수 의결 가능 △현행과 같은 재적 이사 과반수 의결 등의 방안이 제시되었다(백선하, 2018).

5) 특별다수제 도입

현재 KBS와 MBC 사장을 선출하는 경우 이사회에서 과반수의 동의를 얻으면 된다. 그런데 이런 절차로는 정치권의 영향력을 배제하기 어렵다는 이유에서 사장 추천 시 현재 과반수에서 3분의 2 이상을 얻도록 해야 한다는 특별다수제의 도입을 주장하기도 한다.

특별다수제는 공영방송사의 사장 임면 제청과 사장 후보자 결정과 관련해서는 이사회와 사추위가 재적 위원 3분의 2 이상의 찬성으로 의결할 것을 요구하는 것이다. 일반적인 안건들에 대해서는 과반수 찬성과 과반수 의결이라는 기존의 방식을 유지하되, 중요한 사안인 사장 추천(사추위)과 사장 임면 제청(이사회)에 대해서는 3분의 2 찬성을 요구하는 방식이다.

6) 이사회 이사의 수 및 구성

공영방송 이사회의 구성 비율에 대한 논의의 대부분은 현재와 같이 정당 간 배분을 하거나 정당 간 균형을 맞추는 것이 과연 공영방송의 정치적 독립성을 담보할 수 있는가에 대해서는 회의적이다. 김민정(2017)은 현재 국회에서 법 개정으로 추구하는 것은 정치적 독립성이라기보다는 정치적 균형성이라는 평가도 가능하다고 비판한다.

공영방송 이사 수를 현재의 KBS 11명, MBC 9명의 구조에서 변화를 주어야 한다는 입장이 대부분이다. KBS 이사를 9명으로 하자는 안이라든가 KBS

와 MBC 모두 13명이나 15명으로 하자는 안부터 독일의 ZDF가 방송평의회 위원을 77명 두고 있는 것처럼 이사회 인원을 대폭 늘리자는 안까지 다양하게 제시되고 있다.

문제는 공영방송의 이사 추천 기준을 좀 더 명확히 해야 하고 또한 지켜질 수 있어야 한다는 점이다. 이사 추천과 관련하여 현행 '방송법'은 '각 분야의 대표성', '방송문화진흥회법'은 '전문성 및 사회 각 분야의 대표성'을 적시하고 있으며, '교육방송공사법'은 별다른 기준을 제시하지 않고 있는데, 20대 국회 에서 박홍근 의원이 대표 발의하고 의원 162명이 발의에 참여한 '공영방송 지 배구조 개선법'은 KBS 이사와 MBC 이사 추천에는 방송에 관한 전문성, 지역 성 및 사회 각 분야의 대표성을, EBS 이사 추천에는 방송 및 교육에 관한 전문 성, 지역성 및 사회 각 분야의 대표성을 고려하도록 규정하고 있다.

한편 여야의 추천 비율을 최소화하는 대신 시민사회, 전문가 집단, 직능 대 표, 지역 대표, 공영방송사 자체에서 이사를 추천하도록 하고, 이사의 지위 자 체를 최소한의 활동비만을 보장하는 명예·봉사직으로 변경하자는 제안도 있 다(유홍식, 2017.3.2).

참고문헌

강남준. 1997. 「방송 환경의 변화에 따른 지상파방송의 바람직한 심의방향」. ≪방송연구≫, 여름호.

강대인. 1989. ≪문화방송사보≫, 8월호.

_____. 1993. 「한국 텔레비전 편성의 특성과 전략에 관한 연구」. 고려대학교 대학원 박사학위논문.

강상현 외. 2008. 『디지털방송 법제론』. 커뮤니케이션 북스.

강태영·권영설. 2000. 『방송의 공정성에 관한 연구』. 방송위원회.

강형철. 2002. 「질 제고를 위해 제작 인력·비용 늘려야」. ≪신문과 방송≫, 7월호.

강희종. 2010. 「중계권 에이전시 등장으로 풀 구성 한계 보여」. ≪신문과 방송≫, 3월호.

고희일. 2005. 「조직관성이 소재 선택에 미친 영향연구: PD 저널리즘과 기자 저널리즘의 비교를 중심으로」. 서강대학교 언론대학원 석사학위논문.

공영방송발전연구위원회. 1994. 「공영방송 발전방안 연구보고서」.

구수환. 2005. 「제작현장에서 바라본 PD 저널리즘을 말한다」. ≪프로그램/텍스트≫, 제12호.

권형둔. 2004. 「공영방송의 기본공급이론과 인터넷: 최근 독일에서의 논의를 중심으로」. ≪공법연구≫, 33권1호, 349~372쪽.

금빛나. 2017.11.27. "tvN, 지상파드라마에 정면승부를 걸다". ≪서울경제≫.

길종섭. 2010.9.3. "보편적 시청권 지키자". ≪디지털타임스≫, 1면.

김경환. 2010a. 「스포츠 이벤트의 방송중계권 갈등과 대안 모색」. 한국언론학회 2010 봄철정기학술대회 발표논문.

_____. 2010b. 「외주제작제도 20년 평가와 개선방향」. 세미나 토론문.

김 규. 1993. 『방송매체론』. 법문사.

_____. 1996. 『방송미디어』. 나남.

김동규. 1996. 「개념을 재정립해야 할 시기」. ≪방송과 시청자≫, 6월.

김민정. 2017. 「공영방송의 정치적 독립성 확보를 위한 입법 과제 고찰: 공영방송 지배구조 개선법을 중심으로」. 국회입법조사처. ≪입법과 정책≫, 제9권 제2호(2017.8), 27~451쪽.

김민환 외. 2008.『방송의 공정성 심의를 위한 연구』. 방송통신 심의위원회.

김봉기. 2017.4.11. "위상 떨어진 지상파… 시청시간·광고시장서도 하락세". ≪Chosun Biz≫.

김성길. 2007. 「스포츠 프로그램의 공공성과 콘텐츠 시장의 재구조화에 관한 연구」. 중앙대학교 대학원 박사학위논문.

김소연. 2017.10.16. "방송국, 외부제작사 불공정 관행 고쳐질까". ≪비즈엔터≫.

김승수. 2004.『언론산업의 정치경제학』. 개마고원.

_____. 2009.「신자유주의 환경에서 공영방송의 진화」. 한국언론정보학회 학술대회, 61~86쪽.

김승현·한진만. 2001.『한국사회와 텔레비전 드라마』. 한울.

김연식. 2008.「방송저널리스트의 공정성 인식 연구」. 연세대학교 대학원 박사학위논문.

김연식·윤영철. 2005.「PD 저널리즘의 개선방안에 관한 연구」.『MBC 정책연구 4: 2004 연구보고서』. 방송문화진흥회.

김연식·윤영철·오소현. 2005.「PD 저널리즘에 대한 제작진의 인식과 제작관행」. ≪한국방송학보≫, 19권 4호.

김연식·조성호. 2008. 「PD 저널리즘의 기원과 발전에 관한 연구」.≪언론과학연구≫, 제8권 제2호.

김영임·김우룡. 1997.『방송학개론』. 한국방송통신대학교출판부.

김영임·한진만·심미선. 2005.『방송편성론』. 한국방송통신대학교출판부.

_____. 2011.『방송편성의 이론과 실제』. 한국방송통신대학교출판부.

김영희. 2002.「일제시기 라디오의 출현과 청취자」. ≪한국언론학보≫, 제46권 2호.

김우룡. 1987.『방송학강의』. 나남.

_____. 1994.「지역민방의 의의와 편성 제작의 방향」. ≪언론문화≫.

_____. 1998.「IMF와 독립 프로덕션」. 한국TV프로그램제작사협회 대표자 세미나 발표 자료.

_____. 1999.『현대방송학』. 나남.

_____. 2000.「시사고발 프로그램이 중요한 까닭이 무엇인가」.『PD수첩과 프로듀서 저널리즘』. 나남.

_____. 2002.『현대방송학』. 나남.

김원용·김광옥·노영서. 1991.「한국방송편성론」.『한국방송총람』. 나남.

김유성. 2018.8.22. "갈등은 반복된다… '더달라' 지상파 vs '힘들다' 케이블". ≪이데일리≫.

김인철. 2016.11.3. "방통위, MBC에 '방송유지 명령권' 추가 발동". ≪연합뉴스≫.

김재영. 2001.「방송외주정책에 관한 네 가지 신화(Myths): 영상시장 활성화를 위한 새로운 모색」. ≪방송과 커뮤니케이션≫.

김재영·이남표·양선희. 2008. 「공영방송의 정체성 탐색과 이명박 정부의 방송정책에 대한 비판적 고찰」. ≪방송문화연구≫, 제20권 제1호, 69~95쪽.

김정태. 2010. 『방송법 해설』. 커뮤니케이션북스.

김주희. 2008. 「심의 사례로 본 방송 공정성 심의 기준」. ≪방송문화≫, 제326호.

김지현. 2010. 「프랑스: 모든 전송망에서 공영방송은 의무재전송」. ≪해외방송정보≫, 10월.

김춘효. 2015. '시민' 없는 한국 공영방송: 지배구조 문제점과 개선 방안들, 미디어 오늘 창간 20주년 심포지엄 자료집, 42~53쪽.

김현아. 2017.12.4. "방통위, MBN미디어랩도 재허가 의결… 독립성 확보방안 조건 부과". ≪이데일리≫.

남일회. 2016.1.14. "방송협회, 티브로드-케이블SO 등 지상파 공고 중단은 협박". ≪통신일보≫.

노정팔. 1995. 『한국방송과 50년』. 나남.

노진호. 2017.12.27. "방통위 '낙제점 지상파 3사' 3년 조건부 재허가". ≪중앙일보≫.

도준호. 2004. 「DMB 도입과 합리적인 재송신 정책의 고찰」. 제5회 방송통신포럼 발표문.

동아일보사. 1990. 『동아방송사』.

맥퀘일, 데니스(D. McQuail). 2002. 『매스커뮤니케이션 이론』. 양승찬·강미은·도준호 옮김. 나남.

문종대 외. 2007. 「언론 수용자의 공정성 개념에 대한 탐색적 연구」. ≪ 한국언론정보학보≫, 통권 38호.

문종대·윤영태. 2004. 「언론공정성 개념의 재개념화」. ≪한국언론정보학보≫, 제27호.

문현숙. 2018.4.18. "공영방송 정치외풍 차단… 사장 선임 '국민참여 모델' 부상". ≪한겨레≫.

문화관광부. 2003. 「방송 프로그램 외주제작제도의 개선방안」(내부 문건).

문화방송. 1992. 『문화방송 30년사』.

미디어공공성위원회. 2009. 『미디어공공성』. 커뮤니케이션북스.

미디어미래연구소. 2010-2012. 「미디어 평가 조사」.

_____. 『2015.대한민국 유료방송 50년사』. 한미디어출판.

미래창조과학부·방송통신위원회. 2016.11 「2016년 방송산업실태조사보고서」.

박남기. 2010. 「미국 케이블채널의 3분의 1은 지상파 의무재송신」. ≪KBS 해외방송정보≫.

박명진 외. 1991. 『한국 TV 탐사프로그램에 관한 연구: TV의 사회고발 프로그램』. 한국언론연구원.

박상호. 2010. 「외주제도 평가와 방송콘텐츠 활성화」. ≪방송문화≫, 통권 제350호.

박용상. 1983. 「공영제의 이념과 과제」. ≪방송연구≫, 제2권 제4호.

박은희 외. 2010. 「외주정책 성과평가 및 외주제작사의 비즈니스모델에 관한 연구」. 방송통신
　　정책연구보고서.

박준영. 1986. 「텔레비전 편성에 관한 소고」. ≪방송연구≫, 가을호.

박준용. 2018.7.18. "공영방송 이사·사장, 시민이 뽑자". ≪한겨레≫.

박창식. 2009. 「독립제작사의 외주제도 개선방안 및 방향」. 『'신성장 동력 방송콘텐츠 산업 활
　　성화를 위한 세미나' 발표논문집』.

박현준. 2017.10.29. "외주 그만!… 콘텐츠 구매방식 바꿔야". ≪뉴스토마토≫.

방석호. 1995. 『미디어법학』. 법문사.

방송위원회. 1983. 「방송에 관한 연차보고서」.

_____. 1994. 「지역방송 발전방안 연구보고서」.

방송제도연구위원회. 1990. 「방송제도연구보고서」.

방송통신위원회. 2010.5. 「2009년 방송산업실태조사보고서」.

_____. 2010.12. 「2010년 방송산업실태조사보고서」.

_____. 2017.12. 「2017년도 방송시장 경쟁상황 평가」.

방송통신위원회·과학기술정보통신부. 2017.11. 「2017년 방송산업실태조사보고서」.

방정배·김재철. 2006. 「디지털 시대 공영방송의 공적 가치와 역할에 관한 인식 연구」. ≪한국
　　방송학보≫, 제20권 제1호, 96~138쪽.

백선하. 2017.12.13. "지상파 3사 모두 재허가 기준 미달?" ≪방송기술저널≫, 259호.

_____. 2018.4.11. "'이사 1/3 이상을 중립지대로' 공영방송 지배구조 개선안 나와". ≪방송기
　　술저널≫, 263호.

백완기. 1981. 「정책결정에 있어서 공익의 문제」. ≪한국정치학회보≫, 15집.

변상규. 2014. 「방송산업 발전을 위한 광고시장 개선방안」. 미디어미래연구소 미디어리더스
　　포럼 콘텐츠 분과위원회 '방송광고 및 시청률 제도 개선 방안' 발제문.

부산문화방송사. 2009. 『부산문화방송 50년사』.

새언론포럼. 2008. 『현장기록, 방송노조 민주화운동 20년』. 커뮤니케이션북스.

서길수. 2007. 「역사와 고구려 드라마 '주몽'」. 『고구려연구회 학술세미나 자료집』.

서명준. 2010. 「의무전송 관련 디지털 영역으로 확대」. ≪KBS 해외방송정보≫.

서병기. 2010.4.5. "역사 드라마의 상상력은 어디까지 허용?" ≪헤럴드경제≫.

선명수, 2017.9.25. "드라마, 기는 지상파에 나는 케이블·종편". ≪주간경향≫.

손제민. 2010.3.10. "역사 드라마 고증 우기지 마라". ≪경향신문≫.

송해룡·김원제. 2010. 「집중점검: 동계올림픽 단독중계」. ≪신문과 방송≫, 3월호.

_____. 2006. 「스포츠 중계권 분쟁해소 방안 연구」. 방송위원회.

송현경. 2017.12.19. "방송 외주제작사 저작권 인정받는다". ≪내일신문≫.

신봉승. 2006.6.31. "역사 드라마의 사실(史實)과 픽션의 한계". ≪문화일보≫, 31면.

신태섭. 2002. 「방송광고 판매제도 개선방향에 대한 연구: 완전경쟁론과 제한경쟁론 간의 쟁점 분석을 중심으로」. ≪광고연구≫, 제54호.

신홍균. 2018.8.1. "「포럼」 시장경제 제약하는 유료방송 재송신 승인제". ≪디지털타임스≫.

안광식. 1984. 「사회고발 프로그램의 개발과 과제」. ≪방송연구≫, 봄호.

안재형. 2010. 「외주제작제도 20년 평가와 개선방향」. 세미나 토론문.

안정임. 1995. 「한국 텔레비전 편성변화에 대한 분석적 고찰」. ≪방송연구≫, 통권 41호.

안창현. 2010. 「일본: 총무성 '재전송 동의' 가이드라인 마련」. ≪KBS 해외방송정보≫.

안형환. 2010. 「외주제작제도 20년 평가와 개선방향」. 세미나 토론문.

안희정. 2016.12.22. "지상파 재송신 적정가 논란 계속될 듯". ≪ZDNet Korea≫.

양동복. 2009.4. 「역사 드라마의 실존 정치인에 대한 허구적 묘사와 명예훼손: 역사적 개연성과 제작진의 인식을 중심으로」. 한국방송학회 2009 봄철 정기학술대회 발표논문.

연휘선. 2017.12.27. "지상파 '유사'광고, 전면 개방 노린 꼼수". ≪티브이데일리≫.

MBC PD수첩팀. 2000. 『PD 수첩과 프로듀서 저널리즘』. 나남.

오명환. 1995. 「방송 프로그램 편성 50년 변천사」. ≪방송연구≫, 통권 41호.

오문희. 2011. 「국내 스포츠 중계방송의 편성전략 연구」. 강원대학교 대학원 석사학위논문.

오수정. 2008. 『2008 언론수용자 의식조사』. 한국언론재단.

오수진. 2017.12.9. "지상파 제재사유 1위 '불필요한 광고'… 종편은 '객관성 위반'". ≪연합뉴스≫.

원용진. 2005. 「두 방송저널리즘: PD 저널리즘, 기자 저널리즘」. ≪프로그램/텍스트≫, 제12호.

_____. 2006. 「PD 저널리즘과 기자 저널리즘 비교를 통한 한국 방송 저널리즘 연구」. 『방송학회 세미나 발제집』.

유성엽. 2013. 『방송의 공정성 확보를 위한 지배구조개선의 방향』. 정책자료집.

유의선·이영주. 2001. 「의무전송규정에 대한 법적 해석과 그 타당성 분석: 방송법 제70조 3항 및 제78조를 중심으로」. ≪한국언론학보≫, 제45권 4호.

유의선. 2012. 「공영방송의 합리적 거버넌스 구축방안: KBS를 중심으로,」 연구보고서, KBS & 한국언론학회.

유재천 외. 2010. 『매스 커뮤니케이션의 이해』. 커뮤니케이션북스.

유종원. 1995. 「한국에서의 공정보도의 개념과 의미에 관한 연구」. ≪한국언론학보≫, 봄호.

유홍식. 2017.3.2. 국회입법조사처 주최 "언론개혁의 방향과 입법과제" 세미나 토론문.

윤병권. 2005. 『디지털 멀티미디어 시대의 방송과 스포츠』. 한울.

윤석민. 2007. 『커뮤니케이션의 이해』. 커뮤니케이션북스.

윤석민·장하용. 2002. 「외주정책을 둘러싼 논쟁의 특성과 그 성과에 관한 연구」. ≪한국 방송학보≫, 여름호.

윤석민·홍종윤·오형일. 2012. 「멀티 플랫폼 시대, 방송의 공익성과 공영방송의 역할」. ≪방송문화연구≫, 제24권 제2호, 7~35쪽.

윤성옥. 2008. 「보편적 시청권과 방송 시간」. ≪방송문화≫, 3월호.

_____. 2010. 「한국: 시청자의 매체 접근권과 선택권 보장이 최우선」. ≪KBS 해외방송정보≫.

윤호진. 2005. 「PD 저널리즘 프로그램의 편성 현황과 담론」. ≪프로그램/텍스트≫, 제12호.

윤희석. 2017.1.5. "법원, 지상파-CMB 재송신 가처분 기각… "케이블TV 지상파 보급에 기여"" ≪전자신문≫.

은혜정. 2006. 『방송영상물 공정거래 확립 방안 연구: 저작권을 중심으로』. 방송영상산업진흥원.

이권영. 1990. 「민영방송의 편성전략」. 『방송편성론』. 나남.

이도경. 2006. 「우리나라 외주제작의 현실과 한계」. ≪방송문화≫, 제296호.

이미현. 2016.11.7. "지상파에 치이고 이통사에 밀리는… 서러운 케이블TV". ≪EBN≫.

이민웅. 1996. 『한국 TV 저널리즘의 이해』. 나남.

이병훈. 1998. 「역사드라마의 특성과 사회적 역할」. ≪방송개발≫, 제10호.

이상기. 2002. 『텔레비전 저널리즘: 저널리즘 가치와 시장 가치의 융합』. 한국언론재단.

이선기. 2018.1.2. "문화체육관광부, 방송 작가 집필 표준계약서 제정". ≪웹데일리≫.

이수범. 2009. 「미디어렙 경쟁체제의 주요쟁점과 운영 방안」. '민영미디어렙 도입방안' 공개토론회 발제문. 한국영상산업진흥원·정보통신정책연구원.

이수영·박은희. 2002. 「양방향시대 수용자 복지의 개념화와 새로운 구현장치」. ≪방송연구≫, 여름호.

이승우·이동훈. 2018.8.24. "CJ헬로도, SDK브로드밴드도 딜라이브에 관심". ≪한국경제≫.

이신복. 1989. ≪문화방송사보≫, 8월.

이인회. 2004. 『초등학생의 역사 인물에 대한 인식 실태 조사』. 공주교육대학교 교육대학원 석사학위논문.

이재경. 2005. 「방송 저널리즘의 기본 가치와 역사적 변화」. ≪프로그램/텍스트≫, 제12호.

이지혜. 2016.10.11. "방통위, 지상파와 유료방송 재송신료 갈등에 미봉책만". ≪비즈니스포스트≫.

이창현. 2003. 「선거방송의 공공성에 대한 재개념화와 공정성 실현 장치의 기능과 한계」. ≪사회과학연구≫, 제15권.

_____. 2008. 「공정성 관련 방송 심의를 둘러싼 사회적 갈등 분석」. ≪방송연구≫, 67호.

이춘구. 2014. 「공영방송의 정치적 독립성에 관한 법적 연구」. ≪언론과법≫, 제13권 제2호. 217~265쪽.

이효성. 2009. 『방송, 권력과 대중의 커뮤니케이션』. 커뮤니케이션북스.

인운섭. 1986. 「TV 방송 편성의 변천」. ≪방송연구≫, 겨울호.

임동욱·정상윤·정연우. 2007. 『방송통신 융합과 지역방송』. 한울.

임정수. 2003. 「외주정책 논의의 쟁점과 대안에 대한 검토」. 한국방송학회 세미나 '방송영상산업 진흥과 외주정책' 발표문.

장윤택. 1984. 「KBS TV의 사회고발 프로그램 현황」. ≪방송연구≫, 8호.

_____. 1991. 『TV의 사회고발 프로그램』. 한국언론연구원.

장하룡. 2007. 「외주 프로그램 계약, 제작, 유통상의 실태조사 연구」. 방송위원회 연구보고서.

전규찬. 2006. 「저널리즘의 실패, 민주주의의 실망」. 한국기자협회 공동 세미나.

전숙희. 2017.12.13. "유료방송 규제 '확' 푼다". ≪방송기술저널≫, 259호.

전용길. 1991. 「사실과 진실을 향한 1천 2백 80일」. ≪방송시대≫, 창간호.

전지연. 2016.2.16. "지상파TV, CPS정산료 올해 400원대 요구… 공동대응 결의". ≪전자신문≫.

_____. 2016.6.13. "'수신료 먹이사슬 먹고 먹히고 날샌다". ≪전자신문≫.

정기도. 2000. 「나도 때론 〈뿌리〉 같은 역사 드라마를 보고 싶다」. ≪방송시대≫, 통권19호.

정두남. 2007. 「공공 서비스 강화 등 긍정적 효과 유발 기대」. ≪방송문화≫, 제316호.

정상윤. 2004. 「지역방송과 재송신정책」. 제5회 방송통신포럼 발표문.

정수영. 2012. 「공영방송의 어카운터빌리티에 관한 규범론적 고찰」. ≪한국방송학보≫, 26권 제1호, 198~237쪽.

정순일·장한성. 2000. 『한국 TV 40년의 발자취: TV 프로그램의 사회사』. 한울.

정순일. 1992. 「한국의 전파매체」. 『한국의 언론 II』. 한국언론연구원.

정연우. 2009. 「방송광고독점판매에 대한 헌법 불일치 판결의 의미와 경쟁체제 도입방향」. 한국지역방송협회·종교방송협의회 주최 2009 신년 토론회 '코바코 헌법 불합치, 대안은?' 세미나 발표문.

정영주. 2015. 「공영방송 제도 정립을 위한 현행 방송법의 한계와 입법 과제 고찰: 사례 분석을 중심으로」. ≪언론과법≫, 제14권 제3호, 329~364쪽.

정용준. 2008. 「디지털 시대의 지상파방송의 공익성」. 방송학회 세미나.

_____. 2009. 「스포츠 중계권의 쟁점과 해결방안: 월드컵, 프로야구 중계 사례를 중심으로」. 한국언론학회 세미나 발표논문.

_____. 2010. 「집중점검: 동계올림픽 단독중계」. ≪신문과 방송≫, 3월호.

정용준·이희진·윤석환. 2011. 『스포츠 방송과 보편적 시청권』. 커뮤니케이션북스.

정인숙. 1999. 『방송산업과 정책의 이해』. 커뮤니케이션북스.

정재황 외. 2007. 『외국의 방송 심의 규제체계 및 사례조사』. 방송위원회.

정준희. 2010. 「영국: 유료 플랫폼과 공공 서비스 방송 사이의 균형 잡기」. ≪KBS 해외방송 정보≫.

정진석 외. 2008. 『한국방송 80년, 그 역사적 조명』. 나남.

정필모. 2013. 『공영방송 보도 공정성 저해요인에 관한 연구: 언론통제 메커니즘의 관점에서 KBS 사례를 중심으로』. 성균관대학교 박사학위 논문.

조배숙. 2007. 『방송 프로그램 외주제작의 현황과 개선방안: 저작권 귀속 문제를 중심으로』. 2007년 문화관광부위원회 국정감사 정책자료집.

주정민. 2010. 「스마트 미디어 등장과 방송·통신 규제체계 개선 방향」. 『방송학회 세미나 '스마트미디어 시대와 한국방송통신정책의 발전방향' 자료집』.

주창윤. 2005. 「역사 드라마의 역사적 진실 재구성, 역사와 권위를 깨트리는 문화적 상상력」. ≪신문과 방송≫, 4월호.

_____. 2006. 「역사 드라마의 '역사' 기억하기 혹은 망각하기」. ≪프로그램/텍스트≫, 15호.

중앙일보사. 1975. 『중앙일보·동양방송 10년사』.

_____. 1985. 『중앙일보20년사, 附동양방송17년사』.

지방MBC 위상정립 공동대책위원회. 1989. 「지방MBC 위상정립 연구조사보고서」.

차배근. 1981. 『커뮤니케이션학개론(하)』. 세영사.

_____. 1986. 「폭로저널리즘의 정기능과 역기능」. ≪언론중재≫, 겨울호.

채수웅. 2016.4.22. "법원·전문가 CPS 하락평가 불구 재송신대가 오히려 상승하나". ≪디지털 데일리≫.

_____. 2018.7.25. "IPTV 가입자 증가… VOD매출·홈쇼핑 수수료도 급증". ≪디지털데일리≫.

최세경. 2014. 「국내 방송외주제도의 현실 진단과 변화를 위한 모색」. 한국방송학회 봄철정기 학술대회 발표논문집 『지상파 방송 외주제도 모포시스(Morphosis): 현황 및 개선방안』.

최양수. 1992. 「방송 편성에서의 근접 효과에 관한 연구」. ≪한국방송학보≫, 3권.

최영묵. 1997. 『방송공익성에 관한 연구: 방송공익성과 심의제도』. 커뮤니케이션북스.

_____. 2002. 「성역과 금기 그리고 인권, 한국사회 그늘에 대한 비망록」. 『PD수첩: 한국 PD 저널리즘의 보고 II』. 커뮤니케이션북스.

_____. 2006. 「방송 내용 심의제도 개선방안 요구: 국가별 내용규제 제도 비교를 중심으로」. ≪法과 政策≫, 제12집 제2호.

_____. 2010. 『한국방송정책론』. 논형.

최영재·홍성구. 2004. 「언론의 자유와 보도의 공정성」. 한국언론학회 주최 2004 봄철 정기학술대회 발표논문.

최영재. 2014. 「공영방송 보도국의 정파적 분열」. ≪커뮤니케이션 이론≫, 제10권 제4호, 476~510쪽.

최창봉·강현두. 2001. 『우리 방송 100년』. 현암사.

최창섭. 1985. 『한국방송론』. 나남.

최현철·한진만. 2004. 『한국 라디오 프로그램에 대한 역사적 연구』. 한울.

최혜경. 2008. 『TV 역사 드라마와 중학생들의 역사 인식』. 서울시립대학교 교육대학원 석사학위논문.

KBS 방송문화연구소. 2010. ≪KBS 해외방송정보≫, 통권 748호.

프로듀서연합회. 2004. ≪PD저널≫, 11월.

한국광고업협회. 2010. 『2010 광고산업』.

한국방송광고진흥공사. 2013. 『2013 광고산업표준화 백서』.

(사)한국방송영상제작사협회 방송 불공정관행청산을 위한 특별위원회. 2017.10. 『방송 외주제작산업의 현안 및 개선방안』.

한국방송진흥원. 2001. ≪방송동향과 분석≫, 124호.

한국방송협회. 1997. 『한국방송 70년사』.

한국신문협회. 2009.7.31. ≪신문협회보≫.

한국언론연구원. 1993. 『매스컴대사전』.

한균태. 1989. ≪문화방송사보≫, 8월.

한진만. 1995. 『한국 텔레비전방송 연구』.

_____. 2000. 「역사 드라마의 사실과 허구성 논란에 대하여」. ≪방송시대≫, 19호.

_____. 2002. 「텔레비전 편성의 결정요인」. ≪커뮤니케이션과학≫, 제19호 통권21호.

_____. 2008. 「일제시대의 라디오 프로그램 편성 특성」. 『한국방송 80년, 그 역사적 조명』. 나남.

_____. 2013a. 『사라진 방송국』 커뮤니케이션북스.

_____. 2013b. 『방송사건』 커뮤니케이션북스.

_____. 2017. 「케이블TV의 지상파방송 재송신 연구」. 연구보고서.

한진만 외. 2000. 『방송론』. 커뮤니케이션북스.

_____. 2006. 『디지털 시대의 방송편성론』. 나남.

_____. 2009. 「지역방송의 미디어렙 분석 및 대응에 관한 연구」. 한국방송학회 연구보고서.

한진만·박은희·정인숙·주정민. 2010. 『방송학개론』. 커뮤니케이션북스.

한진만·이수범·변상규. 2010. 「지상파방송 광고판매제도 개선에 관한 연구」. 한국방송학회 연구보고서.

한진만·주정민·주청. 2016. 「종합편성채널의 편성변화」. ≪한국콘텐츠학회논문지≫, 16권 12호.

홍경수. 2015. 「젊은 시청자와 멀어지는 공영방송」. 한국언론학회 심포지엄 및 세미나, 165~184쪽.

홍성주. 2004. 「〈그것이 알고 싶다〉는 이렇게 태어났다!」. 『그것이 알고 싶다 500회 기념편람』. 커뮤니케이션북스.

황이화. 2016.10.10. "지상파 vs 케이블 또다시 VOD 갈등… 규제 없이 '되풀이'". ≪프라임경제≫.

≪경향신문≫. 2011.4.20.

≪동아일보≫. 2010.10.1. "방송사 - 외주사 '상생' 파트너 되어야 콘텐츠 산업 발전".

≪머니투데이≫. 2012.10.29.

_____. 2013.2.20.

≪서울신문≫. 2014.3.1.

≪아시아경제≫. 2009.3.7.

_____. 2010.9.8. "케이블TV서 지상파 못 보나. 재전송 중지 파장 일파만파".

≪아이뉴스 24≫. 2013.8.27.

≪연합뉴스≫. 2010.9.9.

≪전자신문≫. 2012.7.25.

_____. 2012.7.27.

≪조선일보≫. 2010.9.9. "법원 '케이블TV서 지상파 재송신은 안 돼'".

≪중앙일보≫. 2010.9.9. "케이블, 지상파방송 실시간 방영 못하나".

≪한겨레≫. 2010.6.10.

≪한국경제≫. 2010.9.9. "케이블TV MBC·SBS 송출 안 할 수도".

Eastman, Susan T. 1993. *Broadcast/Cable Programming.* 4th Eds. Belmont, California: Wadsworth Publishing Company.

Howard, H. H and M. S. Kievman. 1983. *Radio & TV Programming.* Columbus, Ohio: Grid Publishing.

Kovach, B. and T. Rosentiel. 1999. *Warp Speed: America in the Age of Mixed media.* New York: The Centry Foundation Book.

Lehmann, D. R. 1971. "Television Show Preference: Application of a Choice Model." *Journal of Marketing Research,* vol.8(February).

Lodziak, Conrad. 1986. *The Power of Television: a Critical Appraisal.* London: Franses Pinter.

Noelle-Neumann, Elizabeth. 1973. *The Spiral of Silence: Public Opinion－Our … Mind Managers.* Wilbur Schramm(ed.). Boston: Beacon Press.

Sadler, Roger L. 2008. "Regulation of Television Broadcasting." In Wolfgang Donsbach(ed.). *The International Encyclopedia of Communication,* Vol.XI. Malden, MA: Blackwell.

Broadcasting & Cable. 2002.10.21. "The long fight to settle must-carry."

Webster's New College Dictionary. 1981.

찾아보기

지은이 **한진만**

고려대학교 신문방송학과 졸업
고려대학교 대학원 신문방송학과 석사학위 및 박사학위 취득
건국대학교 신문방송학과 부교수 역임
방송위원회 방송편성정책자문단 단장 역임
한국방송학회 회장 역임
방송통신위원회 지역방송발전위원회 위원 역임
언론중재위원회 중재위원(강원중재부) 역임
강원대학교 사회과학대학장 겸 정보과학대학원장 역임
KBS 이사 역임
현 강원대학교 신문방송학과 교수

주요 논저
「한국 텔레비전 내용의 다양화에 대한 연구」(1989)
「방송환경 변화와 지상파 텔레비전 편성의 다양성 변화」(2010)
「종합편성채널의 편성 변화」(공저, 2016)
『21세기 한국방송의 좌표』(공저, 2002)
『한국 라디오 프로그램에 대한 역사적 연구』(공저, 2004)
『디지털 방송 미디어론』(공저, 2005)
『디지털 시대의 방송편성론』(공저, 2006)
『한국방송 80년, 그 역사적 조명』(공저, 2008)
『방송학 개론』(공저, 2008)
『방송편성의 이론과 실제』(공저, 2011)
『새로운 방송론』(공저, 2017) 외 다수

한울아카데미 2137
방송문화진흥총서 114

한국 방송의 이해(제2개정판)

ⓒ 한진만, 2019

지은이 ı 한진만
펴낸이 ı 김종수
펴낸곳 ı 한울엠플러스(주)
편집 ı 조인순

초판 1쇄 발행 ı 2011년 5월 14일
개정판 1쇄 발행 ı 2014년 9월 10일
제2개정판 1쇄 인쇄 ı 2019년 2월 20일
제2개정판 1쇄 발행 ı 2019년 2월 25일

주소 ı 10881 경기도 파주시 광인사길 153 한울시소빌딩 3층
전화 ı 031-955-0655
팩스 ı 031-955-0656
홈페이지 ı www.hanulmplus.kr
등록번호 ı 제406-2015-000143호

Printed in Korea.
ISBN 978-89-460-7137-7 93070(양장)
        978-89-460-6600-7 93070(학생판)

※ 책값은 겉표지에 표시되어 있습니다.
※ 이 책은 강의를 위한 학생판 교재를 따로 준비했습니다.
    강의 교재로 사용하실 때에는 본사로 연락해주십시오.

이 책은 MBC재단 방송문화진흥회의 지원을 받아 출간되었습니다.

스마트폰으로
ENG 방송 프로그램 만들기

1인 미디어 시대,
언제, 어디서든 스마트폰으로 방송 프로그램에 도전한다

지은이
김도현

2018년 12월 20일 발행
변형크라운판
192면

얼마 전 아리랑TV에서는 스마트폰 5대로, 아이돌 그룹의 공연을 생중계했다. 이 공연의 관계자가 "모바일의 활용 범위가 뉴스 취재를 넘어서서 공연 중계 프로그램 제작까지 확대됐다는 점에서 그 의미가 크다"(≪중앙일보≫, 2018.12.17)고 말했듯이 뉴스뿐 아니라 공연까지 스마트폰의 활용 범위가 넓어지고 있음을 실감할 수 있다.

직접 제작한 UCC를 인터넷 통신망을 사용해 유튜브, SNS, 블로그 등에 올려 다수와 소통하는 1인 미디어 시대에 스마트폰이 더 없이 좋은 장비가 될 수 있음을 이 책은 보여준다.

저자는 TBC(대구방송), SBS(서울방송), 아리랑TV에서 20년 넘게 쌓은 연출 경험과 인천대학교 신문방송학과에서 10년간 디지털 영상제작을 가르쳤던 노하우를 바탕으로, 스마트폰을 활용해 방송 프로그램을 제작하는 방법을 본인이 제작한 ENG물을 사례로 쉽고 일목요연하게 기술했다.

단지 이론만이 아니라 오랜 제작 경험을 통해 체득한 조언을 요소요소에 곁들여서, 이 책을 꼼꼼히 읽고 실습하면 누구든 책을 덮을 무렵에는 일정 수준의 영상물을 제작할 수 있도록 알차게 구성했다.

뉴스 생태학
정보의 오염과 지식 기반 저널리즘

뉴스는 왜 의심스러운 출처가 되었을까
하버드 대학 토머스 패터슨 교수가 진단한 언론 보도의 문제와 해법

"뉴스(신문)에서 봤는데"라는 말이 주장의 신빙성을 그럴듯하게 뒷받침해주던 시절이 있었다. 이제 그런 수식을 달았다가는 상대의 의심만 키우기 쉽다. 오늘날 언론 보도는 사람들에게 믿을 만한 출처가 되지 못한다. 그럼으로써 우리 사회는 더 민주적인 공간이 되었을까? 우리가 보고 있는 것은 오히려 더 혼란스럽고 시끄러워진 공론의 장이다.

『뉴스 생태학』은 오늘날 신뢰성을 상실하고 위기에 빠진 언론의 문제를 신랄하게 꼬집는다. 잘못된 정보는 왜 여과 없이 보도될까? 단지 언론이 부주의해서일까? 넘쳐나는 정보와 속보 경쟁 속에서 기자는 과연 잘못된 정보를 걸러낼 수 있을까? 상반된 입장을 공평하게 소개하는 것이 진실을 전달하는 방편이 될 수 있을까? 기성 언론이 문제라면 시민 저널리즘이 대안일까? 하버드 대학의 토머스 패터슨 교수는 이 책에서 언론이 갈수록 늘어나는 오염된 정보를 걸러낼 역량, 즉 지식 기반이 부실한 탓에 잘못된 보도를 하고 이 때문에 결국 대중으로부터 신뢰를 잃어 그 존재 기반을 위협받고 있다고 밝힌다. 이에 대해 지식 기반 저널리즘이라는 대안을 제시하면서, 앞선 질문들에 답한다.

지은이
토머스 패터슨
(Thomas E. Patterson)

옮긴이
오현경

2018년 8월 31일 발행
변형신국판
272면

방송의 진화

새로운 기술, 새로운 미디어, 새로운 시장, 새로운 기회
방송은 이 변화에 어떻게 적응할 것인가

전 세계적으로 방송 영역은 지금껏 경험해보지 못한 격랑의
파고를 넘고 있다. 이 책에서는 방송을 둘러싼 변화의 원인과
이로 인한 결과를 심층적으로 이해하기 위해 방송을 구성하는
주요 요소들을 하나씩 검토했다. 기존의 방송 영역을 특징짓
는 틀과 규칙이 미디어 이용자와 미디어 조직의 전략적 선택
으로 어떤 변화를 겪으며 다시금 미디어 이용 행위와 사업자
들의 시장 행위에 영향을 미치는 구조가 되는가를 과정적으로
포착하고자 했다.

저자들이 서문에서 인용한 "사람들에게 필요한 것은 금융 서
비스일 뿐, 은행이 아니다(Banking is necessary, banks are
not)"라는 구절처럼, 이제 '방송'이라는 미디어는, '방송국'이라
는 공간적 중심에 기초를 둔 형태로부터 콘텐츠와 그에 연관
된 다양한 서비스가 중심이 되는 네트워크의 형태로 진화하고
있다. 몇몇 방송사가 중심이 되는 기존의 시장 틀로부터, 수용
자와 다수의 콘텐츠 공급자들이 복합적으로 상호작용하는 환
경으로, 방송 영역을 둘러싼 미디어 생태계의 급변은 이미 진
행 중이다.

이 책은 이처럼 현재 진행 중인 미디어 환경의 빠른 변화에 대
해, 그 앞날을 예측하고, 방송 영역이 이 변화에 어떤 방식으로
적응하고 '진화'해 나아가야 할 것인가에 대해, 다양한 측면에
서 유용한 고찰을 제공해주고 있다.

지은이
최홍규 외

2018년 4월 20일 발행
신국판
200면

디지털 미디어 리터러시
미디어에 대한 올바른 이해와 활용

**미디어 리터러시의 개념 정리부터
향상을 위한 실천 방안까지 총망라한 종합서**

현대인의 생활에서 빼놓을 수 없는 존재가 바로 미디어다. 우리는 하루의 시작부터 잠들기 직전까지 각종 미디어와 함께한다. 이렇게 우리의 일상에 자리하게 된 미디어는 디지털 시대가 도래하면서 더욱 다양해지고 복잡해졌다. 단순한 미디어를 넘어 디지털 환경의 미디어가 등장한 것이다. 스마트폰으로 대표되는 디지털 환경에서 뉴스, 동영상, 광고 등이 없는 생활을 상상할 수 없을 만큼 오늘날 사람들은 미디어 콘텐츠에 익숙해져 있다.

하지만 정작 많은 사람이 미디어에 대해 제대로 알지 못하며 무의식적으로 콘텐츠를 끊임없이 소비한다. 바로 여기에서 문제의식이 발생한다. 미디어를 읽고 쓸 수 있는 능력, 즉 미디어 리터러시가 결여된 무의식적인 미디어 소비는 우리의 삶에, 나아가 전체 사회에 큰 악영향을 줄 수 있다. 오늘날 다양한 이유에서 이 같은 미디어 리터러시의 필요성이 등장하며 이는 성숙한 민주사회의 요건으로 연결되기도 한다.

이런 중요성을 바탕으로 한국방송학회 미디어교육연구특별위원회가 기획한 『디지털 미디어 리터러시』는 기존의 미디어 리터러시 담론을 넘어서 콘텐츠 생산 방식, 이용자의 소비 방식 등 많은 것이 달라진 디지털 환경에서의 미디어 리터러시를 다룬다. 각 분야의 전문가인 미디어학자들이 미디어 리터러시의 정의, 필요성과 중요성에 대한 종합적인 이론부터 다양한 미디어별 특징과 리터러시 향상 방안까지 자세하게 전한다.

지은이
김경희 외

2018년 2월 9일 발행
국판
240면

모바일 터닝시대
디지털 인류의 뉴스 사용기

현직 기자가 들려주는,
모바일 혁명이 불러온 뉴스 패러다임 변화의 모든 것

오늘날 우리는 뉴스를 소비하기 위해 더 이상 조간신문이나 8시 뉴스 프로그램을 기다리지 않는다. "중요한 뉴스라면 그 뉴스가 나를 찾아올 것이다." 언론계에서 떠도는 이 유행어처럼 이제 중요한 뉴스는 우리 손안에 있고, 우리는 언제 어디서든 원할 때 그 뉴스를 소비할 수 있다.

손안의 또 다른 세상인 스마트폰은 우리의 일상을 전면적으로 바꾸고 있다. 언론과 뉴스도 예외는 아니다. 모바일 혁명은 뉴스의 제작부터 유통, 소비를 넘어 언론 환경 전반에 변화를 불러왔다. 바야흐로 우리는 '모바일 터닝시대'에 살고 있으며 디지털적인 깨어남, 즉 '디지털 어웨이크닝'을 시시각각 겪고 있다.

기성 언론사가 아닌 페이스북, 카카오 채널 같은 새로운 뉴스 플랫폼의 등장부터 모바일 혁신의 선두를 차지하기 위해 변화를 꾀하는 언론사들의 노정, 뉴스 소비자들의 저널리즘 참여 활동까지 모바일 혁명이 불러온 뉴스 패러다임 변화의 모든 것이 YTN 디지털뉴스 팀장을 지낸 현직 기자의 입을 통해 생생하게 전해진다.

지은이
이승현

2017년 9월 14일 발행
국판
232면